高等学校应用型本科管理学
"十三五"规划教材

统 计 学

（第二版）

主 审 姚 旭
主 编 张海霞
副主编 迟艳琴 赵雪虹

中国金融出版社

责任编辑：张　铁　黄　羽
责任校对：潘　洁
责任印制：丁淮宾

图书在版编目（CIP）数据

统计学（Tongjixue）/张海霞主编 . —2 版 . —北京：中国金融出版社，2017.7
ISBN 978 - 7 - 5049 - 9071 - 6

Ⅰ . ①统…　Ⅱ . ①张…　Ⅲ . ①统计学—教材　Ⅳ . ①C8

中国版本图书馆 CIP 数据核字（2017）第 151473 号

出版
发行　**中国金融出版社**

社址　北京市丰台区益泽路 2 号
市场开发部　(010)63266347，63805472，63439533（传真）
网 上 书 店　http://www.chinafph.com
　　　　　　　(010)63286832，63365686（传真）
读者服务部　(010)66070833，62568380
邮编　100071
经销　新华书店
印刷　保利达印务有限公司
尺寸　185 毫米 ×260 毫米
印张　17.25
字数　379 千
版次　2013 年 7 月第 1 版　2017 年 7 月第 2 版
印次　2017 年 7 月第 1 次印刷
定价　38.00 元
ISBN 978 - 7 - 5049 - 9071 - 6
如出现印装错误本社负责调换　联系电话（010）63263947

前　言

统计作为认识客观世界数量规律的一种有力工具，在知识更新速度不断加快的新形势下发挥着越来越重要的作用，无论是进行宏观的国民经济管理，还是进行微观的企业决策，都需要准确地把握有关经济运行的各类数量信息。统计学一直被教育部列为经济类和工商管理类各专业的核心课程之一，统计方法已经成为理、工、农、医、人文、社会、管理、军事等学科领域科学研究的基本方法。

本书广泛吸收了国内外同类优秀教材及统计教学、科研和实践方面的新成果，努力贯彻"少而精"和"学以致用"的原则，既介绍具有通用方法论性质的一般统计理论与方法及其在经济管理中的应用，又讨论社会经济领域特有的一些统计方法问题，同时还包括经济管理类本科学生应掌握的最基本的经济统计知识。本书采用最常见的通用软件 Excel 作为实现统计计算和分析的工具，培养学生的实际应用能力，较全面地介绍了统计学的原理和方法，体现出"系统、精准、实用"三大特点。

1. 理论系统，结构完整。在内容的取舍上，严格按照《中华人民共和国高等教育法》对本科毕业的要求，做到理论体系完整、内容全面。本书内容不仅包括数据收集、描述统计以及概率、统计推断等常用基础统计方法，还包括回归、方差分析等高级统计方法；同时，这种结构安排也方便教师因地制宜、因材施教，教师可以按照不同院校、不同专业、不同层次的学生特点对所讲授的内容进行选择。

2. 内容精准，重视应用。本书在理论、原理的叙述上力求精练，言简意赅，在"深度"上以够用为原则。计算机技术已经成为统计学不可分割的组成部分，教材结合一些重点内容以图文并茂的形式介绍了 Excel 软件在统计分析中的应用，便于读者利用计算机软件解决统计问题。尽量采用通俗易懂的语言介绍统计知识，避免使用复杂烦琐的数学推导。广泛地使用案例分析的方法，通过大量的应用实例，引导学生正确收集数据资料，选择合适的统计方法进行分析，从而获得有意义的结论。同时在每一章的结尾都设计了填空、选择、判断和计算等多种题型，帮助读者深刻理解统计理论和方法。

3. 突出实用。根据应用型本科对学生操作能力的要求，坚持实用性、针对性的原则，结合统计学教学内容，重点突出基本理论的实践应用，详细讲述数据的整理、表述及统计特征等方面的问题，尽可能采用最新的正式发布的统计数据，以指导读者进行实质性问题的研究和探讨。

　　本书具体分工为：哈尔滨金融学院张海霞编写第 1～4 章，哈尔滨金融学院刘兆奇编写第 5 章，哈尔滨金融学院迟艳琴编写第 6 章，哈尔滨金融学院赵雪虹编写第 7～9 章。本教材总结了我们长期的教学经验，参阅了国内外同类的优秀教材，既可以作为应用型本科院校经济管理类统计学专业的基础教材，也可以作为一般经济与管理类专业统计学课程的教材，还可以作为其他专业和广大实际工作者的参考书。在使用中，教师对有些章节可根据教学需要和教学时数酌情选讲。希望本书能对使用者有所帮助，也希望使用者提出更多的修改建议，以便进一步修改和完善。全书在编写过程中得到了哈尔滨金融学院曹尔黎教授和姚旭主任的大力指导，同时我们参考和吸收了一些同类教材的成果，在此一并表示感谢！

张海霞

2017 年春于哈尔滨

目　　录

1

统计学导论

【引例】 无处不在的统计

以下是关于"统计"的几则信息。

我国著名经济学家马寅初指出:"学者不能离开统计而治学,政治家不能离开统计而施政,事业家不能离开统计而执业。"

英国著名科幻作家威尔斯说:"对于追求效率的公民而言,统计思维总有一天会和读写能力一样重要。"

在诺贝尔经济学获奖者中,三分之二以上的研究成果与统计和定量分析有关。因此,著名经济学家萨缪尔森在其经典的教科书《经济学》(第12版)中特别提到:"在许多与经济学有关的学科中,统计学是特别重要的。"

美国杜邦公司总经理理查德曾经指出:"现代公司在许多方面是根据统计来行事的。"

1981年,首届国际《红楼梦》研讨会在美国召开,威斯康星大学讲师陈炳藻独树一帜,宣读了题为《从词汇上的统计论〈红楼梦〉作者的问题》的论文。他从字、词出现频率入手,通过计算机进行统计、处理、分析,对《红楼梦》后40回的作者提出了自己的看法。

美国总统的年薪已经达到40万美元,在各国元首中名列前茅,但根据美国《工作等级年鉴》一书的排名,总统一职并未进入最好工作之列,在美国最好的工作是统计学家。

由以上几则信息可知,统计已经渗透到社会经济活动和科学研究的方方面面,统计无处不在,并且正在发挥越来越重要的作用。那么究竟什么是统计?统计是如何开展研究的?作为一门科学的统计学与其他学科有何区别与联系?这些正是本章所要介绍的主要内容。

1.1 统计数据与统计学

1.1.1 统计学

"统计"一词一般有三种含义,即统计工作、统计资料和统计学。

统计工作是指对社会经济现象数量方面进行搜集、整理和分析工作的总称,它是一种社会调查研究活动。统计资料即统计信息,是统计部门或单位进行工作所搜集、整理、编制的各种统计数据资料的总称。它是进行国民经济宏观调控的决策依据,是社会公众了解国情、国力和社会经济发展状况的信息主体。统计学是关于统

1

计过程的理论和方法的科学。统计的三种含义具有密切的联系：统计工作是人们的统计实践，是主观反映客观的认识过程；统计资料是统计工作的结果，统计工作与统计资料是过程与成果的关系；统计学是统计工作经验的总结和概括，统计学所阐述的理论和方法又是指导统计工作的原则和方法。因此，统计学和统计工作之间存在着理论和实践的辩证关系。

统计学是收集、整理、显示和分析数据的科学，其目的是探索现象的数量规律。一般来说，收集是指通过测量、调查等方法取得数据；整理是对数据分组，观察其分布的情况；显示就是用图、表的形式呈现数据的特征和现象的数量规律；分析是用统计方法研究数据，探索现象的数量规律。

统计的研究对象具有以下特点：

（1）数量性。这是统计研究对象的基本特点。常言道，"数字是统计的语言"，"数据是统计的成果"，指的正是这个意思。但并不是任何一种数量都可以作为统计对象。统计数据是客观事物量的反映，统计定量认识必须建立在对客观事物定性认识的基础上。

（2）总体性。统计的数量研究是对现象总体中各单位普遍存在的事实进行大量观察和综合分析，得出反映现象总体的数量特征。例如，进行城镇居民家计调查，需要对具体的居民家庭进行调查，但是其目的并不在于了解个别居民家庭的生活状况，而是要反映一个城市、一个国家的居民收入水平、收入分配、消费水平、消费结构等。

（3）差异性。统计研究同类现象总体的数量特征，它的前提是总体各单位的特征表现存在着差异，而且这些差异并不是事先可以预知的。例如，各种股票的价格和成交量每天不同，这才需要对其进行统计，编制股票指数等指标。

如果说总体各单位的变异表现出个别现象的特殊性和偶然性，而对现象总体的数量研究，则是通过大量观察，从各单位的变异中归纳概括出它们的共同特征，显示出现象的普遍性和必然性。

1.1.2　统计数据

在日常工作和生活中，到处都有统计数据。例如，开会时会议主持人要统计一下出席会议的人数；球类比赛时解说员总要统计竞赛双方的进攻次数和成功率；学生考试后非常关心自己的考试成绩和名次；企业管理人员要掌握生产销售情况和利润额；人们可以通过报刊和电视等获得 GDP（国内生产总值）、CPI（消费者价格指数）和经济增长率等数据；等等。日常工作与生活中的这些数字就是人们所关心的统计数据。

1. 统计数据的内涵

首先，个别现象的数据有特殊性、偶然性，因此对大量同类个体数据的综合才具有相对的普遍性和稳定性，便于我们探索和发现现象的数量规律。数据是大量同类个体的特征，例如，某市进行城市住户调查，对该市的 200 户居民家庭的劳动就业状况、收入和现金支出的数据逐一登记，目的是反映该城市全部居民家庭劳动就业、家庭收入和现金支出的数量特征和数量变化规律。其次，数据与数学中抽象的数量不同，它是个体在具体时间、地点、条件下的特征。最后，数据是对个体特征测量或登记的结果，因此数据不但有数字型的，也有非数字型的，例如，人对某一事物的态度是"赞成"或"反对"，在统计研究工作中通常会对非数字型的数据做数据化处理，例如，用"1"表示赞成，"0"表示反对。

探索现象数量规律是统计研究的最终目的。数量规律是应用统计方法从偶然性中探索到的现象内在的、本质的数量规律。例如，出生婴儿的性别比为105∶107；重复投掷均匀的硬币出现正面和反面的比率接近1/2；某城市随机抽出300户居民家庭，其平均月生活费支出为4000元，用300户家庭的平均月生活支出，推断该城市全部家庭的平均月生活费的范围的数量规律；研究企业某产品的广告费投入与产品销售额之间依存关系的数量规律；等等。

2. 统计数据与统计学的密切关系

统计学的英文是"statistics"。它通常有两个含义：当它以单数名词出现时，表示一门科学的名称——"统计学"；当它以复数名词出现时，表示"统计数据"或"统计资料"。"statistics"一词的英文解释至少可以说明两件事情。

第一，由于统计数据在英文中是以复数形式出现的，表明统计数据不是指个别的单个数字，而是指同类的较多数据。因为单个数字如果不和其他数据进行比较，是不能说明问题的。例如，某个学生的某门课程的考试成绩是85分，如果仅凭这一个数字，我们很难对这位学生的知识和能力水平作出判断和评价。因为这个85分可能是班上的最高分，可能是中等水平的分数，也可能是较低的分数。如果还知道这次考试的平均分数，就可以对这位学生的成绩是高于还是低于平均分数，以及比平均分高多少或者低多少作出评价了。在生产和生活实际问题中，通常可以收集到较多的数据，进而利用统计方法对数据进行加工整理，从而发现数据中的内在联系及数量规律。

第二，作为单数的统计学和作为复数的统计数据在英文中使用同一名词，显示出二者之间的密切关系。统计学是由收集、整理、显示和分析统计数据的方法组成的，这些方法来源于对统计数据的研究，目的也在于对统计数据的研究。离开了统计数据，统计方法乃至统计学就失去了其存在的意义。这正如俗话所说"巧妇难为无米之炊"。这里的"巧妇"就是掌握统计方法的统计学家或统计工作者，"米"就是统计数据，"炊"就是统计研究或统计工作的目的，即探索数据内在的数量规律性。显然，没有统计数据或没有较好的统计数据，即使很科学的统计方法或很高明的统计学家也难有所作为。

3. 数据的计量尺度

要对客观现象进行计量，必须弄清数据的计量尺度问题。根据对研究对象计量的不同精确程度，人们将计量尺度由低到高、由粗略到精确分为四个层次：定类尺度、定序尺度、定距尺度和定比尺度。

（1）定类尺度。定类尺度是最粗略、计量层次最低的计量尺度。它是按照客观现象的某种属性对其进行分类。这一场合所使用的数值只是作为各种分类的代码，并不反映各类的优劣、量的大小或顺序。例如，人口按性别分为男女，用"1"表示男性，用"0"表示女性。定类尺度的主要数学特征是"="或"≠"。在统计处理中，对于不同的类别，虽然可以计算单位数，但它不能表明第一类的一个单位可以相当于第二类的几个单位。

（2）定序尺度。定序尺度是对客观现象各类之间的等级差或顺序差的一种测度。利用定序尺度不仅可以将研究对象分成不同的类别，而且还可以反映各类别的优劣、量的大小或顺序。例如，学生成绩可以分为优、良、中、及格和不及格五类。在这里，定序尺度虽然无法表明一个优等于几个良，但却能确切地表明优高于良，良又高于中。定序尺度的主要数学特征是"＜"或"＞"。

（3）定距尺度。定距尺度是对现象类别或次序之间间距的测度。定距尺度不但可以用数表示现象各类别的不同和顺序的差异，而且可以用确切的数值反映现象之间在量方面的差异。定距尺度使用的计量单位一般为实物单位（自然或物理）或者价值单位。反映现象规模水平的数据必须以定距尺度计量。例如，产品产量、人口数、企业数、国内生产总值等都以定距尺度为计量尺度。定距尺度的主要数学特征是"＋"或"－"。定距尺度在统计数据中占据重要的地位，统计中的总量指标就是运用定距尺度计量的。

（4）定比尺度。定比尺度是在定距尺度的基础上，确定相应的比较基数，然后将两种相关的数加以对比而形成相对数（或平均数），用于反映现象的结构、比重、速度、密度等数量关系。例如，将一个企业创造的增加值与该企业的职工人数对比，计算全员劳动生产率，以此反映该企业的生产效率。定比尺度的主要数学特征是"×"或"÷"。在统计的对比分析中，广泛地运用定比尺度进行计量。

1.1.3　统计工作过程

统计工作的基本任务表明统计工作是对社会进行调查研究以认识其本质和规律性的一种工作，这种调查研究的过程是我们对客观事物的一种认识过程。就一次统计活动来讲，一个完整的认识过程一般可分为统计设计、统计调查、统计整理和统计分析四个阶段。

1. 统计设计

统计设计是根据所要研究问题的性质，在有关学科理论的指导下，制定统计指标、指标体系和统计分类，给出统一的定义、标准，同时提出收集、整理和分析数据的方案和工作进度等。统计设计是整个统计研究的前期工程，其完成质量直接关系到整个统计研究的质量。做好统计设计不仅要以统计学的一般理论和方法为指导，而且还要求设计者对所要研究的问题本身具有深刻的认识和相关的学科知识。例如，要设计一套较好地评价企业经营状况的统计体系与方案，仅有一般的统计方法知识是不够的，设计者还必须具备企业经营管理知识和理论素养。

2. 统计调查

经过统计设计，形成方案之后，就可以开始收集统计数据。统计数据的收集有两种基本方法：实验与统计调查。统计调查就是根据一定的目的，通过科学的调查方法，搜集社会经济现象的实际资料的活动。统计调查是统计工作过程的重要阶段，是认识客观经济现象的起点，也是统计整理和统计分析的基础。

对于大多数自然科学和工程技术研究来说，有可能通过有控制的科学实验去取得数据，这时可以采用实验法。在统计学中有专门一个分支——实验设计，就是研究如何科学地设计实验方案，从而使得通过实验采集的数据能够符合分析的目的和要求。对社会经济现象来说，一般无法进行重复实验，要取得有关数据就必须到社会总体中去选取足够多的单位进行调查、观察，并加以综合研究。如何科学地进行调查是统计学研究的重要内容。本书是为经济与管理类专业编写的统计学教科书，由于篇幅的限制，本书只介绍有关统计调查的理论与方法。

3. 统计整理

统计数据的整理也称统计整理，是根据统计研究目的和要求，对统计调查所搜集到的数据进行科学的分类、汇总和显示，以反映总体数量特征的工作过程。统计资料的整理是统计工作的第三阶段，介于统计调查和统计分析之间，在统计工作中起到承上启下的作用，既是统计调查工作的继续，又是统计分析的前提。

4. 统计分析

统计分析是将加工整理好的统计资料加以分析研究，采用各种分析方法，计算各种分析指标，来揭示社会经济过程的本质及其发展变化的规律性。这是统计工作的第四阶段。通过该阶段对事物由感性认识上升到理性认识。

统计工作过程的四个阶段并不是孤立、截然分开的，它们是紧密联系的一个整体，其中各个环节常常是交叉进行的。例如，小规模的调查，常把调查和整理结合起来；在统计调查过程中就有对事物的初步分析，在整理和分析过程中仍须进一步调查。通过统计整理和分析，可以得到有关的统计资料，但统计资料的提供并不意味着统计研究的终结。统计的目的在于认识客观世界的数量规律，仅凭一次收集的统计资料，往往还不能很好地发现客观世界存在的数量规律。因此，对于已经公布的统计资料需要加以积累，同时还可以进一步加工，结合相关学科的理论知识进行分析和利用，如何更好地将统计资料和统计方法应用于各自的研究领域是应用统计学研究的一个重要方面。

统计工作的各个阶段都有一些专门的方法。在统计调查阶段主要有统计报表制度、重点调查、抽样调查、普查等方法；在统计整理阶段主要有统计分组、分配数列、统计表和统计图的制作技术等；在统计分析阶段，方法更是多种多样，主要有综合指标法、动态数列法、指数法、抽样法、相关分析法等。这些具体方法既包括一些数理统计方法，也包括一些社会经济统计方法，这些内容将在本书以后各章中系统介绍。

1.2 统计学的产生和发展

统计作为一种社会实践活动已有悠久的历史。据历史记载，我国在西周朝代就已建立了统计报告制度。在英文中，统计为"statistics"，它与"国家"为同一词根。可以说，自从有了国家，就有统计实践活动。

统计学产生于17世纪中叶，是从几个不同的领域开始的。统计学的一个源头是来自英国的经济学家威廉·配第（William Petty）的《政治算术》（1676年）。在这本书中，他利用实际资料，运用数字、重量和尺度等统计方法，对英国、法国和荷兰三国的国情做了系统的数量对比分析，从而为统计学的形成和发展奠定了基础。因此马克思说："威廉·配第是政治经济学之父，在某种程度上也是统计学的创始人。"

统计学的另一个源头是英国的约翰·格朗特（John Graunt）。格朗特以 1604 年伦敦教会每周一次发表的"死亡公报"为研究资料，在 1662 年发表了《关于死亡公报的自然和政治观察》的论著。书中分析了近 60 年伦敦居民死亡的原因及人口变动的关系，首次提出通过大量观察，可以发现新生儿性别比例具有稳定性和人口不同死因的比例具有稳定性等规律，并且第一次编制了"生命表"，对人口的死亡率和寿命做了分析，从而引起了普遍的关注。他的研究表明了统计学作为国家管理工具的重要作用。

统计学的第三个源头是古典概率论，奠基人包括法国的布莱斯·帕斯卡（B. Pascal）和皮埃尔·德·费马（Pierre de Fermat）。帕斯卡和费马通过通信的方式，将赌博中出现的各种问题，例如，掷三颗骰子可能出现的点数、为什么掷三颗骰子10 点出现次数总是多于 9 点出现次数等，归纳为一般的概率原理，为后来概率论和统计学的发展奠定了重要的基础。

自 17 世纪中叶上述几位科学家从不同角度开始了统计学研究后，经过几代统计学家的努力，到 19 世纪末建成了古典统计学（主要是描述统计学）的基本框架。

20 世纪初，许多重要的统计方法和观点开始建立并逐步完善，例如，著名统计学家费希尔（R. A. Fisher）建立的相关和回归分析、多元分析、以最大似然估计为中心的点估计理论、方差估计法、费希尔的 F 分布；1908 年，英国的威廉·希利·高塞特（W. S. Gosset）导出的 t 分布，利用 t 分布可以采用小样本对全部产品的质量状况进行检验和推断；J. 奈曼（Jerzy Neyman）和 E. S. 皮尔逊（E. S. Pearson）的置信区间估计和假设检验理论；等等。到 20 世纪中叶，现代统计学的基本框架开始形成。

20 世纪 50 年代以来，统计理论、方法和应用进入了全面发展的新阶段。一方面，统计学受计算机科学、信息论等现代科学技术的影响，新的研究领域层出不穷，如多元统计分析、现代时间序列分析、贝叶斯统计、非参数统计、线性统计模型、探索性数据分析等。另一方面，统计方法的应用领域不断扩展，几乎所有的科学研究都离不开统计方法。不论是自然科学、工程技术、农学、医学、军事科学，还是社会科学都离不开数据，要对数据进行研究和分析就必然用到统计方法。可以说，统计方法与数学、哲学一样成为所有学科的基础。

1.3 统计学的分科

统计学的内容十分丰富，研究与应用的领域非常广泛。从统计教育的角度，统计学大致有以下两类。

1.3.1 描述统计和推断统计

根据统计研究过程及统计方法的构成，可将统计学分为描述统计和推断统计。

　　描述统计是通过图形、表格和概括性的数字，对数据资料进行整理、分析的统计方法。描述统计分为集中趋势分析和离散程度分析等部分。

　　推断统计是根据样本信息对总体进行估计、假设检验、预测或其他推断的统计方法。

　　统计学分为描述统计和推断统计，一方面反映了统计发展的前后两个阶段；另一方面也反映了统计研究、探索客观事物内在数量规律性的先后两个过程。我们知道，大量同类个体数据的综合，才能反映现象的数量规律和数量特征，而人力、物力、时间、破坏性试验和被研究个体现象的无限性等原因，又使得我们不可能对所有的个体都进行观察和登记，统计研究自然考虑采用由样本推算总体的方法，即研究总体的数量特征要经过两个阶段：首先利用描述统计的方法研究样本的数量特征，然后采用推断统计的方法来推算总体的数量特征和规律性。显然，描述统计是基础，是统计研究工作的第一步，没有描述统计收集可靠的数据并提供有效的信息，即使高明的统计学家和科学的推断方法也难以得出准确的结论。推断统计是现代统计学的核心和统计研究工作的关键环节，因为统计最终能否科学准确地探索到现象总体内在的数量规律与选用何种统计量，选用什么推断方法，如何进行推断有着直接的联系。一个出色的统计工作者的能力和技巧在推断统计中将得到充分的体现和检验。

1.3.2　理论统计和应用统计

　　根据统计方法的理论和应用，将统计学分为理论统计和应用统计。

　　理论统计是指统计学的数学原理。由于现代统计科学几乎用到了所有的数学知识，要成为优秀的统计工作者就必须经过严格的数学训练，特别是从事统计理论和方法研究的人，必须有坚实的数学基础。从广义上讲，统计学应该包括概率论，因为概率论是统计推断的数学基础，而概率论是数学的一个分支，所以理论统计应该是包括概率论在内的对统计方法数学原理的研究。

　　在统计工作者中，从事理论统计研究的人只是很少的一部分，大部分是应用统计方法解决实际问题的应用统计工作者。统计学是一门数据科学，由于在自然科学、社会科学的所有研究和实际工作中都要通过数据来分析和解决问题，统计方法的应用就自然而然地扩展到几乎所有的研究领域。例如，统计方法在物理研究中的应用形成了统计物理，统计方法在生物学中的应用形成了生物统计，统计方法在医学中的应用形成了医疗卫生统计，统计方法在风险管理与保险中的应用形成了保险精算学，统计方法在微观企业管理中的应用形成了管理统计，等等。以上这些应用统计学的不同分支所应用的基本方法都是一样的，即都是描述统计和推断统计的主要方法。但由于各应用领域都有其特殊性，统计方法在应用中就具有了不同的特点。

1.4　统计学的基本概念

　　统计学是关于数据的科学，收集个别事物的属性、特征，是统计工作的起点；综合、整理和显示现象数量特征和数量规律是统计工作的最终目的。本节介绍的概念是一直贯穿于统计研究过程的一些基本概念，这些概念有总体和总体单位、样本、标志和标志表现、变量和变量值、统计指标和指标体系等。

1.4.1 总体和总体单位

统计要研究客观现象总体的数量特征和数量关系。因此，首先对统计总体要有一个明确的认识。统计总体简称总体，它是具有某一相同性质的许多个别事物构成的整体。构成总体的个别事物称为总体单位，又被称为个体。例如，研究某高校在校学生的生活消费情况，该校所有的在校生组成统计总体，每一位在校生都是一个总体单位，"性质相同"的具体体现是：他们都是某校的在校生。研究某市工业企业的生产、经营情况，该市的所有工业企业构成统计总体，每一个工业企业都是一个总体单位，同属某市、经济职能相同、都是工业企业，就是性质相同。

总体是根据研究目的确定的，因此总体和总体单位不是固定不变的。统计研究目的和任务发生变化时，原来的总体可能成为总体单位，总体单位也可能变为总体，也可能成为与新的研究目的无关的事物。例如，要研究我国汽车生产企业的生产、经营情况，则全国所有的汽车生产企业就构成统计总体，每一个企业就是一个总体单位。如果要研究某一汽车生产企业职工的生活情况，则该企业就是总体（由所有职工组成），每个职工是总体单位。

1.4.2 样本

统计研究的目的是要确定总体的数量特征。但是，当总体单位数量很多甚至无限时，没必要或不可能对构成总体的所有单位的数量特征都逐一登记、进行调查。这时，需要采用一定的方式，从作为研究对象的事物全体构成的总体（又称母体）中，抽取一部分单位，采用推断统计的方法，登记每一个样本单位的数据，整理、分析研究出样本的数量特征，然后估计总体的数量特征。例如，从某城市的全部居民家庭中抽出 300 户家庭，300 户居民家庭构成的总体是样本，抽样的目的是用样本的平均月食品消费支出推算全市居民的平均月食品消费支出。这种由总体的部分单位组成的集合称为样本（又称子样），构成样本的个别事物称为样本单位。样本也是由一定数量的单位构成的，样本所包含的总体单位数称为样本容量。

1.4.3 标志和标志表现

1. 标志的含义

标志是说明总体单位属性或特征的名称。标志表现是总体单位在标志上具体表现的属性或数量。例如，所有在校生构成总体，每个在校生是总体单位，年龄、家庭住址、统计成绩、性别、专业都是衡量每个在校生具体属性或特征的名称。以"年龄"为例，每个总体单位在这个名称上的表现是不同的，甲的年龄是 20 岁、乙的年龄是 21 岁、丙的年龄是 22 岁，20 岁、21 岁、22 岁都是标志表现，标志表现体现了每个总体单位的属性或数量。总体单位是标志的承担者，没有标志和标志表现就不可能整理、综合出总体的数量特征，标志和标志表现是研究总体数量特征的基础和前提。

2. 标志的分类

（1）根据标志的性质不同，可以把标志划分为品质标志和数量标志。品质标志是表明总体单位质的特征的名称。例如，企业的经济类型、所属系统、姓名、性别、文化程度等都是品质标志。品质标志的标志表现一般是文字。例如，"企业经济类型"的标志表现为股份制企业、集体企业、国有及国有控股企业、港澳台及外商投资企业等。

数量标志是表明总体单位量的特征的名称。例如，企业的销售收入、累计利润总额、占地面积、产品产量、纳税额等都是数量标志。数量标志的标志表现为数值。例如，"纳税额"的标志表现为 50 万元、70 万元、130 万元等。数量标志的标志表现称为标志值。"50 万元"就是标志值。

（2）根据标志表现是否相同，可以把标志分为不变标志和可变标志。不变标志是指在总体单位上标志表现相同的标志。例如，全国所有国有企业构成总体，企业的"经济类型"就是不变标志；某校所有在校生组成总体，"所属院校"是不变标志。总体单位至少存在一个不变标志，这是个别事物组成总体的必备条件。

可变标志，又称变动标志，是指在总体单位上标志表现不相同的标志。例如，全国所有国有企业构成总体，企业的"利润总额""占地面积""销售收入"等都是可变标志；某校所有在校生组成总体，"择业城市""喜欢的运动项目""每天读课外书的时间"等是可变标志。

1.4.4 变量和变量值

1. 变量的含义

可变标志在总体单位上具体表现的属性或数值是不同的，这种不同称为变异。例如，可以说各工业企业在"利润总额"上存在变异。在统计中，说明现象的某一数量特征的概念也被称为变量，统计数据就是统计变量的具体表现。变量是可变的数量标志，可变标志有数量标志也有品质标志。例如，利润总额、占地面积、销售收入、每天读课外书的时间、体重都是可变的数量标志，可以称这些数量标志为变量。变量所表现的具体数值称为变量值。例如，"每天读课外书的时间"的具体表现为 45 分钟、60 分钟、90 分钟等都是变量值。

2. 变量的分类

（1）根据变量值是否连续出现，变量可分为连续型变量和离散型变量。连续型变量是指变量的取值在数轴上连续不断，无法一一列举，即在一个区间内可以取任意实数值。例如，气象上的温度、湿度，零件的尺寸，电子元件的使用寿命等。离散型变量是指变量的数值只能用计数的方法取得，其取值是整数值，可以一一列举，如企业数、职工人数等。

（2）根据变量的取值是否确定，变量又可分为确定性变量和随机变量。确定性变量是受确定性因素影响的变量，即影响变量值变化的因素是明确的，是可解释和可控制的。随机变量则是受许多微小的不确定因素（又称随机因素）影响的变量，变量的取值无法事先确定。社会经济现象既有确定性变量也有随机变量。统计学研究的主要是随机变量。

1.4.5 统计指标和指标体系

1. 统计指标

（1）统计指标的含义及构成要素。统计指标（统计测度）是反映现象总体数量特征的概念及具体数值。例如，2016年我国全年国内生产总值为744127亿元，比上年增长6.7%；年末全国城镇就业人数比上年末新增1314万人；全年粮食种植面积113028.2千公顷；我国社会消费品零售总额为332316亿元，同比增长10.4%；人口出生率为12.95‰，以上这些都是统计指标。一个名称（概念）加上具体的数值，用来反映总体在一定时间、地点、条件下的数量特征时就是统计指标。一个完整的指标一般包括六个要素：指标名称、指标数值、时间范围、空间范围、计算方法、计量单位。统计指标是反映现象总体数量特征的唯一方法。

（2）统计指标的特征。统计指标具有可量性、综合性和具体性三个特点。

统计指标反映的是社会经济现象总体的数量特征，该数量特征用数值来表示，是可以度量或计数的，指标数值是统计指标的构成要素之一，所以统计指标具有可量性。

统计指标是对总体单位数量和属性特征的整理、综合和抽象。根据统计研究目的，利用科学的统计方法，采用标志对总体分组后汇总出各组的总体单位数或对总体各单位的变量值汇总、计算都可以形成统计指标。例如，采用"性别"对学生总体分组，计算出各组的总体单位数和各组所含总体单位数在总体中占的比重，两者都是统计指标。统计指标是个别差异的综合和抽象，反映了总体的综合数量特征，所以统计指标具有综合性。

统计指标是一定条件下，某一具体社会经济现象的数量特征，它不是抽象的概念和空洞的数字，它包含着具体的经济内容、明确的计算方法，不存在脱离具体内容的统计指标，因此统计指标有具体性。

（3）统计指标的分类。

①统计指标按所反映总体的内容和性质不同，分为数量指标和质量指标。数量指标是反映现象总体总规模和总水平的统计指标，用统计绝对数表示。例如，2016年我国全年国内生产总值744127亿元，年末全国城镇就业人数比上年末新增1314万人，全年粮食种植面积113028.2千公顷，这些都是数量指标。

质量指标是说明社会经济现象的相对水平或平均水平的统计指标。例如，2016年全年国内生产总值比上年增长6.7%，我国社会消费品零售总额比上年增长10.4%，人口出生率为12.95‰，这些都是质量指标。质量指标是数量指标的派生指标，常用来反映经济现象的内部结构、比例、发展速度、现象的一般水平、工作质量等，其数值的大小与总体范围无直接关系。

②统计指标按表现形式不同分为总量指标、相对指标和平均指标。数量指标也称为总量指标，总量指标是反映社会经济现象在一定的时间、地点、条件下的总规模或总水平的统计指标。总量指标也称为绝对指标或绝对数。其表现形式是绝对数，但与数学中的绝对数不同，它不是抽象的绝对数，而是一个有名数。例如，2016年我国财政收入为159552亿元。有时，总量指标还可以表现为总量之间的绝对差数，

例如，2016 年我国国内生产总值比上年增加 67419 亿元。

质量指标又可以分为相对指标和平均指标两种。相对指标是反映事物内部或相关事物之间相对数量关系的指标，是两个有联系的统计指标对比的结果，包括结构相对指标（总体中部分总量与总体总量之比）、比例相对指标（总体中某部分总量与其他部分总量之比）、比较相对指标（两个同类指标之比）、动态相对指标（同一指标在不同时间之比）、强度相对指标（两个性质不同但有联系的总量指标之比）和计划完成程度相对指标（实际指标与计划指标之比）等；平均指标是反映变量分布集中趋势或中心位置的指标，表明变量的一般数量水平，包括算术平均指标、几何平均指标、调和平均指标、众数指标和中位数指标等（本书将在第 3 章详细介绍）。

③统计指标按其反映现象的时间状态不同，可以分为静态指标和动态指标。静态指标是反映现象总体在某一时点或相对静态时间上数量特征的指标，包括一般的总量指标、静态相对指标和一般平均指标。动态指标是反映现象总体在不同时期或时点上发展变化情况的指标，包括增长量指标、动态相对指标和序时平均指标等。

④统计指标按其反映的时间状况不同，可以分为时期指标和时点指标。时期指标又称时期数，它反映的是现象在一段时期内的总量，如产品产量、能源生产总量、财政收入、商品零售额等。时期数通常可以累积，从而得到更长时期内的总量。时点指标又称时点数，它反映的是现象在某一时刻上的总量，如年末人口数、科技机构数、公司员工数、股票价格等。时点数通常不能累积，各时点数累积后没有实际意义。

2. 统计指标和标志的区别与联系

指标与标志之间存在密切的联系。标志反映总体单位的属性和特征，而指标则反映总体的数量特征。标志和指标的关系是个别和整体的关系，需要通过对各单位标志的具体表现进行汇总和计算才能得到相应的指标。由个体过渡到总体，由标志过渡到指标，是人们认识的深化和发展。因为各个个体的标志之间存在着变异，只有通过大量个体标志的综合，才能通过统计指标获得个体难以显现的信息，反映出现象本质的属性和特征。由于总体和总体单位的概念会随着研究目的的不同而变化，因此指标与标志的概念也是相对而言的。例如，如果所要研究的是全国工业企业的情况，则各企业的"职工人数""固定资产""工业增加值"等都是总体单位（即各个企业）的标志，而如果研究目的变成研究某一企业的职工状况，则该企业变成一个总体，企业"职工人数"变成了统计指标，每个职工的"文化程度""技术等级""性别""年龄"等就成为标志。

3. 统计指标体系

统计指标体系是指由若干个统计指标组成的整体。统计指标体系可以全方位地反映统计研究的社会经济现象总体的数量特征，一个统计指标只能反映现象某一方面的数量特征。现象是一个复杂整体，现象之间存在着各种相互依存的关系，要全面、客观地描述经济现象，反映事物发展变化的全过程，只用一个统计指标是不够的，需要采用一系列统计指标，构成统计指标体系从不同的侧面反映总体的数量特征。例如，评价企业的经济效益，首先要了解企业盈利能力、发展能力、偿债能力、营运能力、产出效率、产销衔接状况等，这几方面的情况是通过总资产贡献率、资本保值增值率、资产负债率、流动资产周转率、成本费用利润率、全员劳动生产率、产品销售率七项指标组成的指标体系来反映的。

本章小结

本章介绍了数据与统计学、统计学的产生和发展、统计学的分科、数据的来源及统计学的一些基本概念。通过本章的学习，读者对统计学的学科体系要有初步的了解，要用心感悟统计学就是数据的科学，统计研究的目的是探索现象的数量特征和数量规律，要深刻理解和掌握总体、总体单位、标志、变量、指标等统计学的基本概念。

思考与练习

一、填空题

1. 我国人口普查的总体（调查对象）是_____，总体单位（调查单位）是_____。

2. 学生的年龄、学校设备的价值属于_____标志，而学生的性别、设备的种类是_____标志。

3. 研究某银行职工的工资水平时，该银行全部职工构成_____，每一职工是_____。

4. 为了某一特定目的，专门组织的一次性全面调查称为_____；通过随机样本研究总体数量规律的方法称为_____。

5. 表示总体单位属性方面特征的标志称为_____，表示总体单位数量方面特征的标志称为_____。

6. 统计指标反映的是_____的数量特征，数量标志反映的是_____的数量特征。

7. 研究某市居民户的生活水平时，该市全部居民户便构成_____，每一居民是_____。

8. 标志是说明总体单位特征的名称，它有_____和_____两种。

9. 要了解某日某市各证券公司的业务量情况，总体是_____，总体单位是_____。

10. _____标志表示总体单位的性质和属性特征，要用_____来表示。

11. 要了解某银行全部金融产品的情况，总体单位是_____。

12. 统计学是一门_____、_____、_____和_____数据的科学，其目的是探索现象的_____。

二、单项选择题

1. 研究如何对现象的数量特征进行计量、观察、概括和表述的理论和方法属于（　　）。

A. 应用统计学　　B. 描述统计学　　C. 推断统计学　　D. 理论统计学

2. 根据统计研究过程及统计方法的构成，可将统计学分为（　　）。

A. 描述统计学与推断统计学　　　　B. 应用统计学与理论统计学

C. 描述统计学与应用统计学　　　　D. 理论统计学与应用统计学

3. 构成统计总体的个别事物称为（　　）。

A. 调查单位　　B. 标志值　　C. 品质标志　　D. 总体单位

4. 对全校学生的基本情况进行统计研究，下列项目属于指标的是（　　）。

A. 性别　　　　　　　　　　　　B. 每个学生学期考试平均分数

C. 平均身高　　　　　　　　　　D. 每个学生月平均货币支出

5. 研究某高校教师的工资，总体是（　　）。

A. 该校全体教师　　　　　　　　B. 该校每一位教师

C. 该校的教师人数　　　　　　　D. 该校工资总额

6. 指标是说明总体特征的，标志是说明总体单位特征的，所以（　　）。

A. 标志和指标之间的关系是固定不变的

B. 标志和指标之间的关系是可以变化的

C. 标志和指标都是可以用数值表示的

D. 只有指标才可以用数值表示

7. 在全国人口普查中（　　）。

A. 男性是品质标志　　　　　　　B. "年龄"是变量

C. 人口平均年龄是数量标志　　　D. 全国人口状况是指标

8. 下列变量属于连续型变量的是（　　）。

A. 学生人数　　B. 性别　　　　C. 身高　　　　D. 所学课程门数

9. 对实验或调查得到的数据进行整理、显示、计算出的反映总体数量特征的指标，用图形、表格表示出来。这种方法属于（　　）。

A. 统计观察法　　B. 描述统计法　　C. 推断统计法　　D. 参数估计法

10. 下列统计数据的计量尺度中，最高级、最精确的是（　　）。

A. 定类尺度　　B. 定序尺度　　C. 定距尺度　　D. 定比尺度

11. 要了解阅读报纸时人们对图片的关注度，从 15 个城市中抽取了 20 个企业进行调查。此项研究中样本是（　　）。

A. 20 个企业　　　　　　　　　　B. 15 个城市

C. 15 个城市所有的人　　　　　　D. 20 个企业所有的人

12. 下列不属于描述统计问题的是（　　）。

A. 根据样本信息对总体进行推断

B. 了解数据分布的特征

C. 计算总体的各项指标

D. 利用图、表或其他数据汇总工具分析数据

13. 某班 3 名男生的身高分别为 172 厘米、176 厘米和 178 厘米，这三个数是（　　）。

A. 标志　　　　B. 变量　　　　C. 变量值　　　　D. 指标

三、多项选择题

1. 要了解某地区全部成年人口的就业情况，那么（   ）。

A. 全部成年人是研究的总体

B. 成年人口总数是统计指标

C. 成年人口就业率是统计标志

D. 职业是每个人的特征，"职业"是数量指标

E. 某人职业是教师，这里的教师是标志表现

2. 下列属于离散型变量的有（   ）。

A. 生猪存栏头数　　B. 工商企业户数　　C. 粮食产量　　　　D. 生产设备台数

E. 职工年龄

3. 要了解某地区成年人口的失业情况（   ）。

A. 全部成年人是研究的总体　　　　　　B. 成年人口总数是统计指标

C. 成年人口失业率是统计标志　　　　　D. 反映每个人特征的职业是数量指标

E. 某人职业是医生，医生是标志表现

4. 下列分组哪些是按品质标志分组（   ）。

A. 职工按工龄分组　　　　　　　　　　B. 科技人员按职称分组

C. 人口按民族分组　　　　　　　　　　D. 企业按经济类型分组

E. 人口按地区分组

5. 下列属于变量的是（   ）。

A. 工资　　　　　　B. 性别　　　　　　C. 年龄　　　　　　D. 工龄 5 年

E. 身高

6. 某市了解网上购物者的消费状况，下列各项正确的是（   ）。

A. 消费额是变量

B. 该市所有的网上购物者是总体

C. 购物者的消费额是总体

D. 该市所有的网上购物者的消费额是总体

E. 购物者是总体

7. 某银行期末存款余额是（   ）。

A. 质量指标　　　　B. 数量指标　　　　C. 相对指标　　　　D. 总量指标

E. 时点指标

8. 下列属于数量标志的是（   ）。

A. 年龄　　　　　　B. 性别　　　　　　C. 职工人数　　　　D. 国籍

E. 企业的经济类型

9. 关于普查以下说法正确的有（   ）。

A. 2010 年我国进行了第六次人口普查

B. 农业普查我国是五年进行一次

C. 经济普查我国是五年进行一次

D. 是全面调查

E. 属于间接获取数据

10. 下列叙述中采用推断统计方法的是（　　　　）。

A. 利用饼图来反映我国某年的产业结构

B. 抽取 40 件产品了解全部产品的合格率

C. 某年居民家庭平均可支配收入的众数

D. 反映各年 GDP 总量的条形图

E. 用 50 户家庭对某产品的购买意愿，推算全市家庭的购买意愿

11. 下列指标属于平均指标的有（　　）。

A. 人均国内生产总值　　　　　　B. 工人劳动生产率

C. 人均粮食产量　　　　　　　　D. 学生平均学习成绩

E. 产品的单位成本

12. 下列属于平均指标的是（　　）。

A. 平均工龄　　　　　　　　　　B. 生产工人平均日产量

C. 人均粮食产量　　　　　　　　D. 平均年龄

E. 平均每平方公里人口数

四、判断题

1. 总体单位是标志的承担者，标志依附于总体单位。　　　　　　（　　）

2. 由于指标和标志是分别用来说明总体和总体单位的，因而随着总体和总体单位的转化，指标和标志就必然发生相互转化。　　　　　　　　　　（　　）

3. 数量指标是由数量标志汇总来的，质量指标是由品质标志汇总来的。（　　）

4. 我国人口普查和经济普查都是每十年进行一次。　　　　　　　（　　）

5. 所有总体单位与总体之间都存在相互转换关系。　　　　　　　（　　）

6. 品质标志不能汇总出统计指标数值。　　　　　　　　　　　　（　　）

7. 社会经济统计的研究对象是社会经济现象总体的各个方面。　　（　　）

8. 在全国工业普查中，全国企业数是统计总体，每个工业企业是总体单位。

（　　）

9. 标志和统计指标都是用数值表示的。　　　　　　　　　　　　（　　）

10. 普查是为某一特定目的专门组织的经常性全面调查。　　　　（　　）

11. 电话号码是数量标志。　　　　　　　　　　　　　　　　　（　　）

12. 从 60000 张发票中随机抽出 200 张，发现两张有差错，则 200 张发票是统计总体，2 张发票是样本。　　　　　　　　　　　　　　　　　　（　　）

13. 描述统计是统计研究工作的基础，推断统计是现代统计学的核心和统计研究工作的关键环节。　　　　　　　　　　　　　　　　　　　　　　（　　）

14. 数量指标的表现形式是绝对数，质量指标的表现形式是相对数或平均数。

（　　）

2

统计数据的收集、整理与显示

【引例】 **如何观察居民收入分配的差异状况**

近年来，随着我国经济的发展和收入分配制度的变化，收入分配的公平问题日益引起人们的关注。小王和几个同学准备利用暑期社会实践的机会，对这一问题进行研究。为此，他们请教了教统计学的汪老师。汪老师向他们提了几点建议：对收入分配的公平问题进行研究，不能只停留在一般的理论分析上，而应当开展深入细致的定量分析。为此，首先有必要收集有关居民收入的详细数据，深入了解我国居民现有的收入分配状况；其次要利用统计分组的方法，根据居民的收入水平将居民分成不同的组进行考察，并用累计分布曲线将其直观地表现出来，在此基础上，还可以计算反映收入分配公平程度的基尼系数；最后，可以分析引起基尼系数变化的原因，进而提出相关的政策建议。汪老师所提的研究思路涉及统计数据的收集、整理与显示的理论和方法，这些正是本章所要介绍的主要内容。

2.1 统计数据的收集

2.1.1 统计数据收集的含义和要求

所谓统计数据收集，就是按照统计研究的目的和任务，运用各种科学有效的方式和方法，有针对性地收集反映客观现实的统计数据的活动过程。统计数据收集是整个统计活动的基础阶段，通常也称为统计调查阶段。

准确性、及时性和完整性是统计数据收集的基本要求，其中准确性是统计数据收集的核心，及时性是统计数据信息价值的体现，完整性则是统计指标计算和统计分析的需要。

2.1.2 统计数据收集方案设计

统计数据的收集是一项系统的工作，大致包括以下四个环节：确定数据收集目的，设计数据收集方案，开展数据收集活动，评估数据收集质量。其中，设计完整的数据收集方案十分重要，是开展数据收集活动的依据，需要缜密考虑。

一般而言，统计数据收集方案应包括以下内容。

1. 数据收集目的

数据收集目的是指所收集的数据用于研究和解决什么问题，对所研究现象需要达到什么样的认识。只有明确数据收集目的，才能确定需收集什么数据、向谁收集和如何收集等问题。

16

2. 数据及其类型

在明确数据收集目的后，必须明确需要收集的数据及其类型，即确定需要收集哪些数据、明确哪些属于定性数据、哪些属于定量数据、哪些属于观测数据、哪些属于实验数据、哪些需要收集原始数据、哪些需要收集二手数据以及是否需要截面数据或时序数据等，并相应地把它们归于各类、各种具体的统计指标。

3. 数据收集对象和观测单位

对于原始数据的收集，必须明确数据收集对象和观测单位。数据收集的对象，就是要研究的现象总体。只有对象明确，才能使数据的收集有明确的范围。观测单位则是指观测标志的承担者，也就是构成观测对象总体的每一个个体。例如，要研究工业企业的经济效益，就需要取得工业企业的总产值、利润额、劳动生产率、资金利润率、资金周转速度等标志的有关资料，因此一定地区范围内的所有工业企业就构成了资料收集的对象，而每一个工业企业则是上述标志的承担者，即观测单位。但是，有时观测标志的表现结果不必直接由观测单位本身提供，例如，要了解某市小学教师的住房状况，则各位教师的住房类型、住房面积等标志的具体结果可由学校提供，而不必直接由教师本人来提供。因此，统计数据的观测单位与提供单位有时是不一致的，应该分别加以明确。

4. 观测标志和调查表

观测标志是根据数据收集目的所确定的调查项目，即作为原始数据来源的有关品质标志或数量标志。观测标志的选择要把需要与可能相结合，并注重有关标志之间的相互联系。把所要观测的标志按逻辑顺序列在一定形式的表格内，称为调查表（登记表、记录表或问卷）。在具体应用中，调查表有单一表和一览表两种形式。单一表是指一张调查表只用于填写一个观测单位的标志表现，一览表则是指一张调查表用于同时填写多个观测单位的标志表现。选择单一表还是一览表，应从具体情况出发，根据研究目的、观测对象的特点和观测标志的多少而定。

这里需要指出的是，问卷作为一种特殊的调查表，在统计数据的收集中具有重要的作用，如何设计一份好的问卷，既是技术性问题也是艺术性问题。

5. 数据收集方式与方法

采用什么样的数据收集方式与方法，直接关系到能否及时、准确、完整地收集到所需的统计数据，还涉及所需投入的人力、物力和财力。因此，一定要根据研究目的、总体情况、相关条件和数据收集的需要，选择最合适的收集方式与方法。例如，某企业要想了解本企业产品的市场占有率和消费者的使用意见，可以采用抽样调查方式和采访法（问卷调查方法）；若想了解不同包装对产品销售的影响，可以采用实验方式和直接观察法、采访法。

6. 数据所属时间和数据收集期限

事物是发展变化的，在不同的时间有不同的数量表现，因此，在统计数据的收集过程中，必须明确每一项数据所属的时间，这也是统计指标时间界限的体现。数据收集期限，是指完成数据收集活动的起止时限，对其加以明确的规定，是保证统计数据收集及时性的需要。

7. 数据收集地点

数据收集的地点，就是观测、记录统计数据的地点。一般情况下，它与观测单位所在的地点是一致的，但有时也会不一致，例如，在人口普查时，规定"常住人口"应在常住地点进行登记，但若某被调查者短期外出工作，则仍应在他的常住地登记而不是在现居地登记。

8. 数据收集的组织

任何一项统计数据的收集，都需要一定的人力、物力和财力，大规模的数据收集活动还要建立专门的组织机构来统一安排各项工作，如人员培训、经费预算、活动分工、进展计算、资料传递、材料的印刷等。健全的组织是统计数据收集顺利开展的有力保证。

制定好统计数据收集方案后，就应该严格按照方案进行统计数据的收集活动。在这一阶段，每一位数据收集者都要认真仔细，严防各种可能出现的差错，确保所取得数据的质量。

2.1.3 统计数据收集方式

统计数据收集方式，是指获取统计数据的组织形式。根据统计数据的来源不同，其收集方式有两种：统计调查方法和实验方法，本书主要介绍统计调查方法。

统计调查方法，就是运用合适的统计调查手段去收集统计调查对象总体中的全部或部分个体的原始数据，也就是通过对调查对象总体中的全部或部分个体的有关标志特征进行调查或观测的方式来获取统计数据。常用的统计调查方法有普查、抽样调查、重点调查等。

1. 普查

普查是为某一特定目的专门组织的一次性全面调查。世界各国都定期地进行人口普查、农业普查。例如，我国在 1982 年进行了第三次全国人口普查，1990 年、2000 年和 2010 年分别进行了第四、第五和第六次全国人口普查。普查收集的直接数据内容丰富，综合的结果能准确反映一国国情、国力。但是由于普查涉及面广、调查单位多，需要耗费大量的人力、物力和财力，通常要间隔较长的时间进行一次。2003 年，国家统计局、国家发展和改革委员会与财政部联合发出通知，对我国的普查项目和周期做了调整和安排，经济普查每 5 年进行一次，在逢 3、8 的年份实施；人口普查每 10 年进行一次，在逢 0 的年份实施；农业普查每 10 年进行一次，在逢 6 的年份实施，2016 年进行的是第三次全国农业普查。

2. 抽样调查

（1）抽样调查的含义及特点。抽样调查是统计调查中应用最广、最重要的调查方法，它是通过随机样本对总体数量规律性进行推断的调查研究方法。虽然抽样调查不可避免地存在着由样本推断总体产生的抽样误差，但统计方法不仅可以估计出误差的大小，而且可以进一步控制这些误差。由于以上这些特点，加之其节省人力、财力、物力，又能保证实效性的特点，抽样调查已经成为科学研究及管理决策最重要的方法之一。

（2）抽样调查的组织方式。最基本的抽样调查的组织方式有简单随机抽样、类型抽样、系统抽样和整群抽样等。

①简单随机抽样。简单随机抽样也称纯随机抽样，是不对总体单位作任何的分类和排序，完全按随机原则，从总体中逐个抽取样本单位的抽样调查的组织方式。例如，先对所有的总体单位进行编号，并制成签条或卡片，充分混合后进行逐个抽取，由对应号码的总体单位组成样本的方法，采用的就是简单随机抽样的方法，很多彩票的抽奖过程采用的也是这种方法。这种抽样方式抽出的样本最符合随机性原则，可以保证每个单位被抽中的机会是均等的，因而产生的理论较为科学、完善，该方法也是其他抽样方式的基础。但是，它的应用有很大的局限性，因为总体单位数很大或无限时，对其进行编号的工作量非常大，甚至是不可能的；在总体各单位标志变异程度很大时，简单随机抽样产生的样本对总体的代表性比较差，会影响抽样推断的准确程度。

简单随机抽样有重复抽样和不重复抽样两种抽取样本单位的方法。从总体中抽取一个单位对其特征观察和测量后，把这个单位放回到总体中再抽取第二个样本单位，直至抽取 n 个单位为止，这种抽样方法称为重复抽样。从总体中抽取一个单位对其特征观察和测量后，不再放回总体，从剩下的总体单位中抽取第二个样本单位，直到抽出 n 个单位为止，这种抽样方法称为不重复抽样。显然采用重复抽样，可能会使某一个总体单位多次被抽中；而采用不重复抽样，每个总体单位只可能被抽中一次。

②类型抽样。在抽样之前先将总体单位划分为若干层（类），然后从各个层中抽取一定数量的样本单位组成样本的抽样调查组织方式称为分层抽样（stratified sampling），也称分类抽样。

在分层或分类时，应使层内各单位的差异尽可能小，使层与层之间的差异尽可能大。各层的划分可根据研究者的判断或研究的需要进行。例如，研究人口的年龄结构时，可以先按年龄对人口总体进行分组（类）；研究收入的差异时，可按城镇、农村分组（类）等。

分层抽样是一种常用的抽样方式。它具有以下优点：第一，分层抽样除了可以对总体进行估计外，还可以对各层的子总体进行估计；第二，如果分层抽样是按自然区域或行政区域进行的，抽样的组织和实施就比较方便；第三，分层抽样的样本分布在各个层内，从而使样本在总体中的分布比较均匀，因此可以提高估计的准确性。

③系统抽样。在抽样时先将总体各单位按某种标志排列，并按某种规则确定一个随机起点，然后，每隔一定的间隔抽取一个单位，直至抽取 n 个单位形成一个样本，这样的抽样方式称为系统抽样（systematic sampling），也称等距抽样或机械抽样。

进行系统抽样时，用来进行总体单位排序的标志可以与调查目的有关，也可以与调查目的无关。例如，研究居民家庭收入情况时，按家庭收入多少排序就与调查目的有关，按姓氏笔画、门牌号码排队就与调查目的无关；研究学生考试成绩，按成绩排序与调查目的有关，按学号排序与调查目的无关。只要有了总体单位的排序，确定出抽样的随机起点和间隔后，样本单位也就随之确定。系统抽样的样本单位在总体中的分布一般也比较均匀，抽样误差通常要小于简单随机抽样，如果掌握了总体的有关信息，将总体各单位按与调查目的有关标志排序，就可以提高估计的精度。

④整群抽样。整群抽样（cluster sampling），是将总体各单位划分成若干个群（若干个组），然后以群为单位从总体中随机抽取一些群，由抽中的群中的所有总体单位组成样本的抽样调查的组织方式。整群抽样时，群的划分可以是按自然或行政区域进行，也可以是人为地组成群。例如，在抽选地区时，可以将一个地区作为一群，然后对该地区全部单位进行调查。在抽取居民进行调查时，可以将一个居民户作为一群，然后对户中每位居民都进行调查。整群抽样的优点是：不需要有总体单位的具体名单，而只要有群的名单就可以进行抽样，而群的名单比较容易得到；此外，整群抽样时，群内各单位比较集中，对样本进行调查比较方便，节约费用。当群内的各单位存在差异时，整群抽样可以得到较好的结果，理想的情况是每一群都是整个总体的一个缩影，在这种情况下，抽取很少的群就可以提供有关总体特征的信息。如果实际情况不是这样，整群抽样的误差会较大，效果也比较差。

3. 重点调查

重点调查是一种非全面调查，是对数据收集对象总体中的部分重点个体进行观测的统计调查方式。所谓重点个体，就调查标志而言，是那些在总体标志总量中占有较大比重的少数个体。这些重点个体，虽然只是总体全部个体中的一小部分，但就调查标志而言却有举足轻重的作用。通过对重点个体的调查，能够从数量上反映总体的基本情况，抓住重点。例如，我国的钢铁企业有数百家，但钢铁产量的高低差别却很大，其中首都钢铁、宝武钢铁、鞍山钢铁、太原钢铁、包头钢铁等大型钢铁企业，虽然在企业数上只是少数，但在全国钢铁总产量中所占的比重却是绝对大的，只要对这些重点企业进行观测，就可以八九不离十地了解全国钢铁生产的基本情况。

重点调查具有投入少、速度快的优点，可以调查较多的项目，但在推断总体标志总量时，要注意重点个体与非重点个体在调查标志值上的巨大差异。重点调查有两个特点：一是以客观原则来确定观测单位；二是属于范围较小的全面调查，即对所有重点个体都要进行观测。因此，若数据收集的任务只要求掌握现象的基本情况，而总体中又确实存在少数重点个体时，采用重点调查是很适合的。如果在对重点个体进行全面观测的同时，对非重点个体进行抽样调查，把两部分调查结果进行组合，就可以全面掌握总体的数量特征。

2.1.4 问卷设计

1. 问卷的概念与结构

（1）问卷的概念与种类。问卷是依据统计研究目的和要求，按照一定的理论假设设计出来的，由一系列问题、项目、备选答案及说明组成的，向被调查者收集资料的一种工具。通过问卷来收集统计数据，可以使调查内容标准化和系统化，便于统计处理和分析。

　　问卷按是否由被调查者自己填写分为自填式问卷和代填式问卷两种。自填式问卷由被调查者自己填答，代填式问卷是由调查人员根据被调查者的口头回答来填写。这两种问卷的适用对象通常不同，因而在问卷的具体形式、设计要求和填写说明等方面也有所不同。

　　（2）问卷的结构。问卷一般由引言、被调查者基本情况、问题和答案、结语四个部分组成。

　　引言一般在问卷的开头，或作为问卷的说明词，用于表明调查的目的与意义、调查组织者的身份和调查的主要内容等，力求引起被调查者的重视与兴趣，取得支持与合作。说明词要态度诚恳、口吻亲切，并要对被调查者表示真诚的感谢。有时还要向被调查者说明问卷填写的方法和要求以及需要注意的有关事项。

　　被调查者的基本情况有助于了解个人或企事业单位的有关基本特征，如性别、年龄、婚姻、文化程度、职业、工作单位、职务或技术职称、民族等，企事业单位的行业类别、经济类型、单位规模、所在地区等。掌握这些基本情况，便于进行各种构成分析。

　　问题和答案是问卷的主要组成部分，包括所要了解的各个问题和相对应的备选答案。这一部分设计得如何，直接关系到本次问卷调查能否取得有价值的资料。

　　结语是在问卷末尾对被调查者再次表示感谢，或用于征询其对问卷设计和问卷调查的意见和感受，有的问卷也可以不要结语。

　　此外，问卷上还应有便于计算机处理的编码。若是访问问卷，还应有作业证明的记载，即填写访问人员姓名、访问日期和被调查者合作情况等。

　　2. 问题的设计

　　问题即问句，是调查者与被调查者沟通信息的直接渠道，问题设计是否准确、科学、易懂，将直接影响数据收集的质量，因此问题设计是问卷设计的关键。

　　（1）问题的种类。根据调查内容不同，问题可分为事实性问题、意见性问题和解释性问题。事实性问题要求被调查者依据现有事实作出回答，不必提出主观看法。如"您使用什么品牌的牙膏？""您的职业是什么？"。意见性问题用于了解被调查者的意见、看法、评价、态度、要求和打算等，如"您喜欢××牌的牙膏吗？""您对目前的职业是否满意？"。解释性问题用于了解被调查者行为、意见、看法等产生的原因，了解个人内心深层的动机。如"您为什么要购买××牌的牙膏？""您为什么要从事××职业？"。事实性问题回答比较简单，统计处理比较容易，但收集到的资料不够深入。意见性问题和解释性问题则在回答难度和统计处理难度上逐步加重，但所收集的资料能比较深入地说明所研究的问题。

　　根据回答方式不同，问题可分为开放式问题和封闭式问题。开放式问题也称为自由回答式问题，是指不提供备选答案而需要被调查者自由作出回答的问题。例如，"您对我国目前高校招生政策有什么看法？"。这类问题适用于事先无法列出或不能知道所有可能答案的情况，有利于被调查者给出不受限制或富有启发性的回答，增大回答的信息量。但这类问题回答结果的统计处理比较难，并可能掺杂不太有价值的信息，若被调查者的文化程度偏低就会难以作出回答。封闭式问题，是指已列出所有可能答案以供选择的问题。例如，"您家现住房的面积是多少？①50平方米以

下，②50～80平方米，③80～100平方米，④100平方米以上"。这类问题适用于能一一罗列全部可能答案且答案个数不是很多的情况，回答简单，统计处理和分析比较容易。但这类问题使回答带有一定的强迫性，得出的信息有时比较粗糙（如某居民家庭现住房面积68平方米，在开放式回答中能给出准确回答，而在封闭式回答中只能选择答案②，区间幅度为30）。有时，在问卷中还设计半封闭半开放式的问题，以取得更多的信息。例如，"您家有照相机吗？□有，□无；若有，是什么牌子？（　　）""您的职业是＿＿＿＿。①教师，②公务员，③军人，④企业管理人员，⑤职工，⑥个体户，⑦其他（　　）"。

（2）问题设计的原则

①所列问题必须符合客观实际情况。这是指问题应符合当前社会经济发展状况和科学发展水平，符合大多数人的思想意识、文化素质、语言习惯、生活水平和生活方式等，例如，我国城镇居民家庭耐用消费品，20世纪70年代以手表、自行车、缝纫机为代表，20世纪80年代以电视机、冰箱、洗衣机为代表，20世纪90年代则以空调、照相机、音响设备、电脑等为代表，进入21世纪则以各种数码产品、家用轿车等为代表，并且不同的年代对耐用消费品的理解也不一样。如果不考虑经济发展的客观实际情况，现在仍以手表、自行车等为内容来设计问题，显然不切实际。

②问题不能太多。一份问卷包括多少问题，应根据调查目的、调查对象的特点、财物力量及时间要求等来考虑。在满足需求的情况下，问题要尽量精简，最大限度地减轻被调查者的负担，避免其产生厌烦情绪，提高问卷的有效回收率。

③问题必须是被调查者有能力回答的。凡是不太可能或不太容易被理解和回答的问题，应该避免出现，尤其是要避免出现理论性或专业性很强的问题。例如，向普通居民提"加强国际合作有何重要意义？""我国物价指数编制方法是否科学？"等问题，就有可能超出被调查者回答能力的范围。此外，向未使用家用轿车者询问"每月私家车汽油消费量多少"，向未婚者询问"您有几个子女"，以及需要回忆很长时间才能勉强回答的问题，都会使被调查者感到手足无措。

④不要直接提社会上禁忌的和敏感性的问题。由于风俗或民族习惯的不同，有些问题可能会引起误会，甚至会产生民族纠纷，因此要加以避免。而涉及个人利益和声誉的一些问题，则具有很强的敏感性和隐私性，如"您有多少储蓄存款？""您是否曾在考试中作弊？"，可能会由于被调查者的自我防卫心理而拒绝回答。如果确实需要了解一些敏感性问题，就要用一些特殊的技巧方法来处理。一是释疑法，即在问题前面写上一段消除疑虑的文字，并承诺绝对保密。二是假定法，即用一个假定性条件句作为问题的前提，例如"假定允许人员自由流动，您是否也想试一试？"比直接问"您想调离现在工作的单位吗？"要好得多。三是转移法，即把本应由被调查者自己根据实际情况回答的问题转移到根据他人情况来回答的问题，例如"对于学校的早读规定，有的同学认为合理，有的同学认为不合理，您同意哪一种看法？"比直接问"您是否愿意参加早读？"要好得多。四是模糊法，即用一个答案适当模糊的问题来代替追求精确答案的问题，例如，"您每个月的收入属于下列哪一档？①2000元以下，②2000～5000元，③5000～8000元，④8000～10000元，

⑤10000～20000元，⑥20 000元以上"，这比问"您每个月的收入是_____元？"要好一些。

⑤问题不能带有诱导性和倾向性，要保持客观中立。这是指问题不能流露出调查者或问卷设计者自己的倾向或暗示，以免左右被调查者的回答。例如"××牌啤酒泡沫丰富、口味清纯，您的印象如何？"就带有明显的倾向性。在问题中应避免出现"多数人认为""某权威机构认为""某知名人物认为"等词语。

⑥问题的内容要单一。一个问题只能包含一个询问内容，否则就会使被调查者难以回答。例如，"您的父母是教师吗？"这一问题就有缺陷，因为父和母是两个人，可能其中一位是教师而另一位不是教师，这就使被调查者不知该回答"是"还是回答"否"。因此，对于比较复杂的问题，要按询问内容进行分解。

⑦问题的语言要简单易懂、标准规范。每一个问题对每个被调查者而言都只能有一种解释，问题中用语的定义必须清楚明确。例如，"您上个星期总共看了几小时书？"这一问题中，书是否包括报纸、杂志？"您是否经常看电视？"这一问题中，"经常"的标准是什么，都可能引起歧义。因此，问题中要避免含义不明确、概念不清楚、容易引起不同理解、过于抽象的词语，也不能用缩略语。

⑧问题的排列要讲究逻辑性。一般地，问题的排列应该先是比较容易回答的问题，再是比较难回答的问题；先事实性问题，再意见性问题和解释性问题；先封闭式问题，再开放式问题。在调查内容的时间上，则应该先过去，再现在，后未来。问题与问题之间要注意内在联系，要有严密的逻辑性。

3. 问题答案的设计

（1）问题答案的设计形式。针对封闭式问题而言，问题答案的设计是问卷设计的另一个主要内容。问题答案的形式通常有以下五种。

①是非式。是非式也称两分式、是否式等，即问题只有两个相对立的答案可供选择，如"是"与"否""有"与"无""赞成"与"否定"，被调查者只需从中选择其一即可。例如，"您家有电脑吗？ □有，□无"。这种设计回答容易，统计处理方便，但不能表达出被调查者行为或意见的程度差别。例如，对于回答有电脑的家庭，有的有一台，有的则可能有两台或更多台，电脑的品牌、规格、型号等也不一样，这些差异在是非式设计中难以体现。有时，由于被调查者处于"未定"状态而可能放弃回答，这种设计只适合于询问简单的事实或意见。

②多项式。多项式指问题有三个或三个以上的答案可供选择，由被调查者从中选择一个或几个作为回答。例如，前述关于收入问题的备选答案有六个，被调查者需从中选择一个。再如，"您夏天喜欢喝什么饮品？ ①开水，②矿泉水，③纯净水，④可乐，⑤雪碧，⑥芬达，⑦果汁，⑧其他_____"，备选答案有八个，被调查者需从中选择一个或多个。多项式设计的回答和统计处理都比较容易，但要列出所有可能的备选答案往往有一定困难（不能太多），故常用"其他_____"来处理。

③顺序式。顺序式要求被调查者对问题的备选答案，按照重要性程度或喜爱程度定出先后顺序，作出比较性的回答。例如，"请您对下列不正之风按您痛恨的程度以1，2，3……的顺序加以排列：□用公款大吃大喝，□用公款送礼，□拉关系走后门，□用公款旅游，□用公款购买小汽车和手机等，□任人唯亲，□领导干部

官僚主义、脱离群众，□滥发文凭，□拉帮结派，□其他_____"。这种设计便于被调查者去衡量比较，能比多项式了解更多的信息，适用于要求区分答案的缓急轻重或先后顺序的问题。但它难以体现答案之间的差异大小，并且当备选答案较多时，各答案在问卷中的位置也会对被调查者产生一定影响。

④程度评价式。这是一种观念计量的方法，一般地，对问题列出几个不同程度的答案，并对每一个答案事先按顺序给分，相邻答案的分差相等，由被调查者从中选择一个答案来表达他对事物的感受程度。例如：

您对目前从事的职业是否满意？

	很满意	满意	一般	不满意	很不满意
	2	1	0	-1	-2
或	5	4	3	2	1

这种设计能从计分的角度进行统计处理，有利于综合了解被调查者的总体态度和程度。但计分本身是非客观的，只是一种人为规定。有时，也可以把答案按程度分为3档、7档或9档，档数越多，了解的信息就越细，但相邻答案之间的区别就越微小。

⑤比较式。比较式指把若干可比较的事物整理成两两对比的形式，由应答者进行比较。这种方式比将许多事物放在一起，让应答者做比较要简便容易一些，并可获得针对性明显的具体结果。例如：

请您比较下列每一对不同的广告，哪一种更吸引人？

①□甲广告和□乙广告　②□丙广告和□丁广告
③□甲广告和□丁广告　④□乙广告和□丙广告
⑤□甲广告和□丙广告　⑥□乙广告和□丁广告

此外，问题答案还有过滤式、倾向偏差式、竞争选好式、回想式等形式。

（2）问题答案的设计原则。

①所列答案应包括所有可能的回答。只有将全部可能的答案列出，才能使每个应答者都有答案可选，不至于无合适答案而放弃回答。为防止答案遗漏，可用"其他_____"来弥补。

②不同答案之间不能相互包含。一个问题所列出的各个答案必须互不相容，互不重叠，否则应答者可能作出有重复内容的双重选择，影响调查效果。例如，"您喜欢阅读哪类图书？①文学艺术类，②自然科学类，③社会科学类，④经济管理类，⑤会计类，⑥统计类"这一设计中，有关答案之间就相互包容了，因为会计类属于经济管理类或社会科学类，因此对应答者的回答难以作出正确的统计分析。

③答案的表达必须简单易懂、标准规范。一是要尽可能简单明确；二是要用标准规范的语言，不使用晦涩难懂的词语；三是分类要符合通用标准的分类，符合惯例，如职业分类、产业分类等。

④每一项答案都应有明显的填答标记，答案与答案之间要留下足够的空格。答案的填答标记有"A、@、①、□、（）、［］"等，打"√"、打"×"或涂黑。

2.1.5 数据的来源及质量

1. 数据的来源

来源于直接组织的调查、观察和科学试验的数据，称为一手数据或直接数据。研究现象的数量特征和数量规律，如果没有相关个体的数据可以利用，就要专门组织调查或试验来获取直接数据。例如，CCTV 经济生活大调查、互联网购物消费调查、家庭收支情况调查等，都是为了获取直接的数据，借助于已有的研究成果来分析现象的数量特征，收集的数据就是二手数据或间接数据。例如，在国家统计局网站收集我国 2005—2015 年各年的 GDP 总量以研究其变化规律，收集的数据就是间接的数据。

二手数据可通过三个途径获得：一是从相关的年鉴、期刊和有关出版物上获取；二是从有关网站搜寻；三是向有关公司购买各种数据库。统计年鉴主要有《中国统计年鉴》《国际统计年鉴》《地方统计年鉴》《中国统计摘要》。上述各种年鉴提供的资料较为详细、全面、系统，但时效性较差。反映我国经济社会动态的数据，可由《中国经济景气月报》《中国经济数据分析》《经济预测分析》等期刊取得。目前可获取反映我国经济社会状况统计数据的网站主要有中国统计信息网、国务院发展研究中心信息网、中国经济信息网。数据库建设是国家经济信息化建设的一项重要的基础性工作，由有关公司组织开发，向社会提供有偿服务。目前，主要的经济统计数据库有：国家统计数据库、中经网统计数据库、中宏数据库、中国统计数据应用支持系统与中国统计年鉴服务系统、Wind 中国金融数据库、CSMAR 数据库等经济、金融、证券研究数据库。

2. 数据的质量

统计研究的整个工作过程就是对数据的加工过程，从原始数据的收集开始，经过整理、显示、样本信息的提取到总体数量规律的科学推断，都存在一个减少误差、提高数据质量的问题。但不同的统计工作阶段统计数据误差的原因不同，严重程度也不同。

根据误差产生的原因不同，可以将误差分为非抽样误差与抽样误差。非抽样误差是由于调查过程中各有关环节工作失误造成的。它包括调查方案中有关规定或解释不明确导致的填报错误、抄录错误、汇总错误，不完整的抽样框导致的误差，调查中由于被调查者不回答产生的误差等。非抽样误差在普查、抽样调查中都可能发生。显然，从理论上看，这类误差是可以避免的。克服或降低非抽样误差，一方面要加强对统计调查人员的培训，增强他们的工作责任心、提高数据质量意识，加强填报和汇总时的检查；另一方面要掌握获取完整抽样框的方法，以及科学抽样的方法与技术。在非抽样误差中还有一种人为干扰造成的误差，即有意瞒报或低报数据，这是需要给予特别注意的。例如，统计地方生产总值时，由于层层加水造成的误差；在调查市场物价时，某些负责人为表现自己的工作业绩，无视有关统计的法律法规，强行调低物价指数。这种虚报、低报等瞒报的行为都触犯了《统计法》，统计人员要坚决抵制并予以揭露。

抽样误差是利用样本推断总体时产生的误差。由于样本只是总体的一部分，用样本的信息去推断总体，或多或少总会存在误差，因而抽样误差对任何一个随机样本来讲都是不可避免的。但它又是可以计量的，并且是可以控制的。在坚持随机原则的条件下，一般来讲，样本量越大，抽样误差就越小。

2.2 统计数据的整理

2.2.1 统计数据整理的含义与要求

统计数据整理也称统计整理，是指根据统计研究的目的，对统计收集到的数据进行科学的加工处理，使之系统化、条理化和综合化，成为能反映研究对象总体数量特征、满足统计分析需要的统计数据的过程。统计数据整理包括两个方面：一是对原始统计数据的整理，即通过分组（分类）和汇总，使大量的、零散的，反映个体特征的数据，转化为综合的、反映总体特征的数据；二是对次级数据的再整理，即通过新的分组、计算或各种必要的调整，使之满足新的需要。本书主要介绍第一种情况。

在整个统计研究过程中，统计整理起着承上启下的作用，既是统计调查的继续，又是统计分析的开始，因此要十分强调其科学性、条理性和充分性。所谓科学性，就是数据整理的分组和汇总必须科学合理，符合客观事实；所谓条理性，就是数据整理的过程要层次分明、条理清楚、逻辑关系严密；所谓充分性，就是运用各种数据整理方法和技术，通过多角度、多方位的加工处理，使整理的结果尽量充分地体现出数据中包含的有用信息，最大限度地满足统计分析的需要。

2.2.2 统计数据整理的步骤

统计数据整理包括以下步骤：整理方案的设计、数据预处理、统计分组和汇总、整理数据的显示和整理数据的保存与公布。

整理方案的设计主要是以数据收集方案为基础，围绕统计分析目的，确定需要的统计分组，需要汇总计算的统计指标，数据处理的方法与工具（例如，采用什么数据处理软件），以及数据显示的形式等内容。

数据预处理是统计整理的先前步骤，是在统计分组、汇总前对原始数据所做的必要工作，包括数据审核、数据筛选和数据排序等。数据审核对于原始数据来讲，主要是检查其完整性和准确性，确保数据的质量。其中完整性审核是检查应调查或观测的个体是否有遗漏，应调查或观测的项目是否有缺损；准确性审核是检查所收集的数据是否存在差错，是否符合客观实际，检查的方法有逻辑检查和计算检查等。数据筛选是指通过数据审核后，剔除那些明显不符合要求或有明显错误而又难以弥补、纠正的数据，或者在原始数据中把那些符合某种规定要求的数据筛选出来。数据排序是指为了发现所收集数据中的某些特征或规律，寻找某些有用的线索，或为了检查纠正原始数据中的差错，而将原始数据按一定的顺序加以排列，例如，定性数据按英文字母顺序、拼音字母顺序、汉字笔画等排序，定量数据按数值大小顺序排列等。排序可以是升序，也可以是降序。

统计分组和汇总是统计整理的关键步骤，就是要根据统计研究的目的和研究对象的特点，通过科学选择分组标志和科学确定分组界限，将观测的个体及其原始数据进行归类，借助必要的数据处理方法和工具，汇总计算出有关统计指标。本节将着重介绍统计分组和次数分配问题。

整理数据的显示是表现统计整理结果的步骤，就是要将统计分组和汇总后的数据，用适当的统计表、统计图显示出来，直观、准确、清楚地表达出研究对象总体的有关数量特征，便于开展统计分析。

整理数据的保存与公布是统计整理的最后一个步骤，就是要把统计整理的结果以适当的形式加以保存，并以适当的内容、形式和范围加以公布。

2.2.3 统计数据的分组

1. 统计分组的含义与性质

数据的分组也称统计分组，就是根据统计研究目的和总体的内在特征，按照一定的标志，将总体划分为若干性质不同的部分或组的一种统计方法。

统计分组具有以下一些重要的性质。第一，统计分组兼有分与合的双重功能，是分与合的对立统一。对总体而言是"分"，要把总体划分为若干性质不同的部分；对个体而言是"合"，要把性质相同的个体归入同一组中。第二，统计分组必须遵循"穷尽原则"和"互斥原则"，即现象总体中的任何一个个体都必须而且只能归属于某一个组，不能出现遗漏或重复出现的情况。第三，统计分组的目的是要在同质性的基础上研究总体的内在差异性，即尽量体现出分组标志的组间差异而缩小其组内差异。第四，统计分组在体现分组标志的组间差异的同时，可能掩盖了其他标志的组间差异，因此，任何统计分组的意义都有一定的限定性。第五，统计分组的关键是分组标志的选择和分组界限的确定，如果分组标志选择不当或分组界限不合理，就会混淆事物的性质，难以客观反映现象总体的特征。

2. 统计分组的种类

（1）统计分组按照分组标志的多少不同，可以分为简单分组与复合分组。简单分组是指对总体只按一个标志进行分组，只反映总体某一方面的分布状况和内在结构。例如，人口总体只按性别标志，或只按年龄标志，或只按其他任何一个标志分组，就属于简单分组。

复合分组是指对总体同时按两个或两个以上的标志进行层叠式的分组，即先按第一个标志进行分组，然后每组再按第二个标志分成小组，各小组再按第三个标志分成更小的组，如此下去，直至完成所有标志的分组。复合分组本身形成复合分组体系，状如树形。如某高校在校学生总体按文理科、学历和性别标志的复合分组，如图2-1所示。

（2）统计分组按照分组标志性质的不同，可以分为品质标志分组和数量标志分组。

①品质标志分组。品质标志分组是指对总体分组时采用的分组标志是品质标志。例如，人口总体按性别、文化程度、民族、所属地区分组都是品质标志分组。如表2-1所示的分组就是按品种标志分组。

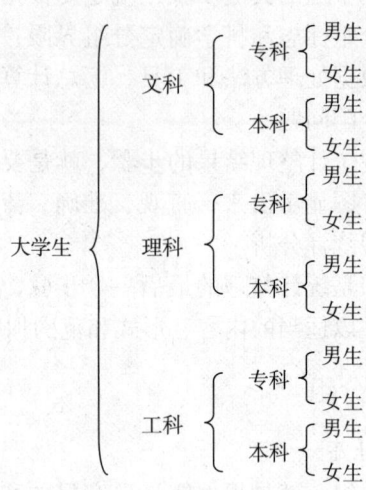

图2-1　某高校在校学生总体的复合分组情况

表2-1　　我国第二次农业普查农业生产经营户和农业生产经营单位的数量

按地区分组	农业生产经营户（万户）	农业生产经营单位（万个）
东部地区	6550	19.3
中部地区	6060	9.0
西部地区	6128	8.7
东北地区	1278	2.5
合计	20016	39.5

资料来源：第二次全国农业普查主要数据公报（第五号），略有修改。

②数量标志分组。数量标志分组是指对总体分组时采用的分组标志是数量标志。例如，按成绩分组、按职工工资分组、按居民收入分组等。如表2-2至表2-4所示的分组都是按数量标志分组。

表2-2　　　　　　某居民小区住户按家庭人口分组统计表

家庭人口数（人）	家庭数（户）
1	50
2	180
3	600
4	300
5	90
合计	1220

表 2 - 3　　　　　　　　车间工人按日产量分组统计表

日产量（件）	人数（人）
10 以下	1
10 ~ 19	10
20 ~ 29	20
30 ~ 39	16
40 以上	3
合计	50

表 2 - 4　　　　　　　某院校教职工按月基本工资额分组表

基本工资（元）	人数（人）	占比（％）
2000 ~ 3000	20	4
3000 ~ 4000	180	36
4000 ~ 5000	240	48
5000 ~ 6000	50	10
6000 以上	10	2
合计	500	100

A. 分组标志按变量值的多少，可分为单项式分组与组距式分组。

单项式分组，是每组用一个变量值表示的统计分组，如表 2 - 2 所示的分组。分组标志是离散变量，变量值的具体形式较少、变动范围较小时，可采用单项分组。

组距式分组，是每组用变量值变动的范围表示的统计分组，如表 2 - 3 和表 2 - 4 所示的统计分组都是组距式分组。组距式分组常用于连续型变量或者变动范围较大的离散型变量。

按数量标志分组，应注意如下两个问题：首先，分组时各组数量界限的确定必须能反映事物质的区别；其次，应根据被研究的现象总体的数量特征，采用适当的分组形式，确定合适的组距、组限。

在组距式分组中，涉及组限、开口组、组距、组数、组中值等概念。

组限是表示各组之间界限的变量值。每组的最大变量值称为上限，最小变量值称为下限。表 2 - 4 中第一组的下限是 2000 元、上限为 3000 元。缺上限或缺下限的组称为开口组，表 2 - 3 所示的统计分组的第一组和第五组都是开口组。

组距是每组上限与下限之间的距离，组距 = 上限 - 下限。开口组的组距可以用邻组的组距来代替，表 2 - 4 中第五组的组距是 1000 元。

组数是分组的个数。组数的多少取决于数据分布的特点，组数过少，数据的分布就会过于集中；组数过多，可能造成数据过于分散，两种情况都不便于观察总体分布的特征。

组中值是每组下限与上限之间的中点数值。组中值是该组变量值一般水平的代表值，计算方法如下：

$$组中值 = \frac{上限 + 下限}{2} \tag{2.1}$$

$$缺下限的开口组的组中值 = 上限 - \frac{邻组组距}{2} \tag{2.2}$$

$$缺上限的开口组的组中值 = 下限 + \frac{邻组组距}{2} \tag{2.3}$$

表 2 - 4 第一组的组中值是 2500 元，最后一组的组中值为 6500 元。必须指出，用组中值代表各组变量值的一般水平，具有一定的假定性，即假定各组变量值在组内分布是均匀的，因此用以上公式计算的组中值，只是各组变量值实际一般水平的近似值。

B. 按数量标志进行组距式分组，还可分为等距分组和不等距（或称异距）分组。

各组的组距都相等的组距式分组称为等距分组，否则称为异距分组。采用等距分组还是采用异距分组，要根据统计研究现象的特点和研究的目的来决定，一般变量值变动均匀时采用等距分组，变量值中有极大值和极小值时可设开口组。等距分组有很多好处，它便于计算，便于绘制统计图。

异距分组即各组的组距不完全相等。一般地，异距分组适用于如下几种场合：

第一，标志值分布很不均匀的场合；

第二，标志值相等的量具有不同意义的场合；

第三，标志值按一定比例发展变化的场合。

C. 按上下组限是否重合，可分为重合式分组和不重合式分组。

重合式分组是指本组的下限与上一组的上限重合。用连续型变量分组时，为了避免遗漏，要采用重合式组限，即本组的下限与上一组的上限用同一个数值表示。例如，如表 2 - 4 所示的统计分组采用的就是重合式分组。采用重合式组限时，如果某一个总体单位的变量值刚好等于组限，这个总体单位应该在下限所在的组，即要遵循"上限不在本组内的原则"。用离散变量分组时，可以采用重合式组限也可以采用不重合式组限（本组的下限与上一组的上限是两个相邻的整数）。

不重合式分组是指本组的下限与上一组的上限不重合。如表 2 - 5 所示的统计分组采用的就是不重合式分组，表 2 - 3 所示的统计分组采用的也是不重合式分组。

$$不重合式组限组的组中值 = \frac{本组下限 + 后一组下限}{2} \tag{2.4}$$

根据式（2.4）可知，表 2 - 3 第二组的组中值为 15 件。

表 2 - 5　　　　　　　　　　第六次全国人口普查分组表

年龄（岁）	人数（人）	比重（%）
0 ~ 14 岁	222459737	16. 60
15 ~ 59 岁	939616410	70. 14
60 岁及以上	177648705	13. 26
合计	1370536875	100

2.2.4 分布数列

1. 分布数列的基本概念

分布数列又称次数分配、次数分布，是在对总体分组的基础上形成的，反映总体单位在各组分布状况的统计资料。例如，表2-1至表2-5所示的资料都是分布数列。分布数列由两个要素构成：一个是总体按某标志所分的组；另一个是各组出现的次数，即频数。在分布数列中，总体单位在各组的分布状况有两种表现形式：频数（次数）和频率（比重）。次数是各组的总体单位数，频率是各组的次数与总体单位总数的比值，次数和频率分别以绝对数和相对数两种形式反映了变量值出现的频繁程度。

2. 分布数列的编制方法

单项数列的编制相对简单，编制异距数列要根据资料的具体情况和研究目的来确定组数、组限等，没有一定的规律可循。因此主要介绍等距数列的编制方法。

【例2-1】在某城市的所有支付宝客户中随机抽出60人，年消费额如下（单位：元），编制变量数列反映其消费额的分布状况。

1006	1846	1247	1732	1582	1325	1126	1468	1500	1586
1950	2005	1679	2000	1700	1876	1964	1643	1563	2100
2300	2004	2476	2116	2456	2365	2189	2499	2346	2379
3480	2043	2400	2406	2365	2231	2284	2256	2482	2056
2078	2526	2196	2500	2003	2460	2389	2200	2100	2657
2789	3496	2845	3126	2980	2903	2998	2511	2870	3385

年消费额是连续变量，对以上资料分组必须编制组距数列，由于变量值的变动比较均匀，可以考虑编制等距式变量数列（如果方便可先将变量值排序，观察其变动情况）。编制等距式变量数列一般分以下几步：

第一步，确定全距。全距＝最大的变量值－最小的变量值，本例为3496-1006=2490元。

第二步，确定组数和组距。一般是在对总体内部情况进行定性分析后确定，5~15组较为适宜。假设组数为5，组距＝全距/组数＝2490/5＝498，可以选与498接近的、最好是5或10的倍数的整数作组距，我们选500元。

第三步，确定组限。组数、组距确定以后，还需确定各组之间的数量界限。组限最好是5或10的倍数；第一组的下限要低于最小的变量值；最后一组的上限要高于最大变量值；用连续型变量分组时，要采用重合式组限。本例第一组的下限可选1000元。

第四步，分组，统计出各组的次数或频率，用表格的形式呈现编制的分布数列（该表格称次数分布表，它反映了总体分布的状况），如表2-6所示。总体单位数较少时，可以用手工汇总画"正"字的方法，确定各组的次数，也可以利用Excel"工具"中"数据分析"的"直方图"进行编制。

表 2-6　　　　随机抽出的 60 个支付宝客户按年消费额分组的分布数列

年消费额（元）	次数（人）	频率（%）
1000~1500	5	8.3
1500~2000	12	20
2000~2500	29	48.3
2500~3000	10	16.7
3000~3500	4	6.7
合计	60	100

3. 累计频数与累计频率

在分布数列的基础上还可以计算向上累计次数（频率）和向下累计次数（频率），进一步反映总体的分布状况。向下累计次数（频率）是从变量值低的组向变量值高的组逐组累计变量值出现的次数或频率，各组的累计次数和频率表示小于该组上限的变量值出现的次数或频率；向上累计次数（频率）是从变量值高的组向变量值低的组逐组累计变量值出现的次数或频率，各组的累计次数和频率表示大于该组下限的变量值出现的次数或频率。如表 2-7 所示。

表 2-7　　　随机抽出的 60 个客户按消费额分组的累计次数、累计频率计算表

年消费额（元）	次数（人）	比重（%）	累计次数（人）		累计频率（%）	
			向下	向上	向下	向上
1000~1500	5	8.3	5	60	8.3	100
1500~2000	12	20	17	55	28.3	91.7
2000~2500	29	48.3	46	43	76.6	71.7
2500~3000	10	16.7	56	14	93.3	23.4
3000~3500	4	6.7	60	4	100	6.7
合计	60	100	—	—	—	—

2.3　统计数据的显示

统计表和统计图是显示数据分布状况和总体数量特征的两种重要的方法。

2.3.1　统计表

1. 统计表的构成

统计调查所得来的原始资料，经过整理得到说明社会现象及其发展过程的数据，把这些数据按一定的顺序排列在表格里，就形成了统计表。如表 2-7 是较为常见的统计表。利用统计表可以有条理地、系统地显示数据整理结果和统计指标之间的相互关系，便于计算各种测度和检查计算结果是否正确。

统计表一般由表头（总标题）、行标题、列标题和数字资料四个主要部分构成，如表 2-8 所示。表头是统计表的名称，它能简明扼要地反映统计表的主要内容，一

般位于统计表的上方；横标题也称横行标题，是横行内容的名称，横标题一般位于表的左端，每一横行的开始处。列标题也称纵栏标题，一般是统计指标的名称，写在表的上方每一栏的开始处；统计数字是各项统计指标的数值，每一个统计指标数值均由横行标题和纵栏标题唯一确定。如果需要可以在表的下方加上表外附加，用来说明资料的来源等。

表头

表2-8　2012年年末我国人口数及人口结构的资料

列标题

指标	年末数（万人）	比重（%）
全国总人口	135404	100.0
其中：城镇	71182	52.6
乡村	64222	47.4
其中：男性	69395	51.3
女性	66009	48.7
其中：0~14岁	22287	16.5
15~59岁	93727	69.2
60岁及以上	19390	14.3
其中：65岁及以上	12714	9.4

行标题　　　　　　　　　　　　　　　统计数字

资料来源：中华人民共和国2012年国民经济和社会发展统计公报。

2. 设计统计表的注意事项

根据使用者的目的和统计数据特点的不同，统计表的设计在形式和结构上会有很大的差异，但设计上的基本要求是一致的，设计统计表时要注意以下几点：

（1）总标题要简明、扼要地表明统计表要说明的内容、现象所属的时间和地点。

（2）合理安排统计表的结构，有时为了节省篇幅、突出强调的问题，行标题和列标题可以互换；各行各列的安排应注意反映数据的逻辑关系，一般以先局部后整体为原则，即先列各项目，后列合计。

（3）表中的数字要注明计量单位。如果表中全部数字的计量单位都相同，可以在表的右上角表明，若各指标的计量单位不同，要在每个指标后标明。

（4）书写表中的指标数值时，要求数位要上下对齐，没有数据的单元格用"—"表示，如果指标数值与相邻项的指标数值一样，要填写数值，不得用"同上""同下"等字样表示，一张填好的统计表不应该出现空白的单元格。

（5）表的上下两端用粗线，左右两端一般不封口，采用开口式，纵栏之间用细线分开，横行之间可以不加线。

（6）在统计表的下方要加上必要的注释，注明指标的含义，包括的项目和资料来源。

2.3.2 统计图

统计数据资料可以用统计图来表达和显示，例如，利用直方图、折线图可以反映现象发展变化的趋势；饼图、环形图、曲线图可以用来反映总体的结构等。用统计图反映现象的数量特征具有直观、形象、简洁、印象深刻的特点。

1. 直方图和折线图

总体分布的状况还可以用次数分布图（直方图、折线图）反映，下面介绍等距数列次数分布图的绘制方法。

第一步，建立平面直角坐标系，用 x 轴表示变量值，y 轴表示次数，在 x 轴上标出各组的组限。

第二步，以各组的组距为宽，以各组的次数为高作矩形，形成的图形就是直方图。在平面直角坐标系中找到每组组中值和次数所确定的点，用直线将各点连接后所形成的图形就是折线图，如图 2-2（a）所示。如果为了让图形美观，一般会将矩形画得窄一些，但应注意：每个矩形的宽度要一致；各矩形底边的中点要等于相应组的组中值，如图 2-2（b）所示。

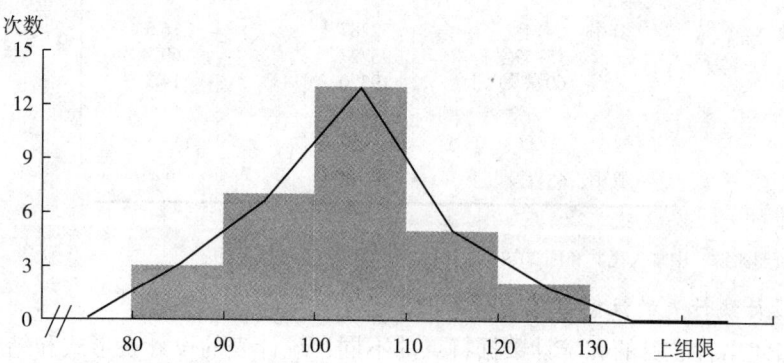

图 2-2（a）　30 名工人周加工零件数的直方图及折线图

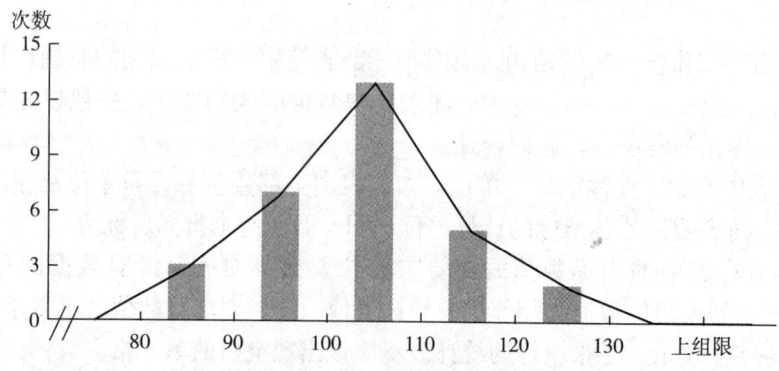

图 2-2（b）　30 名工人周加工零件数的直方图及折线图

2. 曲线图

当所观察的次数增加、组距变小、组数增加时，图 2-2 的折线图就会变得光滑，形成一条光滑的曲线，该曲线称为次数分布曲线，形成的图形就是曲线图。次数分布曲线直观、简洁地反映了次数分布的规律，统计学中常见的数据分布规律，用次数分布曲线表示如图 2-3 所示，其中包括正态分布曲线、正偏（右偏）分布曲线、负偏（左偏）分布曲线、U 形分布曲线和 J 形分布曲线。

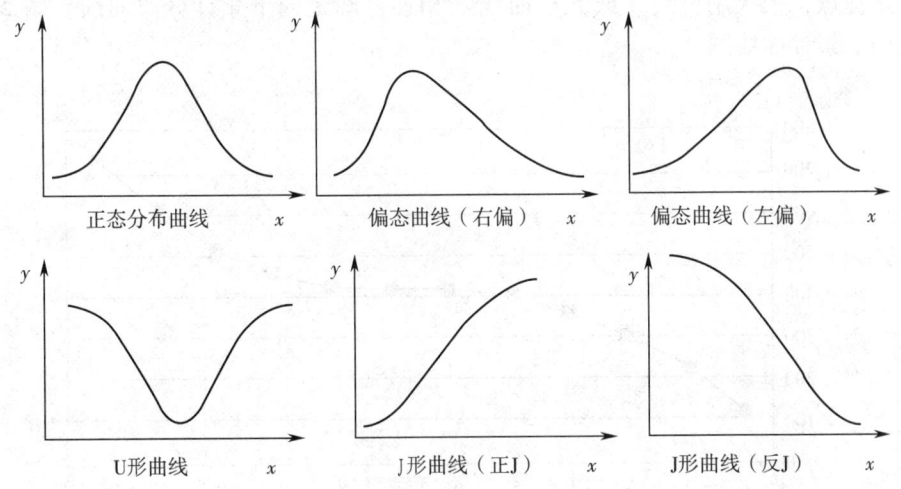

图 2-3　常见的次数分布曲线

正态分布曲线又称钟形分布，该分布的特点是较大数据和较小数据出现的次数都较少，居中的数据出现的次数较多。很多随机变量的概率分布都可以近似地用正态分布来描述。例如，在生产条件不变的情况下，产品的强力、抗压强度、口径、长度；同一种生物体的身长、体重等；同一种种子的重量；测量同一物体的误差；弹着点沿某一方向的偏差；某个地区的年降水量；等等。一般来说，如果一个量是由许多微小的独立随机因素影响的结果，那么就可以认为这个量具有正态分布的特点。

尾巴拖向右边的偏态分布曲线称为右偏（正偏）曲线；尾巴拖向左边的偏态分布曲线称为左偏（负偏）曲线。右偏曲线数据分布的特点是数据小的多、较为集中；数据大的少、数据越大次数越少。人均收入分布曲线是右偏曲线，低收入的人较多，在左边形成高峰；高收入的人较少，收入越高人数越少，在右边形成细长的尾巴。左偏曲线数据分布的特点是数据大的多、较为集中；数据小的少、数据越小次数越少。

U 形曲线又称死亡曲线，人、动物和植物的死亡率近似地服从 U 形曲线分布。即生命的初期和老年期体能、抵抗力低导致死亡率高，中年时期死亡率低。

J 形分布有正 J 形分布和反 J 形分布曲线两种，自然界某一物种在理想条件下种群数量与时间的关系是正 J 形分布曲线，西方经济学中的供给曲线是正 J 形分布曲线，即价格越高供给量越大；需求曲线是反 J 形分布，即价格越高需求量相应减少。

3. 累计曲线图

（1）累计曲线图的绘制

累计频数（频率）分布图分为向上累计频数（频率）分布图和向下累计频数

（频率）分布图。不论是向上累计还是向下累计，均以分组变量为横轴，以累计频数（频率）为纵轴。在直角坐标系上将各组组距的上限与其相应的累计频数（频率）构成坐标点，依次用折线（或光滑曲线）相连，即是向上累计分布曲线。对于向下累计频数分布图，在直角坐标系上将各组组距下限与其相应累计频数（频率）构成坐标点，依次用折线（或光滑曲线）相连，即是向下累计分布曲线。图2-4就是向上累计曲线图。

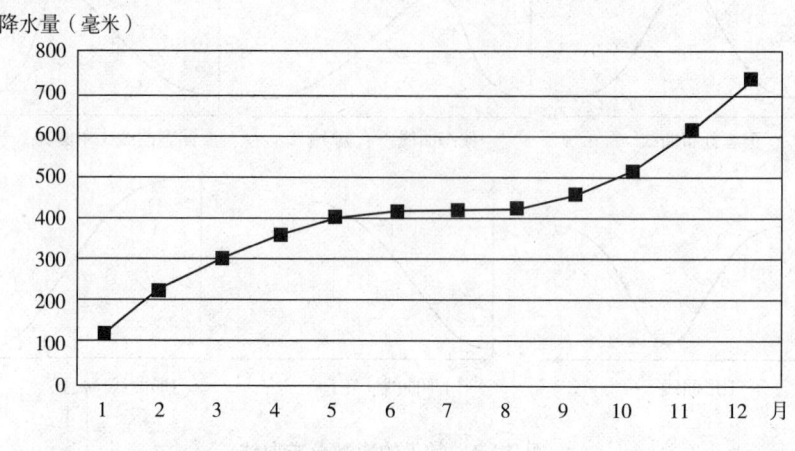

图2-4 累计频数（频率）分布示意图

向上累计分布曲线呈上升状，向下累计分布曲线呈下降状。组的次数（或频率）越少，曲线显得越平缓；组的次数（或频率）越多，曲线显得越陡峭。

（2）洛伦兹曲线

洛伦兹曲线是由20世纪初美国经济学家、统计学家洛伦兹绘制的，是描述收入和财富分配性质的曲线。如图2-5所示，横轴表示人口累计百分比，纵轴表示收入累计百分比。如果一个国家或城市的收入或财富完全按人口平均分配，这时根据相应的数据绘制的曲线是图2-5中正方形的对角线，我们称其为绝对平均线；如果人

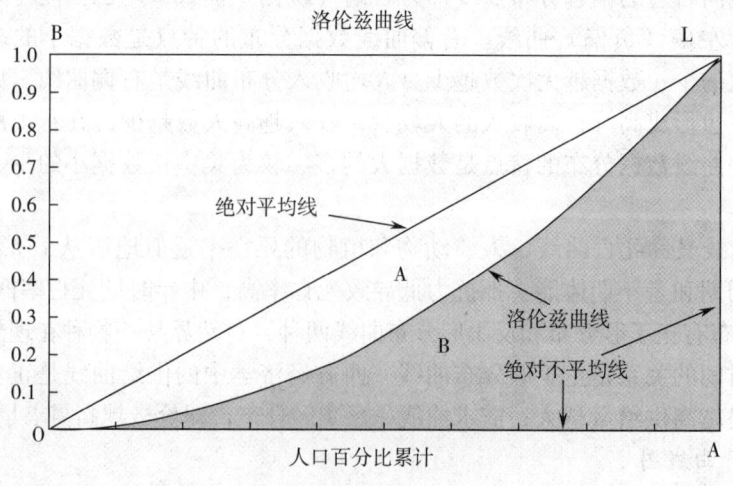

图2-5 洛伦兹曲线

口累计数为小于100%的任意数时财富的累积总是零，而人口累计数等于100%时，收入或财富累计等于100%，意味着这个国家或城市是极少数的人占有全部财富，收入的分配绝对不平等，根据数据绘制的曲线是正方形的下边和右边，称其为绝对不平均线。一个国家的洛伦兹曲线不是绝对平均线或绝对不平均线，而是它们之间的一条曲线。

【例2-2】某地区某年居民收入资料如表2-9所示，请绘制洛伦兹曲线。

表2-9　　　　某城市不同收入层次人口数、月收入额累计情况的资料

收入水平	人口数（万人）	结构（%）	向下累计（%）	月收入额（亿美元）	结构（%）	向下累计（%）	绝对平等	绝对不平等
	(1)	(2)	(3)	(4)	(5)	(6)	(7)	(8)
最低	128.5	12.85	12.85	1.57	5	5	12.85	0
中下等	348	34.8	47.65	4.08	13	18	47.65	0
中等	466.9	46.69	94.34	16.33	52	70	94.34	0
较高	45.6	4.56	98.9	7.54	24	94	98.9	0
最高	11	1.1	100	1.88	6	100	100	100
合计	1000	100	—	31.4	100	—	—	—

解：先将人口数及其收入［第（1）、（4）列］化为结构相对数［第（2）、（5）列］，再求出其累计的百分比［第（3）、（6）列］，然后在制好的比率图上依累计百分比标出绘示点，平滑地连接各绘示点即可。一般情况是，收入或财富的累计数总是小于人口累积的百分数，如表2-9中的（3）列和（6）列所示，根据这样一组数据绘制的洛伦兹曲线是图2-5中右下角等边三角形中的一条曲线。

（3）基尼系数

一个国家或地区收入分配越不平均，洛伦兹曲线越靠近绝对不平均线，图2-5中A的面积越大、B的面积越小；一个国家或地区收入分配越平均，洛伦兹曲线越靠近绝对平均线，图2-5中A的面积越小、B的面积越大。为了更准确地反映一个国家或地区收入分配状况，20世纪初意大利经济学家基尼根据洛伦兹曲线给出了衡量收入分配程度的指标，即

$$基尼系数 = \frac{A}{A+B}$$

式中：A表示洛伦兹曲线与绝对平均线围成的面积，B表示洛伦兹曲线与绝对不平均线围成的面积。如果A等于零，基尼系数等于零表示收入绝对平均；如果B等于零，基尼系数等于1表示收入绝对不平均。基尼系数在0和1之间取值，一般认为，基尼系数小于0.2，表示分配平均但缺乏效率；在0.2~0.4之间较为适当，一个社会既有效率又没有造成极大的不公；0.4是基尼系数的警戒线；基尼系数超过0.6，则表示可能会由于收入分配不公导致社会不稳定。计算基尼系数要求A和B的面积，可以用高等数学求积分的方法，这个问题比较复杂就不介绍了。

4. 茎叶图

茎叶图又称"枝叶图"，它的基本思路是将数据中变化不大的数位上的数，作为主干（树茎），数据中变化大的数位上的数作为分枝（树叶），列在主干的后面。通过编制好的茎叶图，可以观察到每个树茎后面有几片树叶，从而了解总体的分组及数据分布的状况。组距是 10（或 5）的等距分组茎叶图的编制比较容易，此时"叶"是一组数据个位上的数；"茎"是一组数据其他数位上的数。确定好树茎，在其后对齐排列上树叶，茎叶图就形成了。

【例2-3】某班级学生的统计学考试成绩如下（单位：分），成绩的茎叶图如表2-10所示。

88	80	75	97	57	69	74	96	86	79
68	56	95	85	79	74	54	68	94	67
73	85	78	53	83	65	77	48	94	71
93	82	77	71	64	81	76	70	92	64
89	81	75	63	75	60	78	82	70	78

表 2-10　　　　　　　　某班级学生的统计学考试成绩的茎叶图

树茎	树叶
4	8
5	3 4 6 7
6	0 3 4 4 6 7 8 8 9
7	0 0 1 1 3 4 4 5 5 5 6 7 7 8 8 8 9 9
8	0 1 1 2 2 3 5 5 6 8 9
9	2 3 4 4 5 6 7

将茎叶图逆时针方向旋转 90 度，就是一个直方图，可以整理出各组的次数，计算出各组数据的频率，虽然茎叶图是与直方图相类似的统计图，但是茎叶图保留了原始的数据资料，而直方图却丢失了原始数据的信息。若茎叶图扁而宽，说明数据的分布较集中，差异不大；若茎叶图长而窄，说明数据较分散，差异较大。

5. 箱线图

箱线图是利用一组数据的最小值、下四分位数、中位数、上四分位数与最大值绘制的，反映数据分布状况的图形。利用箱线图可以粗略地看出一组数据分散的程度、对称性等，考察一组数据分布的特征，还可以绘制批比箱线图，将多组数据的分布特征进行比较。

箱线图由一个箱子和两条线段组成。绘制箱线图首先要计算一组数据的最小值、下四分位数、中位数、上四分位数和最大值，然后连接两个四分位数画出一个长方形的箱子，最后将最小值和最大值与箱子相连。

【例2-4】某企业加工车间工人日产量分别为21件、23件、25件、26件、27件、29件、34件、34件，请绘制箱线图。

解：可以计算最小值21件、最大值34件、$Q_1 = 23.5$件、$M_e = 26.5$件、$Q_3 = 32.5$件（分数及中位数的计算及公式详见本书3.1.2部分）

箱线图为：

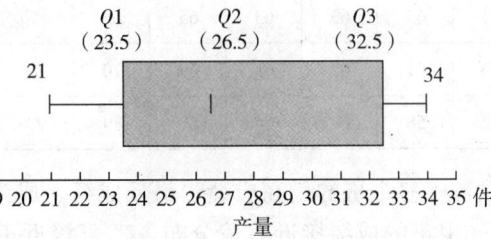

图2-6　日产量分布的箱线图

根据箱线图的形状，可以考察数据分布的特征。图2-7是四种常见分布的箱线图。从图中可以看出，对于标准正态分布的大样本，中位数位于上下四分位数的中央，箱线图的方盒关于中位线对称。异常值集中在较小值一侧，则分布呈现左偏态；异常值集中在较大值一侧，则分布呈现右偏态。

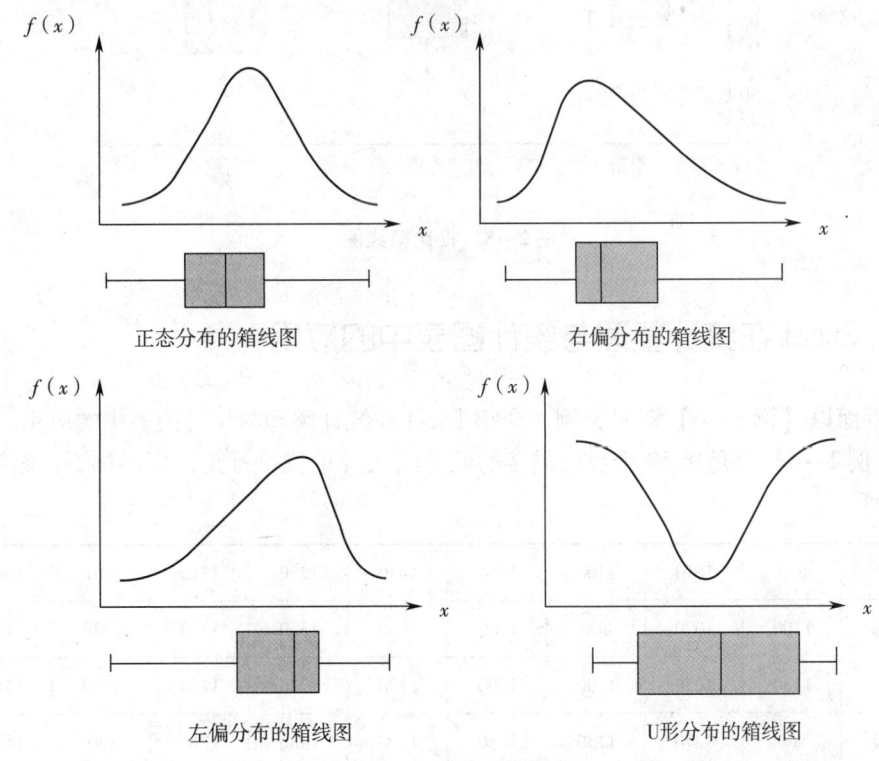

图2-7　四种分布的箱线图

【例 2-5】在甲、乙、丙三个班中随机抽取 11 名学生，将其某学科的考试成绩按顺序排列如表 2-11 所示，绘制批比箱线图分析各班成绩的分布状况。

表 2-11　　　　　　甲、乙、丙三个班学生的成绩的统计表

班级	某科考试成绩按顺序排列（分）										
	最小值		Q_1			M_e			Q_3		最大值
甲班	60	61	63	63	63	65	67	83	90	93	96
乙班	50	55	61	62	68	69	70	72	78	79	85
丙班	41	52	58	60	64	80	89	90	90	90	94

根据图 2-8 可以考察三个班的最高成绩、最低成绩、成绩的中位数、下四分位数、上四分位数；可知甲班的成绩接近右偏分布、乙班接近正态分布和丙班的成绩接近左偏分布等。

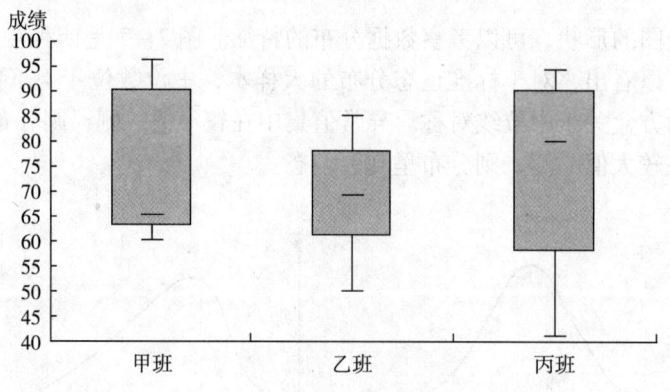

图 2-8　批比箱线图

2.4　Excel 在统计整理与统计图表中的应用

下面以【例 2-6】资料为例，介绍 Excel 在统计整理与统计图表中的应用。

【例 2-6】某地区 50 个乡镇的年财政总收入（单位：万元）资料如下，编制分布数列。

1030	870	1010	1160	1180	1410	1250	1310	810	1080
1050	1100	1070	800	1200	1630	1350	1360	1370	1420
1140	1180	1050	1500	1100	1170	1270	1260	1380	1510
1010	860	1270	1130	1250	1190	1260	1210	930	1420
1580	880	1230	1250	1380	1320	1460	1080	1170	1230

表 2 – 12　　　　　　　　　50 个乡镇的年财政总收入累计表

财政总收入	向上累计				向下累计			
	频数	累计频数	频率（%）	累计频率（%）	频数	累计频数	频率（%）	累计频率（%）
	(1)	(2)	(3)	(4)	(5)	(6)	(7)	(8)
900 以下	5	5	10	10	5	50	10	100
900～1000	1	6	2	12	1	145	2	90
1000～1100	8	14	16	28	8	844	16	88
1100～1200	11	25	22	50	11	1136	22	72
1200～1300	11	36	22	72	11	25	22	50
1300～1400	7	43	14	86	7	14	14	28
1400～1500	4	47	8	94	4	7	8	14
1500～1600	2	49	4	98	2	3	4	6
1600～1700	1	50	2	100	1	1	2	2
合计	50	—	100	—	50	—	100	—

2.4.1　编制分布数列

在 Excel 中有两类方法可以实现分布数列的编制：第一，使用相关的函数，如 COUNTIF 函数、DCOUNT 数据库函数或 FREQUENCY 函数；第二，应用"直方图"分析工具。"直方图"分析工具还可以进行向上累计，并能直接绘出直方图。

需要注意的是，"直方图"分析工具与 FREQUENCY 函数在编制分布数列时，并不符合统计分组的"上限不在内"原则，在实际应用时必须进行调整。

【例 2 – 7】用 Excel 实现【例 2 – 6】的计算过程。

解：使用 FREQUENCY 函数编制，主要步骤如下：

（1）输入数据。如图 2 – 9 所示，A、B、C 列为原始输入数据（除最后一组上

	A	B	C	D	E	F	G
1	财政收入	分组上限	分组	频数	频率（%）	向上累计频数	向下累计频数
2	1030	899.9	800-900	5	10	5	50
3	870	999.9	900-1000	1	2	6	45
4	1010	1099.9	1000-1100	8	16	14	44
5	1160	1199.9	1100-1200	11	22	25	36
6	1180	1299.9	1200-1300	11	22	36	25
7	1410	1399.9	1300-1400	7	14	43	14
8	1250	1499.9	1400-1500	4	8	47	7
9	1310	1630	1500以上	3	6	50	3
10	810		合计	50	100	—	—

图 2 – 9　编制分布数列

41

限用函数求得外），其他列为计算所得数据。年财政总收入放在 A2：A51 单元格区域，图 2-9 中未完全显示出来。

B 列的各个数据（各组的上限值）是使用 FREQUENCY 函数或"直方图"分析工具编制分布数列所必需的数据。

（2）选定 D2：D9，输入公式"= FREQUENCY（A2：A51，B2：B9)"，然后按 CTRL + SHIFT + ENTER 组合键，即可计算出各组的频数。该函数的第一个参数指定用于编制分布数列的原始数据，第二个参数指定每一组的上限。在 D10 中输入公式"= SUM（D2：D9)"计算出频数的合计。

我们知道，统计分组的一般原则是"上限不在内"，但应用 FREQUENCY 函数和"直方图"分析工具编制分布数列时，使用"上限在内"的原则。怎样才能保证编制的结果符合统计的一般原则呢？这时，可以采用如下的方法。

在确定 FREQUENCY 函数所需的分组上限时，使其尽量接近统计分组中的上限，但又不与任何的原始数据相同。以"800～900"这一组为例，必须找到这样的一个上限值：它略小于 900，但又是"800～900"这一组中最大的，因为原始的财政收入数据都是整数，我们采用的 899.9 应该能满足上述要求。899.9 实际上表示的是"小于等于 899.9"的收入分组，并不完全等同于"800～900"的分组，但因为在收入数据中，并没有大于 899.9 且小于 900 的数，因此"小于等于 899.9"的分组与"800～900"的分组所包含的收入数据肯定是相同的。这样我们就在 Excel 中遵守了"上限不在内"的原则。如果原始数据中包括 899.9 这个数据，那么可以将该组的上限改为 899.99，一般来讲在小数点后多加几个"9"就可以了。

"1500 以上"这一组的上限可以使用原始数据（财政收入）的最大值，它可通过函数求得，在 B9 中输入公式"= MAX（A2：A51)"即可。

（3）计算频率。在 E2 中输入公式"= D2/D10 * 100"，然后将该公式复制到 E3：E9 即可。D10 存放的是频数的合计数，乘以 100 是因为其单位是"%"。

（4）计算向上累计频数。在 F2 单元格中输入"= D2"，在 E3 单元格中输入公式"= D3 + F2"，再将公式复制到 F4：F9。

（5）计算向下累计频数。在 G9 中输入公式"= D9"，在 G8 单元格输入公式"= G9 + D8"，再将公式复制到 G2：G7 单元格区域即可。可以采用向上填充的方法复制公式，即选定 G2：G8 单元格区域，然后点击菜单"开始"→"填充"→"向上填充"。

2.4.2 绘制统计图

Excel 有着强大的绘图功能，可以绘制出各种各样的统计图形，如直方图、折线图、曲线图、饼图、散点图、雷达图等。需要注意的是，Excel 中的图表类型与统计中的图表类型并不完全一样，如 Excel 中的"散点图"既包括统计上的散点图，又包括统计上的曲线图。

生成图表有两种方法，一种是在某些分析工具中有输出某些图表的选项，如"直方图"分析工具可以输出直方图；另一种是使用菜单插入图表，这也是最常用的方法。

在"插入"选项卡上有一个"图表"选项组，默认有"柱形图""折线图""饼图""条形图""面积图""散点图"和"其他图表"7个按钮。

需要生成图表时，首先选定用于生成图表的数据区域，然后单击"插入"选项卡"图表"选项组中的相应按钮，即可生成对应的图表。也可以单击"图表"选项组中"创建图表"按钮，打开"插入图表"对话框，然后再选择想要的图表类型，最后按"确定"按钮。

生成图表后，可以对图表进行修改，主要有以下两种方式：

第一，选中图表时，菜单上自动出现"图表工具"选项卡组，里面包括"设计""布局"和"格式"3个选项卡，可以使用这些工具对图表进行修改。

第二，右键单击图表中各个不同的对象，会出现相应的弹出式菜单，通过它可以打开有关对话框。如何分辨图表中的各个对象？只要将鼠标指针停留在图表中任一区域一小段时间，Excel 会在鼠标指针旁显示出这一区域所属对象的名称。

【例 2 - 8】使用【例 2 - 7】编制的分布数列，分别绘制年财政总收入的直方图、折线图、曲线图。

解：（1）绘制直方图。主要操作步骤如下：

第一，直方图所需数据在 C1：E9 单元格区域（图 2 - 10）。需要特别注意的是，最好是按照图 2 - 9 所示的那样安排用于生成直方图的各列数据的位置，即 X 轴上的数据（分组的说明性文字）在该区域的最左边一列，Y 轴上的数据（频数、频率）依次向右排列。

	A	B	C	D	E	F	G
1	财政收入	分组上限	分组	频数	频率（%）	向上累计频数	向下累计频数
2	1030	899.9	800-900	5	10	5	50
3	870	999.9	900-1000	1	2	6	45
4	1010	1099.9	1000-1100	8	16	14	44
5	1160	1199.9	1100-1200	11	22	25	36
6	1180	1299.9	1200-1300	11	22	36	25
7	1410	1399.9	1300-1400	7	14	43	14
8	1250	1499.9	1400-1500	4	8	47	7
9	1310	1630	1500以上	3	6	50	3
10	810		合计	50	100	—	—

图 2 - 10　编制分布数列

第二，选定上述 C1：E9 单元格区域，点击菜单"插入"→"柱形图"，在弹出的菜单中选择二维柱形图中的"簇状柱形图"即可生成如图 2 - 11 所示的图表。此时没有图表和坐标轴的标题，并且图表是作为浮动对象插入到当前工作表中的。

第三，对生成的图形进行修改，使其更符合统计上的表示形式。

首先，去掉网络线，即 X 轴上面的几条横线。选中图表后，菜单栏会出现"图表工具"选项卡。点击菜单"图表工具"→"布局"→"网格线"→"主要横网格线"→"无"，即可删除 X 轴上面的几条横线。

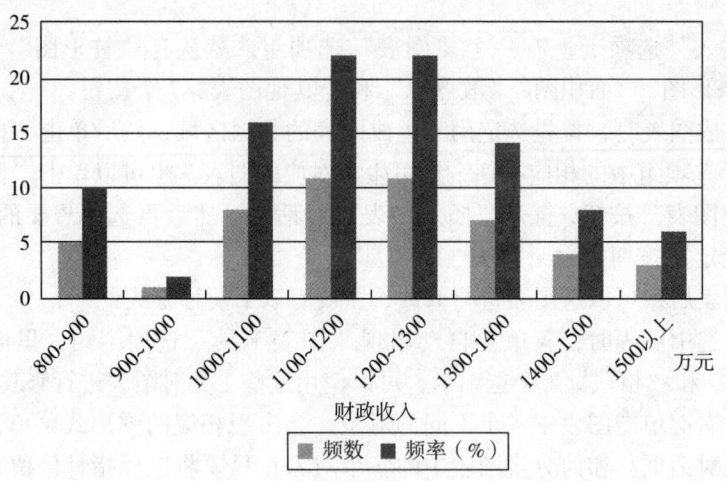

图 2 – 11 柱形图

其次，生成次坐标轴，即生成另外一个 Y 轴，用来表示频率。右键单击任一相对较高的柱形图（即频率柱形图，参见图 2 – 10），在弹出的菜单中单击"设置数据系列格式"，调出关于频率的"设置数据系列格式"对话框。在该对话框中，点击"系列选项"，选中"次坐标轴"，即可生成频率坐标轴。然后再点击"填充"，选中"无填充"，将频率柱形图隐藏起来，因为我们只想得到关于频率的次坐标轴。

再次，消除柱形图之间的间距。使用上一步中的操作方法，调出关于频数的"数据系列格式"对话框。点击"系列选项"，将分类间距改为0。

最后，其他格式的修改。取消绘图区的边框、图表区的边框，删除图例，加上坐标轴标题，调整坐标轴文字的大小，并适当调整图形区域的长宽比例（具体操作略），最终得到如图 2 – 12 所示的直方图。

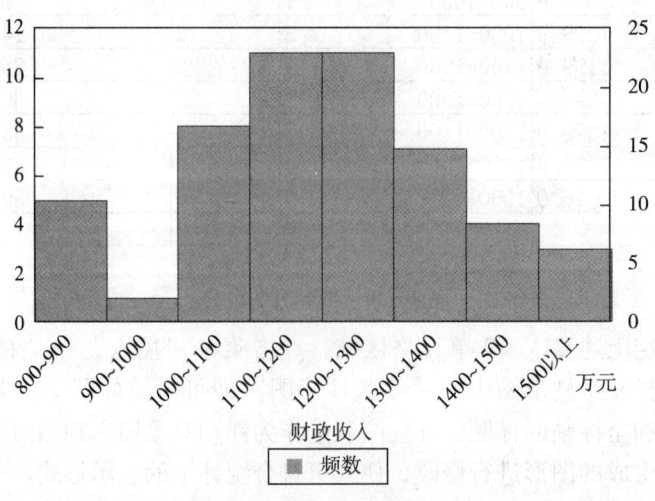

图 2 – 12 直方图

（2）绘制折线图与曲线图。折线图和曲线图可以在上述直方图的基础上完成，即将上述被隐藏起来的频率系列柱形图改为折线图或曲线图。这里向读者介绍直接绘制折线图和曲线图的方法。主要的操作步骤如下：

第一，重新安排数据。为了获得更好的效果，使用描点法绘图，因此需要组中值数据，用于绘图的数据存放在图 2-13 中的 B、C、D 列。为了使折线图或曲线图与 X 轴相交，我们使用了两个虚拟的组中值，分别安排在原有分组的两侧，对应的频数及频率均为 0。

	A	B	C	D
1	分组	组中值	频数	频率（%）
2		750	0	0
3	800-900	850	5	10
4	900-1000	950	1	2
5	1000-1100	1050	8	16
6	1100-1200	1150	11	22
7	1200-1300	1250	11	22
8	1300-1400	1350	7	14
9	1400-1500	1450	4	8
10	1500以上	1550	3	6
11		1650	0	0

图 2-13　曲线图所需数据

第二，选定 B2：D11 单元格区域。

第三，选择图表类型。对于折线图，点击"插入"→"散点图"→"带直线的散点图"，而对于曲线图，则点击"插入"→"图表"→"散点图"→"带平滑线的散点图"。需要说明的是，折线图的绘制也可以使用 Excel 中的"折线图"这一图表类型。

第四，在选择好图表类型后，直接单击"完成"按钮即得到相应的图形（仅以曲线图为例），见图 2-14，其中上面那条线是频率曲线图。

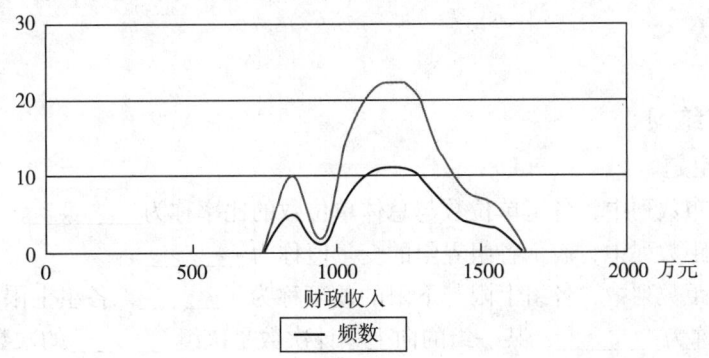

图 2-14　曲线图

第五，按照前面介绍的方法生成次坐标轴，并进行适当的修改。最终结果见图 2-15。

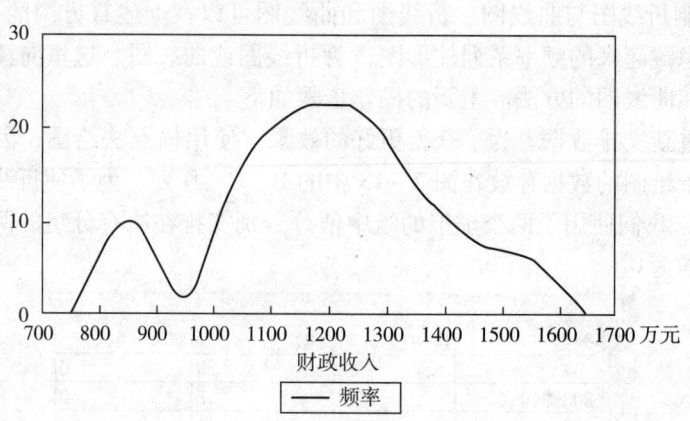

图 2-15　修改后的曲线图

本章小结

本章介绍如何对数据进行收集、整理和显示。统计数据收集，通常也称为统计调查，准确性、及时性和完整性是统计数据收集的基本要求。统计数据收集需要事先设计方案，收集方式有统计调查方式和实验方式两种。统计调查的方法主要有普查、抽样调查和重点调查。问卷设计的关键是问题及问题答案的设计。

对数据进行整理的一般步骤为分组、计算各组的次数或频率、编制简单次数分布表和累计次数分布表反映总体的分布状况。累计分布有向上累计分布与向下累计分布两种。

显示统计数据要以统计表和统计图为媒介。统计表是一种用于表现统计数据的重要形式。统计表的设计必须目的明确，内容具体，美观简洁，清晰明了，科学实用。统计图是直观、形象、生动地表现统计数据的方式，种类很多，例如，直方图（柱形图）、折线图、散点图、圆饼图、圆环图、雷达图等。此外，有时还使用茎叶图、箱形图等。

思考与练习

一、填空题

1. 在分布数列中，各组单位数与总体单位数的比率称为_____。

2. 在组距数列中，表示各组界限的变量值称为_____。

3. 在组距数列中，各组上限与下限的差额称为_____，各组上限与下限之间的中点数值称为_____，某一组的向上累计次数是该组_____的次数。

4. 统计分组的关键在于_____。

5. 对统计总体中的全部单位进行调查称为_____。

6. 来源于直接组织的调查、观察和科学试验的数据是_____。

7. 统计整理主要包括_____和_____。

8. 职工按工资额等距分组最高组 4500～5000 元，最低组 3000 元以下，全距为_____。

9. 统计表一般由_____、_____、_____、_____四个主要部分组成。

10. 洛伦兹曲线与绝对平均线之间的面积越小，基尼系数_____，基尼系数的警戒线是_____，取值范围是_____。

11. 洛伦兹曲线与绝对平均线越接近表示收入分配越_____；洛伦兹曲线向下弯曲越大表示收入分配越_____。

12. 作为探索性数据分析工具的图示方法主要有_____和_____。

13. 箱线图由一组数据的最大值、最小值、_____、_____和_____绘制而成。

14. 直接获取数据的方法有两种，即_____和_____。

15. 统计调查阶段，统计数据的误差分为_____和_____。

16. 由于统计调查过程中各环节工作失误造成的误差称为_____，利用样本推断总体时产生的误差称为_____。

二、单项选择题

1. 划分连续变量的组限时，相邻的组限必须（　　）。

A. 重叠　　　　　B. 相近　　　　　C. 不等　　　　　D. 不重叠

2. 最常用的统计调查方法是（　　）。

A. 普查　　　　　B. 重点调查　　　　　C. 抽样调查　　　　　D. 科学推算

3. 某城市拟对占全市储蓄额 4/5 的几个大储蓄所进行调查，以了解全市储蓄的一般情况，则这种调查方法是（　　）。

A. 普查　　　　　B. 重点调查　　　　　C. 抽样调查　　　　　D. 典型调查

4. 与直方图相比，茎叶图（　　）。

A. 适用于描述大批量数据的分布　　　B. 保留了原始数据的信息

C. 不能有效展示数据的分布　　　D. 适合于描述分类数据

5. 某连续型变量数列，最后一组是"500 以上"，又知其邻近组的组中值为 480，则最后一组的组中值为（　　）。

A. 520　　　　　B. 510　　　　　C. 530　　　　　D. 540

6. 在组距式数列中，对组限值的处理原则是（　　）。

A. 上组限不在内，下组限在内　　　B. 下组限不在内，上组限在内

C. 上下组限均不在内　　　D. 上下组限均在内

7. 人口普查规定统一的标准时间是为了（　　）。

A. 避免登记的重复与遗漏　　　B. 确定调查的范围

C. 确定调查的单位　　　D. 登记的方便

8. 为统计运算方便，在编制等距数列时，如果全距是 48，组距是 10，则组数为（　　）。

A. 5　　　　　B. 10　　　　　C. 9.6　　　　　D. 9

9. 编制等距次数分配时，如果全距是 488，组数为 5，则组距为（　　）。

A. 50　　　　　B. 100　　　　　C. 96　　　　　D. 90

10. 累计次数分配表中，某一组的向下累计次数是（　　　）。

A. 小于该组下限的次数　　　　　　　B. 大于该组上限的次数

C. 小于该组上限的次数　　　　　　　D. 无法判断

11. 某样本因人故意操纵而出现误差。这种误差属于（　　　）。

A. 实验误差　　　B. 设计误差　　　C. 非抽样误差　　　D. 抽样误差

12. 考察身高与体重之间是否有某种关系，适合的图形是（　　　）。

A. 条形图　　　B. 饼图　　　C. 散点图　　　D. 箱线图

13. 某组距式分组。第一组是开口组，上限为100，又知相邻组的组距是50，则第一组的组距可以视为（　　　）。

A. 50　　　B. 80　　　C. 90　　　D. 100

14. 按某一标志分组的结果表现为（　　　）。

A. 组内差异、组间同质　　　　　　　B. 组内同质、组间同质

C. 组内同质、组间差异　　　　　　　D. 组内差异、组间差异

15. 向上累计次数表明某组（　　　）的各组单位数之和。

A. 下限以下　　　B. 下限以上　　　C. 上限以下　　　D. 上限以上

16. 若实际收入曲线与绝对不平均线之间的面积为零，则基尼系数为（　　　）。

A. 0　　　B. 0.5　　　C. 0.3　　　D. 1

17. 根据下列数据的茎叶图计算的中位数和众数是（　　　）。

A. 104和98　　　B. 94和98　　　C. 105和98　　　D. 15和10

树茎	树叶
9	2888
10	134679
11	9
	257

18. 作为一个调查单位（　　　）。

A. 只能有一个标志　　　　　　　　　B. 可以有多个标志

C. 只能有一个指标　　　　　　　　　D. 可以有多个指标

三、多项选择题

1. 在组距数列中，组中值是（　　　）。

A. 上限和下限之间的中点数值　　　　B. 用来代表各组标志值的平均水平

C. 在开放式分组中无法确定　　　　　D. 就是组平均数

E. 在开放式分组中，可以参照相邻组的组距来确定

2. 下面哪些现象适宜采用非全面调查？（　　　）

A. 企业经营管理中出现的新问题　　　B. 某型号日光灯耐用时数检查

C. 平均预期寿命　　　　　　　　　　D. 某地区森林的木材积蓄量

E. 松花江里的鲫鱼数量

3. 抽样调查（　　　）。

A. 是一种非全面调查　　　　　　　　B. 是一种不连续性的调查

C. 可以消除抽样误差　　　　　　　　D. 应遵循随机原则

E. 可以消除非抽样误差

4. 洛伦兹曲线（　　　）。

A. 是一种累计曲线　　　　　　　　　B. 可用于反映财富的分布曲线

C. 用于衡量收入分配公平与否　　　　D. 越接近对角线，基尼系数越大

E. 越接近对角线，基尼系数越小

5. 在次数分配数列中（　　　）。

A. 总次数一定，频数和频率成反比

B. 各组的频数之和等于100

C. 各组频率大于0，频率之和等于1

D. 频数越小，则该组的标志值所起的作用越小

E. 频率又称为次数

6. 在组距数列中，组距大小与（　　　）。

A. 单位数的多少成正比　　　　　　　B. 单位数的多少成反比

C. 单位数的多少无关系　　　　　　　D. 组数多少成正比

E. 组数多少成反比

7. 对统计总体进行分组时，采用等距分组还是采用不等距分组，取决于
（　　　）。

A. 现象的特点　　　　　　　　　　　B. 变量值的多少

C. 统计研究的目的　　　　　　　　　D. 次数的多少

E. 所搜集到的资料是否均匀

8. 我国目前收集统计资料的主要形式是（　　　）。

A. 全面调查　　　B. 重点调查　　　C. 抽样调查　　　D. 理论调查

E. 非抽样调查

9. 普查属于（　　　）。

A. 专门调查　　　B. 全面调查　　　C. 非全面调查　　　D. 一次性调查

E. 经常性调查

10. 统计调查（　　　）。

A. 是收集原始资料的工作　　　　　　B. 是统计工作的基础环节

C. 是统计工作中承前启后的阶段　　　D. 所取得的资料都是数字资料

E. 所取得的资料直接说明总体单位的特征

11. 下列分组中属于按品质标志分组的有（　　　）。

A. 职工按工龄分组　　　　　　　　　B. 企业按所有制属性分组

C. 教师按职称分组　　　　　　　　　D. 人口按地区分组

E. 人口按文化程度分组

12. 统计数据的收集包括以下（　　　）环节。

A. 确定数据收集目的　　　　　　　　B. 设计数据收集方案

C. 确定数据收集方法　　　　　　　　D. 开展数据收集活动

E. 评估数据收集质量

四、判断题

1. 洛伦兹曲线是根据人口与收入的百分比绘制的。 （　）

2. 普查是全面调查，抽样调查是非全面调查，所以普查比抽样调查准确。
（　）

3. 为了尽可能多地收集统计数据信息，所以问卷应尽可能地长。 （　）

4. 对数据进行统计分组时，当相邻两组的上下限重叠时，等于某一组上限的变量值应该计入该组内。 （　）

5. 各组的频数或频率都可以直接比较。 （　）

6. 某企业职工按文化程度分组形成的分配数列是一个单项式分配数列。（　）

7. 对我国主要粮食作物产区进行调查，以掌握全国主要粮食作物生长的基本情况，这种调查是重点调查。 （　）

8. 任何一个分布都必须满足：各组的频率大于零，各组的频数总和等于 1 或 100%。 （　）

9. 按数量标志分组的目的，就是要区分各组在数量上的差别。 （　）

10. 茎叶图和直方图，都能给出数据的分布状况和每一个原始数据。 （　）

11. 常见的次数分布曲线有正态分布曲线、偏态曲线、U 形曲线和 J 形曲线四种。 （　）

12. 非抽样误差在普查、抽样调查中都可能发生，是可以避免的。 （　）

五、计算题

1. 某生产车间 30 名工人日加工零件数（件）如下。要求：采用等距分组将以上资料分成 5 组，编制次数分配表、绘制次数分配直方图和折线图。

30	26	42	41	36	44	40	37	37	25	45	29	43	39	35
31	36	36	49	34	47	33	43	38	42	32	34	38	46	43

2. 某班 40 名学生统计学考试成绩（分）分别为：

57	89	49	84	86	87	75	73	72	68	75	82	97	81
67	81	54	79	87	95	76	71	60	90	65	76	72	70
86	85	89	89	64	57	83	81	78	87	72	61		

规定：60 分以下为不及格，60～70 分为及格，70～80 分为中，80～90 分为良，90～100 分为优。要求：

（1）将该班学生分为不及格、及格、中、良、优五组，编制一张次数分配表；

（2）指出分组标志及类型；

（3）计算各组的频率、向下累计次数和频率、向上累计次数和频率。

3

统计数据的描述

【引例】 辛普森悖论

备注：一般案例中，当每组数据对比与整体数据给出不同的结果时，我们就称之为辛普森悖论。如此命名是因为它是由爱德华·辛普森（Edward Simpson）于1951年描述的。然而，同样的观念早在1900年就被苏格兰统计学家乔治·尤尔（George Yule）准确地描述过。

一家制药公司研究开发了一种治疗痤疮的新办法。为了判断该新方法是否优于旧的治疗办法，这家公司对90名患者采用了旧的治疗办法，对110名患者采用了新的治疗办法。一些患者有轻微的痤疮而一些患者的痤疮比较严重。表3-1为治疗四周后的结果。如果仔细研究该表格，你会注意到如下关键的事实。

- 患有轻微痤疮的患者
  接受旧治疗方法的10个人中，2人被治愈，治愈率为20%；
  接受新治疗方法的90个人中，30人被治愈，治愈率为33%。
- 患有严重痤疮的患者：
  接受旧治疗方法的80个人中，40人被治愈，治愈率为50%；
  接受新治疗方法的20个人中，12人被治愈，治愈率为60%。

表3-1　　　　　　　　　　　痤疮治疗结果

方法	轻微患者		严重患者	
	治愈	未治愈	治愈	未治愈
旧方法	2	8	40	40
新方法	30	60	12	8

注意，新的治疗方法对于轻微患者（新方法治愈率为33%，旧方法治愈率为20%）和严重患者（新方法治愈率为60%，旧方法治愈率为50%）来说都有更高的治愈率。因此，公司声称新治疗方法要优于旧治疗方法，这样的说法合理吗？

首先，这个声明看上去是有道理的。但是现在不将轻微痤疮患者和严重痤疮患者分开来考虑，我们关注整体的结果：

- 90名患者接受了旧治疗方法，42名患者被治愈（轻微患者2名，严重患者40名）

整体的治愈率为 $42 \div 90 = 46.7\%$。

- 110名患者接受了新治疗方法，42名患者被治愈（轻微患者30名，严重患者12名）

整体的治愈率为 $42 \div 110 = 38.2\%$。

总体而言，旧的治疗方法有更高的治愈率。

这个案例说明分成两组或多组进行比较时表现更好的情况从总体上来看却并不好是有可能的。如果仔细观察，你就会发现这种情况出现的原因是总体被划分为并不对等的组（在该案例中，是轻微痤疮患者组和严重痤疮患者组）。那么，怎样才能准确地描述统计数据呢？通过本章的学习就能很容易解决这样的问题。

数据分布特征可以从以下三个方面加以描述：一是数据分布的集中趋势，反映数据分布中各变量值向中心值靠拢或聚集的程度；二是数据分布的离中趋势，也称为离散程度，反映数据分布中各变量值远离中心值的程度；三是数据分布的形状，反映数据分布的偏斜程度和尖凸程度。

3.1 分布集中趋势的测度

数据分布的集中趋势要用平均指标来反映。平均指标是将变量的各变量值的差异抽象化，以反映变量值一般水平或平均水平的指标，即反映变量分布中心值或代表值的指标。平均指标的具体表现称为平均数，平均数因计算方法不同可以分为数值平均数和位置平均数两类。数值平均数是指根据变量的所有数据计算的平均数，主要有算术平均数、调和平均数和几何平均数等。位置平均数是指根据变量分布特征直接观察，或根据变量数列部分处于特殊位置的变量值来确定的平均数，主要有中位数和众数等。

3.1.1 数值平均数

1. 算术平均数

算术平均数也称为均值，是所有变量值的总和除以变量值个数的结果。算术平均数是统计中最为常用的用于描述集中趋势的平均数，因为它的计算方法客观上符合许多现象个体与总体之间存在的数量关系，即总体中每个个体标志值的算术和（即变量的各个变量值的算术和）等于总体标志总量（即变量值总和），用总体标志总量除以总体个数（即总体容量）就可以消除个体标志值之间的差异，体现出总体的一般水平。例如，某公司职工的工资总额是每个职工工资额的加总，职工的平均工资就等于全部职工工资总额除以公司职工人数。

由于掌握的资料不同，算术平均数可以分为简单算术平均数和加权算术平均数两种。

（1）简单算术平均数

简单算术平均数是根据未分组数据计算的，即直接将变量的每个变量值相加，除以变量值的个数。若以 x 表示变量，以 x_i 表示第 i 个变量值（$i = 1, 2, \cdots, n$），以 $\bar{x}$ 表示算术平均数，以 n 表示变量值的个数，则简单算术平均数的计算公式为

$$\bar{x} = \frac{x_1 + x_2 + \cdots + x_n}{n} = \frac{\sum\limits_{i=1}^{n} x_i}{n} \tag{3.1}$$

【例 3 - 1】5 名工人的日产量为 30 件、40 件、50 件、60 件、70 件。计算算术

平均数。

其日产量的均值为

$$\bar{x} = \frac{\sum x_i}{n} = \frac{30 + 40 + 50 + 60 + 70}{5} = 50(件)$$

（2）加权算术平均数

加权算术平均数是根据分布数列计算的，即以各组变量值（或组中值）乘以相应的频数求出各组标志总量，加总各组标志总量得出总体标志总量，再用总体标志总量除以总频数。若以 x_i 表示第 i 组的变量值（或组中值）$(i = 1，2，\cdots，k)$，以 f_i 表示第 i 组的频数 $(i = 1，2，\cdots，k)$，以 k 表示分组数，则加权算术平均数的计算公式如下：

单项数列和组距数列计算均值要采用加权算术平均数的计算公式为

单项数列

$$\bar{x} = \frac{x_1 f_1 + x_2 f_2 + \cdots + x_k f_k}{f_1 + f_2 + \cdots + f_k} = \frac{\sum x_i f_i}{\sum f_i} = \sum x_i \times \frac{f_i}{\sum f_i} \quad (3.2)$$

组距数列

$$\bar{x} \approx \frac{x_1 f_1 + x_2 f_2 + \cdots + x_k f_k}{f_1 + f_2 + \cdots + f_k} = \frac{\sum x_i f_i}{\sum f_i} = \sum x_i \times \frac{f_i}{\sum f_i} \quad (3.3)$$

$\dfrac{\sum xf}{\sum f} = \sum x \cdot \dfrac{f}{\sum f}$ 的原因是

$$\frac{\sum xf}{\sum f} = \frac{x_1 f_1 + x_2 f_2 + \cdots + x_n f_n}{f_1 + f_2 + \cdots + f_n} = \left(x_1 \frac{f_1}{\sum f} + x_2 \frac{f_2}{\sum f} + \cdots + x_n \frac{f_n}{\sum f} \right) = \sum x \times \frac{f}{\sum f}$$

【例 3-2】工人按加工零件数分组的单项数列资料如表 3-2 所示，计算平均加工零件数。

表 3-2　　　　　　　　　　某班组工人加工零件数及有关资料

按加工零件分组（件）x	人数（人）f
30	2
40	2
50	8
60	6
70	2
合计	20

则该班组工人加工零件数的均值为

$$\bar{x} = \frac{\sum xf}{\sum f} = \frac{30 \times 2 + 40 \times 2 + 50 \times 8 + 60 \times 6 + 70 \times 2}{2 + 2 + 8 + 6 + 2} = \frac{1040}{20} = 52(件)$$

【例 3-3】工人按加工零件数分组的组距数列资料见表 3-3，计算平均加工零件数。

表 3 – 3　　　　　　　　某班组工人加工零件数及有关资料

按加工零件分组（件）x	频率（%）$\frac{f}{\sum f}$
30	10
40	10
50	40
60	30
70	10
合计	100

该班组工人加工零件数的均值为

$$\bar{x} = \sum x \cdot \frac{f}{\sum f} = 30 \times 10\% + 40 \times 10\% + 50 \times$$

$$40\% + 60 \times 30\% + 70 \times 10\% = 52(件)$$

由式（3.2）和式（3.3）可知算术平均数的大小与两个因素有关，一个是分布数列中各组的变量值 x_i；另一个是次数 f_i 或频率（比重）$\frac{f_i}{\sum f_i}$。各组变量值不变时，算术平均数的大小只与次数或频率（比重）有关，算术平均数总是接近次数或频率较大的变量值，这说明次数或频率对平均数的大小有权衡轻重的作用，所以计算算术平均数时，各组变量值出现的次数或频率称为权数，利用式（3.2）和式（3.3）计算的平均数称为加权算术平均数。

组距数列计算算术平均数，采用式（3.2）和式（3.3），公式中的 x_i 为各组数据一般水平的代表值，也就是组中值。组中值是各组变量值的一般水平的近似值，用组中值代表各组变量值的一般水平，因此，计算的算术平均数也是一个近似值。

【例 3 – 4】学生按学习成绩分组资料如表 3 – 4 所示，计算平均成绩。

表 3 – 4　　　　　　　　学生按学习成绩分组及相关资料

成绩（分）	人数（人）f_i	组中值 x_i
60 ~ 70	10	65
70 ~ 80	20	75
80 ~ 90	15	85
90 以上	5	95
合计	50	—

成绩的算术平均数为

$$\bar{x} \approx \frac{\sum xf}{\sum f} = \frac{65 \times 10 + 75 \times 20 + 85 \times 15 + 95 \times 5}{10 + 20 + 15 + 5} = \frac{3900}{50} = 78(分)$$

（3）算术平均数的数学性质

为了更好地理解和运用平均数，有必要了解算术平均数的两个重要性质。

①各变量值与算术平均数的离差之和等于零，即

$$\sum_{i=1}^{n} (x_i - \bar{x}) = 0 \quad \text{（对于简单算术平均数）} \tag{3.4}$$

或

$$\sum_{i=1}^{n} (x_i - \bar{x}) f_i = 0 \quad \text{（对于加权算术平均数）} \tag{3.5}$$

②各变量值与算术平均数的离差平方和为最小值，即

$$\sum_{i=1}^{n} (x_i - \bar{x})^2 = \text{最小值} \tag{3.6}$$

（4）算术平均数的优缺点

算术平均数具有以下几个优点：一是可以利用算术平均数来推算总体标志总量，因为算术平均数与变量值个数的乘积等于总体标志总量（变量值总和）；二是由算术平均数的两个数学性质可知，算术平均数在数理上具有无偏性与有效性（将在第5章中介绍）的特点，这使算术平均数在统计推断中得到了极为广泛的应用；三是算术平均数具有良好的代数运算功能，即分组算术平均数的算术平均数等于总体算术平均数。例如，某大学某年级某专业有两个班级，分别有 38 人和 42 人，某学期期末数学考试的算术平均成绩分别为 82 分和 85 分，则可以计算该大学该年级该专业某学期期末数学考试的总算术平均成绩为（38 × 82 + 42 × 85）÷ 80 = 83. 575 分。正因为如此，在实际中算术平均数比其他平均数得到了更为广泛的应用。

但算术平均数也有其局限性，主要表现在以下两个方面：一是算术平均数易受极端值（极大值或极小值）的影响，当变量存在少数几个甚至一个特别大或特别小的变量值时，就会导致算术平均数迅速增大或变小，从而影响对变量值一般水平的代表性。例如，某个体经营户户主的月收入为 30000 元，四位帮工的月收入分别为 1000 元、1000 元、1200 元和 1400 元，计算四位帮工的平均月收入为 1150 元，如果加上户主计算五位的平均月收入则为 6920 元，增加了 5770 元。很显然，6920 元这个平均数对于帮工和户主都不具有代表性，因为他们的实际月收入与该平均数的距离都非常大，原因就在于户主与帮工不具有同质性。所以，在计算算术平均数时如果遇到极端值，应该分析其原因，必要时（对于非同质的变量值）应该加以剔除。二是根据组距数列计算算术平均数时，由于组中值具有假定性而使得计算结果只是一个近似值，尤其是当组距数列有开口组时，算术平均数的准确性会更差。

2. 切尾均值

切尾均值是指在一个数列中，去掉两端的极端值后所计算的算术平均数。切尾均值现已广泛应用于电视大奖赛、体育比赛及需要由人们进行综合评价的竞赛项目，我们在电视中所熟悉的"去掉一个最高分，去掉一个最低分，该选手的最终得分是×分"就是利用切尾均值方法进行的评估。

切尾均值的计算公式

$$\bar{x}_\alpha = \frac{x_{([n\alpha]+1)} + x_{([n\alpha]+2)} + x_{([n\alpha]+3)} + \cdots + x_{(n-[n\alpha])}}{n - 2[n\alpha]} \tag{3.7}$$

式中：n 表示观察值的个数；α 表示由人们决定的大于等于 0 又小于 $\frac{1}{2}$ 的系数，

即 $0 \leqslant \alpha < \frac{1}{2}$，称为切尾系数；[　] 表示取整数，$x_{(1)}$，$x_{(2)}$，$\cdots$，$x_{(n)}$ 表示 x_1，

x_2，$\cdots$，x_n 的顺序统计量。切尾均值的计算特点是先将观察值两端的个别极大或极小值切去，然后再对中间的观察值进行平均。两端各切去几个数值，通过我们给定 α 值加以确定。当 $\alpha = 0$ 时，切尾均值等于均值；当 α 接近 $\frac{1}{2}$ 时，切尾均值接近于或等于中位数。

【例 3 – 5】某次比赛共有 11 名评委，对某位歌手的给分分别是 9.22、9.25、9.20、9.30、9.65、9.30、9.27、9.20、9.28、9.25、9.24，请分别计算 $\alpha = \frac{1}{11}$，

$\alpha = 0$，$\alpha = \frac{5}{11}$ 时的切尾均值。

解：经整理，顺序统计量为 9.20、9.20、9.22、9.24、9.25、9.25、9.27、9.28、9.30、9.30、9.65，如去掉一个最高分，去掉一个最低分，则取 $\alpha = \frac{1}{11}$，切尾均值为

$$\bar{x}_\alpha = \frac{x_{(11 \times \frac{1}{11} + 1)} + x_{(11 \times \frac{1}{11} + 2)} + \cdots + x_{(11 - 11 \times \frac{1}{11})}}{11 - 2 \times 11 \times \frac{1}{11}} = 9.26$$

这个平均得分避免了 9.65 分这个极端高分的影响。如取 $\alpha = 0$，切尾均值为

$$\bar{x} = \frac{x_1 + x_2 + \cdots + x_n}{n} = \frac{\sum\limits_{i=1}^{n} x_i}{n} = 9.29$$

如果取 $\alpha = \frac{5}{11}$，切尾均值为

$$\bar{x}_\alpha = \frac{x_{(11 \times \frac{5}{11} + 1)} + x_{(11 \times \frac{5}{11} + 2)} + \cdots + x_{(11 - 11 \times \frac{5}{11})}}{11 - 2 \times 11 \times \frac{5}{11}} = \frac{x_{(6)}}{1} = 9.25$$

3. 调和平均数

调和平均数是平均数的一种。从数学形式上看，调和平均数具有独立的形式，它是变量值的倒数的算术平均数的倒数，也称为倒数平均数。但在实际应用中，它则是更多地以算术平均数的变形存在。在计算平均数时，当我们不知道变量值个数（总体总频数），而只知道各组变量值与各组标志总量（各组变量总值）时，就要先以各组标志总量除以各组变量值求出各组频数；然后再以各组标志总量之和除以各组频数之和，这样计算的平均数就叫做调和平均数。调和平均数也有简单调和平均数和加权调和平均数两种。

（1）简单调和平均数

当各组的标志总量相等时，所计算的调和平均数称为简单调和平均数。设总体分为 k 个组，每个组的标志总量都为 m，则总体标志总量为 km。现仍以 x_i 表示各组

变量值，以 H 表示调和平均数，则简单调和平均数的计算公式为

$$H = \frac{km}{\frac{m}{x_1} + \frac{m}{x_2} + \cdots + \frac{m}{x_k}} = \frac{k}{\sum\limits_{i=1}^{k} \frac{1}{x_i}} \tag{3.8}$$

【例 3 – 6】市场上某种蔬菜的价格是早市每千克 1.25 元，午市每千克 1.20 元，晚市每千克 1.10 元。若早、中、晚各买 10 元钱的蔬菜，问所购买蔬菜的平均价格是多少。

蔬菜的平均价格是总购买金额除以总购买数量。该例中有 3 个组，各组标志总量（购买金额）都为 10 元，各组变量值（蔬菜价值）分别为 1.25 元、1.20 元和 1.10 元，但不知道所购买蔬菜的数量，所以要先分别计算出各组的蔬菜购买数量，即 $\frac{10}{1.25}$、$\frac{10}{1.20}$ 和 $\frac{10}{1.10}$ 千克，最后可计算出所购买蔬菜的平均价格为

$$H = \frac{k}{\sum\limits_{i=1}^{k} \frac{1}{x_i}} = \frac{30}{\frac{10}{1.25} + \frac{10}{1.20} + \frac{10}{1.10}} \approx 1.18(元／千克)$$

如果采用简单算术平均数计算

$$\bar{x} = \frac{\sum x_i}{n} = \frac{1.25 + 1.20 + 1.10}{3} \approx 1.183(元／千克)$$

结果为什么不一样（虽然很接近）？因为本例实际上是花了 30 元钱购买了 25.42 千克蔬菜，而不是花了 3.55 元买了 3 千克蔬菜，所以用简单算术平均数计算的结果 1.183 元/千克是错误的。

（2）加权调和平均数

当各组的标志总量不相等时，所计算的调和平均数要以各组的标志总量为权数，其结果即为加权调和平均数。若以 m_i 表示各组标志总量，则加权调和平均数的计算公式为

$$H = \frac{m_1 + m_2 + \cdots + m_k}{\frac{m_1}{x_1} + \frac{m_2}{x_2} + \cdots + \frac{m_k}{x_k}} = \frac{\sum\limits_{i=1}^{k} m_i}{\sum\limits_{i=1}^{k} \frac{m_i}{x_i}} = \frac{\sum m_i}{\sum \frac{m_i}{x_i}} \tag{3.9}$$

【例 3 – 7】市场上某种蔬菜的价格是早市每千克 1.25 元，午市每千克 1.20 元，晚市每千克 1.10 元。现若早、中、晚分别购买 15 元、12 元和 10 元钱的蔬菜，问所购买蔬菜的平均价格是多少。

与例 3 – 6 相比，早、中、晚购买蔬菜的金额不一样了，不再都是 10 元，此时平均价格会发生什么变化呢？不难计算，此时所购买蔬菜的平均价格为

$$H = \frac{\sum m_i}{\sum \frac{m_i}{x_i}} = \frac{15 + 12 + 10}{\frac{15}{1.25} + \frac{12}{1.20} + \frac{10}{1.10}} = \frac{37}{31.09} \approx 1.19(元／千克)$$

计算结果显示，平均价格比上例上升了 0.01 元/千克。为什么蔬菜价格未变，平均价格却上升了？原因就在于早、中、晚购买的金额不同，早市的价格最高且购买的金额最多，午市的价格次高且购买金额次多，晚市的价格最低且购买金额最少，

所以与例 3 - 6 的简单调和平均数相比，平均价格就偏向于高的一端了。显然，购买金额就起到了权数的作用。一般来说，加权调和平均数的权数作用是通过各组的标志总量 m_i 来体现的。

对于组距数列，要先以各组的组中值作为各组的变量值 x_i，然后按照上述计算公式和步骤计算加权算术平均数。

加权调和平均数与加权算术平均数的区别就在于计算过程中应用数据条件的不同。前者以各组标志总量（$m_i = x_i f_i$）为权数，后者以各组频数（f_i）为权数。但它们都符合总体标志总量与总体总频数的对比关系。事实上，两者是可以相互变通的，即

$$\frac{\sum m_i}{\sum \dfrac{m_i}{x_i}} = \frac{\sum x_i f_i}{\sum \dfrac{x_i f_i}{x_i}} = \frac{\sum x_i f_i}{\sum f_i} \tag{3.10}$$

所以对于同一现象，计算加权调和平均数与计算加权算术平均数的结果是相等的，无非是因数据条件不同而采用了不同的计算形式。

4. 几何平均数

几何平均数是计算平均比率或平均速度时常用的一种方法，例如用于计算水平法的平均发展速度、流水作业生产的产品平均合格率、复利法的平均利率等。根据所掌握的数据条件不同，几何平均数也可以分为简单几何平均数和加权几何平均数两种。

（1）简单几何平均数

简单几何平均数就是变量的 n 个变量值连乘积的 n 次方根。若以 x_i 表示变量的第 i 个变量值（$i = 1, 2, 3, \cdots, n$），以 G 表示几何平均数，则简单几何平均数的计算公式为

$$G = \sqrt[n]{x_1 \cdot x_2 \cdots x_n} = \sqrt[n]{\prod_{i=1}^{n} x_i} \tag{3.11}$$

式中：G 表示几何平均数；x_i 表示变量值或数据；n 表示变量值或数据的个数。

【例 3 - 8】某机械厂五个流水作业车间的合格品率分别为 96%、94%、95%、95% 和 96%，则五个车间合格品率的平均数（即全厂的平均生产合格率）为

$$G = \sqrt[n]{x_1 \cdot x_2 \cdots x_n} = \sqrt[n]{\prod_{i=1}^{n} x_i} = \sqrt[5]{96\% \times 94\% \times 95\% \times 95\% \times 96\%} \approx 95.20\%$$

但要注意的是，该厂总的合格率为 96% × 94% × 95% × 95% × 96% ≈ 78.18%，两者相差甚大。

（2）加权几何平均数

当计算几何平均数的各种变量值出现的次数不等，即数据经过了统计分组时，则应采用加权几何平均数。若以 x_i 表示第 i 组的变量值（$i = 1, 2, \cdots, k$），f_i 表示第 i 组的频数（$i = 1, 2, \cdots, k$），以 k 表示分组数，则加权几何平均数的计算公式为

$$G = \sqrt[\sum\limits_{i=1}^{k} f_i]{x_1^{f_1} \cdot x_2^{f_2} \cdot x_3^{f_3} \cdots x_k^{f_k}} = \sqrt[\sum\limits_{i=1}^{k} f_i]{\prod_{i=1}^{k} x_i^{f_i}} \tag{3.12}$$

【例3-9】某企业最近10年销售收入的年发展速度如表3-5所示，求年平均发展速度。

表3-5　　　　　　　　某企业最近10年销售收入年发展速度数据

年发展速度（%）x_i	105	106	107	108	109
年数（频数）f_i	3	3	2	1	1

该企业最近10年销售收入的年平均发展速度为

$$G = \sqrt[\sum_{i=1}^{k} f_i]{x_1^{f_1} \cdot x_2^{f_2} \cdot x_3^{f_3} \cdots x_k^{f_k}}$$

$$= \sqrt[10]{105\%^3 \times 106\%^3 \times 107\%^2 \times 108\% \times 109\%} \approx 106.39\%$$

5. 算术平均数、调和平均数和几何平均数的数学关系

从数学上看，算术平均数、调和平均数和几何平均数都是幂平均数的一种。幂平均数的公式是

$$\overline{x^t} = \sqrt[t]{\frac{\sum x^t}{n}} \tag{3.13}$$

当$t=1$时，幂平均数就是算术平均数；当$t=-1$时，幂平均数就是调和平均数；当t趋向于零时，幂平均数的极限形式就是几何平均数。

由于幂平均函数是单调递增函数，所以t值越大幂平均数就越大，因此单从数学意义上看，算术平均数、调和平均数和几何平均数三者的大小关系是

$$H \leqslant G \leqslant \overline{x} \tag{3.14}$$

但在实际应用中这样的比较往往没有意义，因为对于任何一个计算对象一般只适合采用一种方法来计算平均数，也就是说不同的平均数计算方法适合于不同的计算条件，必须正确选择。

3.1.2　位置平均数

1. 中位数

（1）中位数的含义及应用。中位数是将总体中各单位的变量值按定序尺度排序后，位于中间位置的变量值，记为M_e（Median）。中位数将全部变量值分成两部分，一部分变量值比中位数小，另一部分变量值比中位数大。中位数不受极端数值的影响，由于它居于数列的中间位置，所以在某些情况下可以用来代表变量值的一般水平。中位数既可用于测定定量变量的集中趋势，也可用于测定定序变量的集中趋势，但不适用于定类变量。

（2）中位数的确定。计算中位数一般分两步，第一步是排序；第二步是确定中位数位置和中位数。因所掌握的数据条件不同而分为两种情况；一是根据未经分组的原始数据来确定，二是根据分布数列来确定。

①未经分组的原始数据中位数的确定。在数据未经分组的情况下，先将变量的n个数据按大小、强弱等顺序排列，确定中位数的位置$\frac{n+1}{2}$，然后确定中位数。

如果未分组数据的项数是奇数，中位数是数据排序后的第$\frac{n+1}{2}$个变量值（n

为数据的项数）；如果变量值的项数是偶数，中位数等于数据排序后的第 $\frac{n}{2}$ 个和第 $\frac{n}{2}+1$ 个变量值的算术平均数。

$$M_e = \begin{cases} x_{\left(\frac{n+1}{2}\right)} & n \text{ 为奇数} \\ \frac{1}{2}\left\{ x_{\left(\frac{n}{2}\right)} + x_{\left(\frac{n}{2}+1\right)} \right\} & n \text{ 为偶数} \end{cases} \tag{3.15}$$

【例 3 - 10】8 名工人的日产量为 21 件、23 件、25 件、26 件、27 件、29 件、34 件、34 件，求中位数。

解：日产量的中位数为排序后第 4 个和第 5 个标志值（$\frac{8}{2}=4$、$\frac{8}{2}+1=5$）的平均数

$$\text{中位数} = \frac{26+27}{2} = 26.5 \text{（件）}$$

②单项数列中位数的确定。在单项式数列中，先按 $\frac{\sum f+1}{2}$ 来确定中位数位置，然后对数列中的各组频数进行向上累计或向下累计，当某一组的累计频数大于或等于 $\frac{\sum f+1}{2}$ 时，该组的变量值就是中位数。

【例 3 - 11】某车间 150 名工人的日装配量如表 3 - 6 所示，要求确定工人日装配量的中位数。

表 3 - 6　　　　　　　　　　某车间 150 名工人日装配量及累计次数

日装配量（件）	工人数（次数）	向下累计次数	向上累计次数
22	10	10	150
23	10	20	140
24	40	6	130
25	50	110	90
26	30	140	40
27	10	150	10
合计	150	—	—

根据所给数据可以计算中位数位置 $= \frac{\sum f+1}{2} = \frac{150+1}{2} = 75.5$。在表 3 - 6 中对各组次数进行向上累计或向下累计，向下累计至第 4 组（累计次数 110）或向上累计至第 3 组（累计次数 90），累计次数大于 75.5，所以工人日装配量的中位数就是 $M_e = 25$（件）。

（3）组距数列中位数的确定

组距数列求中位数，要先利用公式 $\frac{\sum f}{2}$（严格地讲应该是 $\frac{\sum f+1}{2}$，简化起见取 $\frac{\sum f}{2}$）和各组的向下累计次数或向上累计次数确定中位数所在的组，然后用式

（3.16）或式（3.17）计算中位数。

下限公式：

$$M_e \approx L + \frac{\frac{\sum f_i}{2} - S_{m-1}}{f_m} \times i \qquad (3.16)$$

上限公式：

$$M_e \approx U - \frac{\frac{\sum f_i}{2} - S_{m+1}}{f_m} \times i \qquad (3.17)$$

式中：M_e 表示中位数；L 表示中位数所在组的下限；U 表示中位数所在组的上限；S_{m-1} 表示中位数所在的组以前各组次数之和；S_{m+1} 表示中位数所在的组以后各组次数之和；f_m 表示中位数所在组的次数；f_i 表示各组的次数；i 表示中位数所在组的组距。

【例 3-12】某企业员工按月手机话费额分组资料如表 3-7 所示，求月手机话费的中位数。

表 3-7　　　　　　　　　某企业员工按月手机话费额分组资料

月手机话费额（元）	人数（人）	向下累计次数
100 以下	1	1
100~300	6	7
300~500	11	18
500~700	22	40
700~900	15	55
900~1100	7	62
1100 以上	2	64
合计	64	—

中位数是第 32 个变量值（$\frac{\sum f}{2} = \frac{64}{2} = 32$），由各组的向下累计次数可知第 32 个数据值在第四组，该组有关资料如下：

$L = 500$，$U = 700$，$i = 700 - 500 = 200$，$f_m = 22$，$S_{m-1} = 18$，$S_{m+1} = 24$，将相关资料代入式（3.16）计算中位数：

$$M_e \approx L + \frac{\frac{1}{2}\sum f_i - s_{m-1}}{f_m} \times i = 500 + \frac{32 - 18}{22} \times 200 \approx 627.27（元）$$

式（3.16）和式（3.17）计算中位数的结果是一致的，计算中位数时只要采用其中之一即可，用此方法计算的中位数是总体各单位变量值实际中位数的近似值。

（4）中位数的优缺点

中位数具有以下优点：一是中位数作为一种位置平均数，概念较为清晰，只要排列变量顺序，就可以比较容易地加以确定；二是中位数不受变量数列中极端数值的影响，遇有极大值或极小值时，用中位数来表示现象的一般水平更具有代表性；

三是组距数列出现开口组时，对中位数无影响；四是当某些变量不能表现为数值但可以定序时，不能计算数值平均数，但可以确定中位数。

当然中位数也有局限性：一是中位数不能像算术平均数那样可以进行代数运算；二是除了分布数列的中间部分数值外，其他数值的变化都不对中位数产生影响，因此中位数的灵敏度较低。

2. 分位数

分位数有四分位数、十分位数和百分位数等，我们主要介绍四分位数。四分位数是将按大小顺序排列后的所有变量值或数据，等分成四个部分的三个数，记为 Q_1、Q_2 和 Q_3。第一个四分位数 Q_1 称为下四分位数，第二个四分位数 Q_2 就是中位数，第三个四分位数 Q_3 称为上四分位数。

计算四分位数一般分两步，第一步是排序，第二步是确定四分位数的位置和四分位数。

（1）未分组资料或单项数列四分位数的计算

三个四分位数的位次分别是数据排序后的第 $\frac{1}{4}$ $(n/\sum f+1)$、$\frac{2}{4}$ $(n/\sum f+1)$ 和 $\frac{3}{4}$ $(n/\sum f+1)$ 个变量值（n 为数据的项数），现在用例 3 – 13 来说明 Q_1、Q_2 和 Q_3 的具体计算方法。

【例 3 – 13】8 名工人的日产量为 21 件、23 件、25 件、26 件、27 件、29 件、34 件、34 件。计算 Q_1、Q_2 和 Q_3。

解：① Q_1 的位次：$\frac{1}{4}$ $(n+1)$ $=\frac{1}{4}$ $(8+1)$ $=2.25$

即 Q_1 位于第 2 个变量值与第 3 个变量值之间，距离第 2 个变量值 0.25 的位置上。代入具体数值计算：$Q_1 = 23 + 0.25 \times (25-23) = 23.5$（件）

② Q_2 的位次：$\frac{2}{4}$ $(n+1)$ $=\frac{2}{4}$ $(8+1)$ $=4.5$

即 Q_2 位于第 4 个变量值与第 5 个变量值之间，距离第 4 个变量值 0.5 的位置上。代入具体数值计算：$Q_2 = 26 + 0.5 \times (27-26) = 26.5$（件）与中位数的计算结果一致。

③ Q_3 的位次：$\frac{3}{4}$ $(n+1)$ $=\frac{3}{4}$ $(8+1)$ $=6.75$

即 Q_3 位于第 6 个变量值与第 7 个变量值之间，距离第 6 个变量值 0.75 的位置上。代入具体数值计算：$Q_3 = 29 + 0.75 \times (34-29) = 32.75$（件）

（2）组距数列四分位数的计算

组距数列求下四分位数 Q_1 和上四分位数 Q_3，要先利用公式 $\frac{1}{4}\sum f$ 和 $\frac{3}{4}\sum f$ 及各组的向下累计次数或向上累计次数确定 Q_1 和 Q_3 所在的组，然后参照中位数的计算公式计算 Q_1 和 Q_3。

$$Q_1 \approx L_{Q_1} + \frac{\frac{1}{4}\sum f - s_{Q_1-1}}{f_{Q_1}} \times i \qquad (3.18)$$

$$Q_3 \approx L_{Q_3} + \frac{\frac{3}{4}\sum f - s_{Q_3-1}}{f_{Q_3}} \times i \qquad (3.19)$$

【例3-14】某企业员工按月手机话费额分组资料如表3-7所示，求月手机话费的上下四分位数。

解：$Q_1 \approx L_{Q_1} + \dfrac{\frac{1}{4}\sum f - s_{Q_1-1}}{f_{Q_1}} \times i = 300 + \dfrac{16-7}{11} \times 200 \approx 463.64$（元）

$$Q_3 \approx L_{Q_3} + \frac{\frac{3}{4}\sum f - s_{Q_3-1}}{f_{Q_3}} \times i = 700 + \frac{48-40}{15} \times 200 \approx 806.67 \text{（元）}$$

3. 众数

（1）众数的含义

众数是一组数据中出现次数最多、频率最高的变量值，用 M_0（Mode）表示。例如，城市居民家庭中，三口之家所占的比重明显高于其他家庭，因此 3 人就是城市居民家庭人数的众数。众数是一组数据或分布中出现次数最多的数，可以用众数作为一组数据集中趋势的测度，也可以说众数是一组数据集中趋势或一般水平的代表值。众数不受极端数值的影响，如果数据没有明显的集中趋势众数就不存在。

（2）众数的确定

未分组的资料和单项数列确定众数较为简单，出现次数最多的数据就是众数。

组距数列确定众数要先观察哪组数据出现的次数多，即先确定众数组，然后用式（3.20）或式（3.21）计算众数。

下限公式：

$$M_0 \approx L + \frac{\Delta_1}{\Delta_1 + \Delta_2} \times i \qquad (3.20)$$

上限公式：

$$M_0 \approx U - \frac{\Delta_2}{\Delta_1 + \Delta_2} \times i \qquad (3.21)$$

式中：M_0 表示众数；L 表示众数所在组的下限；U 表示众数所在组的上限；Δ_1 表示众数所在组次数与其前一组次数之差；Δ_2 表示众数所在组次数与其后一组次数之差；i 表示众数所在组的组距。

【例3-15】某企业员工按月手机话费额分组资料如表3-7所示，求月手机话费的众数。

$$M_0 \approx L + \frac{\Delta_1}{\Delta_1 + \Delta_2} \times i = 500 + \frac{(22-11)}{(22-11)+(22-15)} \times 200 \approx 622.22（元）$$

式（3.20）和式（3.21）计算众数的结果是一致的，只要采用其中之一即可，用此方法计算的众数是一组数据实际众数的近似值。

（3）众数的特点

众数具有以下一些特点：一是众数也不受分布数列中极端数值的影响，用它来表示某些现象的一般水平会有较好的代表性；二是众数具有较广的应用面，可用于测定任何变量的集中趋势；三是众数只有在总频数充分多且某一组的频数明显高于其他组时才有意义，若各组的频数相差不多，则不能确定众数；四是众数也不能像算术平均数那样进行代数运算；五是有时一个分布数列会有两个组的频数明显最多，这就会有两个众数，该数列属于双众数数列。例如，英语专业与非英语专业的大学二年级学生参加同一英语水平测试，就可能出现双众数现象；再如现在一些高校招生，有的专业在第一批次录取，有的专业在第二批次录取，那么全校新生的成绩分布也可能是双众数分布。

3.1.3 众数、中位数和算术平均数之间的关系

众数、中位数和算术平均数分别从不同的角度反映了一组数据的集中趋势，在实际应用中选择哪一种，可以根据数据分布的特征和研究目的来决定。例如，城镇居民家庭人均可支配收入是右偏分布，所有调查户的算术平均数会偏高，这时城镇居民家庭人均可支配收入的中位数，更能代表家庭收入的一般水平；如果了解人们购买饮料时的品牌偏好，假如众数存在，用众数来反映集中趋势要好于中位数和算术平均数。

如果数据的分布是对称分布，中位数、众数和算术平均数三者相等。如果数据是非对称分布，三者不相等，一般情况下，数据是左偏分布时，三者之间的关系为 $\bar{x} < M_e < M_0$；数据是右偏分布时，三者之间的关系为 $M_0 < M_e < \bar{x}$。对于一个具体的分布曲线，曲线的最高峰对应的数据点为所有数据的众数 M_0，算术平均数 $\bar{x}$ 靠近曲线的尾部，中位数 M_e 在两者之间。如图 3 −1 所示。

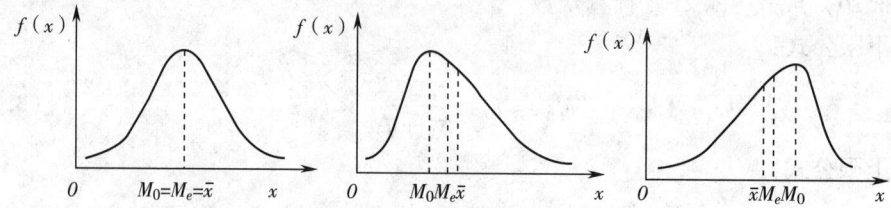

图 3 −1 $\bar{x}$、M_e 和 M_0 之间的关系

根据经验，在轻微偏态时，不论是左偏还是右偏，众数与中位数的距离约等于中位数与算术平均数的 2 倍，即

$$|M_e - M_0| = 2|\bar{x} - M_e| \tag{3.22}$$

或

$$|M_0 - \bar{x}| = 3|M_e - \bar{x}| \tag{3.23}$$

利用这个公式，我们可以从已知的两个测度来推算另一个测度。

3.2 分布离散程度的测度

算术平均数反映了数据分布的集中趋势，是总体各单位变量值的中心位置和

代表性的数值。然而，集中趋势或中心位置相同的两组数据，在其均值附近的分布程度是不一样的，有的差异程度小、较为集中地分布在其均值左右；有的差异程度大、较为分散地分布在其均值左右。例如，某班级第一组学生的数学成绩为50分、60分、70分、80分、90分，第二组学生的数学成绩为10分、60分、80分、100分、100分，两组的平均成绩都是70分。显然第一组学生的成绩是较为集中地分布在均值的左右，第二组学生的成绩是较为分散地分布在其均值的左右，均值70分，对第一组数据的代表性更强。类似地，有时考察一组数据的分散程度、稳定性、差异程度的大小等，需要研究一组数据在其均值附近分布的程度。分布离散程度的测度也称为标志变异指标，是研究一组数据差异程度大小的指标。常用的分布离散程度的测度有极差、内距、方差、标准差和离散系数等。前四种是绝对数，计量单位与平均指标的计量单位相同；离散系数是相对数，一般用百分数表示。

3.2.1 极差

极差（range）又称全距，是数据的最大值与最小值之差，用 R 表示，它是数据离散或差异程度最简单测度值，计算公式为

$$R = \max(x_i) - \min(x_i) \quad \text{或} \quad R = x_{(n)} - x_{(1)} \tag{3.24}$$

极差一般只根据未分组数据或单项式数列计算。例如，根据前面的例子，第一组学生数学成绩的极差 = 90 - 50 = 40（分），第二组学生数学成绩的极差 = 100 - 10 = 90（分），从极差可见，第二组学生测试成绩的差异比第一组大得多。

对于组距式数列，极差只能根据最高组的上限减去最低组的下限来近似计算。如果最高组或最低组是开口组，则极差的计算应该用最高组的假定上限减去最低组的假定下限。例如，根据表 3 - 4 的数据可计算极差为 95 - 65 = 30（分）。

极差是测定变量分布离中趋势最简单的方法，在实际中也有众多的应用，例如每天天气预报中最高温与最低温之间的温差，股票市场中各种股票每天最高成交价与最低成交价之间的价差，人体血压中收缩压与舒张压之间的压差等等，都是极差的表现。但由于极差只考虑了两个极端变量值之间的差距，没有利用全部变量值的信息，没有考虑变量中间分布的情况，所以不能充分反映全部变量值之间的实际差异程度，因而在应用上有一定的局限性。

3.2.2 内距

内距（inter - quartile range）是四分位数中第一个四分位数与第三个四分位数之差，也称为四分位差或四分间距，通常用 IQR 表示。计算公式为

$$\text{内距} = \text{上四分位数} - \text{下四分位数} = Q_3 - Q_1 \tag{3.25}$$

根据表 3 - 7 的数据计算月手机话费的内距为

$$Q_3 - Q_1 = 806.67 - 463.64 = 343.03(\text{元})$$

内距通常与中位数相结合，用于表明分布在中间 50% 数值的离散程度，其值越小（越大），表明变量中间数值的分布越集中（越离散），中位数的代表性越好（越差）。

内距是在一定程度上对极差的一种改进，避免了极端值的干扰。当一组数据中极端值较突出时，可采用内距来反映数据的离散程度。但它仍然只利用了两个位置的信息，并没有考虑全部数据的差异情况，因此它对数据差异的反映也是不够充分的。内距是依据数据顺序来计算的一种变异指标，属于一种顺序统计量，适用于定序数据和定量数据。尤其是当用中位数来测度数据集中趋势时，对应的离散程度就特别适合用内距来描述。

3.2.3 方差和标准差

方差（variance）是各变量值或数据与其均值离差平方的平均数，总体方差用 σ^2 表示，样本方差用 s^2 表示。标准差（standard deviation）是方差的算术平方根，总体标准差用 σ 表示，样本标准差用 s 表示。方差和标准差是测定标志变异程度最常用、最主要的方法。

1. 总体方差、标准差的计算

（1）未分组的数据资料计算方差和标准差的公式为

$$\text{方差}:\sigma^2 = \frac{\sum (x_i - \bar{x})^2}{n}; \quad \text{标准差}:\sigma = \sqrt{\frac{\sum (x_i - \bar{x})^2}{n}} \tag{3.26}$$

【例 3 - 16】计算第一组、第二组学生数学成绩的标准差。

表 3 - 8　　　　　第一组、第二组学生数学成绩标准差计算表

第一组			第二组		
成绩	离差	离差的平方	成绩	离差	离差的平方
x_1	$x_1 - \bar{x}_1$	$(x_1 - \bar{x}_1)^2$	x_2	$x_2 - \bar{x}_2$	$(x_2 - \bar{x}_2)^2$
50	-20	400	10	-60	3600
60	-10	100	60	-10	100
70	0	0	80	10	100
80	10	100	100	30	900
90	20	400	100	30	900
合计	0	1000	合计	0	5600

第一组的平均数（$\bar{x}_1$）和标准差（σ_1）为

$$\bar{x}_1 = \frac{\sum x_1}{n} = \frac{350}{5} = 70(\text{分})$$

$$\sigma_1 = \sqrt{\frac{\sum (x_1 - \bar{x}_1)^2}{n}} = \sqrt{\frac{1000}{5}} \approx 14.14(\text{分})$$

第二组的平均数（$\bar{x}_2$）和标准差（σ_2）为

$$\bar{x}_2 = \frac{\sum x_2}{n} = \frac{350}{5} = 70(\text{分})$$

$$\sigma_2 = \sqrt{\frac{\sum (x_2 - \bar{x}_2)^2}{n}} = \sqrt{\frac{5600}{5}} \approx 33.47(\text{分})$$

计算结果表明，两组的平均分数相同，第一组的标准差小于第二组标准差，所以，第一组数学成绩较为集中、差异程度小、平均成绩的代表性大。

（2）单项数列和组距数列计算方差和标准差的公式为

$$\text{方差}: \sigma^2 = \frac{\sum (x_i - \bar{x})^2 f_i}{\sum f_i}; \quad \text{标准差}: \sigma = \sqrt{\frac{\sum (x_i - \bar{x})^2 f_i}{\sum f_i}} \quad (3.27)$$

式中：x_i 表示各组的变量值或各组的组中值；f_i 表示各组的次数。

【例 3 – 17】根据表 3 – 4 中 50 名学生学习成绩计算的标准差如表 3 – 9 所示。

表 3 – 9　　　　　　　　　　学生学习成绩标准差计算表

成绩（分）	人数（人）	组中值	每组总成绩（分）	离差的平方	离差的平方乘以次数
	f_i	x_i	$x_i f_i$	$(x_i - \bar{x})^2$	$(x_i - \bar{x})^2 f_i$
60 ~ 70	10	65	650	169	1690
70 ~ 80	20	75	1500	9	180
80 ~ 90	15	85	1275	49	735
90 以上	5	95	475	289	1445
合计	50	—	3900	—	4050

算术平均数为

$$\bar{x} = \frac{\sum xf}{\sum f} = \frac{3900}{50} = 78(\text{分})$$

标准差为

$$\sigma = \sqrt{\frac{\sum (x_i - \bar{x})^2 f_i}{\sum f_i}} = \sqrt{\frac{4050}{50}} = 9(\text{分})$$

2. 样本方差、标准差的计算

（1）样本数据未分组，计算方差和标准差的公式为

$$\text{方差}: s^2 = \frac{\sum (x_i - \bar{x})^2}{n - 1}; \quad \text{标准差}: s = \sqrt{\frac{\sum (x_i - \bar{x})^2}{n - 1}} \quad (3.28)$$

（2）样本资料为单项数列和组距数列计算方差和标准差的公式为

$$\text{方差}: s^2 = \frac{\sum (x_i - \bar{x})^2 f_i}{(\sum f_i) - 1}; \quad \text{标准差}: s = \sqrt{\frac{\sum (x_i - \bar{x})^2 f_i}{(\sum f_i) - 1}} \quad (3.29)$$

式（3.28）和式（3.29）中的 n 和 $\sum f_i$ 表示变量值或数据的个数，两个公式的分母均为数据的个数减 1，称样本方差和样本标准差均有 $n - 1$ 个自由度。

为什么样本方差 s^2 的 n 个离差平方和不除以 n 反而要除以 $n-1$ 呢？也就是样本方差的自由度为什么取 $n-1$ 呢？这可以从两个方面理解或加以说明。

首先，自由度是反映分布或数据中与均值离差信息的个数，即 $(x_i-\bar{x})$ 误差的个数。例如，当 $n=1$ 时，即只有一个数值时，$x_1=\bar{x}$，$(x_i-\bar{x})=0$，它说明数据与均值没有差异，即表示差异的信息个数为 $1-1=0$。当 $n=2$ 时，$\bar{x}$ 就是 x_1 和 x_2 的中值，则 $(x_1-\bar{x})$ 和 $(x_2-\bar{x})$ 的绝对值相等，只是符号相反。这两个误差只表示一个误差，即差异的个数为 $2-1=1$。当 $n=3$ 时，假设 $x_1=1$，$x_2=2$，$x_3=6$，则 $\bar{x}=3$。这时表面看来，其误差有 3 个，即 $1-3=-2$，$2-3=-1$，$6-3=3$。但实际上，误差只有 2 个，因为数据比均值小的误差绝对值和数据比均值大的误差绝对值是相等的。只要知道其中的两个误差信息就等于知道了第三个误差。如知道一个数据比均值小 2，一个数据比均值小 1，则必知第三个数据比均值大 3。所以当 $n=3$ 时，误差的信息个数只有 $3-1=2$。当 $n=4$，$n=5$……，其数据与样本均值的误差信息都要少一个，即 $n-1$。这也就是为什么要用 $n-1$ 作为方差的分母，即分子 $\sum_{i=1}^{n}(x_i-\bar{x})$ 只有 $n-1$ 个有用的误差信息，所以用 $n-1$ 作分母才是真正的平均。

其次，还可以将自由度 $n-1$ 解释为 n 个数据中在样本均值 $\bar{x}$ 确定后只有 $n-1$ 个数据可以自由取值，而第 n 个一定不能自由取值，这也正是自由度（degree of freedom）的字面解释。例如，$x_1=1$，$x_2=2$，$x_3=6$，则 $\bar{x}=3$。当 $\bar{x}=3$ 确定后，在 x_1，x_2 和 x_3 中有两个数据可以随意取值，如 $x_1=-100$，$x_2=200$，则 x_3 不能随意自由地取值，而只能取 $x_3=n\bar{x}-x_1-x_2=3\times3-(-100)-200=-91$。当 $n=4$，$n=5$……，其道理都是一样的。

最后，除了以上两种对自由度的直观解释，还要说明的是，计算样本方差 s^2 的目的除了分析样本数据外，还要估计总体方差 σ^2。数学计算证明（请参考有关数理统计的教材），以自由度为 $n-1$ 计算的方差 s^2 的数学期望就是 σ^2，因而 s^2 是总体方差 σ^2 的无偏估计量。

【例 3-18】从某企业员工中随机抽出 20 人，样本按月生活消费额分组资料如表 3-10 所示，计算样本生活消费的标准差。

表 3-10　　　　　　　　企业员工样本按月生活消费额分组资料

月生活消费额（元）	人数（人）
100~300	1
300~500	4
500~700	9
700~900	5
900~1100	1
合计	20

表 3 – 11   员工样本生活消费额标准差计算表

月手机话费额（元）	人数（人）	组中值 x_i	$x_i - \bar{x}$	$(x_i - \bar{x})^2$	$(x_i - \bar{x})^2 f_i$
100 ~ 300	1	200	– 410	168100	168100
300 ~ 500	4	400	– 210	44100	176400
500 ~ 700	9	600	– 10	100	900
700 ~ 900	5	800	190	36100	180500
900 ~ 1100	1	1000	390	152100	152100
合计	20	—	—	—	678000

$$\bar{x} \approx \frac{\sum xf}{\sum f} = \frac{200 \times 1 + 400 \times 4 + 600 \times 9 + 800 \times 5 + 1000 \times 1}{1 + 4 + 9 + 5 + 1} = \frac{12200}{20} = 610(元)$$

将表 3 – 11 的数据代入样本标准差的计算公式

$$样本生活消费的标准差：s = \sqrt{\frac{\sum (x - \bar{x})^2 f}{(\sum f) - 1}} = \sqrt{\frac{678000}{20 - 1}}$$

$$= \sqrt{\frac{678000}{19}} \approx 188.90(元)$$

方差和标准差一般都是根据样本资料计算的，因此，总体方差和标准差的公式很少使用。方差与标准差用于测度数据的离散程度，其作用实质上是一致的，但标准差的计量单位与所测度数据的计量单位相同，计算结果的实际意义要比方差更容易理解。因此，在社会经济现象的统计分析中，标准差比方差的应用更为普遍，经常被用作测度数据与均值差距的标准尺度。

3.2.4 离散系数

极差、内距、标准差和方差都是有计量单位的离散程度的测度，不便于两组计量单位不同的数据比较差异程度和离散程度；另外，研究两组数据差异程度和离散程度，还要考虑两组变量值绝对水平的大小，如果两组数据的均值不同，也不能采用极差、内距、标准差和方差比较其差异程度。在上述情况下，比较两组变量值的差异程度时，要采用离散系数。离散系数又称变异系数，是标准差与均值的比值，用 V 表示，计算公式为

$$V = \frac{\sigma}{x} \quad 或 \quad V = \frac{s}{x} \tag{3.30}$$

离散系数一般用百分数表示，离散系数越小，数据差异程度和离散程度就越小；反之，数据差异程度和离散程度越大。

【例 3 – 19】随机抽取 60 人，无意识地分为每 30 人一组，分别让他们采用 A、B 两种方法在网上缴费。A 方法平均完成一项缴费的时间为 2.8 分钟，标准差为 1.9 分钟；B 方法平均完成一项缴费的时间为 3 分钟，标准差为 1.8 分钟。比较 A、B 两种缴费方式哪一种更好。

解：已知 $\bar{x}_A = 2.8$ 分钟 $s_A = 1.9$ 分钟 $\bar{x}_B = 3$ 分钟 $s_B = 1.8$ 分钟

$$V_A = \frac{s_A}{x_A} \times 100\% = \frac{1.9}{2.8} \approx 67.86\% \quad V_B = \frac{s_B}{x_B} \times 100\% = \frac{1.8}{3} = 60\%$$

因为 $V_B < V_A$，所以 B 方法较好。

【例 3 – 20】甲班 40 名学生平均身高为 171cm，标准差为 10cm；乙班身高资料如表 3 – 12 所示。要求：比较两班平均身高的代表性。

表 3 – 12　　　　　　　　　　乙班学生按身高分组的统计资料

身高（cm）	人数（人）
150 ~ 160	6
160 ~ 170	11
170 ~ 180	18
180 ~ 190	5
合计	40

解：根据已知条件有下表：

表 3 – 13　　　　　　　　　　乙班学生身高标准差计算表

身高（cm）	人数（人）	组中值 x	$(x - \bar{x})^2$	$(x - \bar{x})^2 f$
150 ~ 160	6	155	240.25	1441.5
160 ~ 170	11	165	30.25	332.75
170 ~ 180	18	175	20.25	364.5
180 ~ 190	5	185	210.25	1051.25
合计	40	—	—	3190

$$\bar{x}_乙 \approx \frac{\sum x_i f_i}{\sum f_i} = \frac{155 \times 6 + 165 \times 11 + 175 \times 18 + 185 \times 5}{6 + 11 + 18 + 5} = \frac{6820}{40} = 170.5(\text{cm})$$

$$s_乙 = \sqrt{\frac{\sum (x_i - \bar{x})^2 f_i}{\sum f_i - 1}} = \sqrt{\frac{3190}{40 - 1}} \approx 9.04(\text{cm})$$

$$V_甲 = \frac{s_甲}{x_甲} = \frac{10}{171} \times 100\% \approx 5.85\% ; V_乙 = \frac{s_乙}{x_乙} = \frac{9.04}{170.5} \times 100\% \approx 5.30\%$$

由于 $V_乙 < V_甲$，所以：乙班平均身高的代表性强。

3.3　分布偏态与峰度的测度

均值和标准差是考察数据分布的主要测度，通过它们可以了解数据分布的集中趋势和离散程度，掌握分布的主要特点。但是均值与标准差都相同的分布，其分布的形态可能并不完全一样，对分布形态进一步地探讨，就是研究数据分布的形状是否对称、偏斜的程度以及分布的陡峭程度等，也即数据分布的偏态和峰度。

3.3.1　偏态及其测度

偏态（skewness）是对数据分布偏斜的方向及程度的测度。通过计算偏态系数可以对偏态进行考察，偏态系数用 SK 表示。

利用众数、中位数和算术平均数三者之间的关系，可以判断单峰数据分布属于对称分布、左偏分布还是右偏分布。具体而言，当 $\bar{x} - M_o > 0$ 时次数分布呈右偏；当 $\bar{x} - M_o < 0$ 时次数分布呈左偏；当 $\bar{x} - M_o = 0$ 时次数分布为对称分布。通常利用算术平均数与众数的差距来测定偏态的绝对偏斜程度，即绝对偏度，但绝对偏度具有客观现象的计量单位，不便进行不同水平的现象之间的比较，需要对其进行抽象化，即将算术平均数与众数的差距除以标准差，得到偏态系数 SK。用公式表示为

$$SK = \frac{\bar{x} - M_o}{s} \qquad (3.31)$$

一般情况下，$SK > 0$ 为右偏，$SK < 0$ 为左偏，$SK = 0$ 则为对称分布。偏态系数通常取值在 -3 到 $+3$ 之间。SK 的绝对值大，表明偏度大；反之，则表明偏度小。

偏态系数的计算也可以直接利用样本数据来计算，计算公式为

$$SK = \frac{\sum_{i=1}^{k} (x_i - \bar{x})^3 f_i}{s^3 (\sum f_i)} \qquad (3.32)$$

从式（3.32）可以看到，偏态是数据与其均值离差的三次方，除以该组数据标准差的三次方，当数据分布为对称分布时，离差三次方后正负离差可以相互抵消，$SK = 0$；当数据分布为偏态分布时正负离差不能相互抵消，如果 $SK > 0$，说明正离差较大，数据的分布为右偏分布；如果 $SK < 0$，说明负离差较大，数据的分布为左偏分布。SK 的绝对值越大，偏斜的程度越大。

【例3–21】已知某年我国农村居民家庭纯收入，按纯收入分组的有关数据如表3–14所示，计算偏态系数。

表3–14 农村居民家庭纯收入数据偏态计算表

按纯收入分组（百元）	组中值 x_i	户数比重 f_i（%）	$(x_i - \bar{x})^3 f_i$
5 以下	2.5	2.28	– 154.64
5 ~ 10	7.5	12.45	– 336.46
10 ~ 15	12.5	20.35	– 144.87
15 ~ 20	17.5	19.52	– 11.84
20 ~ 25	22.5	14.93	0.18
25 ~ 30	27.5	10.35	23.16
30 ~ 35	32.5	6.56	89.02
35 ~ 40	37.5	4.13	171.43
40 ~ 45	42.5	2.68	250.72
45 ~ 50	47.5	1.81	320.74
50 以上	52.5	4.94	1481.81
合计	—	100	1689.25

将计算结果 $\bar{x} = 21.43$，$s = 12.09$ 代入式（3.32），得

$$SK = \frac{\sum\limits_{i=1}^{k}(x_i - \bar{x})^3 f_i}{s^3(\sum f_i)} \approx \frac{\sum\limits_{i=1}^{k}(x_i - 21.43)^3 f_i}{100\% \times (12.09)^3}$$

$$= \frac{1689.25}{1 \times (12.09)^3} \approx 0.96$$

由计算结果可以看出，偏态系数为正值，而且数值很大。说明农村居民家庭纯收入的分布为右偏分布，即收入较少的家庭是多数，而收入较高的家庭是少数，而且偏斜程度较大，即特别高收入的家庭还是有的，但越来越少。

3.3.2　峰度及其测度

峰度（kurtosis）是指数据分布的尖峭或峰凸程度。通过计算峰度系数可以对峰度进行考察，峰度系数用 K 表示，样本峰度系数的计算公式为

$$K = \frac{\sum(x_i - \bar{x})^4 f_i}{s^4 \sum(f_i)} - 3 \tag{3.33}$$

可以证明正态分布的峰度系数为 0。数据分布的峰度系数 $K > 0$ 为尖峰分布，表明数据的分布在众数附近较为集中；数据分布的峰度系数 $K < 0$ 为平峰分布，表明数据的分布在众数附近较为分散。更进一步，当 K 接近于 -1.2 时，变量分布曲线就趋向于一条水平线，表示各组分配的频数接近于相同。当 K 值小于 -1.2 时，则变量分布曲线为"U"形曲线，表示变量分布的次数是"中间少，两头多"，如图 3-2 所示。

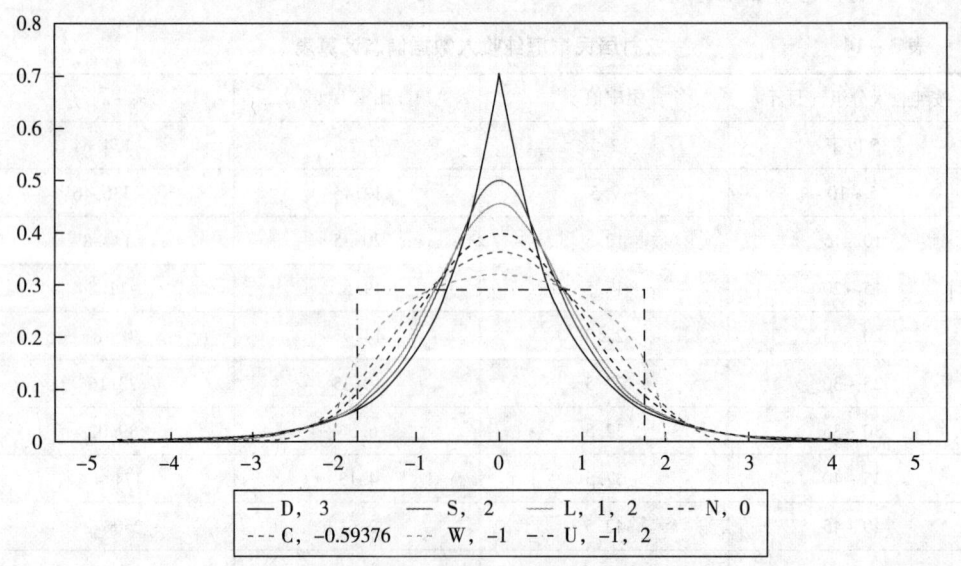

图 3-2　峰度的形状及其取值

【例 3-22】从某市所有家庭中随机抽取 100 户，按家庭人均可支配收入分组资

料如表 3 – 15 所示，计算 100 户家庭的偏态系数和峰度系数。

表 3 – 15 　　　　　　　　某市城镇居民家庭人均可

支配收入分组资料的偏态和峰度系数计算表

可支配收入 （千元）	家庭数 （户）f_i	组中值 x_i	$x_i f_i$	$x_i - \bar{x}$	$(x_i - \bar{x})^2$	$(x_i - \bar{x})^2 f$	$(x_i - \bar{x})^3 f_i$	$(x_i - \bar{x})^4 f_i$
9 以下	2	8	16	– 6. 76	45. 70	91. 4	– 617. 8	4176. 5
9 ~ 11	11	10	110	– 4. 76	22. 66	249. 2	– 1186. 4	5647. 0
11 ~ 13	17	12	204	– 2. 76	7. 62	129. 5	– 357. 4	986. 5
13 ~ 15	30	14	420	– 0. 76	0. 58	17. 3	– 13. 2	10. 0
15 ~ 17	16	16	256	1. 24	1. 54	24. 6	30. 5	37. 8
17 ~ 19	13	18	234	3. 24	10. 50	136. 5	442. 2	1432. 6
19 ~ 21	5	20	100	5. 24	27. 46	137. 3	719. 4	3769. 6
21 ~ 23	4	22	88	7. 24	52. 42	209. 7	1518. 0	10990. 4
23 以上	2	24	48	9. 24	85. 38	170. 8	1577. 8	14578. 7
合计	100	—	1476	—		1166. 2	2113. 1	41629. 2

注：本表中的数值采用 Excel 计算，与计算器操作的数值略有误差。

$$\bar{x} = \frac{\sum xf}{\sum f} = \frac{1476}{100} = 14.76（千元）$$

$$s = \sqrt{\frac{\sum (x_i - \bar{x})^2 f_i}{(\sum f_i) - 1}} = \sqrt{\frac{1166.2}{100 - 1}} = 3.43（千元）$$

$$SK = \frac{\sum (x_i - \bar{x})^3 f_i}{s^3 (\sum f_i)} = \frac{2113.1}{3.43^3 \times 100} = 0.52$$

$$K = \frac{\sum (x_i - \bar{x})^4 f_i}{s^4 (\sum f_i)} - 3 = \frac{41629.2}{3.43^4 \times 100} - 3 = 0.0076$$

　　由于 100 户家庭的人均可支配收入分布的偏态系数和峰度系数均大于零，所以该分布为尖峰的右偏分布。

　　利用 Excel 中的数据分析，可以计算平均数、中位数、众数、标准差、峰度、偏度等的数值。以例 3 – 10 中的数据为例，操作过程如下：

　　（1）将 8 名工人的日产量为 21 件、23 件、25 件、26 件、27 件、29 件、34 件、34 件输入 Excel 表，如图 3 – 3 中 A 列。

　　（2）执行"工具"→"数据分析"菜单命令，在出现的数据分析对话框中选择"描述统计"选项，单击"确定"按钮。在出现描述统计对话框中，选择 A2：A11 为"输入区域"，"输出区域"选 C2，选中"汇总统计"复选框，如图 3 – 4 所示，单击"确定"按钮。结果如图 3 – 3 所示。

	A	B	C	D	E	F
1	产量（件）					
2	21		列1			
3	23					
4	25		平均	27.375	偏度	0.40363
5	26		标准误差	1.679046	区域	13
6	27		中位数	26.5	最小值	21
7	29		众数	34	最大值	34
8	34		标准差	4.74906	求和	219
9	34		方差	22.55357	观测数	8
10			峰度	-0.91431		

图 3-3 Excel 数据分析

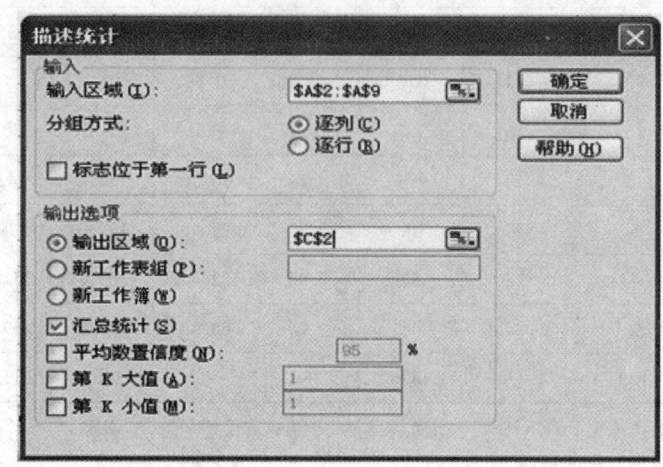

图 3-4 "描述统计"对话框

本章小结

数据分布特征的描述有以下三个方面：一是变量分布的集中趋势，反映变量分布中各变量值向中心值靠拢或聚集的程度；二是变量分布的离中趋势，反映变量分布中各变量值远离中心值的程度；三是变量分布的形状，反映变量分布的偏斜程度和陡峭程度。

变量分布的集中趋势要用平均指标来反映，平均指标的具体表现称为平均数，平均数因计算方法不同可分为数值平均数和位置平均数两类。数值平均数主要包括算术平均数、调和平均数和几何平均数，位置平均数主要包括中位数和众数。在实际中，平均指标具有重要的作用。

数据分布的离中趋势要用离散指标来反映。离散指标就是反映变量值变动范围和差异程度的指标，也称为变异指标或标志变动度指标。常用的离散指标主要有极差（亦称全距）、内距（亦称四分位差）、标准差和方差、离散系数等，它们分别具有不同的特点与用途。

数据分布的形状要用形状指标来反映。形状指标就是反映变量分布具体形状，即左右是否对称、偏斜程度与陡峭程度如何的指标。形状指标有两个方面：一是反映变量分布偏斜程度的指标，称为偏度系数；二是反映变量分布陡峭程度的指标，称为峰度系数。

思考与练习

一、填空题

1. 度量集中趋势最常见的指标是_____，用所有数据的和除以数据个数即可得到。

2. 根据位置来确定平均数值，则位于数列中间位置的标志值是_____，在总体中出现次数最多的标志值是_____。

3. 分布离散程度的测度有_____、_____、_____、_____和_____。

4. 在某城市随机抽取 13 个家庭，调查得到每个家庭的人均月收入数据如下（元）：1080、750、1080、850、960、2000、1250、1080、760、1080、950、1080、660，则其众数为_____，中位数为_____。

5. 某百货公司连续几天的销售额如下（万元）：257、276、297、252、238、310、240、236、265，则其下四分位数是_____。

6. 美国 10 家公司在电视广告上的花费如下（百万美元）：72、63.1、54.7、54.3、29、26.9、25、23.9、23、20，样本数据的中位数为_____。

7. 各变量值与其_____的离差之和等于零。

8. 各变量值与其_____的离差平方和最小。

9. 一个总体由 5 个元素组成：3、7、8、9、13。该总体方差为_____。

10. 中位数是位于数列_____的那个数值，众数是总体中出现次数_____的标志值。

11. 对于右偏分布，均值、中位数和众数之间_____的取值最大。

12. 已知一组数据的均值是 500，变异系数为 0.3，则方差为_____。

二、单项选择题

1. 由变量数列计算加权算术平均数时，直接体现权数的实质的是（   ）。

A. 总体单位数的多少   B. 各组单位数的多少

C. 各组变量值的大小   D. 各组频率的大小

2. 某寝室 11 名同学的英语成绩分别为 70、71、76、78、83、86、85、81、90、93、97，则英语成绩的上四分位数为（   ）。

A. 86   B. 74.75   C. 90   D. 92.3

3. 某组数据的四分之一分位数是 45，中位数是 65。四分之三分位数是 85，则该组数据的分布是（   ）。

A. 右偏的   B. 对称的   C. 左偏的   D. 无法判断

4. 如果计算算术平均数的所有变量值都增加 100，则方差（   ）。

A. 增加 100   B. 增加 10000   C. 不变   D. 不能确定如何变化

5. 如果计算加权算术平均数的各组频数都减少为原来的 4/5，则算术平均数（   ）。

A. 减少 4/5   B. 减少为原来的 4/5

C. 不变   D. 不能确定如何变化

6. 已知某班学生的平均年龄是 17.8 岁，18 岁的人最多，则该分布是（   ）。

    A. 正态分布   B. 左偏分布   C. 右偏分布   D. 无法判断

7. 若你正在筹划一次聚会，想知道该准备多少瓶饮料，你最希望得到所有客人需要饮料数量的（   ）。

    A. 均值   B. 中位数   C. 众数   D. 四分位数

8. 某企业有 A、B 两个车间，去年 A 车间人均产量 3.6 万件，B 车间人均产量 3.5 万件。今年 A 车间生产人数增加 6%，B 车间生产人数增加 8%。如果两个车间的人均产量都保持不变，则该企业今年总的人均产量与去年相比（   ）。

    A. 上升   B. 下降

    C. 不变   D. 不能确定如何变化

9. 已知某变量分布属于钟形分布且 $M_0 = 900$，$M_e = 930$，则（   ）。

    A. $\bar{x} < 900$ B. $900 < \bar{x} < 930$ C. $\bar{x} > 930$ D. $\bar{x} = 915$

10. 一组数据呈微偏分布，且知其均值为 510，中位数为 516，则可推算众数为（   ）。

    A. 528   B. 526   C. 513   D. 512

11. 对某一分布数列计算数学意义上的数值平均数得 $\bar{x} = 390$，则（   ）。

    A. $G \geq 390$，$H \geq 390$ B. $G \geq 390$，$H \leq 390$

    C. $G \leq 390$，$H \geq 390$ D. $G \leq 390$，$H \leq G$

12. 离散趋势测度指标中最易受极端数值影响的是（   ）。

    A. 全距   B. 标准差   C. 离散系数   D. 平均差

13. 2016 年某地区甲、乙两类职工的月平均收入分别为 1060 元和 3350 元，标准差分别为 230 元和 680 元，则职工平均收入的代表性（   ）。

    A. 甲类较大   B. 乙类较大

    C. 两类相同   D. 在两类之间缺乏可比性

14. 若两个分布数列的标准差相等且计量单位相同，但平均数不相等，则（   ）。

    A. 平均数大者代表性强   B. 平均数小者代表性强

    C. 两个平均数的代表性一样   D. 无法判断哪个平均数的代表性强

15. 统计学中最重要的离散指标是（   ）。

    A. 四分位差   B. 全距   C. 标准差   D. 变异系数

16. 假如学生的考试成绩用优秀、良好、中等、及格和不及格来表示，那么全班考试成绩的水平高低应该用什么平均数来说明（   ）。

    A. 可以用算术平均数   B. 只能用众数

    C. 可以用众数或中位数   D. 只能用中位数

17. 当分布曲线的峰度系数小于 0 时，该分布曲线称为（   ）。

    A. 正态曲线   B. 尖顶曲线   C. 平顶曲线   D. U 形曲线

三、多项选择题

1. 准确测度偏斜程度，需要计算偏态系数，下面描述正确的是（   ）。

    A. 偏态系数 = 0，为对称分布   B. 偏态系数 > 0，为右偏分布

C. 偏态系数 < 0，为右偏分布　　　D. 偏态系数 < 0，为左偏分布

E. 偏态系数 > 0，为左偏分布

2. 度量数据取值离散程度的统计量有（　　　）。

A. 中位数　　　　　B. 极差　　　　　C. 偏态系数　　　　D. 标准差

E. 离散系数

3. 描述数据集中趋势的测度值有（　　　）。

A. 算术平均数　　B. 众数　　　　　C. 中位数　　　　　D. 调和平均数

E. 几何平均数

4. 描述标志离散趋势的测度值有（　　　）。

A. 全距　　　　　　B. 方差　　　　　C. 标准差　　　　　D. 标准差系数

E. 离散系数

5. 一组数据的分布特征的测度有（　　　）。

A. 集中趋势测度　　　　　　　　　B. 累计次数

C. 偏态与峰度测度　　　　　　　　D. 离散程度测度

E. 直方图

6. 在右偏分布中（　　　）。

A. $\bar{x} < M_0$　　　　B. $M_e > M_0$　　　C. $M_e < M_0$　　　D. $\bar{x} > M_0$

E. $\bar{x} > M_e$

7. 通过观察箱线图可以了解到一组数据的（　　　）。

A. 均值、最大值和最小值　　　　　B. 上四分位数和下四分位数

C. 集中趋势　　　　　　　　　　　D. 离散程度

E. 峰度

8. 在左偏分布中（　　　）。

A. $\bar{x} < M_0$　　　　B. $M_e > M_0$　　　C. $M_e < M_0$　　　D. $\bar{x} > M_0$

E. $\bar{x} > M_e$

9. 关于众数，下列说法正确的有（　　　）。

A. 众数一定大于中位数　　　　　　B. 众数可以不存在

C. 众数是数值平均数　　　　　　　D. 众数不易受极端数值的影响

E. 正态分布中，分布最高点对应的数值即众数

10. 偏态系数是对数据偏斜程度的测度，下列描述正确的是（　　　）。

A. 偏态系数等于 0 为对称分布

B. 偏态系数大于 0 为左偏分布

C. 偏态系数小于零为右偏分布

D. 一般人均收入次数分配的偏态系数大于零

E. 一般人均收入次数分配的偏态系数小于零

四、判断题

1. 根据组距式数列计算的平均数、标准差等，都是近似值。　　　　　　（　　　）

2. 根据一变量数列的计算结果，算术平均数大于众数，则次数分布曲线向左偏斜。　　　　　　　　　　　　　　　　　　　　　　　　　　　　　（　　　）

3. 众数是总体中出现最多的次数。 （   ）

4. 任何平均数都受变量数列中的极端值的影响。 （   ）

5. 中位数和众数都容易受到极端值的影响。 （   ）

6. 任何变量数列都存在众数。 （   ）

7. 对于右偏分布，均值、中位数和众数之间的关系是中位数＞均值＞众数。

（   ）

8. 对于左偏分布，均值、中位数和众数之间的关系是：均值＞中位数＞众数。

（   ）

9. 中位数把变量数列分成两半，一半数值比它大，另一半数值比它小。（   ）

10. 在分布偏态测定中，偏态系数的值越小，表示偏斜的程度越大。 （   ）

11. 当数据呈高度偏态时，中位数比均值更具有代表性。 （   ）

12. 在实际应用中，调和平均数与算术平均数的计算形式虽然不同，但计算结果及其意义是一样的。 （   ）

13. 次数分配中某一组的变量值较小而权数较大时，计算出来的平均数偏小。

（   ）

14. 甲地职工工资的标准差为 30 元，乙地职工工资的标准差为 40 元，乙地职工工资的差异程度大于甲地。 （   ）

15. 总体方差与样本方差的计算公式不同。 （   ）

16. 若比较两个变量分布平均数代表性，则方差或标准差大者平均数的代表性差。 （   ）

17. 只要变量分布具有相同的标准差，就会有相同的分布形状。 （   ）

五、计算题

1. 随机抽取 10 个网络用户，得到他们的年龄数据如下：

单位：周岁

19	16	29	25	20
23	25	36	24	18

（1）计算众数、中位数、上四分位数、下四分位数和样本均值。

（2）计算年龄数据的极差和标准差。

（如果是小数，要求计算结果保留到小数点后两位）

2. 甲企业职工平均工资为 5000 元，标准差为 2000 元，乙企业职工工资资料如下：

按月工资分组（元）	乙企业职工人数（人）
2000 以下	2
2000 ~ 4000	10
4000 ~ 6000	16
6000 ~ 8000	8
8000 以上	4
合计	40

要求：比较两厂职工平均工资的代表性大小。

3. 菜场上某鱼摊大鲫鱼每条约重 0.4 千克，售价为每千克 20 元，小鲫鱼每条约重 0.25 千克，售价为每千克 12 元。某顾客向摊主提出大、小鲫鱼各买一条，一起称重，价格为每千克 16 元。摊主应允，问这次买卖谁占了便宜，为什么？

4. 在某品牌的节能灯泡中随机抽出 430 只进行测试，使用时数资料如下，计算使用时数的中位数、众数和均值。

某品牌节能灯泡的测试资料

按使用时数分组（小时）	次数（只）
2000 以下	10
2000 ~ 2500	30
2500 ~ 3000	60
3000 ~ 3500	200
3500 ~ 4000	70
4000 ~ 4500	40
4500 以上	20

5. 某企业 9 月份各天的销售额（单位：万元）资料如下。要求：计算该组数据的均值、中位数、上四分位数、下四分位数、极差、内距。

257 276 297 252 238 310 240 236 265 278 271 292
261 281 301 274 280 267 291 258 272 284 268 303
273 263 322 249 269 295

6. 某企业 360 名工人日产量的资料如下，分别计算 7 月份、8 月份平均日产量，并简要说明 8 月份比 7 月份平均日产量多的原因。

某企业 360 名工人日产量资料

工人按日产量分组（件）	7 月份工人数（人）	8 月份工人数（人）
20 以下	30	1
20 ~ 30	78	30
30 ~ 40	108	72
40 ~ 50	90	120
50 ~ 60	42	90
60 以上	12	30
合计	360	360

7. 在某地区抽取 120 家企业按利润额进行分组，结果如下表所示，计算 120 家企业利润额的均值和标准差。

某地区 120 家企业按利润额分组资料

按利润额分组（万元）	企业数（个）
200～300	19
300～400	30
400～500	42
500～600	18
600 以上	11
合计	120

8. 一种产品的人工组装方法有两种，随机抽取 10 名工人，让他们在相同的时间内分别采用两种方法进行组装，结果如下。试评价两种人工组装方法的优劣。

10 名工人相同时间内组装产品数量的资料

组装方法	10 名工人相同时间内的组装数量（件）									
A	141	149	135	133	142	135	140	142	137	146
B	147	141	145	137	142	136	142	142	139	139

4

概率、概率分布与抽样分布

【引例】 神舟十一号的小概率事件

2016 年 10 月 17 日 7 时 49 分，执行与天宫二号交会对接任务的神舟十一号载人飞船，在酒泉卫星发射中心发射升空后准确进入预定轨道，顺利将两名航天员送上太空。11 月 17 日 12 时 41 分，神舟十一号飞船与天宫二号空间实验室成功实施分离，航天员景海鹏、陈冬在天宫二号空间实验室已工作生活了 30 天，创造了中国航天员太空驻留时间的新纪录。11 月 18 日 13 时 59 分，神舟十一号飞船返回舱在内蒙古中部预定区域成功着陆，执行飞行任务的航天员景海鹏、陈冬身体状态良好，天宫二号与神舟十一号载人飞行任务取得圆满成功。

空间碎片是人类空间活动的产物，包括完成任务的火箭箭体和卫星本体、火箭的喷射物、航天员的抛弃物、空间物体之间碰撞产生的碎块等。在距地面 2000 公里内的人类使用最频繁的低地球轨道上，有超过 7000 吨的空间碎片在绕着地球飞。空间碎片一旦与航天器发生撞击后果不堪设想，毫米级以上尺度的碎片会穿透航天器表面。空间碎片的飞行速度平均每秒 10 公里，最高时速达每秒 16 公里。在这样的速度下，一个 1 厘米的碎片就可以把拥有各种防护功能的飞船击穿一个洞。航天员的舱外航天服更经不起碰撞。1983 年，美国"挑战者号"航天飞机与一块直径 0.2 毫米的微小碎片相撞，导致舷窗被损，只得提前返回地球。

据中国科学院空间环境研究预报中心预测，在神舟十一号飞船飞行的轨道上，遭遇空间碎片的概率比较小，概率在百万分之一以下，这种小概率事件意味着我们几乎可以保证飞船不会与空间碎片相撞。但在 30 天的飞行中，神舟十一号飞船还是遭遇过空间碎片的威胁。好在地面飞控人员及时发出指令进行调姿规避，终于化险为夷。

当你去买彩票时，希望自己中大奖，但能否中奖是不确定的。当你去投资股票时，预期得到较高的收益率，但你不可能确切地知道收益率。在现实生活中，有很多这类事情，能否成功具有不确定性。这种不确定性可以用概率来度量。考虑到后几章学习推断统计的需要，本章主要介绍几种常用的概率分布模型以及样本统计量的概率分布。

4.1 事件及其概率

4.1.1 随机试验与事件

1. 确定性现象与随机现象

根据客观现象的特征，一般可将其分为两类：一类是在一定条件下必然出现（或不出现）某种结果的现象，我们称为确定性现象。例如，在一个标准大气压下，温度上升到100℃时，水必然沸腾；在一批合格品中任意取出一件，必定不是次品等。这类现象的共同特点是，在一定条件下其结果可以预言。而另一类现象则是出现什么结果无法预言，因为是不确定的。例如，我们无法预言从一批产品中任意取出一件产品是合格品还是不合格品；掷一枚均匀硬币，出现正面还是反面；用同一门炮向同一目标发射同一种炮弹多发，弹落点能不能相同；在城市中某路口一小时内机动车通过的数量；晚间收看某一电视剧的人数等。这些现象的共同特点是：条件无法决定结果，在一次试验或观察中出现什么结果具有偶然性。在基本条件不变的情况下，试验或观察的结果不确定的现象称为随机现象。

虽然随机现象每次的结果具有偶然性，但在大量观察或多次重复试验后其结果常常会呈现出某种规律性。例如，多次重复抛掷同一颗骰子，每个点出现的次数大约占抛掷次数的1/6，我们称这种规律为统计规律。概率论提供了研究统计规律的思想方法与分析工具。

2. 随机试验

对随机现象进行观测又称作随机试验。其实，在不确定的现象中，还有一类无法重复观察或试验的现象。例如，我们无法确定2050年会不会爆发世界大战，2018年元宵节时北京是否会下雪等。本章重点讨论可重复的随机试验。

利用随机试验可以研究随机现象的特点和其取值的规律，随机试验是指具有以下三个特点的试验：

（1）试验在相同条件下可以重复进行；

（2）每次试验的可能结果不止一个，但试验之前能知晓试验的所有可能结果；

（3）试验结束之前不能确定该次试验的确切结果。

例如，投掷一枚均匀的硬币观察其结果的试验就是随机试验。这样的试验可以重复进行，能知晓试验的所有结果即出现正面或反面，试验结束之前不能确定该次试验的结果是正面还是反面。同理，投掷一颗骰子，观察其出现的点数；用同一门炮向同一目标发射同一种炮弹观察弹落点也是随机试验。

3. 随机事件

（1）随机事件的含义

随机试验的每一种结果或随机现象的每一种表现称作事件。由随机试验的概念可知事件在一次随机试验中可能出现也可能不出现，因此事件也称为随机事件。随机事件通常用大写英文字母A、B、C等来表示。

（2）随机事件的种类

有些事件可以看成是其他一些事件组合而成的，而有些事件则不能被分解成其他事件的组合。不能被分解成其他事件组合的事件称为基本事件。例如，抛一枚均匀硬币，"出现正面"和"出现反面"是该次试验的最基本的结果，不能被分解成其他事件组合，因它们都是基本事件。同理，掷一颗骰子"出现点数3"也是一个基本事件，但事件"出现的点数小于3"则不是基本事件，因为它可以分解成"出现点数1"和"出现点数2"两个基本事件的组合。

一项试验中所有可能结果（基本事件）的集合，称为样本空间，用 Ω 表示。样本空间中的每一个元素即基本事件称为样本点，用 ω 表示。一些随机试验及所对应的样本空间如表4-1所示。

表4-1   随机试验及其所对应的样本空间

随机试验	样本空间 $\Omega = \{\omega\}$
抛一枚硬币	{正面朝上，反面朝上}
投掷一颗骰子	{1点，2点，3点，4点，5点，6点}
抽出一件产品检测	{合格，不合格}
一场足球比赛	{获胜，平局，失利}

（3）事件的关系与运算

事件的关系和运算包含以下几种：

①包含：关系式 $A \subset B$ 表示"若 A 出现，则 B 也出现（反之则未必）"，称作"B 包含 A"，或"A 导致 B"。

②相等：关系式 $A = B$ 表示两事件 A 和 B 要么都出现，要么都不出现，称作"事件 A 等于事件 B"，或"事件 A 和 B 等价"。

③和（并）：运算式 $A + B$ 或 $A \cup B$ 读作"A 加 B"，称作"A 与 B 的和（并）"，表示"A 和 B 至少出现一个"。对于多个事件 A_i（$i = 1$，2，…），$\sum A_i$ 或 $\cup A_i$ 表示"诸事件 A_i（$i = 1$，2，…）中至少出现一个"。

④差：运算式 $A - B$ 或 $A \setminus B$ 读作"A 减 B"，称作"A 与 B 的差"，表示"事件 A 出现但 B 不出现"。

⑤积（交）：运算式 AB 或 $A \cap B$，称作"A 与 B 的交（或积）"，表示"事件 A 和 B 同时出现"。对于多个事件 A_i（$i = 1$，2，…），$\cap A_i$，表示"诸事件 A_i（$i = 1$，2，…）同时出现"。

⑥逆事件：$\bar{A} = \{A$ 不出现$\}$，称作 A 的对立事件或逆事件。显然 A 和 $\bar{A}$ 互为对立事件，它们之间有下列关系：$A + \bar{A} = \Omega$，$A \cap \bar{A} = \varnothing$。

⑦不相容：若 $AB = \varnothing$，即 A 与 B 不可能同时出现，则称 A 和 B 不相容。

4.1.2 事件的概率

对一个随机事件来说，它在一次试验中可能发生，也可能不发生。既然有可能性，就有可能性大小问题。某随机事件发生可能性大小的度量值称为概率。随机事件 A 的概率记作 $P(A)$，$0 \leqslant P(A) \leqslant 1$。如果一个随机事件的概率接近于0，说明这个随机事件几乎不可能发生；如果一个随机事件的概率接近于1，则说明这个随机事件几乎一定会发生。

自16世纪掷骰子游戏中出现了概率概念至今，人们便从不同的角度对事件发生可能性的大小进行度量，后来形成了三种主要的概率解释或概率定义，分别是古典概率法、统计概率法和主观概率法。

1. 古典概率法

如果样本空间包含有限个样本点 n，并且每个样本点出现的可能性相同。事件 A 包含 m 个样本点，则随机事件 A 的概率 $P(A)$ 为

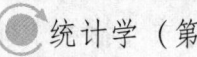

$$P(A) = \frac{\text{事件 } A \text{ 中包含的基本事件数}}{\text{样本空间中基本事件总数}} = \frac{m}{n} \tag{4.1}$$

这就是概率的古典定义。根据式（4.1）来计算的概率称为古典概率。

【例 4 – 1】设有 100 件产品，其中有 5 件次品。现从这 100 件中任取 2 件，求抽到的两件均为合格品的概率是多少？抽到的两件均为次品的概率是多少？

解：由于这 100 件产品中任一件被抽到的机会是均等的，而且从 100 件产品中抽出 2 件相当于从 100 个样本点中取 2 个的组合，共有 C_{100}^2 种可能。用 A 表示"抽到的两件均为合格品"，B 表示"抽到的两件均为次品"，根据式（4.1）可计算出这两个事件的概率：

$$P(A) = \frac{C_{95}^2 C_5^0}{C_{100}^2} = 0.9025 \;;\; P(B) = \frac{C_{95}^0 C_5^2}{C_{100}^2} = 0.0025$$

古典概率的应用要求样本空间，即出现的结果是有限的并且是已知的。例如，投掷一颗骰子样本空间为 {1 点，2 点，3 点，4 点，5 点，6 点}，每个点出现的概率均为 1/6；由于事件小于等于 2 点，包含 1 点、2 点两个样本点，因此该事件出现的概率为 1/3。用古典概率法计算概率，要求样本空间是已知的、有限的。实际问题中的样本空间往往是无限的或未知的，因而古典概率的应用具有一定的局限性。

2. 统计概率法

统计概率就是历史上同类事物发生的稳定的频率。若在相同条件下重复进行的 n 次试验中，事件 A 发生了 m 次，当试验次数 n 很大时，事件 A 发生的频率 m/n 稳定地在某一常数 p 上下波动，而且这种波动的幅度一般会随着试验次数的增加而缩小，则定义 p 为事件 A 发生的概率，记为

$$P(A) = p \approx \frac{m}{n} \tag{4.2}$$

【例 4 – 2】姚明自从 2002 年加入 NBA 后，每个赛季的投篮的数据如表 4 – 2 所示。看看姚明投篮命中的概率是多少？

表 4 – 2　　　　　　　姚明 2002—2008 赛季（常规赛）投篮的统计数据

赛季	投篮数	命中数	命中率
2002—2003	805	401	0.498
2003—2004	1025	535	0.522
2004—2005	975	538	0.552
2005—2006	900	467	0.519
2006—2007	819	423	0.516
2007—2008	852	432	0.507
合计	5376	2796	—

资料来源：NBA 官方网站，http://data. 819nba. tom. com/athlete. php？_ active = career& athleteid = 2 397。

解：表 4 – 2 的数据表明，从姚明 2002—2008 赛季的数据看，姚明常规赛投篮命中概率大约为 2796/5376 = 0.520。

统计概率的特点通常是利用过去历史的稳定数据或频率作为该事件发生概率的判断。新生婴儿的性别比值域为 105 ~ 107，采用的就是这种方法；在相同条件下抽

出 10000 件产品，有不合格品 20 件，则可近似地认为，该产品不合格品出现的概率为 0.2%。抽出的产品越多，这个比率就越接近于真实的产品不合格率。在日常工作与生活中，统计概率的应用较为普遍。

3. 主观概率法

古典概率和统计概率都属于客观概率，它们的确定完全取决于对客观条件的理论分析或是大量重复试验的事实，不以个人的意志为转移。而有些事件，特别是未来的某一事件，既不能通过可能事件个数来计算，也不能根据大量重复试验的频率来估计，但决策者又必须对其进行估计从而作出相应的决策，那就需要应用主观概率。凭借人的主观分析和判断得出事件出现可能性大小的方法即为主观概率法。比如，每年年底一些经济学家都会对第二年国内生产总值（GDP）作出个人的判断和预测，有人对未来乐观，认为可以增长 8% 以上；也有人比较悲观，预测 7% 以下，等等。又如，股票的成交通常就是因为有人预计股票价格很可能上升而买进，同时又有人预计股票价格很可能下跌而卖出。当然，主观概率也并非是由个人随意猜想或胡乱编造的，人们的经验、专业知识、对事件发生的众多条件或影响因素的分析等，都是确定主观概率的依据。

4.2　随机变量的概率分布

对随机现象的进一步研究是用数值表示样本空间中的每一个样本点，同时给出每一个样本点出现的概率，以便在掌握每一个基本事件出现概率的基础上，研究任何事件出现的概率。

4.2.1　随机变量

1. 随机变量的含义

随机变量是某次随机试验所有可能结果的数值性描述。用大写字母 X、Y、Z 等表示随机变量，用小写字母 x、y、z 等表示随机变量的取值。由于试验的每一个可能结果就是样本空间中的一个样本点，因此也可以把随机变量理解为样本空间中每一个样本点的函数。如果样本点是用文字表示的，可以将其"数量化"，用数量标识或数字代码来表示，例如，用 1 表示正面朝上、0 表示反面朝上，就可以将投掷硬币的可能结果"数量化"，同理也可以用 1、2、3、4、5、6 来表示投掷一颗骰子的可能结果 1 点、2 点、3 点、4 点、5 点和 6 点，只是此时定义的数值没有实质的大小含义。表 4 - 3 是一些试验对应的随机变量 X 及 X 的取值。

表 4 - 3　　　　　　　　　一些试验对应的随机变量 X 及 X 的取值

随机试验	随机变量 X	X 的取值
投掷一颗骰子	出现的点数	1, 2, 3, 4, 5, 6
检查节能灯泡的使用寿命	使用的时间	$x \geqslant 0$
某电话用户每次通话的时间	通话时间	$x > 0$

2. 随机变量的分类

根据随机变量取值的不同，可以把它们分为离散型随机变量和连续型随机变量。

将随机变量的取值设想为数轴上的点，每次试验结果对应一个点。如果一个随机变量的取值为有限个或可数个，该随机变量称为离散型随机变量。离散型随机变量仅取数轴上有限个或可列个孤立的点，例如某地区某年人口的出生数和死亡数，某种药品治疗病人的有效数和无效数，等等。如果一个随机变量是在数轴上的一个或多个区间内取任何值，那么它就是连续型随机变量。连续型随机变量的取值无法一一列举，例如某地区男性健康成人的身高和体重、节能灯泡的使用寿命等。

4.2.2　离散型随机变量的概率分布

1. 离散型随机变量的概率函数及概率分布

离散型随机变量 X 的取值为 x_1，x_2，x_3，…，取这些值的概率为 $P(X=x_i)=p_i(i=1，2，3…)$，将它们用表格的形式表现出来，就是离散型随机变量的概率分布。离散型随机变量的概率分布如表 4-4 所示。

表 4-4　　　　　　　　　离散型随机变量的概率分布

$X=x_i$	x_1	x_2	x_3	…
$P(X=x_i)=p_i$	p_1	p_2	p_3	…

$P(X=x_i)=p_i(i=1，2，3…)$ 就是离散型随机变量的概率函数。

离散型随机变量的概率分布具有以下性质：

$$(1)p_i>0；\quad (2)\sum_{i=1}^{n}p_i=1 \qquad i=1,2,3,\cdots \tag{4.3}$$

【例4-3】投掷一颗骰子出现的点数 X 是离散型随机变量，其概率分布如表 4-5 所示。

表 4-5　　　　　　　　投掷一颗骰子出现点数的概率分布

$X=x_i$	1	2	3	4	5	6
$P(X=x_i)=p_i$	$\frac{1}{6}$	$\frac{1}{6}$	$\frac{1}{6}$	$\frac{1}{6}$	$\frac{1}{6}$	$\frac{1}{6}$

已知离散型随机变量的概率分布，即可以计算与其中任意样本点相关的随机事件出现的概率。

【例4-4】某保险公司一年内机动车出险次数 X 及相应的概率如表 4-6 所示。求：（1）确定 α 的值；（2）出险次数为 3 次的概率；（3）求出险次数最多为 2 次故障的概率。

表 4-6　　　　　　　某保险公司一年内机动车出险次数及概率分布

出险次数 $X=x_i$	0	1	2	3	4
概率 $P(X=x_i)=p_i$	0.75	0.20	α	0.013	0.001

解：（1）由于：$0.75+0.2+\alpha+0.013+0.001=1$　　所以：$\alpha=0.036$

（2）$P(X=3)=0.013$

（3）$P(X\leqslant2)=0.75+0.2+0.036=0.986$

2. 离散型随机变量的数学期望和方差

与第 3 章介绍的平均数和方差类似，对于随机变量也可以用类似的统计量来描述。描述随机变量集中程度的统计量称为期望值，而描述其离散程度的统计量称为方差，它们是对随机变量的一种概括性度量。离散性随机变量概率分布给出了随机变量的所有可能取值和取不同值的概率，如果要深入分析和了解随机变量取值的特征，还需要知道该随机变量 X 取值的数学期望（均值）和方差，两者分别反映随机变量取值的集中趋势和离散程度。

离散型随机变量 X 的数学期望是 X 所有可能取值 x_i （$i=1$, 2, 3…）与其相应的概率 $P(X=x_i)=p_i$ （$i=1$, 2, 3…）乘积之和，用 μ 或 $E(X)$ 表示，即

$$\mu = E(X) = \sum_{i=1}^{\infty} x_i p_i \tag{4.4}$$

可见数学期望就是随机变量所有取值的加权平均，权数就是其取不同值的概率。数学期望具有下述性质（证明略）：

(1) 设 C 是常数，则 $E(C)=C$； $\tag{4.5}$

(2) 设 K 是常数，X 是随机变量，则 $E(KX)=KE(X)$； $\tag{4.6}$

(3) 设 X_1, X_2, …, X_n 为 n 个随机变量，则有

$$E(X_1 + X_2 + \cdots + X_n) = E(X_1) + E(X_2) + \cdots + E(X_n) \tag{4.7}$$

离散型随机变量 X 的方差是其取值与数学期望离差平方的数学期望，用 σ^2 或 $D(X)$ 表示，即

$$\sigma^2 = D(X) = \sum_{i=1}^{\infty} (x_i - \mu)^2 p_i \tag{4.8}$$

计算方差的简便公式为 $\sigma^2 = D(X) = E(X^2) - [E(X)]^2$

方差具有以下性质（证明略）：

(1) 设 C 是常数，则 $D(C)=C$； $\tag{4.9}$

(2) 设 K 是常数，X 是随机变量，则 $D(KX)=K^2 D(X)$； $\tag{4.10}$

(3) 设 X_1, X_2, …, X_n 为 n 个相互独立的随机变量（n 个随机变量中任何一个随机变量的取值都不受其他随机变量取值的影响）则有

$$D(X_1 + X_2 + \cdots + X_n) = D(X_1) + D(X_2) + \cdots + D(X_n) \tag{4.11}$$

离散型随机变量 X 的标准差等于其方差的算术平方根，用 σ 或 $\sqrt{D(X)}$ 表示。

【例 4-5】根据表 4-6，保险公司一年内机动车出险次数概率分布的均值、方差和标准差如下：

$$\mu = E(x) = \sum_{i=1}^{\infty} x_i p_i$$

$$= 0 \times 0.75 + 1 \times 0.2 + 2 \times 0.036 + 3 \times 0.013 + 4 \times 0.001 = 0.315$$

$$\sigma^2 = D(X) = \sum_{i=1}^{\infty} (x_i - \mu)^2 p_i$$

$$= (0 - 0.315)^2 \times 0.75 + (1 - 0.315)^2 \times 0.2 + (2 - 0.315)^2 \times 0.036 +$$

$$(3 - 0.315)^2 \times 0.013 + (4 - 0.315)^2 \times 0.001 \approx 0.38$$

$$\sigma \approx 0.62$$

3. 常用的离散型随机变量的概率分布

如果能将一个离散型随机变量的概率分布用公式表达出来，就能根据这一分布计算出随机变量任意一个取值的概率。二点分布、二项分布、泊松分布和超几何分布都是离散型随机变量的概率分布，下面进行一一介绍。

（1）二点分布

只有两个可能结果的随机试验称为伯努利（ Bernoulli）试验。在实际问题中有许多随机试验只有两个可能结果，例如，男与女，合格与不合格，出现与不出现。一般地，把我们特别关注的结果看作是"成功"，另一个看作"失败"，用数值"1"和"0"表示。若一次伯努利试验的结果为离散型随机变量 X，则 X 的概率分布称为二点分布，也称伯努利分布。用 π 表示"1"出现的概率；则 $1-\pi$ 就表示"0"出现的概率，如表 4-7 所示。

表 4-7	伯努利试验的概率分布	
$X=x_i$	1	0
$P(X=x_i)=p_i$	π	$1-\pi$

二点分布也可以表示为

$$P(X=x) = \pi^x(1-\pi)^{1-x} \qquad x=1,0 \qquad (4.12)$$

式中：π 是 X 的取值为 1 时的概率；$1-\pi$ 是 X 的取值为 0 时的概率。

根据离散型随机变量数学期望和方差的计算公式 [式（4.4）和式（4.8）]，二点分布的数学期望和方差为 $\mu = E(X) = \sum_{i=1}^{\infty} x_i p_i = 1 \times \pi + 0 \times (1-\pi) = \pi$

$$\sigma^2 = D(X) = \sum_{i=1}^{\infty}(x_i-\mu)^2 p_i = (1-\pi)^2\pi + (0-\pi)^2(1-\pi) = \pi(1-\pi)$$

（2）二项分布

将伯努利试验重复 n 次，n 为固定的数值，该试验称为 n 重伯努利试验。若设 n 重伯努利试验中，"成功"的次数为离散型随机变量 X，则 X 的分布称为参数为 (n, π) 的二项分布，记作：$X \sim B(n, \pi)$。二项分布的概率函数为

$$P(X=x) = C_n^x \pi^x(1-\pi)^{n-x} \qquad x=0,1,2,\cdots,n \qquad (4.13)$$

式中：$C_n^x = \dfrac{n!}{x!(n-x)!}$；$\pi$ 的含义与式（4.12）中的相同；x 表示 n 重伯努利试验中"成功"的次数。

显然，当 $n=1$ 时二项分布就是二点分布，二项分布的数学期望和方差分别为

$$\mu = E(X) = n\pi, \quad \sigma^2 = D(X) = n\pi(1-\pi) \qquad (4.14)$$

"成功"次数在 n 次试验中所占的比率 $\dfrac{X}{n}$ 也是随机变量，该随机变量的均值和方差分别为

$$\mu = E\left(\frac{X}{n}\right) = \frac{1}{n}E(X) = \frac{1}{n}n\pi = \pi \qquad (4.15)$$

$$\sigma^2 = D\left(\frac{X}{n}\right) = \frac{1}{n^2}D(X) = \frac{1}{n^2}n\pi(1-\pi) = \frac{1}{n}\pi(1-\pi) \qquad (4.16)$$

根据式（4.13）可以直接计算 n 重伯努利试验中"成功"次数为 x 的概率。

【例 4-6】已知箱子中有红、白两种质地均匀的球，红球占 30%，从中有放回地抽出 5 个。求 5 个球中有 0、1、2、3、4、5 个红球的概率。

解：依题意：$\pi = 0.3$，$n = 5$

由：$P(X=x) = C_n^x \pi^x (1-\pi)^{1-x}$

抽到 0 个红球的概率为：$P(x=0) = C_5^0 0.3^0 (1-0.3)^5 = 0.1681$

同理：抽到 1 个红球的概率为：$P(x=1) = C_5^1 0.3^1 (1-0.3)^4 = 0.3602$

抽到 2 个红球的概率为：$P(x=2) = C_5^2 0.3^2 (1-0.3)^3 = 0.3087$

抽到 3 个红球的概率为：$P(x=3) = C_5^3 0.3^3 (1-0.3)^2 = 0.1323$

抽到 4 个红球的概率为：$P(x=4) = C_5^4 0.3^4 (1-0.3)^1 = 0.0284$

抽到 5 个红球的概率为：$P(x=5) = C_5^5 0.3^5 (1-0.3)^0 = 0.0024$

通过以上计算可以看出，当试验次数 n 偏大时，随机变量取不同值的概率的计算也变得很烦琐。幸运的是，人们已经研究总结出 n 重伯努利试验的概率表，一旦确定了参数 n 和 π 的数值就可以查询出现不同成功次数所对应的概率值。另外，也可以利用统计软件计算二项分布的概率值。

下面以【例 4-6】5 个球中有 1 个红球的概率为例，说明利用 Excel 计算二项分布概率值的操作步骤。

第 1 步：进入 Excel 表格界面，用鼠标单击某一空白单元格（为概率值计算结果的输出）。

第 2 步：在 Excel 表格界面中，直接点击"$f(x)$"（插入函数）命令。

第 3 步：在复选框"函数分类"中点击"统计"选项，并在"函数名"中点击"BINOMDIST"选项，然后点击"确定"。

第 4 步：在"Number_s"后填入试验成功次数（本例为"1"）；在"Trials"后填入试验次数（本例为"5"）；在"Probability_s"后填入每次试验的成功概率（本例为"0.3"）；在"Cumulative"后填"0"（或"FALSE"），表示计算成功次数恰好等于定数的概率，即不累积（填入"1"或"TRUE"表示计算成功次数小于或等于指定数值的累积概率值）。概率值如图 4-1 所示。

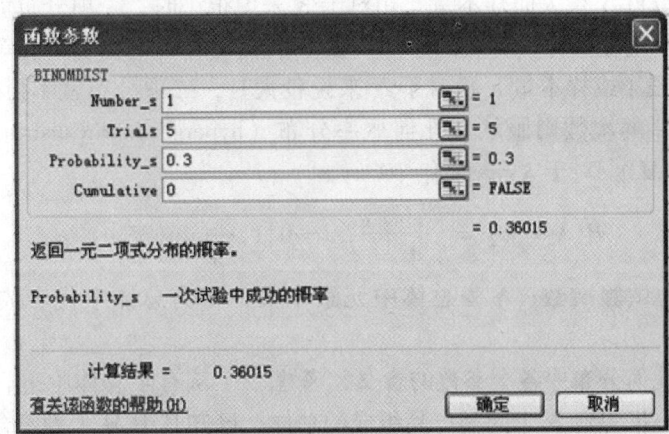

图 4-1 二项分布成功次数恰好等于定数的概率

可以证明，n 越来越大时，二项分布越来越近似于正态分布。当 $\pi=0.5$ 时，即使 n 较小，二项分布与正态分布近似程度很高；当 π 趋于 0 或 1 时，二项分布将呈现出偏态，但当 n 变大时，这种偏斜就会消失。一般来说，只要当 n 大到使 $n\pi$ 和 $n(1-\pi)$ 都大于或等于 5 时，二项分布就趋于正态分布。

（3）泊松分布

1837 年法国数学家泊松（D. Poisson，1781—1840）首次提出了"泊松概率分布"，用于描述"一定时间段或一定空间区域或其他特定单位内某一事件出现的次数"。比如，一定时间段内，某航空公司接到的订票电话数；一定时间内，到车站等候公共汽车的人数；一定路段内，路面出现损坏的次数；一匹布上发现的疵点个数；一定页数的书刊上出现的错别字个数，等等。对于这类只取非负整数的随机变量 X 服从的概率分布称为泊松分布（Poisson distribution），记为 $X \sim P(\lambda)$。对于 $X=x$ 时有

$$P(X = x) = \frac{\lambda^x e^{-\lambda}}{x!}, x = 0,1,2,\cdots; \lambda > 0 \tag{4.17}$$

式中：λ 是一定区间单位内随机变量 X 的均值；$e=2.71828$。

【例 4-7】假定某航空公司预订票处平均每小时接到 42 次订票电话，那么 10 分钟内恰好接到 6 次电话的概率是多少？

解：如果有理由认为任意两段间隔相同的时间内航空公司接到一次电话的概率相等，并且不同时间段内是否接到电话相互独立，就可以把该问题看作一个泊松试验。由题意可知，每 60 分钟接到电话的平均次数是 42 次，所以 10 分钟内接到电话的平均次数应为 $10 \div 60 \times 42 = 7$ 次，定义随机变量 $X=$ "10 分钟内航空公司预订票处接到的电话次数"，它服从参数为 $\lambda=7$ 的泊松分布，使用 Excel 中的【POISSON】函数计算的 $x=6$ 的概率为：$P(x=6)=0.149$。

（4）超几何分布

二项分布要求 n 重伯努利试验之间是独立的，每次试验中成功的概率相等。因此，从理论上讲，二项分布只适合于重复抽样（即从总体中抽出一个个体观测完后放回总体，然后再抽下一个个体）。但在实际抽样中，很少采用重复抽样。不过，当总体的元素数目 N 很大而样本量 n 相对于 N 来说很小时，二项分布仍然适用。

如果采用不重复抽样，各次试验并不独立，成功的概率也互不相等，而且总体元素的数目 N 很小或样本量 n 相对于 N 来说较大时，二项分布就不再适用，这时，样本中"成功"的次数则服从超几何概率分布（hypergeometric distribution），记作 $X \sim H(n, N, M)$。对于 $X=x$ 时有

$$P(X = x) = \frac{C_M^x C_{N-M}^{n-x}}{C_N^n}, x = 0,1,\cdots\min(M,n) \tag{4.18}$$

式中：n 为试验次数；N 为总体中元素个数；M 为总体中代表成功的元素的个数。

为理解超几何分布中各个参数的含义，考虑一个从有限总体中进行不放回抽样的问题。设有一批包含 N 个同类产品组成的总体，已知其中 M 个为不合格品，现从中不放回地取出 n 个，定义随机变量 $X=$ "抽取的产品中含有的次品数"，这是一个

离散型随机变量，当 $n \leqslant M$ 时，X 可以取 0，1，…，n 中的任意数；当 $n > M$ 时，X 只能取 O，1，…，M 中的任意数。可以证明 X 的概率分布服从超几何分布，n、N、M 为参数。实际上，如果产品的抽取是可放回的，随机变量 X 则服从二项分布，因为此时每次试验抽中次品（代表成功）的概率都是 $p = M/N$。

【例 4-8】假定有 10 只股票，其中有 3 只购买后可以获利，另外 7 只购买后将会亏损。如果你打算从 10 只股票中选择 4 只购买，但你并不知道哪 3 只是获利的，哪 7 只是亏损的。

求：（1）所有 3 只能获利的股票都被你选中的概率有多大？

（2）3 只可获利的股票中有 2 只被你选中的概率有多大？

解：这里的总体元素数 $N = 10$，其中成功的次数 $M = 3$，样本量 $n = 40$，使用 Excel 中的【HYPGEOMDIST】函数计算得到：$P(X = 3) = 1/30$；$P(X \geqslant 2) = 1/3$。

4.2.3　连续型随机变量概率分布

1. 连续型随机变量分布函数

连续型随机变量是在某一区间内取值的随机变量，其取值是不可列的。因此，研究连续型随机变量的概率分布，不可能像离散型随机变量的概率分布那样，列出其取值，同时给出其取每个特定值的概率。其实对于连续型随机变量 X，我们感兴趣的只是其在某一区间 (x_1, x_2) 取值的概率。

定义连续型随机变量 X 的分布函数，要借助于定义在 X 取值区间的非负可积函数 $f(x)$（在定义区间的积分为 1）来实现，此时 $f(x)$ 称为连续型随机变量 X 的概率密度函数，X 在区间 (x_1, x_2) 内取值的概率为 $f(x)$ 与该区间围成的面积。我们知道面积的大小与区间端点的取舍无关，即 $P(x_1 \leqslant X \leqslant x_2) = P(x_1 < X \leqslant x_2) = P(x_1 \leqslant X < x_2) = P(x_1 < X < x_2)$，而且只要已知 $P(X \leqslant x_1)$ 和 $P(x_2 \leqslant X)$ 就可以计算 $P(x_1 \leqslant X \leqslant x_2)$，所以连续型随机变量 X 的概率分布函数的定义为：对于连续型随机变量 X，设 x 为任意实数，则函数 $F(x) = P(X \leqslant x)$ 称为 X 的分布函数。

从定义可以看出，$F(x)$ 在 x 处的取值就是 X 在区间 $(-\infty, x)$ 的概率，如图 4-2 所示。

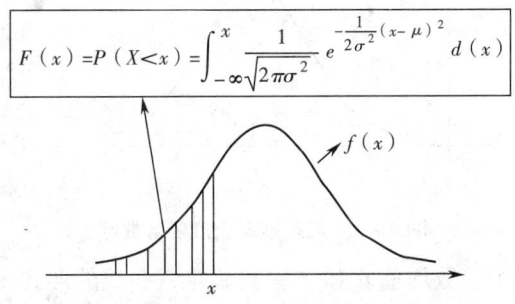

$$F(x) = P(X < x) = \int_{-\infty}^{x} \frac{1}{\sqrt{2\pi\sigma^2}} e^{-\frac{1}{2\sigma^2}(x-\mu)^2} d(x)$$

图 4-2　连续型随机变量分布函数示意图

2. 连续型随机变量均值和方差的计算

均值 $\mu = E(X)$ 和方差 $\sigma^2 = D(X)$ 仍然是对连续型随机变量取值特征的重要描述，两者分别反映连续型随机变量取值的集中趋势和离散程度，虽然两者计算方法的定义与离散型随机变量均值和方差的计算方法有所不同，但是它们具有的计算性质是一样的，即式（4.7）、式（4.8）和式（4.9）至式（4.11）对连续型随机变量也成立。

3. 常见的连续型随机变量——正态分布

常用的连续型随机变量有正态分布、t 分布、均匀分布、χ^2 分布和 F 分布等。其中正态分布是统计学中最重要的分布，它的应用极其广泛，其他一些分布（如二项分布）可以利用正态分布作近似计算，而且由正态分布还可以导出 χ^2 分布、t 分布、F 分布等其他一些重要的分布。德国数学家高斯（Carl Friedrich Gauss）在研究误差理论时曾用正态分布来刻画误差，因此有时也称高斯分布。

（1）正态分布

正态分布的一般定义如下：

如果随机变量 X 的概率密度函数为

$$f(x) = \frac{1}{\sqrt{2\pi\sigma^2}}e^{-\frac{1}{2\sigma^2}(x-\mu)^2} \qquad -\infty < x < +\infty \qquad (4.19)$$

则称 X 为正态随机变量，或称 X 服从参数为 μ、σ^2 的正态分布，记作 $X \sim N(\mu, \sigma^2)$。

式中：μ 是正态随机变量 X 的均值，σ^2 是正态随机变量 X 的方差，且 $\sigma > 0$；$\pi = 3.1415926$，$e = 2.71828$。

可以验证：$f(x) > 0$ 且 $\int_{-\infty}^{+\infty} f(x) = 1$。

正态分布的密度函数 $f(x)$ 对应的曲线具有如下特点：

①正态曲线是关于 $x = \mu$ 对称的单峰钟形曲线，峰值在 $x = \mu$ 处，如图 4-3 所示。

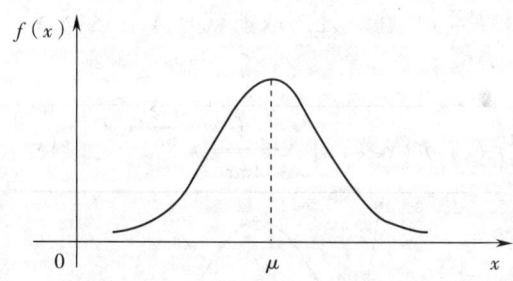

图 4-3　正态概率密度函数曲线

②正态曲线的两个参数均值 μ 和 σ 一旦确定，曲线的形式将随之确定。

③μ 可以取任意实数，其决定曲线的位置，标准差 σ 相同、均值不同的正态曲线在坐标轴上方体现为水平移位，如图 4-4 所示。

④正态分布的标准差 σ 是大于零的实数，σ 越大曲线越扁平；σ 越小，曲线越

陡峭，如图4-5所示。

⑤当X的取值向横轴左右两个方向无限延伸时，正态概率密度函数曲线的两个尾端将无限地接近横轴，但理论上永远不会与之相交。

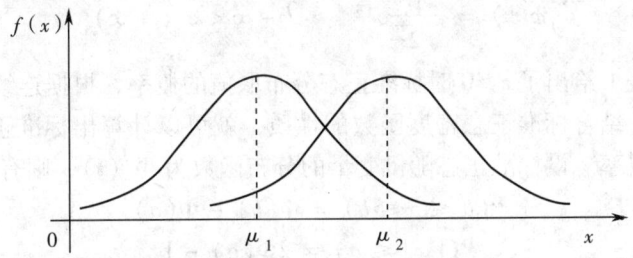

图4-4　μ不同的正态概率密度函数曲线图

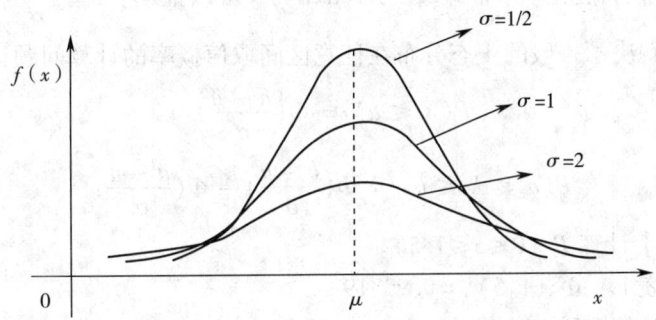

图4-5　μ相同σ不同的正态概率密度函数曲线图

经验法则总结了正态分布在一些常用区间上的概率值，如图4-6所示。正态随机变量落入其均值左右各1个标准差内的概率是68.27%；正态随机变量落入其均值左右各2个标准差内的概率是95.45%；正态随机变量落入其均值左右各3个标准差内的概率为99.73%。根据经验法则，绝大多数正态随机变量的取值均在其均值加减三个标准差之间，此时全距为6σ，落在$\mu\pm3\sigma$之外不到千分之三是小概率事件，一般认为不可能发生。一旦正态分布的小概率事件发生，有理由认为数值不是来自于这一正态总体而是由其他因素所致，这一准则被广泛地用于产品的质量检查。

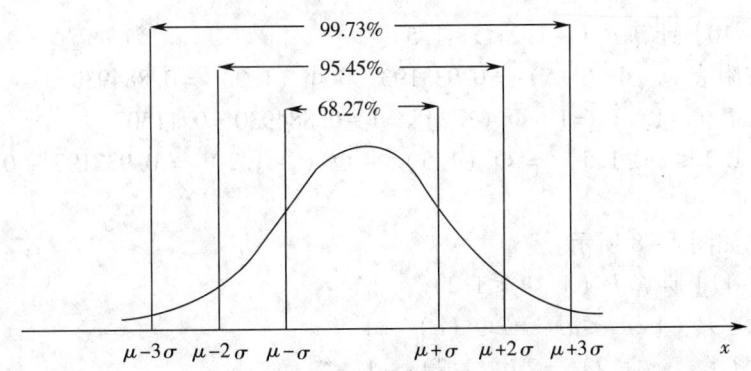

图4-6　正态分布在常用区间取值的概率

（2）标准正态分布

如果正态分布的随机变量具有均值为0，标准差为1，则称该随机变量服从标准正态分布，记为 $Z \sim N$（0，1）。标准正态分布的密度函数用 $\varphi(z)$ 表示

$$\varphi(z) = \frac{1}{\sqrt{2\pi}} e^{-\frac{z^2}{2}} \qquad (-\infty < z < +\infty) \tag{4.20}$$

教材的附表1给出了 $z \geq 0$ 时标准正态分布取值的概率，根据连续型随机变量概率分布的定义，结合标准正态密度函数的性质，就可以计算出标准正态分布在 z 取任意数值时的概率。设标准正态随机变量的分布函数为 $\Phi(z)$，则有

$$P(a \leq z \leq b) = \Phi(b) - \Phi(a) \tag{4.21}$$

$$P(|z| \leq a) = 2\Phi(a) - 1 \tag{4.22}$$

$$\Phi(-z) = 1 - \Phi(z) \tag{4.23}$$

如果 X 是非标准正态分布即 $X \sim N(\mu, \sigma^2)$，可以证明：$z = \dfrac{X - \mu}{\sigma}$ 是标准正态分布。这样，就解决了一般的正态分布在任意区间取值概率的计算问题：

$$P(X \leq a) = \Phi(\frac{a - u}{\sigma}) \tag{4.24}$$

$$P(a \leq X \leq b) = \Phi(\frac{b - u}{\sigma}) - \Phi(\frac{a - u}{\sigma}) \tag{4.25}$$

【例4-9】计算 P（$0 \leq z \leq 1.5$）。

解：查附表1：Φ（1.5）=0.933193

由密度函数的性质：

$P(0 \leq z \leq 1.5) = \Phi(1.5) - \Phi(0) = 0.933193 - 0.5 = 0.433193$

此概率如图4-7所示。

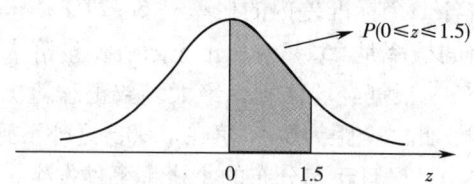

$$P(0 \leq z \leq 1.5)$$

图4-7 P（$0 \leq z \leq 1.5$）

【例4-10】计算 P（$-1.2 \leq z \leq 1.5$）。

解：查附表1：Φ（1.5）=0.933193　　Φ（1.2）=0.884930

所以：Φ（-1.2）=1-Φ（1.2）=1-0.884930=0.11507

P（$-1.2 \leq z \leq 1.5$）=Φ（1.5）-Φ（-1.2）=0.933193-0.11507=0.818123

此概率如图4-8所示。

【例4-11】计算 P（$|z| \leq 1.2$）。

解：由：P（$|z| \leq a$）=2Φ（a）-1

得：P（$|z| \leq 1.2$）=2Φ（1.2）-1

查附表1：Φ（1.2）=0.884930

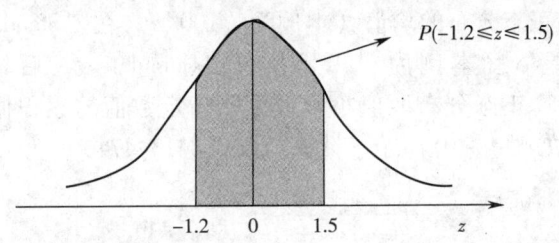

图4-8 $P(-1.2 \leqslant z \leqslant 1.5)$

所以：$P(|z| \leqslant 1.2) = 2 \times 0.884930 - 1 = 0.76986$

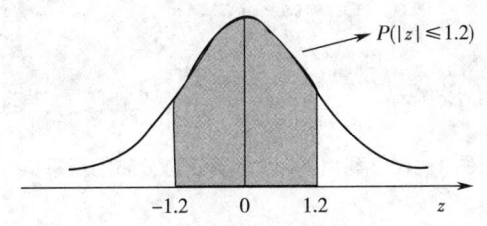

图4-9 $P(|z| \leqslant 1.2)$

【例4-12】某校学生高考的数学成绩服从均值为100分、标准差为30分的正态分布，那么在全校学生中数学成绩超过130分的学生占的比例是多少？数学成绩在120分到130分之间的人占的比例是多少？

解：设X表示该学生的数学成绩，根据已知条件$X \sim N(100, 30^2)$，$z = \dfrac{X-100}{30}$是标准正态分布。

$$P(X \geqslant 130) = 1 - P(X \leqslant 130) = 1 - \Phi\left(\frac{130-100}{30}\right) = 1 - \Phi(1)$$

查附表1：$\Phi(1) = 0.841345$

所以该校有15.8655%数学成绩在130分以上。

$$P(120 \leqslant X \leqslant 130) = \Phi\left(\frac{130-100}{30}\right) - \Phi\left(\frac{120-100}{30}\right) = \Phi(1) - \Phi(0.67)$$

查附表1：$\Phi(0.67) = 0.748571$

所以$P(120 \leqslant X \leqslant 130) = 0.841345 - 0.748571 = 9.2774\%$

即有9.2774%数学成绩在120~130分之间。

在实际应用中，可以直接利用Excel计算正态分布的概率值，下面结合【例4-12】说明$P(X \leqslant 130)$的操作步骤。

第1步：进入Excel表格界面，将鼠标停留在某一空白单元格（用于输出计算结果）。

第2步：在Excel表格界面中，点击$f(x)$（插入函数）命令。

第3步：在复选框"函数分类"中点击"统计"选项，并在"函数名"中点击"NORMDIST"选项，然后点击"确定"。

第4步：在"X"后填入正态分布函数计算的区间点（即x）（本例为"130"）；

在"Mean"后填入正态分布的均值（本例为"100"）；在"Standard _ dev"后填入正态分布的标准差 σ（本例为"30"）；在"Cumulative"后填入"1"（或"TRUE"），表示计算正态分布取值小于或等于指定数值的累积概率值，点击"确定"后出现的界面如图 4-10 所示。计算结果 0.841344746 即为 P（$X \leq 130$）。

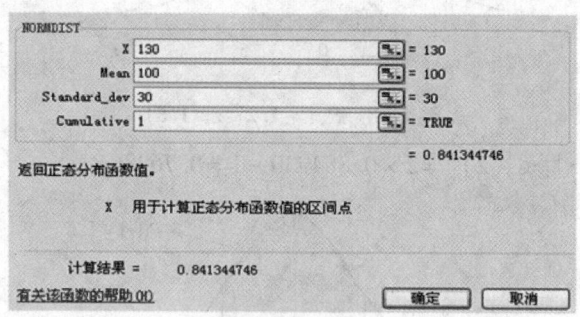

图 4-10　利用 Excel 计算正态分布的概率值

4.3　其他几种重要的统计分布

有些随机变量是统计学家为了分析的需要而构造出来的。比如，把样本均值标准化后形成一个新的随机变量 t，样本方差除以总体方差得到一个随机变量 χ^2，两个样本方差比形成一个随机变量 F，等等。这些随机变量用 t、χ^2 和 F 来命名是因为它们分别服从统计中的 t 分布、χ^2 分布和 F 分布。这些分布都是由正态分布推导而来，它们在推断统计中具有独特的地位和作用。

4.3.1　t 分布

t 分布的提出者是威廉·戈塞（William Gosset），由于他经常用笔名"student"发表文章，用 t 表示样本均值经标准化后的新随机变量，因此称为 t 分布，也称学生 t 分布。

t 分布是类似正态分布的一种对称分布，它通常要比正态分布平坦和分散。一个特定的 t 分布依赖于被称为自由度的参数。随着自由度的增大，t 分布也逐渐趋于正态分布，如图 4-11 所示。

当正态总体标准差未知时，在小样本条件下对总体均值的估计和检验要用到 t 分布。t 分布的概率即为曲线下面积。利用 Excel 中的【TDIST】函数可以计算给定 t 值和自由度时 t 分布的概率值，而利用【TINV】函数则可以计算给定概率和自由度时的相应 t 值。

【例 4-13】计算：（1）自由度为 10，t 值大于 2 的概率；（2）自由度为 10，t 分布双尾概率为 0.05 时的 t 值。

解：（1）在 Excel 工作表的任意单元格中输入"= TDIST（2, 10, 1）"，得到 t 分布的概率为 0.03669。

（2）在 Excel 工作表的任意单元格中输入"= TINV（0.05, 10）"，得到相应的

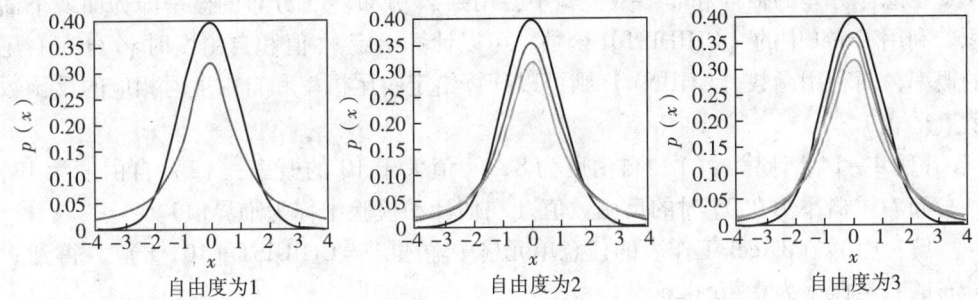

图4-11 不同自由度的 t 分布

t 值为 2.2281。

4.3.2 χ^2 分布

χ^2 分布是由阿贝（Abbe）于 1863 年首先给出的，后来分别由哈伯特（Hermert）和皮尔逊（K. Pearson）先后于 1875 年和 1900 年推导出来。n 个独立正态变量的平方和的分布称为具有 n 个自由度的 χ^2 分布，记为 χ^2（n）。设总体服从一般正态分布，则 $Z = \dfrac{X - \mu}{\sigma} \sim N$（0，1）。令 $Y = Z^2$，则 Y 服从自由度为 1 的 χ^2 分布，即 $Y \sim \chi^2$（1）。一般地，对于 n 个独立正态变量 Y_1，Y_2，…，Y_v，随机变量 $Y = \sum\limits_{i=1}^{n} Y_i^2$ 的分布为具有 n 个自由度的 χ^2 分布，记为 $Y \sim \chi^2$（n）。χ^2 分布具有如下性质和特点：

（1）χ^2 分布的变量值始终为正。

（2）χ^2（n）分布的形状取决于其自由度 n 的大小，通常为不对称的右偏分布，但随着自由度的增大逐渐趋于对称，如图 4-12 所示。

卡方分布（Chi-Square）

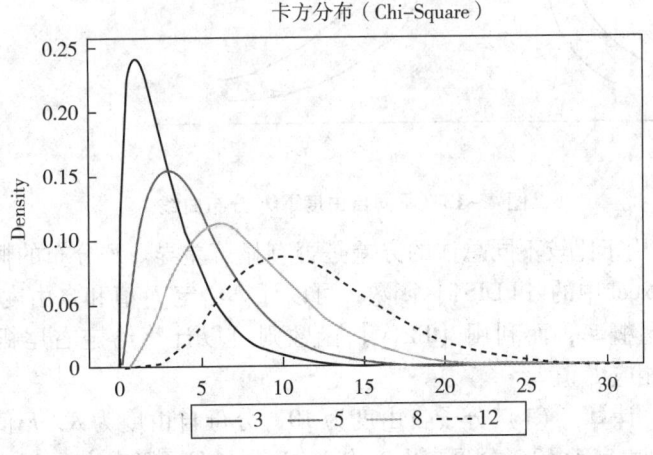

图4-12 不同自由度的 χ^2 分布

（3）χ^2 分布的期望值为 $E(\chi^2) = n$，方差为 $D(\chi^2) = 2n$（n 为自由度）。

（4）χ^2 分布具有可加性。若 U 和 A 为两个独立的 χ^2 分布随机变量，$U \sim \chi^2$（n_1），$A \sim \chi^2$（n_2），则 $U + A$ 这一随机变量服从自由度为 $n_1 + n_2$ 的 χ^2 分布。

在总体方差的估计和非参数检验中会用到 χ^2 分布。χ^2 分布的概率即为曲线下面积。利用 Excel 中的【CHIDIST】函数，可以计算给定 χ^2 值和自由度时 χ^2 分布右尾的概率，而利用函数【CHIINV】则可以计算给定右尾概率和自由度时相应的反函数值（χ^2 值）。

【例 4 – 14】计算：（1）自由度为 8，χ^2 值大于 10 的概率；（2）自由度为 10，χ^2 分布右尾概率为 0.05 时的反函数值（在估计和检验中称为临界值）。

解：（1）在 Excel 工作表的任意单元格中输入"＝CHIDIST（10，8）"，得到 χ^2 分布的右尾概率为 0.265026。

（2）在 Excel 工作表的任意单元格中输入"＝CHIINV（0.05，10）"，得到 $\chi^2 =$ 18.307。

4.3.3　F 分布

F 分布是为纪念著名统计学家费雪（R. A. Fisher）而命名的。它是两个 χ^2 分布的比。设 $U \sim \chi^2（n_1）$，$V \sim \chi^2（n_2）$，且 U 和 V 相互独立，则 $F = \dfrac{U/n_1}{V/n_2}$ 服从自由度为 n_1 和 n_2 的 F 分布，记为 $F \sim F（n_1，n_2）$。F 分布的图形与 χ^2 分布类似，其形状取决于两个自由度，如图 4 – 13 所示。

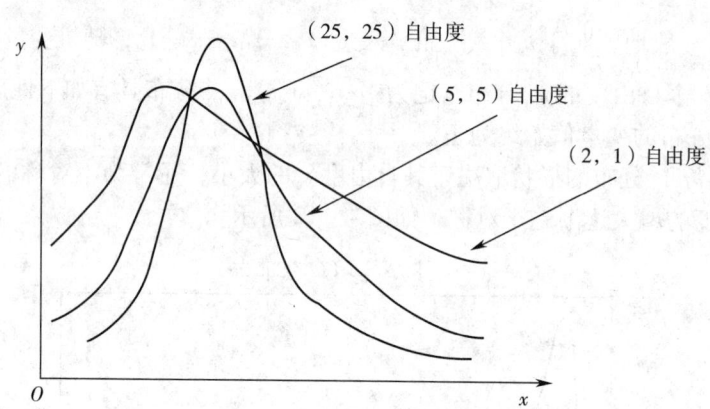

图 4 – 13　不同自由度下 F 分布曲线

F 分布通常用于比较不同总体的方差是否有显著差异。F 分布的概率即为曲线下面积。利用 Excel 中的【FDIST】函数，可以计算给定 F 值和自由度为（n_1，n_2）时 F 分布的右尾概率，而利用【FINV】函数则可以计算给定右尾概率和自由度（n_1，n_2）时的相应 F 值。

【例 4 – 15】计算：（1）分子自由度为 10，分母自由度为 8，F 值大于 3 的概率；（2）分子自由度为 10，分母自由度为 8，F 分布右尾概率为 0.05 时的 F 值。

解：（1）在 Excel 工作表的任意单元格中输入"＝FDIST（3，10，8）"，得到 F 分布的概率为 0.06645。

（2）在 Excel 工作表的任意单元格中输入"＝FINV（0.05，10，8）"，得到 F 值为 3.34716。

4.4 样本统计量的概率分布

4.4.1 样本统计量及其分布

抽样调查的目的就是要根据样本指标去估计总体指标，常见的有：用样本均值 $\bar{x}$ 估计总体均值 μ，用样本的比率 p 估计总体比率 π，用样本方差 s 估计总体方差 σ，等等。此时称样本均值、样本比率等为样本统计量，由于样本是随机的，所以样本统计量是随机变量。样本统计量的所有可能取值形成的概率分布称为抽样分布，它是由样本统计量的所有可能取值形成的相对频数分布，如表 4 - 9 所示。在以下的讨论中抽样调查的组织方式均为简单随机抽样，下面用【例 4 - 16】详细解释抽样分布的概念。

【例 4 - 16】假设总体有 4 个总体单位，$x_1 = 1$，$x_2 = 2$，$x_3 = 3$，$x_4 = 4$。采用重复抽样的方法从总体中抽取 2 个总体单位，用样本统计量 $\bar{x}$ 估计总体均值 μ。要求：（1）列出所有的可能样本及样本统计量 $\bar{x}$ 的取值；（2）写出 $\bar{x}$ 的抽样分布。

解：（1）从 4 个总体单位组成的总体中随机抽取两个总体单位，可能出现的样本共有 $4^2 = 16$ 个，每个样本可能样本的构成及其对应的 $\bar{x}$ 如表 4 - 8 所示。

表 4 - 8   所有的可能样本及其对应的 $\bar{x}$ 的取值

样本编号	样本单位	样本均值 $\bar{x}$
1	1, 1	1
2	1, 2	1.5
3	1, 3	2
4	1, 4	2.5
5	2, 1	1.5
6	2, 2	2
7	2, 3	2.5
8	2, 4	3
9	3, 1	2
10	3, 2	2.5
11	3, 3	3
12	3, 4	3.5
13	4, 1	2.5
14	4, 2	3
15	4, 3	3.5
16	4, 4	4

（2）$\bar{x}$ 是离散型随机变量，列出 $\bar{x}$ 的所有取值和取不同值的概率就是 $\bar{x}$ 的抽样分布，如表 4 - 9 所示。

表4-9 样本均值 $\bar{x}$ 的抽样分布

$\bar{x}$ 的取值	次数	$\bar{x}$ 取值的概率 $P(\bar{x})$
1.0	1	1/16
1.5	2	2/16
2.0	3	3/16
2.5	4	4/16
3.0	3	3/16
3.5	2	4/16
4.0	1	1/16
合计	16	1

把 $\bar{x}$ 抽样分布绘成图，如图4-14所示。通过比较总体分布和样本均值的抽样分布，不难看出它们的区别。尽管总体为均匀分布，但样本均值的抽样分布在形状上却是对称的。

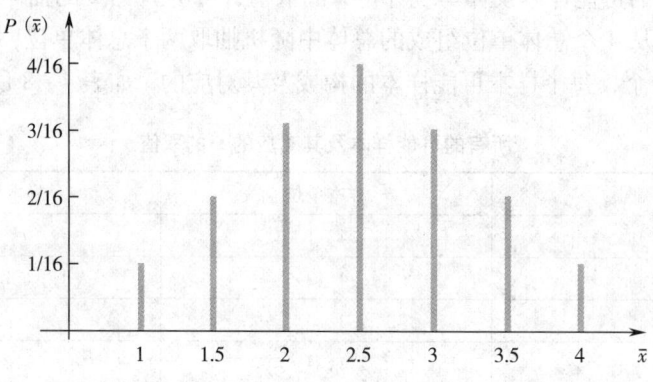

图4-14 样本均值的抽样分布

实际上研究样本统计量的概率分布，不可能也没有必要从总体中抽出所有可能的样本。因此，样本统计量的抽样分布只是一个理论分布，在实际应用中，样本统计量的抽样分布是通过数学推导或在计算机上利用程序进行模拟而得到的。

在上例中，抽样分布与总体的分布是不一致的。那么抽样分布在什么情形下与总体的分布是一致的，什么条件下与总体的分布是不一致的，它遵循怎样的变化规律，抽样分布的均值、比率和方差与总体的均值、比率和方差之间有什么关系，是我们要继续探讨的问题。

4.4.2 样本均值的分布

1. $\bar{x}$ 抽样分布的形式

（1）总体的分布形式是正态分布

在这种情形下，为了研究 $\bar{x}$ 抽样分布的形式，我们要了解一下正态分布的线性组合的定理，其基本内容为：如果随机变量 Y_1，Y_2，…，Y_n 都服从正态分布且相互独立，C_1，C_2，…，C_n 是常数，则 $C_1 Y_1 + C_2 Y_2 + \cdots + C_n Y_n$ 也是正态分布。现在我们设 X_1，X_2，…，X_n 是来自正态分布总体 $X \sim N (\mu, \sigma^2)$ 的样本且相互独立，显然每个 X_1，X_2，…，X_n 都与总体有相同的分布和特征值（μ，σ^2），根据正态分布线性组合的定理，样本均值 $\bar{x} = \dfrac{X_1 + X_2 + \cdots + X_n}{n}$ 也是正态分布，并且这一结论与样本容量 n 的大小无关。利用数学期望和方差的性质有下述等式成立：

$$E(\bar{x}) = E(\frac{X_1 + X_2 + \cdots + X_n}{n}) = \mu \qquad (4.26)$$

$$\sigma_{\bar{x}}^2 = D(\bar{x}) = D(\frac{X_1 + X_2 + \cdots + X_n}{n}) = \frac{\sigma^2}{n} \qquad (4.27)$$

式中：$E(\bar{x})$ 表示 $\bar{x}$ 抽样分布的均值；$\sigma_{\bar{x}}^2$ 表示 $\bar{x}$ 抽样分布的方差。

（2）总体的分布形式是非正态分布

在这种情形下，为了研究 $\bar{x}$ 抽样分布的形式，我们了解一下数理统计中的重要定理——中心极限定理。中心极限定理所表述的实质内容是：从均值为 μ、方差为 σ^2 的总体中，抽取容量为 n 的随机样本，当 n 充分大时（$n \geq 30$），样本均值 $\bar{x}$ 的抽样分布近似服从均值为 μ、方差为 $\dfrac{\sigma^2}{n}$ 的正态分布。

中心极限定理说明，不论总体分布的形式如何，它也许是左偏的，也许是右偏的或是均匀的，只要样本容量充分大（$n \geq 30$ 称为大样本），样本均值 $\bar{x}$ 的分布就是正态分布。

2. $\bar{x}$ 抽样分布的数学期望 $E(\bar{x})$ 和方差 $\sigma_{\bar{x}}^2$

从统计推断的角度看，我们所关心的 $\bar{x}$ 抽样分布的特征主要是该分布的数学期望 $E(\bar{x})$ 和方差 $\sigma_{\bar{x}}^2$。这两个特征一方面与总体分布的均值和方差有关，另一方面也与抽样方法是重复抽样还是不重复抽样有关，设总体分布的均值和方差分别为 μ 和 σ^2。

（1）样本均值抽样分布的数学期望 $E(\bar{x})$

无论重复抽样还是不重复抽样，样本均值的期望值总是等于总体的均值，即

$$E(\bar{x}) = \mu \qquad (4.28)$$

（2）样本均值抽样分布的方差 $\sigma_{\bar{x}}^2$

$\sigma_{\bar{x}}^2$ 的计算方法与抽样方法有关：

①在重复抽样条件下，样本均值的方差为总体方差的 $1/n$，即

$$\sigma_{\bar{x}}^2 = \frac{\sigma^2}{n} \qquad (4.29)$$

②在不重复抽样条件下，样本均值的方差等于采用重复抽样方法时的方差与修正系数 $\left(\dfrac{N-n}{N-1}\right)$ 的乘积，即

$$\sigma_{\bar{x}}^2 = \frac{\sigma^2}{n}\left(\frac{N-n}{N-1}\right) \qquad (4.30)$$

在实际应用中，如果对无限总体进行不重复抽样，或者是对有限总体进行不重复抽样，当 $n/N \leq 5\%$ 时，式（4.30）中的修正系数可以忽略不计。现利用【例 4 –

16】进行验证。

总体均值 $\mu = 2.5$，总体方差 $\sigma^2 = \dfrac{\sum (x - \mu)^2}{N} = 1.25$　$n = 2$

$$E(\bar{x}) = \sum \bar{x} P(\bar{x}) = 1 \times \frac{1}{16} + 1.5 \times \frac{2}{16} + 2 \times \frac{3}{16} + 2.5 \times \frac{4}{16} + 3 \times \frac{3}{16} + 3.5$$

$$\times \frac{2}{16} + 4 \times \frac{1}{16} = 2.5 = \mu$$

$$\sigma_{\bar{x}}^2 = \sum (\bar{x} - \mu)^2 P(\bar{x})$$

$$= (1 - 2.5)^2 \times \frac{1}{16} + (1.5 - 2.5)^2 \times \frac{2}{16} + (2 - 2.5)^2 \times \frac{3}{16} + (2.5 - 2.5)^2 \times \frac{4}{16}$$

$$+ (3 - 2.5)^2 \times \frac{3}{16} + (3.5 - 2.5)^2 \times \frac{2}{16} + (4 - 2.5)^2 \times \frac{1}{16} = 0.625$$

$$= \frac{1.25}{2} = \frac{\sigma^2}{n}$$

综合上述内容，$\bar{x}$ 抽样分布的形式和特征如表 4 - 10 所示。

表 4 - 10　　　　　　　　　　　　　　$\bar{x}$ 抽样分布的形式和特征

项目	总体是正态分布 $X \sim N(\mu, \sigma^2)$		总体是非正态分布 (μ, σ^2)	
样本量 n	大样本、小样本均可		$n \geqslant 30$	
$\bar{x}$ 分布的形式	正态分布		正态分布	
$\bar{x}$ 分布的特征 及表示方法	重复抽样	不重复抽样	重复抽样	不重复抽样
	$\bar{x} \sim N\left(\mu, \dfrac{\sigma^2}{n}\right)$	$\bar{x} \sim N\left(\mu, \dfrac{\sigma^2}{n}\left(\dfrac{N-n}{N-1}\right)\right)$	$\bar{x} \sim N\left(\mu, \dfrac{\sigma^2}{n}\right)$	$\bar{x} \sim N\left(\mu, \dfrac{\sigma^2}{n}\left(\dfrac{N-n}{N-1}\right)\right)$

【例 4 - 17】某企业生产的袋装食品的重量服从正态分布，平均重量为 500 克，标准差为 2 克。若采用重复抽样方法随机抽取 16 袋，试求：

（1）样本平均重量抽样分布的形式；

（2）样本平均重量的数学期望和标准差；

（3）样本平均重量小于 499 克的概率。

解：本例中 $\mu = 500$，$\sigma = 2$，$n = 16$

（1）因为该企业袋装食品的重量服从正态分布，所以样本平均重量的抽样分布也为正态分布。

（2）　　　　　　　　　　　　　$E(\bar{x}) = \mu = 500$

$$\sigma_{\bar{x}} = \frac{\sigma}{\sqrt{n}} = \frac{2}{\sqrt{16}} = 0.5$$

（3）对正态随机变量 $\bar{x}$ 标准化：$z = \dfrac{\bar{x} - E(\bar{x})}{\sigma_{\bar{x}}} = \dfrac{\bar{x} - 500}{0.5}$ 是标准正态分布。

$$P(\bar{x} \leqslant 499) = \Phi\left(\frac{499 - 500}{0.5}\right) = \Phi(-2) = 1 - \Phi(2) = 1 - 0.97725 = 2.275\%$$

【例 4 - 18】成年男性户外活动一天的平均饮水量为 2 升，标准差为 0.7 升。组织 50 人参加一项全天的户外活动，准备饮用水 110 升，这些水不够的概率是多少？

解：$\mu = 2$，$\sigma = 0.7$，$n = 50$

因为 $n > 30$，根据中心极限定理，样本平均饮水量 $\bar{x}$ 的分布是正态分布

$$E(\bar{x}) = 2$$

$$\sigma_{\bar{x}}^2 = \frac{\sigma^2}{n} \qquad \sigma_{\bar{x}} = \frac{\sigma}{\sqrt{n}} = \frac{0.7}{\sqrt{50}} = 0.099$$

$$z = \frac{\bar{x} - E(\bar{x})}{\sigma_{\bar{x}}} = \frac{\bar{x} - 2}{0.099} \text{ 是标准正态分布}$$

如果样本的平均饮水量大于 2.2（110/50）升，准备的水就不够了。

所以解该题应考虑的是 $\bar{x}$ 大于 2.2 的概率，即

$$P(\bar{x} \geqslant 2.2) = 1 - P(\bar{x} \leqslant 2.2) = 1 - \Phi\left(\frac{2.2 - 2}{0.099}\right)$$

$$= 1 - \Phi(2.020) = 1 - 0.9783 = 2.17\%$$

即准备的 110 升饮用水不够的概率为 2.17%。

4.4.3　样本比率的分布

在商务与经济管理中，许多情况下要用到比率估计，也就是用样本比率 p 去推断总体的比率 π。所谓比率是指总体（或样本）中具有某种属性的单位与全部单位总数之比。

比率问题适用于研究分类或定性的变量。就一个具有 N 个单位的总体而言，具有某种属性的单位个数为 N_0，具有另一种属性的单位个数为 N_1。将具有某种属性的单位与全部单位总数之比称为总体比率，用 π 表示，则有 $\pi = \dfrac{N_0}{N}$，而具有另一种属性的单位数与全部单位数之比则为 $1 - \pi$。相应的样本比率用 p 表示，同样有 $p = \dfrac{n_0}{n}$，$\dfrac{n_1}{n} = 1 - p$。

在重复选取容量为 n 的样本时，由样本比率的所有可能取值形成的相对频数分布，称为样本比率的抽样分布。

1. 样本比率的抽样分布的形式

也可以将样本比率理解为 n 次重复的伯努利试验中"成功"的次数 X 与试验次数 n 的比值，即 $p = \dfrac{X}{n}$。

由于在 n 次重复的伯努利试验中"成功"的次数 X 的概率分布是二项分布，此分布在 $n\pi$ 和 $n(1 - \pi)$ 均大于 5 时趋于正态分布（π 为总体的比率），所以在 $n\pi$ 和 $n(1 - \pi)$ 均大于 5 时，样本比率 p 的抽样分布的形式也趋于正态分布。

2. 样本比率抽样分布的数学期望 $E(p)$ 和方差 σ_p^2

与 $\bar{x}$ 抽样分布的特征相同，考察样本比率 p 抽样分布的特征，主要关注的是样本比率抽样分布的数学期望 $E(p)$ 和方差 σ_p^2。这两个特征一方面与总体分布的比率 π 和方差 $\pi(1 - \pi)$ 有关，另一方面还与采用的抽样方法有关。

（1）样本比率抽样分布的数学期望 $E(p)$

不论抽样方法是重复抽样还是不重复抽样，样本比率抽样分布的数学期望总是等于总体的比率，即

$$E(p) = \pi \tag{4.31}$$

（2）样本比率的抽样分布的方差 σ_p^2

如果是重复抽样，σ_p^2 等于总体方差的 $1/n$，即

$$\sigma_p^2 = \frac{\pi(1-\pi)}{n} \tag{4.32}$$

如果是不重复抽样，σ_p^2 等于重复抽样条件下样本比率抽样分布的方差与修正系数 $\left(\frac{N-n}{N-1}\right)$ 的乘积，即

$$\sigma_p^2 = \frac{\pi(1-\pi)}{n}\left(\frac{N-n}{N-1}\right) \tag{4.33}$$

在实际应用中，对无限总体进行不重复抽样，或者对有限总体进行不重复抽样，当 $n/N \leqslant 5\%$ 时，式（4.33）中的修正系数可以忽略不计。

【例4-19】某企业产品的合格品率为95%，采用重复抽样的方法抽取200件，计算：（1）样本合格品率的期望值与方差。（2）样本合格品率抽样分布的形式。（3）样本合格品率在96%~97%之间的概率是多少。

解：$\pi = 0.95$，$n = 200$

（1）$E(p) = \pi = 95\%$

$$\sigma_p^2 = \frac{\pi(1-\pi)}{n} = \frac{0.95 \times (1-0.95)}{200} = 0.0002375$$

（2）$n\pi = 200 \times 0.95 = 190$，$n(1-\pi) = 200 \times 0.05 = 10$

两者均大于5，所以样本合格品率的抽样分布近似正态分布。

（3）$\sigma_p = \sqrt{\dfrac{\pi(1-\pi)}{n}} = \sqrt{\dfrac{0.95(1-0.95)}{200}} = 0.0154$

对样本比率 p 标准化：$z = \dfrac{p-E(p)}{\sigma_p} = \dfrac{p-0.95}{0.0154}$ 是标准正态分布。

$$P(0.96 \leqslant p \leqslant 0.97) = \Phi\left(\frac{0.97-0.95}{0.0154}\right) - \Phi\left(\frac{0.96-0.95}{0.0154}\right)$$

$$= \Phi(1.30) - \Phi(0.65) = 0.903200 - 0.742154 = 16.1\%$$

4.4.4　样本方差的分布

要用样本方差 s^2 去推断总体的方差 σ^2，也必须知道样本方差的抽样分布。

在重复选取容量为 n 的样本时，由样本方差的所有可能取值形成的相对频数分布，称为样本方差的抽样分布。

作为估计量的样本方差是如何分布的呢？统计证明，对于来自正态总体的简单随机样本，则比值 $\dfrac{(n-1)s^2}{\sigma^2}$ 的抽样分布服从自由度为（$n-1$）的 χ^2 分布，即

$$\chi^2 = \frac{(n-1)s^2}{\sigma^2} \sim \chi^2(n-1) \tag{4.34}$$

设总体服从一般正态分布，则 $Z = \dfrac{X - \mu}{\sigma} \sim N\,(0,\,1)$。

令 $Y = Z^2$，则 Y 服从自由度为 1 的 χ^2 分布，即 $Y \sim \chi^2\,(1)$。

进一步可推导出：当总体服从一般正态分布，从中抽取容量为 n 的样本，则

$$\frac{\sum_{i=1}^{n} (x_i - \bar{x})^2}{\sigma^2} \sim \chi^2(n-1) \tag{4.35}$$

χ^2 分布通常可用于总体方差的估计和非参数检验等。用 Excel 函数 f_x 功能中的 χ^2 分布很容易得到给定显著性水平 α 的临界值。这样可以利用 χ^2 来推断总体方差的区间。

4.4.5 两个样本统计量的分布

在实际问题中，我们有时会研究两个总体，分别记为总体 1 和总体 2。所关注的总体参数主要有两个总体均值之差（$\mu_1 - \mu_2$）、两个总体比率之差（$\pi_1 - \pi_2$）和两个总体的方差之比 σ_1^2 / σ_2^2 等。相应地，用于推断这些参数的统计量分别是两个样本均值之差（$\bar{x}_1 - \bar{x}_2$）、两个样本比率之差（$p_1 - p_2$）和两个样本的方差之比 s_1^2 / s_2^2 等。因此，需要分别研究两个总体参数推断时样本统计量的抽样分布，我们主要介绍两个样本均值之差的抽样分布、两个样本比率之差的抽样分布。

1. 两个样本均值之差的抽样分布

从两个总体中分别独立地抽取容量为 n_1 和 n_2 的样本，在重复选取容量为 n_1 和 n_2 的样本时，由两个样本均值之差的所有可能取值形成的概率分布，称为两个样本均值之差的抽样分布。

为推断两个总体的均值之差，需要独立地从两个总体中分别抽取样本。假定从总体 1 中取容量为 n_1 的样本，其样本均值为 $\bar{x}_1$，从总体 2 中抽取容量为 n_2 的样本，样本均值为 $\bar{x}_2$。当两个总体都为正态分布时，两个样本均值之差（$\bar{x}_1 - \bar{x}_2$）的抽样分布服从正态分布，其分布的均值为两个总体均值之差，即

$$E(\bar{x}_1 - \bar{x}_2) = (\mu_1 - \mu_2) \tag{4.36}$$

分布的方差为各自的方差之和，即

$$\sigma_{(\bar{x}_1 - \bar{x}_2)}^2 = \frac{\sigma_1^2}{n_1} + \frac{\sigma_2^2}{n_2} \tag{4.37}$$

两个总体为非正态分布，当 $n_1 \geq 30$，$n_2 \geq 30$，两个样本均值之差的抽样分布仍然可以用正态分布来近似。

2. 两个样本比率之差的抽样分布

从两个服从二项分布的总体中，分别独立地抽取容量为 n_1 和 n_2 的样本，在重复选取容量为 n_1 和 n_2 的样本时，由两个样本比率之差的所有可能取值形成的概率分布，称为两个样本比率之差的抽样分布。

设两个总体都服从二项分布，分别从两个总体中抽取容量为 n_1 和 n_2 的独立样本，当两个样本都为大样本时，则两个样本比率之差的抽样分布可用正态分布来近似，其分布的均值和方差分别为

$$E(p_1 - p_2) = (\pi_1 - \pi_2) \tag{4.38}$$

分布的方差为各自的方差之和，即

$$\sigma^2_{(p_1 - p_2)} = \frac{\pi_1(1 - \pi_1)}{n_1} + \frac{\pi_2(1 - \pi_2)}{n_2} \tag{4.39}$$

本章小结

随机现象、随机事件、基本事件和非基本事件、样本空间这些概念的理解和掌握是本章学习的前提。概率的定义有三种：古典概率、统计概率和主观概率。

随机变量是对随机现象的试验结果的数量化描述。随机变量分为离散型随机变量和连续型随机变量两类。随机变量的主要特征有数学期望和方差。数学期望（均值）是对随机变量集中趋势的度量，方差和标准差反映随机变量可能取值的离散程度。

最常见的离散型随机变量的概率分布是二项分布及两点分布。连续型随机变量概率分布是通过概率密度函数与 x 围成的面积定义的，许多常见的随机现象均服从或近似服从正态分布，所有正态分布都可以通过线性变换转变为标准正态分布。

抽样分布的概念和性质是本章的重点。因为只有理解并掌握了抽样分布，才能学好参数估计、假设检验等内容。要熟练掌握不同条件下样本均值和样本比率抽样分布的形式和特征。

思考与练习

一、填空题

1. 设 $(x_1, x_2, \cdots, x_n)$ 为来自 $N(u, \sigma^2)$ 的简单随机重复抽样的样本，在 σ^2 已知时，样本均值 $\bar{x} \sim$ _____。

2. 从 $\pi = 0.5$ 的总体中，重复抽取一个容量为 100 的简单随机样本，样本比率抽样分布 p 的标准差为_____。

3. 随机变量 X 若服从标准正态分布，其方差为_____。

4. 中心极限定理表明，如果容量为 n 的样本来自正态分布的总体，则样本均值的抽样分布趋于_____。

5. 从均值等于 20、标准差等于 16 的总体中，随机抽取 $n = 64$ 的样本。$E(\bar{x})$ 等于 _____，$\sigma_{\bar{x}}$ 等于 _____，根据 _____ 定理，$\bar{x}$ 的抽样分布近似为_____。

6. 根据经验法则，正态分布随机变量落入其均值左右 1 个标准差的概率是_____；正态分布随机变量落入其均值左右 2 个标准差的概率是_____。

二、单项选择题

1. 一项关于大学生体重状况的研究发现，男生的平均体重为 60 公斤，标准差为 5 公斤，则男生中至少有（　　）人的体重在 50 ~ 70 公斤之间。

A. 68%   B. 75%   C. 89%   D. 95%

2. 飞机离开登记口到起飞的等待时间通常是右偏的，均值为 10 分钟，标准差为 8 分钟。假设随机抽取 100 架飞机，则等待时间的均值的抽样分布是（　　）。

A. 右偏的，均值为 10 分钟，标准差为 0.8 分钟

B. 正态分布，均值为 10 分钟，标准差为 0.8 分钟

C. 右偏的，均值为 10 分钟，标准差为 8 分钟

D. 正态分布，均值为 10 分钟，标准差为 8 分钟

3. 中心极限定理表明，如果容量为 n 的样本来自正态分布的总体，则样本均值的分布为（　　）。

A. 非正态分布　　　　　　　　　B. 正态分布

C. 只有当 $n < 30$ 为正态分布　　　D. 只有当 $n > 30$ 为正态分布

4. 智商的得分服从均值为 100、标准差为 16 的正态分布。从总体中抽取一个容量为 n 的样本，样本均值的标准差为 2，样本容量为（　　）。

A. 16　　　　　　B. 64　　　　　　C. 8　　　　　　D. 无法确定

5. 总体是某个果园的所有橘子，从此总体中抽取容量 n 为 36 的样本，并计算每个样本的均值，则样本均值的期望值（　　）。

A. 无法确定　　B. 小于总体均值　　C. 大于总体均值　　D. 等于总体均值

6. 总体的均值为 75，标准差为 12，在总体中抽取容量为 36 的样本，则样本均值大于 78 的概率为（　　）。[$\Phi(1.5) = 0.9332$]

A. 0.0668　　　　B. 0.9013　　　　C. 0.4332　　　　D. 0.0987

7. 从服从正态分布的无限总体中抽取容量为 4、16、36 的样本，当样本容量增大时，样本均值的标准差（　　）。

A. 保持不变　　　B. 无法确定　　　C. 增加　　　　D. 减少

8. 当抽样单位数增加 3 倍时，随机重复抽样样本均值抽样分布的标准差比原来（　　）。

A. 减少 1/2　　　B. 增加 1/2　　　C. 减少 1/3　　　D. 增加 1/3

9. 已知 $\Phi(1.1) = 0.8643$，下列各项正确的是（　　）。

A. $\Phi(-1.1) = 0.8643$　　　　　B. $P(0 < z < 1.1) = 0.8643$

C. $\Phi(-1.1) = 0.7286$　　　　　D. $P(|z| < 1.1) = 0.7286$

10. 正态随机变量的概率密度函数为（　　）。

A. $f(x) = \dfrac{1}{\sqrt{2\pi\sigma^2}} e^{\frac{1}{2\sigma^2}(x-u)^2}$　　　　　B. $f(x) = \dfrac{1}{\sqrt{2\pi\sigma^2}} e^{-\frac{1}{2\sigma^2}(x-u)^2}$

C. $f(x) = \dfrac{1}{\sqrt{2\pi}} e^{-\frac{1}{2\sigma^2}(x-u)^2}$　　　　　D. $f(x) = \dfrac{1}{\sqrt{2\pi\sigma^2}} e^{-\frac{1}{2\sigma}(x-u)^2}$

11. 抽样分布是（　　）。

A. 样本数量的分布　　　　　　　B. 样本统计量的概率分布

C. 一个样本各观测值的分布　　　D. 总体中各观测值的分布

12. 假定 10 亿人口的大国和 100 万人口的小国的居民年龄的变异程度相同，用重复抽样方法抽取本国 1% 的人口组成样本，则平均年龄抽样分布的标准差（　　）。

A. 两者相同　　　B. 前者大于后者　　C. 前者小于后者　　D. 无法确定

13. 已知一批产品的次品率为 5%，从中有放回地抽取 10 个，则 10 个产品中没

有次品的概率为（　　　）。

    A. 0.9275　　　　　B. 0.425　　　　　C. 0　　　　　D. 0.849

14. 设 X 是参数为 $n=4$ 和 $p=0.5$ 的二项随机变量，则 $P(X\leqslant 2)=$（　　　）。

    A. 0.3125　　　　　B. 0.2125　　　　　C. 0.6875　　　　　D. 0.7875

15. 设 Z 服从标准正态分布，则 $P(0\leqslant Z\leqslant 1.2)=$（　　　）。

    A. 0.3849　　　　　B. 0.4319　　　　　C. 0.1844　　　　　D. 0.4147

16. 设 Z 服从标准正态分布，则 $P(-0.48\leqslant Z\leqslant 0)=$（　　　）。

    A. 0.3849　　　　　B. 0.4319　　　　　C. 1844　　　　　D. 0.4147

17. 设 Z 服从标准正态分布，则 $P(Z>1.33)=$（　　　）。

    A. 0.3849　　　　　B. 0.4319　　　　　C. 0.0918　　　　　D. 0.4147

18. 与标准正态分布相比，t 分布的特点是（　　　）。

    A. 对称分布　　　　　　　　　　　　B. 非对称分布

    C. 比正态分布平坦和分散　　　　　　D. 比正态分布集中

19. 根据中心极限定理可知，当样本容量充分大时，样本均值的抽样分布服从正态分布，其分布的均值为（　　　）。

    A. u　　　　　B. $\bar{x}$　　　　　C. σ^2　　　　　D. σ^2/n

20. 某大学的一家快餐店记录了过去 5 年每天的营业额，每天营业额的均值为 2500 元，标准差为 400 元。因为在某些节日的营业额偏高，所以每日营业额的分布是右偏的。假设从这 5 年中随机抽取 100 天，并计算这 100 天的平均营业额，则样本均值的抽样分布是（　　　）。

    A. 正态分布，均值为 2500 元，标准差为 40 元

    B. 正态分布，均值为 2500 元，标准差为 40 元

    C. 右偏，均值为 2500 元，标准差为 400 元

    D. 正态分布，均值为 2500 元，标准差为 400 元

21. 从均值为 u、方差为 σ^2（有限）的任意一个总体中抽取样本容量为 n 的样本，则（　　　）。

    A. 当 n 充分大时，样本均值 $\bar{x}$ 的分布近似服从正态分布

    B. 只有当 $n<30$ 时，样本均值 $\bar{x}$ 的分布近似服从正态分布

    C. 样本均值 $\bar{x}$ 的分布与 n 无关

    D. 无论 n 多大，样本均值 $\bar{x}$ 的分布都为非正态分布

22. 从两个非正态总体中分别抽取两个样本（$n_1\geqslant 30$，$n_2\geqslant 30$），则两个样本均值之差的抽样分布近似服从（　　　）。

    A. 正态分布　　　　B. t 分布　　　　C. F 分布　　　　D. χ^2 分布

三、多项选择题

1. 样本均值的抽样分布（　　　）。

    A. 是容量相同的所有可能样本的样本均值的概率分布

    B. 是一种理论概率分布

    C. 是推断总体均值的理论基础

    D. 在大样本情况下，一定遵循正态分布

E. 在小样本情况下，一定遵循 t 分布

2. 已知 Φ（1.1）＝0.8643，下列各项正确的有（　　）。

A. Φ（－1.1）＝0.8643　　　　　　B. Φ（－1.1）＝0.1357

C. Φ（－1.1）＝0.7286　　　　　　D. P（$0<z<1.1$）＝0.3643

E. P（|z|＜1.1）＝0.7286

3. 了解某市全部成年人口的就业情况，随机抽取样本量足够大的样本（　　）。

A. 样本就业率是随机变量

B. 总体就业率是随机变量

C. 样本就业率的分布可用正态分布近似

D. 样本就业率与样本量无关

E. 样本就业率的数学期望等于总体的就业率

4. 关于正态分布曲线下列说法正确的是（　　）。

A. u 决定曲线的位置　　　　　　　　B. σ 越大曲线越陡峭

C. 偏度为 0　　　　　　　　　　　　　D. 峰度为 0

E. σ 越大曲线越扁平

5. 离散型随机变量有（　　）。

A. 合格品件数　　　B. 人数　　　　　C. 合格品率　　　　D. 平均使用时数

E. 正面出现的次数

6. 正态曲线具有的性质是（　　）。

A. σ 越大曲线越扁平　　　　　　　B. σ 越大曲线越陡峭

C. 曲线关于 $x=u$ 对称　　　　　　　　D. 曲线形式由 u 唯一确定

E. 曲线下的总面积等于 1

7. 总体的均值为 u，方差为 σ^2，关于 $\bar{x}$ 抽样分布的形式下列说法正确的是
（　　）。

A. 总体是正态分布样本容量 $n<30$ 时为正态分布

B. 总体分布未知样本容量 $n>30$ 时为正态分布

C. 与抽样方法无关

D. 由 u、σ^2 唯一确定

E. 总体是非正态分布样本容量 $n<30$ 时为非正态分布

四、判断题

1. 正态分布总体有两个参数，一个是均值 $\bar{x}$，一个是均方差 σ，这两个参数确定以后，一个正态分布也就确定了。　　　　　　　　　　　　　　　　（　　）

2. 研究目的一旦确定，总体也就相应确定，而从总体中抽取的抽样总体则是不确定的。　　　　　　　　　　　　　　　　　　　　　　　　　　　　　　（　　）

3. 对全国各大型钢铁生产基地的生产情况进行调查，以掌握全国钢铁生产的基本情况。这种调查属于非全面调查。　　　　　　　　　　　　　　　　　　（　　）

4. 随机变量 X 若服从标准正态分布，其方差为 0。　　　　　　　　　　（　　）

5. 重复抽样样本均值抽样分布的标准差大于不重复抽样样本均值抽样分布的标准差。　　　　　　　　　　　　　　　　　　　　　　　　　　　　　　（　　）

6. 概率密度曲线位于 x 轴上方并且与 x 轴之间的面积为 1。 （　　）

7. 若随机变量 $X \sim N \ (u, \ \sigma^2)$，$z \sim N \ (0, \ 1)$，则 $Z = \dfrac{X - u}{\sigma}$。 （　　）

8. 总体是二点分布，从总体中随机抽取样本容量为 100 的样本，样本比率的抽样分布也是二点分布。 （　　）

9. 正态分布可以用二项分布近似。 （　　）

10. 抽样分布就是样本分布。 （　　）

五、计算题

1. 离散型随机变量 X 有 4 个可能取值，相关资料如下表所示：

离散型随机变量 X 的取值及概率

$X = x_i$	1	2	3	4
$P \ (X = x_i)$	0.2	0.2	α	0.1

计算：（1）确定 α 的值；（2）X 小于或等于 3 的概率；（3）随机变量 X 的数学期望和方差。

2. 一部电梯在一周内发生故障的次数 X 及相应的概率。

$X = x_i$	0	1	2	3
$P \ (X = x_i)$	0.1	0.25	0.35	α

计算：（1）确定 α 的值；（2）正好发生两次故障的概率；（3）最多发生两次故障的概率。

3. 人的智商测试结果服从正态分布。一项关于儿童智商的研究结果表明，甲国儿童的平均智商为 108，标准差为 15；乙国儿童的平均智商为 105，标准差为 12。要求：

（1）比较甲、乙两国儿童智商的差异程度；

（2）粗略估计一下，甲国有百分之几的儿童的智商在 78 ~ 138 之间；

（3）粗略估计一下，乙国有百分之几的儿童的智商在 93 ~ 117 之间。

4. 某社区有 10000 户家庭，采用重复方法从中抽出 400 户家庭，其中有 80 户家庭了解家庭急救知识，计算样本家庭急救知识的普及率和方差 σ_p^2。

5. 采用重复抽样的方法，从均值为 30、标准差为 14 的总体中随机抽出一个样本容量为 49 的样本。

（1）求 $\bar{x}$ 抽样分布的均值和标准差；

（2）描述 $\bar{x}$ 抽样分布的形式，指出 $\bar{x}$ 抽样分布的形式与哪些因素有关；

（3）计算标准正态 z 统计量对应于 $\bar{x} = 16$ 的值；

（4）计算标准正态 z 统计量对应于 $\bar{x} = 33$ 的值。

6. 某城市居民家庭人均月收入是右偏分布，其分布的均值为 4000 元，标准差 700 元。采用重复抽样方法随机抽出 49 户家庭。要求：

（1）计算 49 户家庭，平均家庭人均月收入抽样分布的均值和标准差；

（2）指出 49 户家庭，平均家庭人均月收入抽样分布的形式；

（3）指出 49 户家庭，平均家庭人均月收入在 3800～4200 元之间的概率；

（4）样本平均家庭人均月收入大于 4000 元的概率；

（5）样本平均家庭人均月收入小于 3800 元的概率；

（6）样本平均家庭人均月收入在 3850～4260 元之间的概率。

7. 某企业加工零件的不合格品率达到 6%。从加工零件中随机抽取 136 件，有 8 件不合格品。要求：

（1）确定样本不合格品率抽样分布的形式；

（2）计算样本不合格品率抽样分布的均值和标准差；

（3）计算样本不合格品率在 2% 以下的概率。

5

参 数 估 计

【引例】　2015 年全国 1% 人口抽查显示大陆人口超 13.73 亿

时隔 10 年，全国 1% 人口抽样调查又开始启动。国务院办公厅印发《关于开展 2015 年全国 1% 人口抽样调查的通知》（以下简称《通知》），根据《全国人口普查条例》的规定，2015 年全国 1% 人口抽样调查将于 11 月 1 日零时正式启动。人口普查每 10 年一次，全国 13 亿人口，进行一次逐家逐户的"点名"可不是一件容易的事。但人口情况又不断变化，为及时掌握这些变化情况，有必要在两次普查之间进行一次较大规模的人口调查，俗称"人口小普查"。1987 年，我国进行了第一次全国 1% 人口抽样调查，1995 年、2005 年又各进行了一次。《通知》明确指出，2015 年全国 1% 人口抽样调查将在我国境内抽取约 6 万个调查小区，覆盖人口约 1400 万人。主要调查人口和住户的基本情况，内容包括：姓名、性别、年龄、民族、受教育程度、行业、职业、迁移流动、社会保障、婚姻、生育、死亡、住房情况等。

2016 年 4 月 20 日，国家统计局发布 2015 年全国 1% 人口抽样调查主要数据公报。据统计，全国大陆 31 个省、自治区、直辖市和现役军人的人口为 137349 万人。同第六次全国人口普查 2010 年 11 月 1 日零时的 133972 万人相比，五年共增加 3377 万人。数据显示，大陆 31 个省、自治区、直辖市和现役军人的人口中，男性人口为 70356 万人，占 51.22%；女性人口为 66993 万人，占 48.78%。总人口性别比（以女性为 100，男性对女性的比例）由 2010 年第六次全国人口普查的 105.20 下降为 105.02。

根据统计量的信息对总体参数进行估计是推断统计的重要内容，统计推断就是根据随机样本的实际数据，对总体的数量特征作出具有一定可靠程度的估计和推断。参数估计都包含哪几方面的内容，如何进行参数估计，如何评价估计量的质量，如何确定样本容量，这些正是本章要介绍的主要内容。

5.1　参数估计的基本原理

5.1.1　估计量与估计值

对于我们要研究的总体，如果总体单位不多且能准确掌握每一个总体单位的数据，那么只需要做描述统计，就可以考察总体的数量特征，如总体方差、均值、比率、峰度、偏度等。但实际工作中的现实情况比较复杂，"数据"往往是大量的、无限的，不可能也没有必要进行一一测定，这就需要我们从总体数据中抽取一部分数据进行综合分析，进而推断总体的数量特征。

参数估计就是用样本统计量来估计总体参数。例如，用样本均值 $\bar{x}$ 估计总体均值 μ，用样本方差 s^2 估计总体方差 σ^2，用样本比率 p 估计总体比率 π，等等。将总体参数笼统地用一个符号 θ 来表示，参数估计就是用样本统计量来估计总体参数 θ，用来估计总体参数的统计量的名称，称为估计量，用 θ 来表示。比如样本均值、样本比率、样本方差等都是估计量，用来估计总体参数时计算出来的估计量的具体数值，称为估计值。例如，从某高校男生中抽出一个随机样本，这个高校的男生的平均身高是不知道的，但是是客观存在的，叫作参数，用 θ 表示，根据样本计算的平均身高 $\bar{x}$ 就是一个估计量，用 $\hat{\theta}$ 表示。样本是随机的，根据样本数据计算的男生的平均身高 175cm，这个 175cm 就是估计量的具体数值，称为估计值。

5.1.2　点估计与区间估计

参数估计的方法有点估计和区间估计两种。

1. 点估计

点估计就是用样本估计量 $\hat{\theta}$ 的值直接作为总体参数 θ 的估计值。例如，用样本均值 $\bar{x}$ 的值直接作为总体均值 μ 的估计值，用样本比率 p 的值直接作为总体比率 π 的估计值，用样本方差 s^2 的值直接作为总体方差 σ^2 的估计值，等等。比如，要估计某班学生统计学考试的平均分数，从全班学生中抽取一个随机样本，若根据此随机样本计算的平均分数为 85 分，用 85 分作为全班学生统计学考试的平均分数的一个估计值，就是点估计。又如，要估计一批灯泡的合格率，根据抽出的随机样本计算的合格率为 99%，若将 99% 直接作为这批灯泡合格率的估计值，这也是点估计。点估计的优点在于它能够明确地估计总体参数，但是一般该值不会等于总体参数的真值，与真值的误差也无从知晓。

2. 区间估计

简单来说，区间估计就是通过样本来估计总体参数可能位于的区间。区间估计是在点估计的基础上，根据一定的置信水平，估计总体参数的取值范围。用样本统计量来估计总体参数，要达到 100% 的准确而没有任何误差，几乎是不可能的，在估计总体参数时就必须考虑估计误差的大小，区间估计通过一个范围，很现实地考虑了误差问题。所以经常在点估计量上加减一个被称为允许误差（又称抽样误差）的值来计算估计区间。本章将说明如何对总体均值和总体比率进行区间估计。总体均值区间估计的一般形式为 $\bar{x}$ ± 允许误差。类似地，总体比率区间估计的一般形式为 p ± 允许误差。

与点估计不同，进行区间估计时，根据样本统计量的抽样分布能够对样本统计量与总体参数的接近程度给出一个概率度量。点估计值是随机变量，其数值的大小随抽取样本的不同而不同，利用点估计值构造的区间是一个随机区间，这个随机区间有可能包含总体真值，也有可能不包含总体真值。如果我们既构造了区间，又指出构造的所有可能区间中包含总体参数真值的区间所占的比重，就达到了区间估计的目的。

通过第 4 章的学习我们了解到在一定的条件下，样本均值 $\bar{x}$ 的抽样分布近似服从正态分布，其分布的期望值等于总体均值，即 $E(\bar{x}) = \mu$；标准差为 $\sigma_{\bar{x}} = \dfrac{\sigma}{\sqrt{n}}$。根据正态分布的经验法则，$\bar{x}$ 在落在区间 $(\mu - \sigma_{\bar{x}}, \mu + \sigma_{\bar{x}})$、$(\mu - 2\sigma_{\bar{x}}, \mu + 2\sigma_{\bar{x}})$ 和 $(\mu - 3\sigma_{\bar{x}}, \mu + 3\sigma_{\bar{x}})$ 内的概率分别为 68.27%、95.45% 和 99.73%。实际上只要对正态随机变量 $\bar{x}$ 标准化，通过查标准正态分布表，就可以求出样本均值 $\bar{x}$ 落在总体均值 μ 的两侧 $m(m > 0)$ 倍标准差范围内的概率。样本均值 $\bar{x}$ 落在总体均值 μ 的两侧 1.645 倍的标准差的概率是 90%、样本均值 $\bar{x}$ 落在总体均值 μ 的两侧 1.96 倍的标准差的概率是 95%，样本均值 $\bar{x}$ 落在总体均值 μ 的两侧 2.58 倍的标准差范围内的概率是 99%，即约有 90% 的样本均值 $\bar{x}$ 会落在 μ 的 1.645 倍的标准差范围之内、约有 95% 的样本均值 $\bar{x}$ 会落在 μ 的 1.96 倍的标准差范围之内、约有 99% 的样本均值 $\bar{x}$ 会落在 μ 的 2.58 倍的标准差的范围之内。

在实际进行区间估计时，情况恰好相反，$\bar{x}$ 是已知的，μ 是未知的，由于 $\bar{x}$ 与 μ 的距离是对称的，即不等式 $\mu - m\sigma_{\bar{x}} \leqslant \bar{x} \leqslant \mu + m\sigma_{\bar{x}}(m > 0)$ 与不等式 $\bar{x} - m\sigma_{\bar{x}} \leqslant \mu \leqslant \bar{x} + m\sigma_{\bar{x}}$ 是等价的，如果能够指出，某个 $\bar{x}$ 落在 μ 的任意倍数的标准差范围之内的概率，那么也能说明 μ 落在以 $\bar{x}$ 为中心的任意倍数的标准差范围之内的概率。这意味着我们可以实现区间估计的设想，即不但可以利用 $\bar{x}$ 和 $\sigma_{\bar{x}}$ 来构造 μ 所属的区间范围，而且能够指出，采用这种方法构造的所有可能区间中包含总体真值 μ 的区间所占的比率，这个比率就是 $\bar{x}$ 落在总体均值 μ 的两侧任意倍数的标准差范围内的概率。

在区间估计中，依据样本统计量构造的总体参数的估计区间称为置信区间，区间的最小值称为置信下限，最大值称为置信上限。统计学家在某种程度上确信这个区间会包含真正的总体参数，所以给它取名为置信区间。前面说过 $\bar{x}$ 是随机变量，构造的置信区间是一个随机区间。在构造的所有可能区间中包含总体真值的区间所占的比率称为置信水平（置信系数），用 $1 - \alpha$ 表示。举例说明，如果抽取 100 个样本来估计总体均值，那么由这 100 个样本均值构造的 100 个区间中，若有 95 个区间包含总体均值，另外 5 个区间不包含总体均值，则置信水平为 95%，α 称为风险值，是构造的所有可能区间中不包含总体真值的区间所占的比率，此例中，α 的值为 5%。不难理解，置信区间范围越大，置信水平越高，同时推断的准确程度会随之降低。人们的愿望是让置信水平理想一些，在构造区间时一般先给出设想的置信水平，比较常用的置信水平及其对应的 z 值如表 5-1 所示，由于该 z 值刚好是标准正态分布曲线下右侧面积为 $\alpha/2$ 时对应的 z 值，所以记为 $z_{\alpha/2}$。

表 5-1   常用的置信水平的 $z_{\alpha/2}$ 值

置信水平	α	$\alpha/2$	$z_{\alpha/2}$
90%	0.10	0.05	1.645
95%	0.05	0.025	1.96
99%	0.01	0.005	2.58

当样本量给定时，置信区间的宽度随着置信水平的增大而增大。从直觉上说，区间比较宽时，才会使这一区间有更大的可能性包含总体参数的真值；当置信水平固定时，置信区间的宽度随样本量的增大而减小。也就是说，较大的样本提供的有关总体的信息要比较小的样本多。

之前我们讨论过，置信区间是一个随机区间，它会随抽取样本的不同而不同，而且不是所有的区间都包含总体参数的真值，95%的置信区间可以告诉我们，按照同样的方法构造的置信区间涵盖总体参数的概率大约是95%。在实际问题中，进行估计时往往只抽取一个样本，所构造的是与该样本联系的95%的置信区间，我们希望这个区间是大量包含总体参数真值的区间中的一个，但它也可能是少数几个不包含参数真值的区间中的一个。

5.1.3 评价估计量的标准

用于估计 θ 的估计量有很多，要估计总体某一指标，并非只能用一个样本指标，对于同一总体参数可能会有不同的估计量，例如，对于总体均值的估计，可以用样本均值，也可以用样本中位数作为估计量，那么如何对估计量做出选择呢？这就需要一定的评价标准。评价估计量的标准通常有以下三个。

1. 无偏性

无偏性是指样本统计量抽样分布的数学期望等于被估计的总体参数。如果样本统计量的数学期望等于被估计的总体参数，则样本统计量称作该总体参数的无偏估计量。总体未知参数 θ 的估计量 $\hat{\theta}$ 是随机变量，每次抽样后得到的估计值与总体参数的真值之间总存在一定的误差，其误差为 $\hat{\theta}-\theta$。我们自然希望所有误差的期望值为零，即 $E(\hat{\theta}-\theta)=0$，也就是说 $E(\hat{\theta})=\theta$，这时称为 $\hat{\theta}$ 的无偏估计量，称 $\hat{\theta}$ 具有无偏性。样本无偏统计量的所有可能值的期望值或均值等于被估计的总体参数。点估计量无偏和有偏的情形如图 5-1、图 5-2 所示。

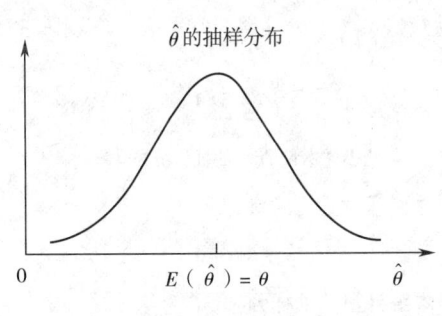

图 5-1 无偏估计量

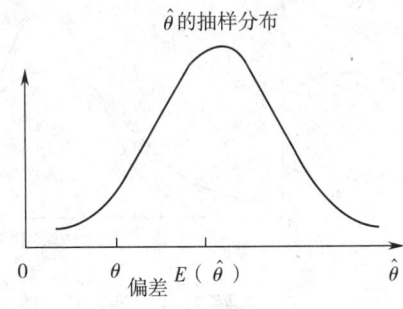

图 5-2 有偏估计量

对于不同的样本有不同的估计值，虽然从一个样本来看，估计值与总体参数真实值之间可能有误差，但是从所有可能样本来看，估计值的均值等于总体参数的真实值，即估计是无偏的。通过第4章的学习，我们知道 $E(\bar{x})=\mu$、$E(p)=\pi$，还可以证明 $E(s^2)=\sigma^2$，因此 $\bar{x}$、p、s^2 分别是总体均值 μ、总体比率 π 和总体方差 σ^2 的无偏估计量。

2. 有效性

假定由 n 个个体组成的一个简单随机样本给出了总体同一参数的两个不同的无偏估计量，此时，我们倾向于采用标准误差较小的估计量，因为它给出的估计值与总体参数更接近，称有较小标准误差的估计量比其他估计量相对有效。

对于同一总体参数的两个无偏估计量 $\hat{\theta}_1$ 和 $\hat{\theta}_2$，如果 $D(\hat{\theta}_1) < D(\hat{\theta}_2)$，则称 $\hat{\theta}_1$ 是比 $\hat{\theta}_2$ 更有效的估计量。在无偏估计条件下，估计量的方差越小，估计量越有效。图 5-3 中 $\hat{\theta}_1$ 和 $\hat{\theta}_2$ 均为无偏估计量，但是 $\hat{\theta}_1$ 更有效。

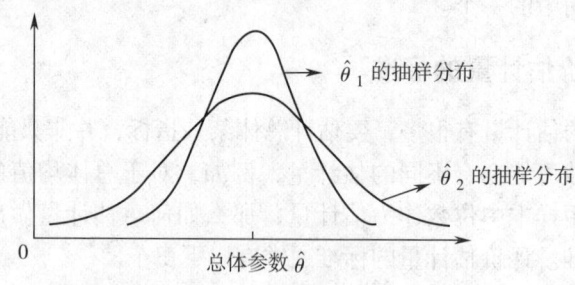

图 5-3   两个无偏估计量的抽样分布

3. 一致性

一致性是指随着样本量的增大，估计量将与总体参数无限接近。无偏性、有效性都是在样本容量 n 一定的条件下进行讨论的，很自然，我们希望 n 越大时，对总体参数 θ 的估计越精确。比如说，容量为 800 的样本比容量为 200 的样本作出的估计更接近总体参数。大的样本容量下所给出的估计与总体参数更接近，如图 5-4 所示。从这个意义上说，样本均值 $\bar{x}$ 是总体均值 μ 的一致估计量，样本比率 p 是总体比率 π 的一致估计量。

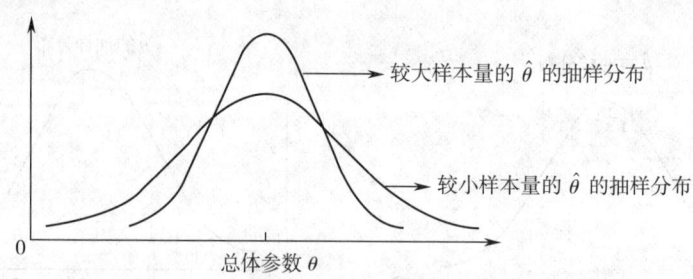

图 5-4   两个不同样本量的样本统计量的抽样分布

5.2   一个总体参数的区间估计

当面临一个总体的问题时，人们关心的是总体均值 μ、总体比率 π 和总体方差 σ^2 等，在本节内容中介绍如何用样本统计量来构造总体参数的置信区间。

5.2.1   总体均值的区间估计

1. 大样本的估计方法

在大部分应用中，样本容量 $n \geq 30$ 就可以认为样本容量足够大，称为大样本。

若总体服从正态分布且方差 σ^2 已知，或者总体不服从正态分布但是抽取的样本为大样本时，以上两种情况下样本均值 $\bar{x}$ 的抽样分布均为正态分布，其数学期望为总体均值 μ，方差为 $\dfrac{\sigma^2}{n}$。样本均值经过标准化以后的随机变量则服从正态分布，即

$$z = \frac{\bar{x} - \mu}{\sigma / \sqrt{n}} \sim N(0,1) \tag{5.1}$$

根据式（5.1）以及正态分布的性质可以构造出总体均值在 $(1 - \alpha)$ 置信水平下的置信区间为

$$\bar{x} \pm z_{\alpha/2} \frac{\sigma}{\sqrt{n}} \tag{5.2}$$

式中，$\bar{x} + z_{\alpha/2} \dfrac{\sigma}{\sqrt{n}}$ 为置信上限，$\bar{x} - z_{\alpha/2} \dfrac{\sigma}{\sqrt{n}}$ 为置信下限；α 是风险值，是总体均值不包括在置信区间的概率；$1 - \alpha$ 是置信水平；$z_{\alpha/2}$ 是标准正态分布上侧面积为 $\alpha/2$ 时的 z 值；$z_{\alpha/2} \dfrac{\sigma}{\sqrt{n}}$ 是估计总体均值时的允许误差，又称抽样误差、误差范围、边际误差等。

若总体方差 σ^2 未知，在大样本条件下，式（5.2）中的总体方差可以用样本方差 s^2 代替，这时总体均值 μ 在（$1 - \alpha$）置信水平下的区间为

$$\bar{x} \pm z_{\alpha/2} \frac{s}{\sqrt{n}} \tag{5.3}$$

【例 5 - 1】某种零件的长度服从正态分布，从某天生产的 500 个零件中随机抽取 100 个，测得其平均长度为 28cm。已知总体标准差为 0.15cm，要求以 95% 的置信水平估计该 500 个零件平均长度的置信区间。

解：已知 $\bar{x} = 28, n = 100, \sigma = 0.15, 1 - \alpha = 95\%, z_{\alpha/2} = 1.96$

根据式（5.2）$\bar{x} \pm z_{\alpha/2} \dfrac{\sigma}{\sqrt{n}} = 28 \pm 1.96 \times \dfrac{0.15}{\sqrt{100}} = 28 \pm 0.0294$

因此，该 500 个零件的平均长度的置信区间为（27.9706，28.0294）。

【例 5 - 2】要了解管理系学生统计学考试的平均分数。从管理系学生中随机抽取 64 人，计算得出这 64 人的平均分数为 85 分，标准差为 10 分。要求以 90% 的置信水平估计全系学生统计学考试的平均分数。

解：已知 $n = 64, \bar{x} = 85, s = 10, 1 - \alpha = 90\%, z_{\alpha/2} = 1.645$

根据式（5.3）$\bar{x} \pm z_{\alpha/2} \dfrac{s}{\sqrt{n}} = 85 \pm 1.645 \times \dfrac{10}{\sqrt{64}} = 85 \pm 2.06$

即以 90% 的置信水平估计该系学生统计学考试的平均分数的置信区间为（82.94，87.06）。

2. 小样本的估计方法

如果总体服从正态分布，无论样本容量如何，样本均值的抽样分布都服从正态分布，此时，即使在小样本的情况下，只要总体方差已知，也可以根据式（5.2）建立总体均值的置信区间。但是，若总体方差未知，而且是在小样本情况下，要用

样本方差代替总体方差，此时样本均值经过标准化之后的随机变量服从自由度为
$(n-1)$ 的 t 分布（该部分内容详见第 4 章），即

$$t = \frac{\bar{x} - \mu}{s/\sqrt{n}} \sim t(n-1) \tag{5.4}$$

这时要采用 t 分布来建立总体均值 μ 的置信区间。

t 分布是类似正态分布的一种对称分布，它比正态分布要平坦和分散。t 分布是
由一些相似的概率分布组成的分布族，一个特定的 t 分布依赖于称为自由度的参数。
随着自由度的增大，t 分布也逐渐趋于标准正态分布，如图 5 - 5 所示。

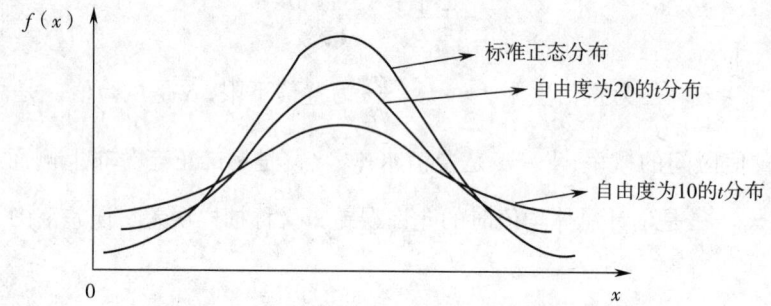

图 5 - 5 不同自由度的 t 分布与标准正态分布比较

根据 t 分布来建立的总体均值 μ 在 $1 - \alpha$ 置信水平下的置信区间为

$$\bar{x} \pm t_{\alpha/2} \frac{s}{\sqrt{n}} \tag{5.5}$$

式中：$t_{\alpha/2}$ 是自由度为 $(n-1)$ 时，t 分布中上侧面积为 $\alpha/2$ 时的值，该值可通过
查 t 分布表获得。

【例 5 - 3】为了估计黄金时段一分钟一次广告的平均费用，抽出 15 个电视台作
为一个样本，数据如下（单位：元），假设估计黄金时段一分钟一次广告的费用近
似服从正态分布，方差未知，计算以 95% 的置信水平估计总体均值的置信区间。

21400	9400	34100	74800	25400
18600	12400	8900	396000	128000
52800	11200	86000	144000	48000

解：已知 $n = 15, 1 - \alpha = 95\%, t_{0.025}(15-1) = 2.1448$

$$\bar{x} = \frac{\sum x}{n} = \frac{21400 + 9400 + \cdots + 48000}{15} = 71400$$

$$s = \sqrt{\frac{\sum (x - \bar{x})^2}{n-1}}$$

$$= \sqrt{\frac{(21400 - 71400)^2 + (9400 - 71400)^2 + \cdots + (48000 - 71400)^2}{15 - 1}}$$

$$= 99501.7$$

由式（5.5）

$$\bar{x} \pm t_{\alpha/2} \frac{s}{\sqrt{n}} = 71400 \pm 2.1448 \times \frac{99501.7}{\sqrt{15}} = 71400 \pm 55145$$

即以 95% 的置信水平估计一分钟一次的广告平均费用为（16255，126545）。

下面我们将总体均值的区间估计做一个总结，如表 5 - 2 所示。

表 5 - 2 　　　　　　　　总体均值区间估计的计算公式

总体分布	样本容量	σ 已知	σ 未知
正态分布	大样本（ $n \geq 30$ ）	$\bar{x} \pm z_{\alpha/2} \frac{\sigma}{\sqrt{n}}$	$\bar{x} \pm z_{\alpha/2} \frac{s}{\sqrt{n}}$
	小样本		$\bar{x} \pm t_{\alpha/2} \frac{s}{\sqrt{n}}$
非正态分布	大样本（ $n \geq 30$ ）		$\bar{x} \pm z_{\alpha/2} \frac{s}{\sqrt{n}}$

5.2.2　总体比率的区间估计

我们只研究大样本条件下，重复抽样时对总体比率 π 进行区间估计的方法。当样本容量很大时，确定样本容量足够大的一般经验规则是 $np \geq 5$ 和 $n(1-p) \geq 5$，此时样本比例 p 的抽样分布可用正态分布近似。p 的数学期望等于总体的比例，即 $E(p) = \pi$；而 p 的方差在重复抽样条件下为 $\sigma_p^2 = \frac{\pi(1-\pi)}{n}$。与总体均值的区间估计类似，在样本比例 p 的基础上加减允许误差 $z_{\alpha/2}\sigma_p$，即得总体比例 π 在 $(1-\alpha)$ 置信水平下的置信区间为

$$p \pm z_{\alpha/2} \sqrt{\frac{\pi(1-\pi)}{n}} \qquad (5.6)$$

用式（5.6）计算总体比率 π 的置信区间时，π 值应该是已知的。但在实际中，π 值常常是未知的，因为是大样本，我们可以用样本比例 p 来代替 π。这时总体比率的置信区间可表示为

$$p \pm z_{\alpha/2} \sqrt{\frac{p(1-p)}{n}} \qquad (5.7)$$

式中：$z_{\alpha/2}$ 是标准正态分布上侧面积为 $\alpha/2$ 时的 z 值；$z_{\alpha/2}\sqrt{\frac{p(1-p)}{n}}$ 为估计总体比例时的允许误差。

【例 5 - 4】某银行要估计某商场购物者中，用信用卡结账的人所占的比率。采用重复抽样方法抽取了 1000 张结账凭证，其中 600 张是使用信用卡方式结账。试以 95% 的置信水平估计用银行信用卡结账的人所占比率的置信区间。

解：已知 $n = 1000$，$n_1 = 600$，$p = \frac{n_1}{n} = \frac{600}{1000} = 60\%$，$z_{\alpha/2} = 1.96$

根据式（5.7）：$p \pm z_{\alpha/2} \sqrt{\frac{p(1-p)}{n}} = 60\% \pm 1.96 \times \sqrt{\frac{60\%(1-60\%)}{1000}} = 60\% \pm 3.04\%$

即以 95% 的置信水平估计用银行信用卡结账的人所占比率的置信区间为 $(56.96\%，63.04\%)$。

5.3 两个总体参数的区间估计

5.3.1 两个总体均值之差的置信区间

在实际中，经常会遇到这样的问题，某报业集团需要对旗下两份报纸的销售额进行比较，以确定加大对哪一份报纸的资金投入，这就需要对来自两个总体的均值的差异进行比较。我们只讨论大样本条件下的估计方法，如果两个样本是从两个总体中独立抽取的，即一个样本中的元素与另一个样本中的元素相互独立，则称为独立样本。如果两个总体都服从正态分布且总体方差已知，或者两个总体不服从正态分布，但这两个样本都为大样本且总体方差已知，根据抽样分布的理论知识可知，两个样本均值之差的抽样分布近似服从

$$(\bar{x}_1 - \bar{x}_2) \sim N\left(\mu_1 - \mu_2, \frac{\sigma_1^2}{n_1} + \frac{\sigma_2^2}{n_2}\right)$$

总体均值之差在 $1 - \alpha$ 置信水平下区间估计的公式为

$$(\bar{x}_1 - \bar{x}_2) \pm z_{\alpha/2}\sqrt{\frac{\sigma_1^2}{n_1} + \frac{\sigma_2^2}{n_2}} \tag{5.8}$$

若总体均不服从正态分布且方差未知，从这两个总体中随机抽取两个独立的样本，两个样本量 n_1 和 n_2 都足够大时，可以用样本标准差 s_1 和 s_2 分别代替 σ_1 和 σ_2。

【例 5-5】储户在两家银行的存款额均服从正态分布，某银行负责人想了解两家银行的平均存款之间的差异，他从每一家银行各抽取了一个随机样本，有关数据如表 5-3 所示，构造置信水平为 90% 的置信区间，推算两家银行平均存款额之差的取值范围。

表 5-3　　　　　　　　　　甲、乙两家银行的相关信息

银行甲	银行乙
$n_1 = 52$	$n_2 = 47$
$\bar{x}_1 = 55000$	$\bar{x}_2 = 46000$
$\sigma_1^2 = 750$	$\sigma_2^2 = 850$

解：总体分布为正态分布，$n_1 = 52$，$n_2 = 47$，$\bar{x}_1 = 55000$，$\bar{x}_2 = 46000$，$\sigma_1^2 = 750$，$\sigma_2^2 = 850$

根据式（5.8）$\bar{x}_1 - \bar{x}_2$ 在置信水平为 90% 的置信区间范围

$$(\bar{x}_1 - \bar{x}_2) \pm z_{\alpha/2}\sqrt{\frac{\sigma_1^2}{n_1} + \frac{\sigma_2^2}{n_2}} = (55000 - 46000) \pm 1.645\sqrt{\frac{750}{52} + \frac{850}{47}} = 9000 \pm 9.379$$

即以 90% 的置信水平估计两家银行的存款额之差的置信区间为 $(8990.621，9009.379)$。

5.3.2 两个总体比率之差的置信区间

在实际问题中，经常会遇到比较两个总体的方差问题。例如，比较不同测量工具的精度，比较不同方法生产的产品性能的稳定性等。假设分别从两个总体中随机抽取容量为 n_1 和 n_2 的样本，如果两个样本的容量足够大，则两个样本的比率 p_1 和 p_2 均服从正态分布，比率 $p_1 - p_2$ 之差的抽样也服从正态分布，即

$$(p_1 - p_2) \sim N\left[\pi_1 - \pi_2, \frac{\pi_1(1 - \pi_1)}{n_1} + \frac{\pi_2(1 - \pi_2)}{n_2}\right]$$

通常 π_1 和 π_2 未知，可以用样本比率 p_1 和 p_2 来代替。因此根据正态分布建立的两个总体比率之差在 $1 - \alpha$ 置信水平下的置信区间为

$$(p_1 - p_2) \pm z_{\alpha/2} \sqrt{\frac{p_1(1 - p_1)}{n_1} + \frac{p_2(1 - p_2)}{n_2}} \tag{5.9}$$

【例 5 - 6】某公司进行一项拥有家用汽车用户特点的调查。从城市中拥有轿车的家庭中随机抽取 300 户家庭，其中，年均收入超过 80000 元的有 240 户；从农村中拥有轿车的家庭中随机抽取 200 户家庭，其中，年均收入超过 80000 元的有 46 户。对城市中拥有轿车的和农村中拥有轿车的两种家庭年人均收入超过 80000 元的比率之差构造置信水平为 95% 的置信区间。

解：已知 $p_1 = \frac{240}{300} = 80\%$，$p_2 = \frac{46}{200} = 23\%$，$1 - \alpha = 95\%$，$z_{\alpha/2} = 1.96$

由于 $n_1 p_1 = 300 \times 80\% = 240$ 和 $n_1(1 - p_1) = 300 \times 20\% = 60$；

$n_2 p_2 = 200 \times 23\% = 46$ 和 $n_2(1 - p_2) = 200 \times 77\% = 154$ 均大于 5，都为大样本。

因此 $p_1 - p_2$ 也服从正态分布，根据式（5.9）：

$$(p_1 - p_2) \pm z_{\alpha/2} \sqrt{\frac{p_1(1 - p_1)}{n_1} + \frac{p_2(1 - p_2)}{n_2}} = (80\% - 23\%)$$

$$\pm 1.96 \sqrt{\frac{0.8 \times 0.2}{300} + \frac{0.23 \times 0.77}{200}}$$

$$= 57\% \pm 7.38\%$$

所以，城市与农村家庭中拥有家用轿车的年人均收入超过 80000 元的比率之差在置信水平为 95% 的置信区间为（49.62%，64.38%）。

5.4 样本容量的确定

我们知道，在一定的样本容量（样本量）下，抽样估计结论的精度与可靠性存在矛盾，当精度提高时，必然要以牺牲可靠性为条件，反之则相反。同时，在抽样过程中，增大样本容量可以相应减少抽样误差，但如果抽得过多，则有可能超过抽样成本的预算。实际进行抽样调查之前，样本单位数是不知道的，样本量的大小是抽样之前要解决的首要问题。确定样本单位数要依据总体分布的特点、抽样方法、组织形式、统计推断的准确程度和置信水平。抽得太多，会浪费资源和时间；抽得太少，会降低估计的精确度，达不到预期的效果。因此，应该为满足统计研究目的

要求，确定一个合理的抽样单位数，即确定一个必要的样本量。

5.4.1　估计总体均值时样本容量的确定

总体均值的置信区间是由两部分组成的：样本均值 $\bar{x}$ 和允许误差，在重复抽样或无限总体抽样条件下，允许误差为 $z_{\alpha/2}\dfrac{\sigma}{\sqrt{n}}$，若规定在一定的置信水平下允许误差为 E，即 $E = z_{\alpha/2}\dfrac{\sigma}{\sqrt{n}}$，可以推导出样本量 n 的计算公式：

$$n = \frac{(z_{\alpha/2})^2 \sigma^2}{E^2} \tag{5.10}$$

式中：E 代表在给定的置信水平下可以接受的允许误差；$z_{\alpha/2}$ 是与区间估计的置信水平所对应的 z 值；σ 是总体的标准差。

在实际应用中，如果 σ 未知，可以用以前相同或类似的样本的标准差代替；也可以选择一个初始样本，以该样本的样本标准差代替 σ；或者用经验数值来代替。

通过式（5.10）可以看出，样本容量 n 与置信水平和总体方差成正比，置信水平越大，总体差异越大，需要的样本量就越多；样本容量 n 与允许误差成反比，可以接受的允许误差越大，所需要的样本量越少。为确定样本量，需要知道允许的抽样误差 E、与给定置信水平对应的 z 值和总体方差 σ^2。为了保证置信水平和准确程度的要求，n 的计算结果为小数时，不论小数点后的数大于 5 还是小于 5 都要进位，即见尾进位。比如计算结果 $n = 28.01$，则选取的样本量为 29 个。

【例 5 - 7】据调查，2016 年南下深圳打工的农民工月薪标准差约为 5000 元，若想要估计农民工的平均月薪，以置信水平为 95% 的置信区间进行估计，希望允许误差为 500 元，应该抽取多大的样本量？

解：已知 $\sigma = 5000$，$E = 500$，$1 - \alpha = 95\%$，$z_{\alpha/2} = 1.96$

根据式（5.10）：$n = \dfrac{(z_{\alpha/2})^2 \sigma^2}{E^2} = \dfrac{(1.96)^2 \, 5000^2}{500^2} = 384.16 \approx 385$

所以应至少抽取 385 人组成样本。

5.4.2　估计总体比率时样本容量的确定

与总体均值区间估计确定样本量的方法类似，在重复抽样或无限总体抽样条件下，总体比率 π 区间估计允许误差为 $z_{\alpha/2}\sqrt{\dfrac{\pi(1-\pi)}{n}}$，设 $E = z_{\alpha/2}\sqrt{\dfrac{\pi(1-\pi)}{n}}$。如果置信水平确定，允许误差 E、π 已知，就可以推导出样本量的计算公式

$$n = \frac{(z_{\alpha/2})^2 \pi(1-\pi)}{E^2} \tag{5.11}$$

在实际应用中，π 的值一般未知，这时可以利用相关资料替代：一是利用历史资料；二是利用试验性的调查，选取一个初始样本，以该样本的比率作为总体比率的估计值；三是若上述方法都不存在或不适用，取 $\pi = 0.5$，因为 π 为 0.5 时 $\pi(1 - \pi)$ 的取值最大，虽然这样计算出的样本容量可能比实际需要的容量大一些，但可以

保证有足够高的置信度和尽可能小的置信区间。

【例 5 - 8】根据以往的统计，某种产品的合格率为 94%，现在要求允许误差为 5%，要求置信水平为 95%，进行区间估计应该抽取多少个产品组成样本？

解：已知 $\pi = 94\%$，$E = 5\%$，$1 - \alpha = 95\%$，$z_{\alpha/2} = 1.96$

根据式（5.11）：$n = \dfrac{(z_{\alpha/2})^2 \pi(1 - \pi)}{E^2} = \dfrac{(1.96)^2 \times 0.94 \times (1 - 0.94)}{0.05^2} =$

$86.7 \approx 87$

所以应该抽取 87 个产品组成样本进行调查。

【例 5 - 9】某公司想要估计拥有电动汽车的家庭所占的比例，该公司希望对总体比例的估计误差不超过 5%，要求置信水平为 95%，这时应取多大容量的样本？

解：已知 $E = 5\%$，$1 - \alpha = 95\%$，$z_{\alpha/2} = 1.96$

根据式（5.10）：$n = \dfrac{(z_{\alpha/2})^2 \pi(1 - \pi)}{E^2} = \dfrac{(1.96)^2 \times 0.5 \times (1 - 0.5)}{0.05^2} = 384.16$

≈ 385

所以，应抽取 385 户家庭进行调查。

本章小结

本章介绍总体参数估计及样本量确定的方法。参数估计的方法有点估计和区间估计两种。

点估计就是用样本估计量的估计值直接作为总体参数。区间估计是在点估计的基础上，根据一定的置信水平，估计总体参数的取值范围。评价估计量的标准有无偏性、有效性和一致性。对于一个总体，其参数主要有总体均值、总体比率和总体方差，对于两个总体，其参数则主要是两个总体均值之差、两个总体比率之差。

估计一个总体均值的置信区间时，要考虑两种情况：一是正态总体、方差已知，或非正态总体、大样本，在这种情况下，可以用正态分布构造总体均值的置信区间；二是总体服从正态分布、方差未知，小样本，可以用 t 分布来建立总体均值在一定置信水平下的置信区间。进行总体比率的区间估计时，通常是讨论大样本重复抽样的情况，用正态分布构造总体比率的置信区间。

进行两个总体均值之差的区间估计时，当样本为独立大样本时，在两个总体的方差未知的情况下，可用两个样本方差来代替两个总体的方差。从两个二项总体中抽出两个独立的样本，二者比率之差的抽样分布服从正态分布，将比率之差标准化后依然服从正态分布，即要用正态分布构造总体比率的置信区间。

思考与练习

一、填空题

1. 在其他条件不变的情形下，未知参数的 $1 - \alpha$ 置信区间，α 越大则置信区间的长度越_____。

2. 评价估计量的主要标准有_____、_____和_____。

3. 总体均值的置信区间由两部分构成，一部分是_____，另一部分是_____。

4. 其他条件不变，提高抽样推断的准确程度，置信水平将_____。

5. 参数估计的方法有_____和_____两种。

6. 所谓参数估计就是用_____去估计_____。

7. 在区间估计中，由样本统计量构造的总体参数的估计区间称为_____，它因样本不同而不同，是一个_____区间。

8. 若样本方差 s_{n-1}^2 的期望值等于总体方差 σ^2，则称 s_{n-1}^2 为 σ^2 的_____估计量。

9. 在 95% 的置信水平下，边际误差为 0.05 时，为了得到总体比率的区间估计，应采用的样本容量为_____。

10. 总体方差已知，对总体均值进行区间估计时，所用的样本容量为 150。当要求边际误差从 30 减少到 20，置信水平不变，则样本容量应取_____。

二、单项选择题

1. 当样本单位数充分大时，样本估计量充分地靠近总体指标的可能性趋于 1，称为抽样估计的（　　）。

A. 无偏性　　　　　B. 一致性　　　　　C. 有效性　　　　　D. 充分性

2. 根据某班学生考试成绩的一个样本，用 95% 的置信水平构造的该班学生平均考试分数的置信区间为 78~85 分。全班学生的平均分数（　　）。

A. 肯定在这一区间内

B. 有 95% 的可能性在这一区间内

C. 有 5% 的可能性在这一区间内

D. 可能在这一区间内，也可能不在这一区间内

3. 无偏估计是指（　　）。

A. 样本统计量的值恰好等于待估计的总体参数

B. 所有可能样本估计值的数学期望等于待估计的总体参数

C. 样本估计值围绕待估计的总体参数使其误差最小

D. 样本扩大到和总体单元相等时与总体参数一致

4. 将构造置信区间的步骤重复多次，其中包含总体参数真值的次数所占的比例是（　　）。

A. 显著性水平　　B. 置信区间　　　C. 置信水平　　　D. 临界值

5. 其他条件相同，95% 的置信区间比 90% 的置信区间（　　）。

A. 要宽　　　　　　B. 要窄　　　　　C. 相同　　　　　D. 可能宽也可能窄

6. 小区写字楼的月租金的标准差为 80 元，要估计总体均值 95% 的置信区间，希望允许误差为 15 元，应抽取的样本量为（　　）。

A. 100　　　　　　B. 110　　　　　C. 120　　　　　D. 130

7. 要估计某年某城市有购车意愿的人的比率，要求允许误差不超过 0.03，置信水平为 90%，应抽取的样本量为（　　）。

A. 552　　　　　　B. 652　　　　　C. 757　　　　　D. 857

8. 在参数估计中利用 t 分布构造置信区间的条件是（　　）。

A. 总体分布须服从正态分布且方差已知

B. 总体分布为正态分布，方差未知

C. 总体不一定是正态分布，但须是大样本

D. 总体不一定是正态分布，但需要方差已知

9. 估计量是指（　　）。

A. 总体参数的名称

B. 用来估计总体参数的统计量的名称

C. 总体参数的具体数值

D. 用来估计总体参数计算出来的统计量的数值

10. 一个估计量的一致性是指（　　）。

A. 该估计量的数学期望等于总体参数

B. 该估计量的方差比其他估计量小

C. 随着样本的增大该估计量的值越来越接近被估计的总体参数

D. 该估计量的方差比其他估计量大

11. 在其他条件不变的情况下，如果允许误差缩小为原来的 1/2，则样本容量（　　）

A. 扩大为原来的 2 倍　　　　　　　B. 扩大为原来的 4 倍

C. 缩小为原来的 1/2　　　　　　　D. 缩小为原来的 1/4

12. 对正态总体均值进行区间估计时，其他条件不变，置信水平 $1 - \alpha$ 越小，则置信上限与置信下限的差（　　）。

A. 越大　　　　　B. 越小　　　　　C. 不变　　　　　D. 无法判断

13. 关于样本的大小，下列说法错误的是（　　）。

A. 总体方差大，样本容量应该大

B. 要求可靠性越高，所需样本容量越大

C. 总体方差小，样本容量应该大

D. 要求推断比较精确，样本容量应该大些

14. 区间估计比点估计的主要优点是（　　）。

A. 指明了估计的置信度　　　　　　B. 有更高的无偏性

C. 能提供误差的信息　　　　　　　D. 能直接给出总体参数的估计值

15. 有 50 个调查者分别对同一个正态总体进行抽样，样本容量都是 100，总体方差未知。它们分别根据各自的样本数据得到总体均值的一个置信度 90% 的置信区间，则这些置信区间中应该大约有（　　）个区间会覆盖总体均值。

A. 45　　　　　B. 50　　　　　C. 90　　　　　D. 35

16. 甲乙是两个无偏估计量，如果甲估计量的方差小于乙估计量的方差，则称（　　）。

A. 甲是充分估计量　　　　　　　　B. 甲乙一样有效

C. 乙比甲有效　　　　　　　　　　D. 甲比乙有效

17. 区间估计表明的是一个（　　）。

A. 绝对可靠的范围　　　　　　B. 可能的范围

C. 绝对不可靠的范围　　　　　D. 不可能的范围

18. 当正态总体的方差未知时，且在小样本条件下，估计总体均值使用的分布是（　　）。

A. 正态分布　　　B. t 分布　　　C. χ^2 分布　　　D. F 分布

19. 当正态总体的方差已知时，且在小样本条件下，估计总体均值使用的分布是（　　）。

A. 正态分布　　　B. t 分布　　　C. χ^2 分布　　　D. F 分布

20. 当正态总体的方差已知时，且在大样本条件下，估计总体均值使用的分布是（　　）。

A. 正态分布　　　B. t 分布　　　C. χ^2 分布　　　D. F 分布

三、多项选择题

1. 估计量的评价标准包括（　　）。

A. 无偏性　　　B. 有效性　　　C. 准确性　　　D. 一致性

E. 完整性

2. 抽样估计的抽样平均误差（　　）。

A. 是不可避免要产生的　　　　　B. 是可以通过改进调查的方法消除的

C. 是可以事先计算的　　　　　　D. 只有调查结束之后才能计算

E. 其大小是可控的

3. 确定样本容量时必须考虑的因素有（　　）。

A. 总体各单位标志值的变异程度　　B. 抽样推断的置信水平

C. 抽样方法　　　　　　　　　　　D. 样本各单位标志值的变异程度

E. 允许的误差范围

4. 进行区间估计时，影响区间宽度的因素有（　　）。

A. 数据的变异程度　　　　　　　　B. 抽样推断的置信水平

C. 点估计值　　　　　　　　　　　D. 样本容量

E. 总体参数的大小

5. 以下正确的论述是（　　）。

A. 总体参数是确定的，样本统计量是随机的

B. 总体平均数是常数

C. 样本统计量是样本变量的函数

D. 样本平均数是随机变量

E. 样本比率是确定不变的

6. 在抽样推断中，常用的总体参数有（　　）。

A. 统计量　　　B. 总体均值　　　C. 总体成数　　　D. 总体方差

E. 总体标准差

7. 区间估计与点估计对比其优点是（　　）。

A. 指明了估计的置信度　　　　　　B. 有更高的无偏性

C. 能提供误差的信息　　　　　　　D. 能直接给出总体参数的估计值

E. 不等于总体参数的真值

四、判断题

1. 参数是描述总体特征的概括性数字度量，它是随机变量。　　　（　　）

2. 随着样本容量的增大，估计量的值越来越接近被估计的总体参数，则这个估计量具有有效性。　　　（　　）

3. 样本的统计量是随机变量，而总体的参数是常数。　　　（　　）

4. 正态随机变量落入其均值左右一个标准差内的概率是68.27%。　　　（　　）

5. 当正态总体方差已知时，在小样本情况下可以用正态分布对总体均值进行估计。　　　（　　）

6. 一个无偏估计量意味着它非常接近总体参数。　　　（　　）

7. 样本中位数和样本均值都是总体均值的无偏估计量，但样本均值具有较小的方差。　　　（　　）

8. 参数是描述总体特征的概括性数字度量，它是随机变量。　　　（　　）

五、计算题

1. 为了了解某银行营业厅办理某业务的办事效率，调查人员观察了该银行营业厅办理该业务的柜台办理每笔业务的时间，随机记录了16名客户办理业务的时间，测得平均办理时间为12分钟，样本标准差为4.1分钟，假定办理该业务的时间服从正态分布，则：

（1）此银行办理该业务的平均时间的置信水平为95%的区间估计是什么？

（2）若样本容量为40，而观测的数据的样本均值和样本标准差不变，则置信水平为95%的置信区间是什么？

2. 某外贸企业出口一批酱油，与外商签订的合同规定每瓶酱油的平均重量不能低于150克。现按重复抽样随机抽取100瓶进行检验，检验结果如下：

每瓶重量（克）	瓶数（瓶）
146~148	8
148~150	17
150~152	48
152~154	22
154~156	5
合计	100

已知酱油瓶重服从正态分布，样本均值和样本标准差分别为150.90克和3.83克。

要求：（1）确定该批酱油平均重量95%的置信区间。

（2）如果规定酱油重量低于148克属于不合格，确定该批酱油合格率95%的置信区间。

3. 某地对在该地就业的本科生毕业一年后的月工资进行了一次抽样调查，采用重复抽样的方法，随机抽取100名学生，经计算，平均工资是2000元，工资额的标准差为100元，在95%的概率保证下，推算全部在该地就业的本科生毕业一年后的平均工资。

4. 从方差为 12.25 的正态总体中，随机抽取容量为 8 的样本，样本观测值分别为：10，8，12，15，6，13，5，11。求总体均值 95% 的置信区间。

5. 某电视台要了解某电视节目的收视率，随机选取 800 户城乡居民作为样本，调查结果有 160 户收视该节目，试以 95% 的概率推断：

（1）收视率的可能范围。

（2）如果使收视率的允许误差缩小为原来的 1/2，则样本容量如何？

6. 某企业有职工 1000 人，按比例 20% 进行纯随机抽样，经计算样本的平均家庭人均月支出为 3500 元，方差为 6550 元。

计算：（1）在 95% 的概率保证情况下，推算全部职工的平均家庭月支出。

（2）在上述条件下，如果要求极限误差减小 50%，抽样单位数最少应为多少？

7. 某企业对产品进行抽样检查（重复抽样），在 2500 个抽样产品中，有 80% 的一等品。

要求：（1）一等品率抽样分布的方差；

　　　　（2）以 90% 的置信水平，估计全部产品一等品率的范围。

8. 在 9000 件产品中，采用重复抽样方法抽取 400 件进行检查，结果有三等品 40 件。如果要求置信水平为 95%，估计这批产品三等品产量的范围。

9. 某工厂生产一种新型灯泡 5000 只，采用重复抽样的方法，随机抽取 100 只作耐用时间试验。测试结果是，平均使用时数为 4500 小时，标准差为 300 小时。

（1）试在 90% 置信水平下，估计该新式灯泡平均寿命；

（2）假定置信水平提高到 95%，允许误差缩小一半，试问应抽取多少只灯泡进行测试？

10. 某快餐店要估计顾客午餐的平均消费金额，随机抽取 49 位顾客组成样本。

（1）假定总体标准差为 15 元，求样本均值抽样分布的标准差；

（2）在 95% 的置信水平下，求允许误差；

（3）如果样本均值为 120 元，求总体均值 95% 的置信区间。

11. 某大学要了解学生每天上网的时间，采用重复抽样的方法，在全校学生中抽取 50 人，他们每天的上网时间如下表所示。求该校学生平均上网时间的置信区间，置信水平分别为 90%、95% 和 99%。

某大学 50 名学生每天上网的时间资料

上网时间（小时）	人数（人）
3 以下	7
3～5	37
5～7	5
7 以上	1
合计	50

12. 某小区共有居民 500 户，采用重复抽样方法随机抽取 50 户，其中有 32 户对小区的各项管理较为满意。

（1）求 500 户居民对小区管理满意率的置信区间，置信水平为 95%。

（2）如果小区管理者预计满意率能达到 80%，要求估计误差不超过 10%，置信水平不变，应抽取多少户进行调查。

13. 某大学有学生 8000 人，欲调查学生的人均月生活费情况，现抽取 80 名学生进行调查，得到月生活费在 1000 元以上的有 42 名，以 95% 的置信水平计算全体学生中月生活费在 1000 元以上学生比重的区间范围；如果允许误差减少为 5.5%，置信水平仍为 95%，需要抽取多少名学生？

6

假 设 检 验

【引例】　正常人的平均体温是 37℃吗？

当问起健康的成年人体温是多少时，多数人的回答是 37℃，这似乎已经成为一种共识。下表是一个研究人员测量的 50 个健康成年人的体温（℃）数据。

37.1	36.9	36.9	37.1	36.4
36.9	36.6	36.2	36.7	36.9
37.6	36.7	37.3	36.9	36.4
36.1	37.1	36.6	36.5	36.7
37.1	36.2	36.3	37.5	36.9
37.0	36.7	36.9	37.0	37.1
36.6	37.2	36.4	36.6	37.3
36.1	37.1	37.0	36.6	36.9
36.7	37.2	36.3	37.1	36.7
36.8	37.0	37.0	36.1	37.0

根据样本数据计算的平均值是 $\bar{x}=36.8℃$，标准差为 $s=0.36℃$。根据参数估计方法得到的健康成年人平均体温的 95% 的置信区间为（36.7，36.9）。研究人员发现这个区间内并没有包括 37℃。因此提出"不应该再把 37℃作为正常人体温的一个有任何特定意义的概念"。我们应该放弃"正常人的平均体温是 37℃"这个共识吗？本章的内容就将提供一套标准统计程序来检验这样的观点。

6.1　假设检验概述

6.1.1　假设检验的基本概念

在日常生活中，人们经常要对某个"假设"作出判断，确定它是真的还是假的。在研究领域，研究者在检验一种新的理论时，首先要提出一种自己认为是正确的看法，即假设。用统计的语言来说，"假设"就是对总体参数的具体数值所作的陈述。

一个假设的提出总是以一定的理由为基础，但这些理由通常又是不完全充分的，因而产生了"检验"的要求，也就是要进行判断。例如，工厂生产某种产品，经过工艺改革，使用新材料、新配方，企业管理者十分关心产品质量是否有所提高，因此可以假设经过改革以后产品质量可能提高或并没有提高。又如在对某一品牌洗衣

130

粉的抽检中，抽检人员需要判断其净含量是否达到了说明书中声明的重量。假设检验也就是利用样本信息判断假设是否成立的过程，它是对总体参数提出某种假设，然后利用样本信息判断假设是否成立的过程。

下面通过一个具体例子来说明假设检验是怎样进行的。

【例6-1】消费者协会接到消费者投诉，指控某品牌纸包装饮料存在容量不足，有欺骗消费者之嫌。包装上标明的容量为250毫升。消费者协会从市场上随机抽取50盒该品牌纸包装饮品，测试发现平均含量为248毫升，小于250毫升。这是生产中正常的波动，还是厂商的有意行为？消费者协会能否根据该样本数据，判定该饮料厂商欺骗了消费者呢？

上述例子中，消费者协会实际要进行的是一项统计检验工作，检验总体平均容量是否等于包装上注明的250毫升。即检验总体平均 $\mu = 250$ 是否成立。这就是一个原假设，通常用 H_0 表示，即

$$H_0 : \mu = 250$$

与原假设对立的是备择假设 H_1，备择假设是在原假设被否定时另一种可能成立的结论。备择假设比原假设还重要，这要由实际问题来确定，一般把期望出现的结论作为备择假设。上例中可能的备择假设有三种。

第一种：如果消费者协会希望知道的是，该品牌饮料的平均容量是否为标明的250毫升，则 $H_1 : \mu \neq 250$

第二种：如果消费协会希望知道该品牌饮料的平均容量是否少于标明的250毫升，则 $H_1 : \mu < 250$

第三种：如果消费者协会希望知道该品牌饮料的平均容量是否大于标明的250毫升，则 $H_1 : \mu > 250$

原假设通常是研究者想收集证据予以反对的假设，也称零假设，用 H_0 表示。

备择假设通常是研究者想收集证据予以支持的假设，也称研究假设，用 H_1 或 H_α 表示。备择假设通常用于支持自己的看法。

【例6-2】某品牌洗涤剂在产品说明书中声称：平均净含量不少于500 g。从消费者的利益出发，有关研究人员要通过抽检其中的一批产品来验证该产品制造商的说明是否属实。试陈述用于检验的原假设与备择假设。

解：设该品牌洗涤剂平均净含量的真值为 μ。如果抽检的结果发现 $\mu < 500$。则表明该产品说明书中关于其净含量的内容是不真实的，有关部门应对其采取相应的措施。一般来说，研究者抽检的意图是倾向于证实这种洗涤剂的平均净含量并不符合说明书中的陈述，因为这会损害消费者的利益，如果研究者对产品说明丝毫没有质疑，也就没有抽检的必要了。所以 $\mu < 500$ 是研究者想要收集证据支持的观点。建立的原假设与备择假设应为

$$H_0 : \mu \geqslant 500$$
$$H_1 : \mu < 500$$

通过上面的例子，可以得到如下几点关于建立假设的认识：

第一，原假设和备择假设是一个完备事件组，而且相互对立。这意味着，在一项假设检验中，原假设和备择假设必有一个成立，而且只有一个成立。

第二，在建立假设时，通常是先确定备择假设，然后再确定原假设。这样做的原因是备择假设是人们所关心的，是想予以支持或证实的，因而比较清楚，容易确定。由于原假设和备择假设是对立的，只要确定了备择假设，原假设就很容易确定出来。

第三，在假设检验中，等号"="总是放在原假设上。比如，设假设的总体真值为 μ_0。原假设总是 $H_0: \mu = \mu_0$、$H_0: \mu \geq \mu_0$ 或 $H_0: \mu \leq \mu_0$。而相应的备择假设则为 $H_0: \mu \neq \mu_0$、$H_0: \mu < \mu_0$ 或 $H_0: \mu > \mu_0$。

第四，尽管前面已经给出了原假设与备择假设的定义，依据这样的定义通常就能确定两个假设的内容，但它们本质上是带有一定的主观色彩的，因为所谓的"研究者想收集证据予以支持的假设"和"研究者想要收集证据予以反对的假设"显然最终仍都取决于研究者本人的意志。所以，在面对某一实际问题时，由于不同的研究者有不同的研究目的，即使对同一问题也可能提出截然相反的原假设和备择假设，这是十分正常的，也并不违背关于原假设与备择假设的最初定义。无论怎样确定假设的形式，只要它们符合研究者的最终目的，便是合理的。

第五，假设检验的目的主要是收集证据拒绝原假设。原假设最初被假设是成立的，之后就是要根据样本数据，确定是否有足够的不符合原假设的证据以拒绝原假设。这与法庭上对被告的定罪类似：先要假定被告是无罪的，直到有证据证明被告是有罪的。被告人在审判前被认为是无罪的（原假设被认为是真），审判中需要提供证据。如果有足够的证据与原假设（被告无罪）不符，则拒绝原假设（被告被认为有罪）。如果没有足够的证据证明被告有罪，原告就不能认定被告有罪。但这里也没有证明被告就是无辜的。假设检验得出的统计结论都是根据原假设进行阐述的。要么拒绝原假设，要么不拒绝原假设。当不能拒绝原假设时，我们从来不说"接受原假设"，因为没有证明原假设是真的（如果采用"接受"原假设的说法，则意味着证明了原假设是正确的）。原假设在开始进行检验时被认定是真的，没有足够的证据拒绝原假设时，并不等于"证明"了原假设是真的。它仅仅意味着：没有足够的证据拒绝原假设，因此不能拒绝原假设。当拒绝原假设时，得出的结论是清楚的，比如，在【例 6-2】中，如果拒绝原假设，就可以说该品牌洗涤剂的净含量与说明书所标识的不相符。但如果不拒绝原假设，只能说样本提供的证据还不足以推翻原假设，这并不等于承认原假设是对的，因而不能说该品牌洗涤剂的净含量≥500。因此，当不拒绝原假设时，实际上并未给出明确的结论。也就是说，不拒绝原假设，并未说净含量≥500，也未说净含量<500。

在假设检验中，研究者感兴趣的备择假设的内容，可以是原假设 H_0 在某一特定方向的变化，也可以是一种没有特定方向的变化。比如，在【例 6-2】中，研究者感兴趣的是洗涤剂的净含量是否低于 500g。如果备择假设具有特定的方向性，并含有符号">"或"<"的假设检验，称为单侧检验或单尾检验。相反，研究者感兴趣的备择假设没有特定的方向，只是关心备择假设 H_1 是否不同于原假设 H_0，并不关心是大于还是小于。如果备择假设没有特定的方向性，并含有符号"≠"的假设检验，则称为双侧检验或称双尾检验。

在单侧检验中，由于研究者感兴趣的方向不同，又可分为左侧检验和右侧检验。如果研究者感兴趣的备择假设的方向为"<"，称为左侧检验；如果研究者感兴趣

的备择假设的方向为"＞"，称为右侧检验。

设 μ 为总体参数（这里代表总体均值），μ_0 为假设的参数的具体数值，可将假设检验的基本形式总结如表 6－1 所示。

表 6－1　　　　　　　　　　　假设检验的基本形式

假设	双侧检验	单侧检验	
		左侧检验	右侧检验
原假设	$H_0 : \mu = \mu_0$	$H_0 : \mu \geqslant \mu_0$	$H_0 : \mu \leqslant \mu_0$
备择假设	$H_0 : \mu \neq \mu_0$	$H_0 : \mu < \mu_0$	$H_0 : \mu > \mu_0$

原假设与备择假设确定之后，我们要构造一个统计量来决定是"接受原假设，拒绝备择假设"，还是"拒绝原假设，接受备择假设"。对不同的问题，要选择不同的检验统计量。检验统计量确定后，就要利用该统计的分布以及由实际问题中所确定的显著性水平，进一步确定检验统计量拒绝原假设的取值范围，即拒绝域。在给定的显著性水平 α 下，检验统计量的可能取值范围被分成两部分：小概率区域与大概率区域。小概率区域就是概率不超过显著性水平 α 的区域，是原假设的拒绝区域；大概率区域是概率 $1-\alpha$ 的区域，是原假设的接受区域。如果样本统计量落入拒绝域，我们就拒绝原假设，接受备择假设，认为样本数据支持备择假设的结论；如果样本统计量落入接受区域，我们就接受原假设，认为没有充分证据证明备择假设结论为真。请注意，我们这里使用的判断语气比较委婉，原因是：拒绝域是小概率区域，按小概率原理应该拒绝原假设，但是，小概率事件不是完全不可能事件，还是有可能发生的；接受区域是大概率区域，大概率事件也不是必然事件。无论是接受原假设还是拒绝原假设，都有产生判断失误的可能。因此，不宜将统计检验的结论过于绝对化。

6.1.2　两种类型的错误

统计假设检验通过比较检验统计量的样本数值来作决策。统计量是随机变量，据之所作的判断不可能保证完全正确。一般来说，决策结果存在以下四种情形：

（1）原假设是真实的，判断结论是接受原假设，这是一种正确的判断；

（2）原假设是不真实的，判断结论是拒绝原假设，这也是一种正确的判断；

（3）原假设是真实的，判断结论是拒绝原假设，这是一种产生"弃真错误"的判断；

（4）原假设是不真实的，判断结论是接受原假设，这又是一种产生"取伪错误"的判断。

以上四种判断可归纳为表 6－2 的形式。

表 6－2　　　　　　　　　　　统计决策表

	接受 H_0	拒绝 H_0
H_0 真实	判断正确	弃真错误（α）
H_0 不真实	取伪错误（β）	判断正确

以上弃真错误也称作假设检验的"第一类错误"；取伪错误也称作假设检验的"第二类错误"。无论是第一类错误还是第二类错误，都是检验结论失真的表现，都是应尽可能地加以避免的情形，如果不能完全避免，也应该对其发生的概率加以控制。

第一类错误产生的原因是：在原假设为真的情况下，检验统计量不巧刚好落入小概率的拒绝区域。因此，犯第一类错误的概率大小就等于显著性水平的大小，即等于 α。我们可以通过控制显著性水平大小的方式，来控制犯第一类错误的可能性大小。α 定得越小，犯第一类错误的可能性就越小，例如 $\alpha = 0.05$，表示犯第一类错误的可能性为 5%，100 次判断中，产生弃真性错误的次数是 5 次；进一步降低显著性水平，$\alpha = 0.01$，这时犯第一类错误的概率下降为 1%。所以统计学上又称第一类错误为 α 错误。

第二类错误是"以假为真"的错误，即把不正确的原假设，当做正确的而将它接受了的错误。犯第二类错误大小的概率记为 β，因此，统计学上称第二类错误为 β 错误。犯第二类错误的概率与犯第一类错误的概率是密切相关的，在样本一定的条件下，α 小，β 就增大；α 大，β 就减小。为了同时减小 α 和 β，只有增大样本容量，减小抽样分布的离散性，这样才能达到目的。它们的这种关系可以通过正态分布的统计予以检验，如图 6-1 所示。

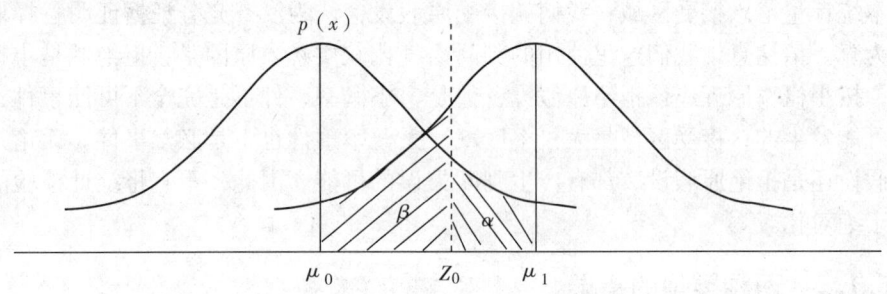

图 6-1　α 和 β 关系示意图

【例 6-3】按照法律，在证明被告有罪之前应先假定他是无罪的。也就是原假设是 H_0：被告无罪；备择假设 H_1：被告有罪。法庭可能犯的第一类错误是：被告无罪但判他有罪；第二类错误是：被告有罪但判他无罪。第一类错误的性质是"冤枉了好人"，第二类错误的性质是"放过了坏人"。为了减小"冤枉好人"的概率，应尽可能接受原假设，判被告无罪，这就有可能增大了"放过坏人"的概率；反过来，为了不"放过坏人"，增大拒绝原假设的概率，相应地增加了"冤枉好人"的可能性，这就是 α 和 β 的关系。当然，这只是在"一定的证据下"的两难选择。如果进一步收集有关的证据，在充分的证据下，就有可能做到既不冤枉好人，又不放过坏人。在现有证据不充分的条件下，法庭控制两类错误概率的实践是：按案件的性质决定首先要控制哪一类错误的概率，如果案件将来对社会危害大，就要控制犯第二类错误的概率，免得放过的坏人继续危害社会；如果案件对社会没有什么大的危害，不妨"放他一马"，免得冤枉了好人，影响当事人的前程。

6.1.3　检验功效

检验效果的好与坏，与犯两类错误的概率都有关。一个有效的检验首先是犯第一类错误的概率 α 不能太大，否则的话，就经常产生弃真现象；另外，β 错误就是取伪错误，在犯第一类错误概率得到控制的条件下，犯取伪错误的概率也要尽可能地小，或者说，不取伪的概率 $1-\beta$ 应尽可能增大。$1-\beta$ 越大，意味着当原假设不真实时，检验判断出原假设不真实的概率越大，检验的判别能力就越好；$1-\beta$ 越小，意味着当原假设不真实时，检验结论判断出原假设不真实的概率越小，检验的判别能力就越差。可见 $1-\beta$ 是反映统计检验判别能力大小的重要标志，我们称为检验功效或检验力。

前面分析说明，第一类错误和第二类错误是一对矛盾体，在其他条件不变时，减小犯第一类错误的可能性，势必增加犯第二类错误的可能性；增大第一类错误的可能性，又能减小犯第二类错误的可能性。可见 α 的大小，影响到 β 的大小，进而影响到 $1-\beta$ 的大小。犯第一类错误的概率或检验的显著性水平 α 是影响检验力的一个重要因素。在其他条件不变的情况下，显著性水平 α 增大，β 随之减小，检验功效就增强。可见取 $\alpha=0.1$ 时比取 $\alpha=0.01$ 时，检验的功效强，检验力大。

我们在统计检验中，一般都是首先控制犯第一类错误的概率，也就是显著性水平 α 都尽量取较小的值，尽量避免犯弃真的错误，在其他条件不变时，β 就增大，检验的功效就减弱。该如何来调和这一对相互对抗的矛盾呢？唯一的办法就是增大样本容量，因为增加样本容量能够既保证满足较小的 α 需要，同时又能减小犯第二类错误的概率 β，抵消检验功效的衰减。可见样本容量大小是影响检验功效大小的一个重要因素，可通过增大样本容量的方法提高检验功效。然而，实际上样本容量 n 的增加也是有限制的，兼顾 α 与 β 很困难，这时，鉴于 α 风险一般比 β 风险重要，首先考虑的还是控制 α 风险。

影响检验功效大小的另一个因素是原假设与备择假设间的差异程度。如果这两个假设间的差异是非常明显的，这时原假设不真而取伪的可能性就减小，即 β 就减小，检验功效就强。否则的话，就较难通过检验把原假设与备择假设区分开来，也就会影响检验功效的提高。

6.1.4　检验统计量与拒绝域

在提出具体的假设之后，研究者需要提供可靠的证据来支持自己提出的备择假设。在实际操作过程中，提出证据的信息主要是来自所抽取的样本，假设检验也就是要凭借可能获得的样本观测结果帮助研究者作出最后的判断和决策。一个很自然的想法是，如果样本提供的证据能够证明原假设是不真实的，研究者就有理由拒绝它，而倾向于选择备择假设。

在一般的假设检验过程中，研究者都倾向于通过样本信息提供对备择假设的支持，而倾向于作出"拒绝原假设"的结论。通常，样本能够提供的信息十分丰富和繁杂，针对特定的研究问题，往往需要对这些信息进行压缩和提炼，检验统计量便是对样本信息进行压缩和概括的结果。

根据样本观测结果计算得到的，并据以对原假设和备择假设作出决策的某个样本统计量，称为检验统计量。

检验统计量实际上是总体参数的点估计量（比如，样本均值 $\bar{x}$ 就是总体均值 u 的一个点估计量），但点估计量并不能直接作为检验的统计量。只有将其标准化后，才能用于度量它与原假设的参数值之间的差异程度。而对点估计量标准化的依据则是：（1）原假设 H_0 为真；（2）点估计量的抽样分布。实际上，假设检验中所用的检验统计量都是标准化检验统计量，它反映了点估计量（比如，样本均值）与假设的总体参数（比如，假设的总体均值）相比相差多少个标准差。为叙述方便，通常将标准化检验统计量简称为检验统计量。

对于总体均值和总体比率的检验，标准化的检验统计量可表示为

$$标准化检验统计量 = \frac{点估计量 - 假设值}{点估计量的抽样标准差} \tag{6.1}$$

检验统计量是一个随机变量，随着样本观测结果的不同，它的具体数值也是不同的，但只要已知一组特定的样本观测结果，检验统计量的值也就可以确定了。假设检验的基本原理就是根据检验统计量建立一个准则，依据这个准则和计算得到的检验统计量值，研究者就可以决定是否拒绝原假设。但统计量的哪些值将导致人们拒绝原假设而倾向于备择假设？这就需要找出能够拒绝原假设的统计量的所有可能取值，这些取值的集合则称为拒绝域。

拒绝域就是由显著性水平 α 围成的区域。如果利用样本观测结果计算出来的检验统计量的具体数值落在了拒绝域内，就拒绝原假设，否则就不拒绝原假设。

拒绝域的大小与人们事先选定的显著性水平有一定关系。在确定了显著性水平 α 之后，就可以根据 α 值的大小确定出拒绝域的具体边界值。根据给定的显著性水平确定的拒绝域的边界值，称为临界值。

在给定显著性水平 α 后，查书后所附的统计表就可以得到具体的临界值（也可以直接由 Excel 中的函数命令计算得到）。将检验统计量的值与临界值进行比较，就可作出拒绝或不拒绝原假设的决策。

当样本量固定时，拒绝域的面积随 α 的减少而减少。α 值越小，为拒绝原假设所需要的检验统计量的临界值与原假设的参数值就越远。拒绝域的位置则取决于检验是单侧检验还是双侧检验。双侧检验的拒绝域在抽样分布的两侧（所以被称为双侧检验）。而单侧检验中，如果备择假设具有符号"<"，拒绝域位于抽样分布的左侧，故称为左侧检验；如果备择假设具有符号">"，拒绝域位于抽样分布的右侧，故称为右侧检验。在给定显著性水平 α 的条件下，拒绝域和临界值如图 6-2 所示。

6.1.5 利用 P 值进行决策

显著性水平 α 是在检验之前确定的，这也就意味着事先确定了拒绝域。这样，不论检验统计量的值是大还是小，只要它的值落入拒绝域就拒绝原假设 H_0，否则就不拒绝原假设 H_0。这种固定的显著性水平 α 对检验结果的可靠性起一种度量作用。但不足的是，α 是犯第一类错误的上限控制值，它只能提供检验结论可靠性的一个大致范围，而对于一个特定的假设检验问题，却无法给出观测数据与原假设之间不一

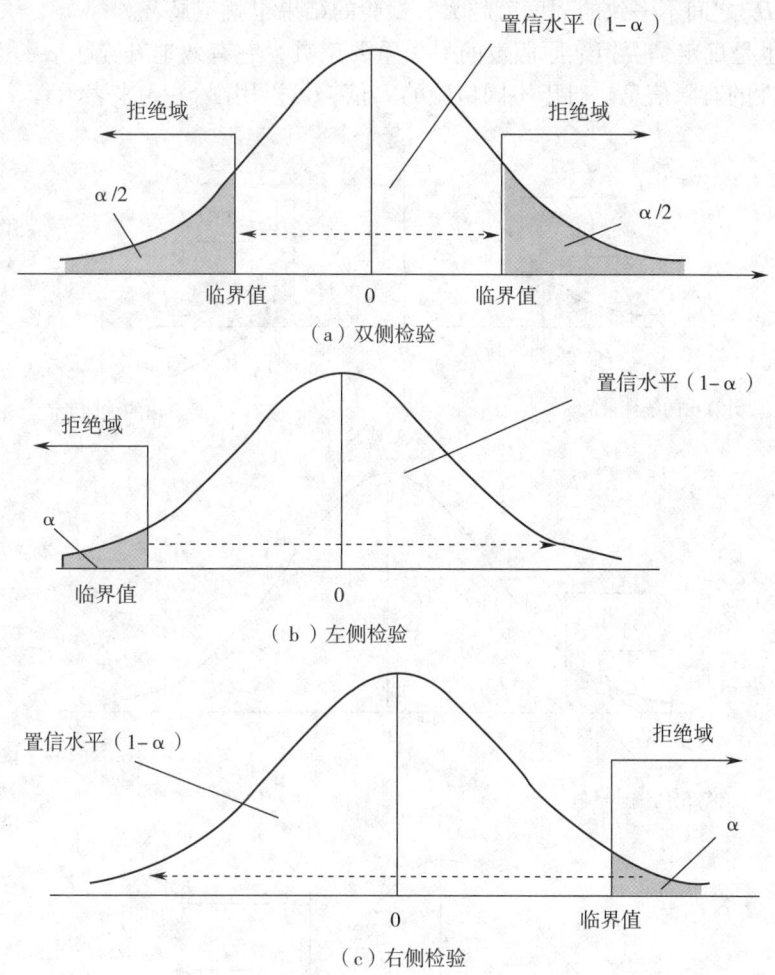

图 6 - 2　显著性水平、拒绝域和临界值

致程度的精确度量。也就是说，仅从显著性水平来比较，如果选择的 α 值相同，所有检验结论的可靠性都一样。要测量出样本观测数据与原假设中假设的值 u_0 的偏离程度，则需要计算 P 值。

　　如果原假设 H_0 为真，所得到的样本结果会像实际观测结果那么极端或更极端的概率，称为 P 值（P - value），也称为观察到的显著性水平（observed significance level）。

　　P 值与原假设的对或错的概率无关，它是关于数据的概率。P 值表明在某个总体的许多样本中，某一类数据出现的经常程度。也就是说，P 值是当原假设正确时，得到所观测的数据的概率。如果原假设是正确的，P 值告诉我们这样的观测数据会有多么的不可能得到。相当不可能得到的数据，就是原假设不对的合理证据。我们永远也不会知道，对总体来说，原假设是否正确。如果取显著性水平为 5%，我们只能说：如果原假设为真，这样的数据只有 5% 的可能性会发生。P 值是反映实际观测到的数据与原假设 H_0 之间不一致程度的一个概率值。P 值越小，说明实际观测到

的数据与 H_0 之间不一致的程度就越大，检验的结果也就越显著。

P 值也是确定是否拒绝原假设的另一重要工具，它有效地补充了 α 提供的关于检验可靠性的有限信息。对于不同检验的 P 值，可以用图 6-3 来表示。

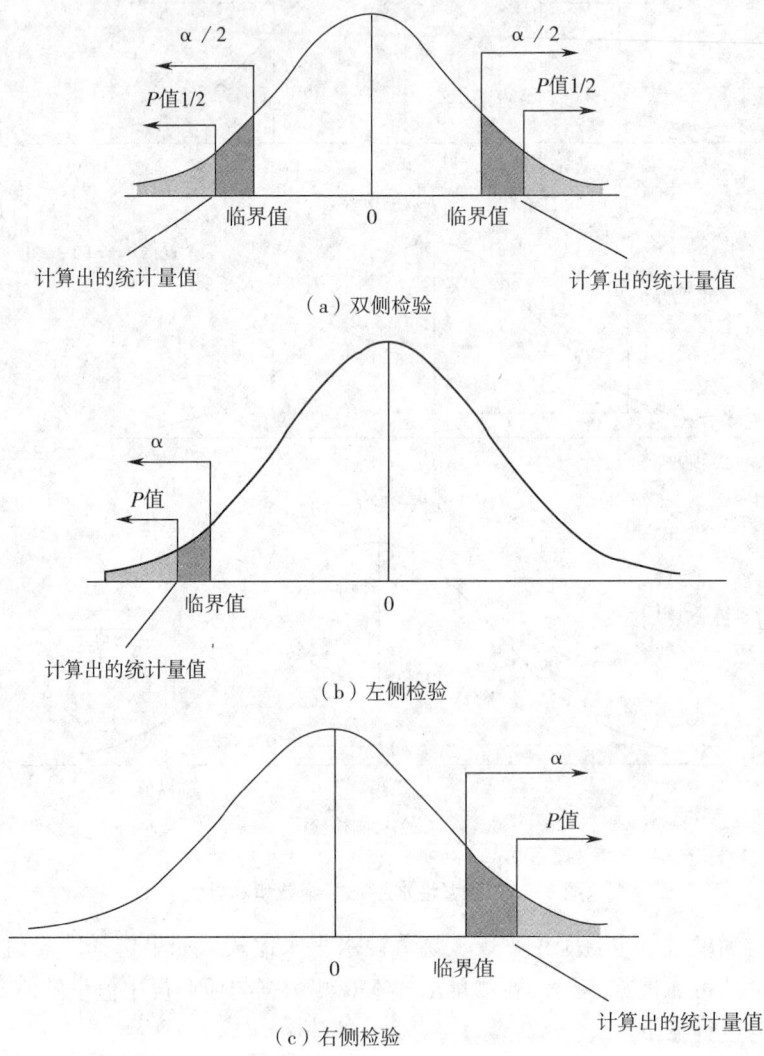

图 6-3 P 值示意图

利用 P 值进行决策的规则十分简单。在已知 P 值的条件下，将其与给定显著性水平 α 值进行比较，就可以确定是否应该拒绝原假设。从图 6-3 可以看出：单侧检验中，P 值位于抽样分布的一侧，而双侧检验中，P 值则位于分布的两侧，每一侧的 P 值为 ½。通常，将两侧面积的总和定义为 P 值，这样定义的好处是可以将 P 值直接与给定的显著性水平 α 比较。（在双侧检验中，如果将一侧的面积定义为 P 值，则需要将 P 值与 $\alpha/2$ 进行比较，若 P 值 $> \alpha/2$ 则拒绝原假设。）因此，不论是单侧检验还是双侧检验，用 P 值进行决策的准则都是

如果 P 值 $< \alpha$，拒绝 H_0；如果 P 值 $> \alpha$，不拒绝 H_0

P 值计算可以通过查表来求得，但毕竟很麻烦。幸运的是，计算机的应用使得 P 值的计算十分容易，多数统计软件都能够输出有关假设检验的主要计算结果，其中就包括 P 值。可以说，P 值的应用几乎取代了传统的统计量检验方法，它不仅能得到与统计量检验相同的结论，而且给出了统计量检验不能给出的信息。利用统计量根据显著性水平作出决策，如果拒绝原假设，也仅仅是知道犯错误的可能性是 α 那么大，但究竟是多少却不知道；而 P 值则是犯错误的实际概率。

有关 P 值的具体计算，本书中将使用 Excel 软件，具体的计算方法及其应用将在下面进行介绍。

6.2　一个总体参数的检验

与参数估计类似，当研究一个总体时，要检验的参数主要是 μ、总体比率 π 和总体方差 σ^2。

6.2.1　总体均值的检验

总体平均数的假设检验就是检验当前的总体平均数是否和事先假设的总体平均数（如生产规程规定的产品平均质量水平、根据理论计算的标准水平、根据历史资料计算的平均水平等）存在着显著性差异。采用什么检验步骤和检验统计量取决于抽取的样本是大样本（$n \geqslant 30$）还是小样本（$n < 30$），此外还需要区分总体是否服从正态分布、总体方差 σ^2 是否已知等几种情况。

1. 大样本的检验方法

假设检验中重要的一步是确定适当的检验统计量。根据抽样分布的知识，在大样本情况下，样本均值的抽样分布近似服从正态分布，其抽样标准差为 $\sigma/\sqrt{n}$。将样本均值 $\bar{x}$ 经过标准化后即可得到检验的统计量。可以证明，样本均值经标准化后服从标准正态分布，因而采用正态分布的检验统计量。设假设的总体均值为 μ_0。当总体方差 σ^2 已知时，总体均值检验的统计量为

$$z = \frac{\bar{x} - \mu_0}{\sigma/\sqrt{n}} \tag{6.2}$$

当总体方差 σ^2 未知时，可以用样本方差 s^2 来近似代替总体方差，此时总体均值检验的统计量为

$$z = \frac{\bar{x} - \mu_0}{s/\sqrt{n}} \tag{6.3}$$

【例 6 – 4】美国联邦贸易委员会（FTC）定期对生产商的产品说明进行检验。例如，大瓶 Hilltop 咖啡的标签上标明其容量至少为 3 磅。假定我们利用假设检验对此项说明进行检验。

假设检验的第一步是建立适当的原假设和备择假设。在对 Hilltop 咖啡进行检验时，美国联邦贸易委员会主要是寻找消费者消费的产品少于厂商声明的产品。因此，如果 Hilltop 的罐装咖啡的总体平均重量为 3 磅或多于 3 磅，则其产品说明是正确

的。但是，如果 Hilltop 的罐装咖啡的总体平均重量小于 3 磅，则其产品说明是不正确的。因此，联邦贸易委员会可对其产品不足量进行起诉，并对公司采取相应的法律措施。

首先我们假定 Hilltop 咖啡的标签的说明是正确的。令 μ 代表每罐重量的总体均值，则原假设和备择假设如下

$$H_0:\mu \geqslant 3$$
$$H_\alpha:\mu < 3$$

如果样本数据表明 H_0 没被拒绝，就不能对 Hilltop 采取任何措施。但是，如果样本数据表明 H_0 被拒绝，则美国联邦贸易委员会根据统计数据得出备择假设 H_α：$\mu < 3$ 是正确的。在这种情况下，联邦贸易委员会可对其产品重量不足起诉。

假定随机抽取 36 听咖啡作为样本，对样本的平均每听的重量进行假设检验。如果样本平均值小于 3 磅，则对 Hilltop 咖啡的标签的说明产生怀疑。但是，当样本平均值比 3 磅小多少的时候，我们才愿意拒绝 H_0 并承担犯第二类错误的风险控告该公司违背其说明？

为了回答这个问题，我们假定原假设 $\mu = 3$ 为真。另外，从以前对 Hilltop 咖啡检验的数据得出总体标准方差 $\sigma = 0.18$ 磅。Hilltop 咖啡检验中的 $\bar{x}$ 的抽样分布服从正态分布。图 6 - 4 给出了当原假设 $\mu = 3$ 为真时，$\bar{x}$ 的抽样分布。现在我们利用图 6 -4中的样本平均值和抽样分布对假设 $H_0:\mu \geqslant 3$ 和 $H_\alpha:\mu < 3$ 进行检验。

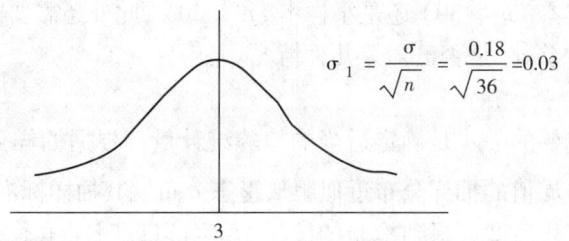

$$\sigma_1 = \frac{\sigma}{\sqrt{n}} = \frac{0.18}{\sqrt{36}} = 0.03$$

图 6 - 4 在 Hilltop 咖啡研究中，当原假设（$\mu = 3$）为真时 $\bar{x}$ 的抽样分布

在假设检验的方法中，我们事先指定犯第一类错误的最大允许概率，称此概率为检验的显著性水平（level of significance）。令 α 为显著性水平，α 指原假设为真时，第一类错误发生的概率。在 Hilltop 咖啡检验中，联邦贸易委员会的负责人做了如下说明：“如果 Hilltop 产品重量达到规定要求（$\mu = 3$），则在 99% 情况下不会对这家公司采取任何措施。而我只有 1% 的可能去犯对该公司的质量不足进行投诉的错误”。在这里，从联邦贸易委员会的负责人的说明了解到第一类错误的概率为 $\alpha = 0.01$。图 6 -5 表示了 $\bar{x}$ 的抽样分布和显著性水平 $\alpha = 0.01$ 时的拒绝区域，这表明当 $H_0:\mu \geqslant 3$ 为真时，$\bar{x}$ 只有 1% 的可能性落在拒绝域（rejection region），即有 1% 的可能性犯第一类错误。

样本观察平均值 $\bar{x}$ 可通过计算检验统计量（test statistic）来得出是否落在拒绝域内。在大样本情形下，假定总体平均误差 σ 已知，检验统计量如下

$$z = \frac{\bar{x} - \mu_0}{\sigma / \sqrt{n}}$$

式中，μ_0 为 H_0 中的总体平均值；n 为样本大小。统计量 z 的抽样分布是一个标准正态分布，因此可对 z 值估计判断样本平均值是否落在拒绝域内。在 Hilltop 咖啡例子中，$\mu_0 = 3$，$\sigma = 0.18$，$n = 36$，因此，一旦样本平均值 $\bar{x}$ 确定，检验统计量为

$$z = \frac{\bar{x} - \mu_0}{\frac{\sigma}{\sqrt{n}}} = \frac{\bar{x} - 3}{\frac{0.18}{\sqrt{36}}}$$

图 6-5 在 Hilltop 咖啡研究中，显著性水平 $\alpha = 0.01$ 时的拒绝区域

现在我们可以通过样本结果得出假设检验的结论。我们介绍两种方法：一种是基于检验统计量的观察值，另一种是基于 P 值准则。首先我们介绍检验统计量方法。

图 6-6 显示了 $\bar{x}$ 抽样分布和检验统计量 z 的抽样分布。每一个 $\bar{x}$ 值对应一个 z 值。在前面，我们指定了 Hilltop 咖啡研究中显著性水平 $\alpha = 0.01$。图 6-6 给出了 H_0 的拒绝域。

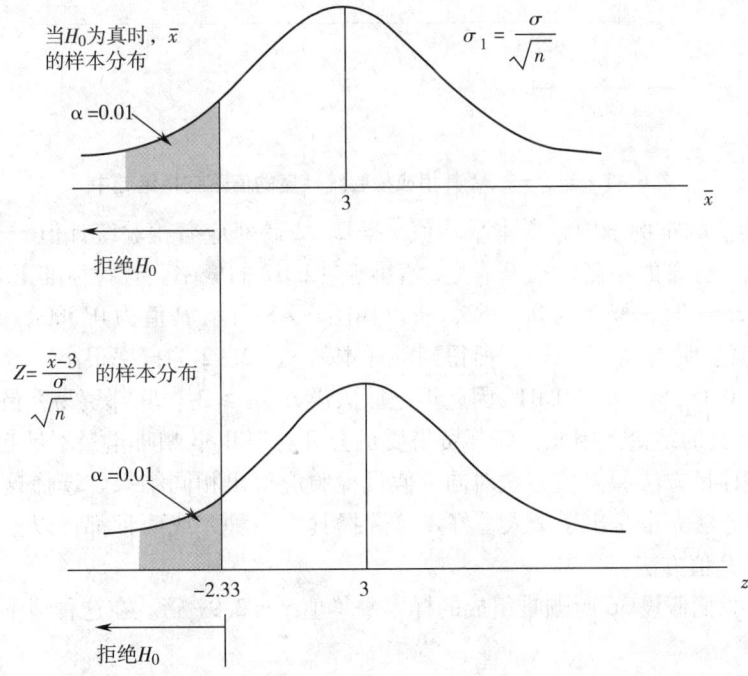

图 6-6 在 Hilltop 咖啡研究中，显著性水平 $\alpha = 0.01$ 时 $\bar{x}$ 的抽样分布和 z 的抽样分布

因为检验统计量 z 服从标准正态分布，我们可以通过标准正态分布表查找与分布在左侧的 $\alpha = 0.01$ 区域相对应的 z 值。查表可得 $z = -2.33$，这在图 6-6 中表明，拒绝域的边界的检验统计值为检验临界值。使用临界值 $z = -2.33$，从而我们建立 Hilltop 假设检验的拒绝规则

$$如果 z < -2.33，则拒绝 H_0$$

拒绝规则表明如果样本平均值 $\bar{x}$ 计算出的概率统计值小于 -2.33，则我们拒绝原假设 $H_0 : \mu \geq 3$，得出备择假设 $H_a : \mu < 3$ 是正确的。如果样本平均值 $\bar{x}$ 计算出的检验统计量 z 值不在拒绝域中，$z < -2.33$，我们不能拒绝 $H_0 : \mu \geq 3$。

假设由 36 听咖啡组成的样本平均值 $\bar{x} = 2.92$ 磅。是不是 $\bar{x} = 2.92$ 落入拒绝域？为了回答这个问题，我们计算检验统计量 z

$$z = \frac{\bar{x} - \mu_0}{\frac{\sigma}{\sqrt{n}}} = \frac{2.92 - 3}{\frac{0.18}{\sqrt{36}}} = -2.67$$

比较 $z = -2.67$ 与检验的临界值 $z = -2.33$，$z = -2.67 < z = -2.33$。因而，$z = -2.67$ 落入拒绝域（如图 6-7 所示），因此，我们拒绝 $H_0 : \mu \geq 3$。所以，联邦贸易委员会得出：$H_a : \mu < 3$ 正确，联邦贸易委员会可对 Hilltop 咖啡重量不足起诉。

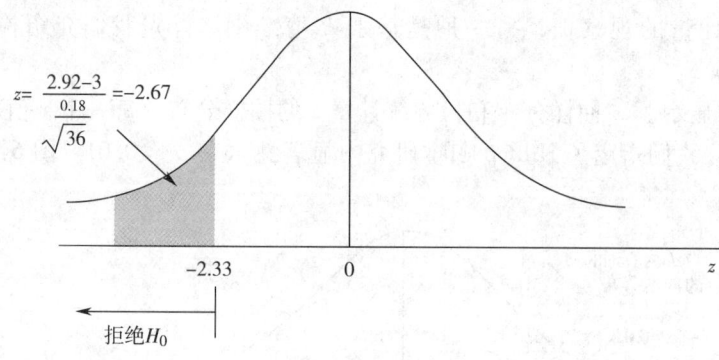

图 6-7 当 $\bar{x} = 2.92$ 其相应检验统计量的值落在拒绝域中

在 Hilltop 咖啡例子中，样本平均值 $\bar{x} = 2.92$ 磅对应着检验统计值 $z = -2.67$。因为拒绝域在分布的左侧，故 P 值是 z 值小于 -2.67 的概率。查找标准正态分布表，发现 $z = -2.67$ 时，概率为 0.4962，所以如图 6-8 所示 P 值为 $0.5000 - 0.4962 = 0.0038$。P 值表明当 H_0 为真时，所得到的样本值 $\bar{x} = 2.92$ 的概率很小。

P 值 $= 0.0038 < \alpha = 0.01$，因此拒绝原假设 $H_0 : \mu \geq 3$。联邦贸易委员会可得出 $H_a : \mu < 3$ 为真的结论。因此，联邦贸易委员会可对 Hilltop 咖啡重量不足起诉。

检验统计量方法和 P 值方法对同一假设检验应得出相同结果。选择这种方法而不选择那种方法完全是出于个人爱好。可选择其中一种，或两种都可以。计算机输出一般使用 P 值方法。

现在，我们假设 36 听咖啡组成的样本平均值 $\bar{x} = 2.97$ 磅。在这种情形中，检验统计值为

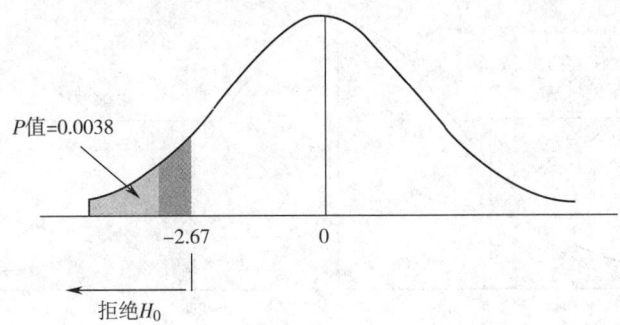

图 6-8 当 $\bar{x}=2.92$ 和 $z=-2.67$ 时 P 值

$$z = \frac{\bar{x} - \mu_0}{\frac{\sigma}{\sqrt{n}}} = \frac{2.97 - 3}{\frac{0.18}{\sqrt{36}}} = -1.00$$

由于 $z = -1.00$ 远大于临界值 -2.33，$z = -1.00$ 不落在拒绝域内。因此，联邦贸易委员会不能拒绝 H_0。联邦贸易委员会不能根据统计数据来证明对 Hilltop 咖啡重量不足，故不能对其起诉。

查找标准正态分布表，当检验统计量 $z = -1.00$ 时，可得 $z = -1.00$ 与平均值之间的面积为 0.3413。因此，拒绝侧面积即 P 值 $= 0.5000 - 0.3413 = 0.1587$。因为 P 值 $= 0.1587$ 远大于 $\alpha = 0.01$，则联邦贸易委员会不能拒绝 H_0。因此，没有统计数据来支持对 Hilltop 咖啡重量不足采取措施。

【例 6-5】某啤酒厂生产罐装啤酒，每罐的容量是 200ml，标准差为 5ml。质检员随机抽取 50 罐进行检验，测得每罐平均容量为 200.7ml。取显著性水平 $= 0.05$，检验该天生产的啤酒容量是否符合标准要求。

（1）设立原假设。这里关心的是啤酒容量是否符合要求，也就是 μ 是否为 200ml。大于或小于 200ml 都不符合要求，因而属于双侧检验问题。提出的原假设和备择假设为

$$H_0 : \mu = 200$$
$$H_1 : \mu \neq 200$$

（2）根据样本信息，计算统计量 z 的实际值检验统计量数值的含义是：样本均值与检验的总体均值相比，相差 0.99 个抽样标准差。

（3）给定显著性水平，取 $\alpha = 0.05$，由于是双侧检验，两边拒绝区间的概率为 $\alpha/2 = 0.025$，即下临界值为 $-z_{0.025}$，上临界值为 $z_{0.025}$，由于拒绝区间的概率 $\alpha = 0.05$，所以接受区间的概率为 $1 - 0.05 = 0.95$，查《正态概率分布表》得 $z = 1.96$，所以下临界值 $-z_{0.025} = -1.96$，上临界值 $z_{0.025} = 1.96$。

（4）检验判断，由于 $z_{0.025} = 0.99 < z_{\alpha/2} = 1.96$，所以，不拒绝原假设。

检验结果表明：样本提供的证据还不足以推翻原假设，因为不能证明该天生产的啤酒不符合标准要求。上面的决策过程如图 6-4 所示。

此题中的检验也可以利用 P 值进行。P 值可以利用 Excel 中的统计函数功能计算，具体的操作步骤如下：

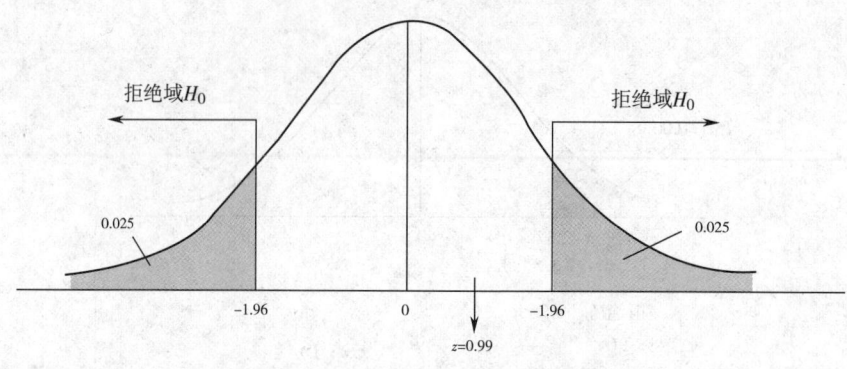

图6-9 例6-5中的拒绝域

（1）进入 Excel 表格界面，直接点击"f_x"命令。

（2）在函数分类中点击"统计"，并在函数名菜单下选择"NORMSDIST"，然后点击"确定"。此时出现的界面如图6-10所示。

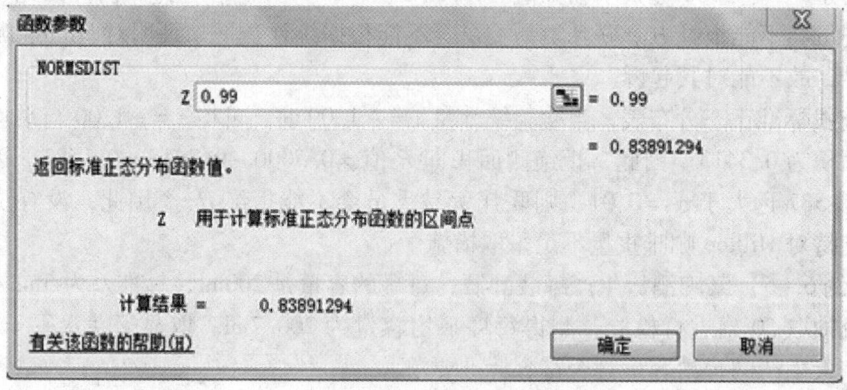

图6-10 统计量的 P 值计算过程

（3）将 z 的绝对值0.99录入，得到的函数值为0.83891294。该值表示的是在标准正态分布条件下 z 值0.99左边的面积，如图6-11所示。

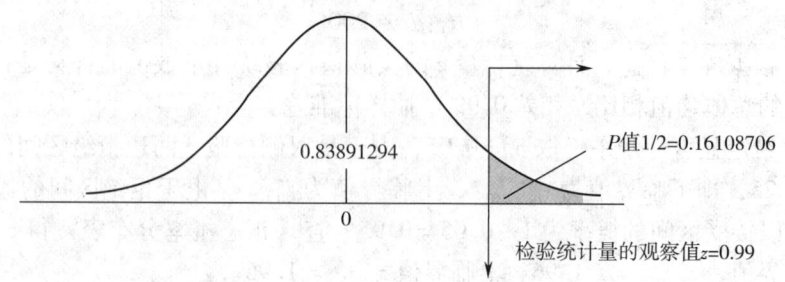

图6-11 标准正态分布 z 值示意图

（4）$z = 0.99$ 右边和 $z = -0.99$ 左边的面积是一样的。上面的例子中是双侧检验，所以最后的 P 值为 $P = 2 \times (1 - 0.83891294) = 0.32217412$。由于 $P = 0.32217412$ 远大于 $\alpha = 0.05$，所以不拒绝 H_0，得到的结论与前面相同。

总体均值的单侧检验（大样本）步骤总结：

根据中心极限定理，在大样本情形下（$n \geqslant 30$），我们可以得出的抽样分布近似服从正态概率分布。对于大样本，我们可以利用历史数据值作为总体标准误差 σ 的值，或以样本标准差 s 代替 σ。

大样本（$n \geqslant 30$）情形下总体均值的单侧检验的形式（左侧）

$$H_0 : \mu \geqslant \mu_0$$
$$H_\alpha : \mu < \mu_0$$

检验统计量 σ 已知

$$z = \frac{\bar{x} - \mu_0}{\dfrac{\sigma}{\sqrt{n}}}$$

检验统计量 σ 未知

$$z = \frac{\bar{x} - \mu_0}{\dfrac{s}{\sqrt{n}}}$$

拒绝规则为

使用检验统计量如：$z < -z_a$，则拒绝 H_0

使用 P 值如：$p < \alpha$，则拒绝 H_0

当检验统计量在抽样的分布的右侧时，得出单侧假设检验拒绝原假设的第二种形式：

大样本（$n \geqslant 30$）情形下总体均值的单侧检验的形式（左侧）

$$H_0 : \mu \leqslant \mu_0$$
$$H_\alpha : \mu > \mu_0$$

检验统计量 σ 已知

$$z = \frac{\bar{x} - \mu_0}{\dfrac{\sigma}{\sqrt{n}}}$$

检验统计量 σ 未知

$$z = \frac{\bar{x} - \mu_0}{\dfrac{s}{\sqrt{n}}}$$

拒绝规则为

使用检验统计量如：$z > z_a$，则拒绝 H_0

使用 P 值如：$p < \alpha$，则拒绝 H_0

总体均值的单侧检验（大样本）步骤总结：

大样本（$n \geqslant 30$）情形下总体均值的单侧检验的形式（左侧）

$$H_0 : \mu = \mu_0$$
$$H_\alpha : \mu \neq \mu_0$$

检验统计量 σ 已知

$$z = \frac{\bar{x} - \mu_0}{\frac{\sigma}{\sqrt{n}}}$$

检验统计量 σ 未知

$$z = \frac{\bar{x} - \mu_0}{\frac{s}{\sqrt{n}}}$$

拒绝规则为

使用检验统计量如：$z < -z_{\frac{\alpha}{2}}$，或 $z > z_{\frac{\alpha}{2}}$ 则拒绝 H_0

使用 P 值如：$p < \alpha$，则拒绝 H_0

2. 小样本的检验

我们考虑小样本情形下（$n < 30$）的总体均值检验。在这种情形下，x 的抽样分布主要依赖于总体的分布。事实上，小样本情形下的假设检验程序要求假定总体是一个标准正态分布。如果这个假设恰当，将使用本节中介绍的方法。但是，如果假设不成立，最好的替代方法是增加样本大小到 $n \geq 30$，依据以上介绍的大样本假设检验程序。

首先我们考虑样本容量为小样本（$n < 30$）时的情形，假设总体是正态分布，并根据历史数据、理论或其他原因，可得知总体标准差 σ_0。在这些条件下，对于任何大小的样本，$\bar{x}$ 抽样分布以平均值 μ 为正态分布，标准差 $\sigma_z = \frac{\sigma}{\sqrt{n}}$。因为 $\bar{x}$ 的抽样分布是正态分布，小样本假设检验程序同大样本假设检验程序。检验统计量为

$$z = \frac{\bar{x} - \mu_0}{\frac{\sigma}{\sqrt{n}}}$$

因为假设检验的计算与前面我们所计算的一样，所以我们不再需要举新的数字例子。

接下来我们考虑当样本容量为小样本（$n < 30$）时，假定总体是正态分布，用样本标准差 s 作为总体标准差 σ 的估计值。在这种情形下，利用 t 分布来对总体平均值作推断。利用假设检验的 t 分布，检验统计量为

$$t = \frac{\bar{x} - \mu_0}{\frac{s}{\sqrt{n}}} \tag{6.4}$$

检验统计量服从自由度为 $n - 1$ 的 t 分布。

我们考虑一个小样本情形中关于总体均值单侧检验的例子。国际航空运输协会通过对商务旅行者的调查，来评定跨太平洋通道的机场等级。最大可能的级别为 10。一本商务旅行方面的杂志决定按照他们收集的级别数据对各个机场分类。如果机场级别的总体均值超过 7，则被认为是高质量服务的机场。假设抽取 12 名商务旅行者组成一个简单随机样本，要求每个旅行者对伦敦的希思罗机场评定级别，12 名旅行者的评定级别分别为 7、8、10、8、6、9、6、7、7、8、9 和 8。这些数据组成

的样本均值 $\bar{x} = 7.75$，样本标准差为 $s = 1.215$。假定评定的总体级别近似服从正态概率分布，那么希思罗机场能否被认为是高质量服务的机场？

当显著性水平为 0.05 时，我们通过检验决定希思罗机场级别的总体均值是否大于 7。原假设和备择假设如下：

$$H_0 : \mu \leqslant 7$$
$$H_\alpha : \mu > 7$$

如果 H_0 被拒绝，则希思罗机场将被认为是高质量服务的机场。

拒绝域在抽样分布的右侧。自由度为 $n - 1 = 12 - 1 = 11$，查找 t 分布表可知临界值 $t_{0.05} = 1.796$。因而，拒绝规则为

如果 $t > 1.796$，则拒绝 H_0。

当 $\bar{x} = 7.75$ 和 $s = 1.215$，得出检验统计量为

$$t = \frac{\bar{x} - \mu_0}{\frac{s}{\sqrt{n}}} = \frac{7.75 - 7}{\frac{1.215}{\sqrt{12}}} = 2.14$$

因为 2.14 远大于 1.796，原假设被拒绝。在显著性水平为 0.05 下，我们假定希思罗机场级别的总体均值远大于 7。因此，希思罗机场可被认为是高质量服务机场，图 6 - 12 表示检验统计量落在拒绝域内。

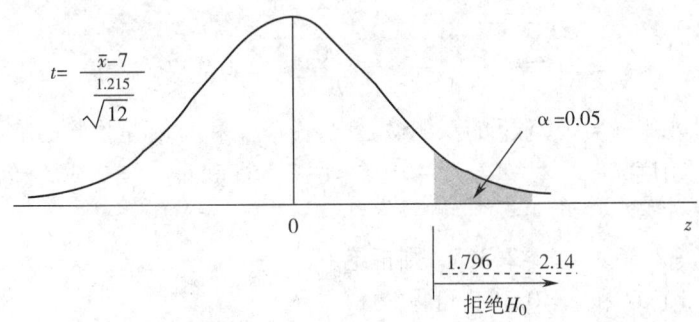

图 6 - 12　希思罗机场假设检验中检验统计量的值（$t = 2.14$）

我们考虑用 P 值对希思罗机场进行假设检验。一般规则为：如果 P 值小于显著性水平 α，原假设将被拒绝。然而，大多数统计教科书中提供的 t 分布表不能满足检验中确定准确的 P 值所要求的足够信息。但是，我们可利用 t 分布表来确定 P 值分布范围。例如，希思罗机场假设检验的 t 分布自由度为 11。查 t 分布表，我们看到第 11 行给出了自由度为 11 的 t 分布的信息如下：

右侧面积	0.10	0.05	0.025	0.01	0.005
t 值	1.363	1.796	2.201	2.718	3.106

进行假设检验计算 $t = 2.14$，p 值是 $t = 2.14$ 那一侧的面积。从上面表的信息可知，2.14 在 1.796 到 2.201 之间。虽然我们不能得到精确的 P 值，但是我们知道 P 值在 0.05 到 0.025 之间。当显著性 $\alpha = 0.05$ 时，我们得知 P 值一定小于 0.05，因而原假设被拒绝。

作为小样本情形下关于总体均值的双侧假设检验的例子，考虑下面的生产问题。设计一个生产过程来填充容器，容器的填充重量的平均值 P =16 盎司。消费者不愿意消费那些产品的重量少于产品标签下所标明的重量，所以该生产过程填充的重量不能少于此值。同样，如果生产过程所填充的容器重量超过要求，那么企业将会亏损，所以企业不希望该生产过程中填充的重量高于此值。质量保证人员定期抽取 8 只容器组成简单随机样本，进行如下的双侧假设检验。

$$H_0: \mu = 16$$
$$H_a: \mu \neq 16$$

如果被 H_0 拒绝，则生产管理者将要求停止生产，对负责调节填充重量的调节装置重新调整，确保容器的填充重量均值为 16 盎司。如果样本产生的数据为 16.02、16.22、15.82、15.92、16.22、16.32、16.12 和 15.92 盎司，假定填充重量总体分布服从正态分布，取显著性水平为 0.05。

由于数据没有整理，所以我们首先计算样本平均值和样本标准差，得到以下结果

$$\bar{x} = \frac{\sum x_i}{n} = \frac{128.56}{8} = 16.07 (盎司)$$

以及

$$s = \sqrt{\frac{\sum (x_i - \bar{x})^2}{n-1}} = \sqrt{\frac{0.22}{7}} = 0.177 (盎司)$$

在显著性水平 α =0.05 下的双侧检验中， $-t_{0.025}$ 和 $t_{0.025}$ 是检验的临界值。利用 t 分布，得出自由度 $n-1 = 8-1 = 7$， $-t_{0.025} = -2.365$ 和 $t_{0.025} = 2.365$。因而，拒绝规则为

如果 $t < -2.365$ 或 $t > 2.365$，则拒绝 H_0

利用 $\bar{x} = 16.07$ 和 $s = 0.18$，可得

$$t = \frac{\bar{x} - \mu_0}{\frac{s}{\sqrt{n}}} = \frac{16.07 - 16.00}{\frac{0.177}{\sqrt{8}}} = 1.12$$

因为 $t = 1.12$ 不在拒绝域中，原假设不能被拒绝，没有足够的证据来证明需要停止生产。

利用 t 分布表中的自由度为 7 的那一行，我们看到所计算的 t 值为 1.12，其右侧的面积大于 0.10。虽然 t 分布表不能得到更精确的值，但是我们至少可以得到双侧检验的 P 值大于 2（0.10）=0.20。因为该值大于显著性水平 0.05，根据 P 值我们能得到相同的结论，也就是不能拒绝 H_0。对于该假设检验通过计算得出其精确 P 值为 0.301。

6.2.2 总体比率的检验

总体比率是指总体中具有某种相同特征的个体所占的比重，这些特征可以是数值型的（如一定的厚度、一定的重量或一定规格等），也可以是品质型的（如男女

性别、学历等级、职称高低等)。通常用字母 π 表示总体比率，π_0 表示对总体比率的某一假设值，P 表示样本比率。总体比率的检验与前面介绍的总体均值检验基本上是相同的，区别只在于参数和检验统计量的形式不同。所以总体均值检验的整个程序都可以作为总体比率检验的参考，甚至有很多内容可以完全"照搬"。因此，这里将尽可能综合介绍总体比率的检验方法，而且只考虑大样本情形下的总体比率检验。在构造检验统计量时，仍然利用样本比率 P 与总体比率 π 之间的距离等于多少个标准差 σ_p 来衡量，因为在大样本情形下统计量 P 近似服从正态分布，而统计量为

$$z = \frac{p - \pi_0}{\sqrt{\dfrac{\pi_0(1 - \pi_0)}{n}}} \tag{6.5}$$

在给定显著性水平 α 的条件下，总体比率检验的显著性水平、拒绝域和临界值的图示可参考图 6-2。表 6-3 总结了大样本情况下总体比率检验的一般方法。

表 6-3　　　　　　　　大样本情况下一个总体比率的检验方法

	双侧检验	左侧检验	右侧检验
假设形式	$H_0:\pi = \pi_0, H_1:\pi \neq \pi_0$	$H_0:\pi \geq \pi_0, H_1:\pi < \pi_0$	$H_0:\pi \leq \pi_0, H_1:\pi > \pi_0$
检验统计量	$z = \dfrac{p - \pi_0}{\sqrt{\dfrac{\pi_0(1 - \pi_0)}{n}}}$		
α 与拒绝域	$\mid z \mid > z_{\frac{\alpha}{2}}$	$z < -z_\alpha$	$z > z_\alpha$
P 值决策准则	$p < \alpha$，则拒绝 H_0		

【例 6-6】一种时尚主题的杂志，声称其读者群中有 80% 为女性。为验证这一说法是否属实，某研究部门抽取了由 200 人组成的一个随机样本，发现有 146 个女性经常阅读该杂志。分别取显著性水平 $\alpha = 0.05$ 和 $\alpha = 0.01$，检验该杂志读者群中女性的比率是否为 80%，它们的 P 值各是多少。

研究机构想证明的是杂志所声称的说法是否属实，也就是读者中女性比率是否等于 80%，因此提出的原假设和备择假设为

$$H_0:\pi = 80\% \qquad H_1:\pi \neq 80\%$$

根据抽样结果计算得：$p = \dfrac{146}{200} = 73\%$，检验统计量为

$$z = \frac{p - \pi_0}{\sqrt{\dfrac{\pi_0(1 - \pi_0)}{n}}} = \frac{0.73 - 0.8}{\sqrt{\dfrac{0.8(1 - 0.8)}{200}}} = -2.475$$

根据显著性水平 $\alpha = 0.05$ 查标准正态分布表得 $z_{\frac{\alpha}{2}} = z_{0.025} = 1.96$。由于 $\mid z \mid = 2.475 > z_{\frac{\alpha}{2}} = 1.96$，所以拒绝原假设。在显著性水平为 0.05 的条件下，样本提供的证据表明该杂志的说法并不属实。

根据显著性水平 $\alpha = 0.01$ 查标准正态分布表得 $z_{\frac{\alpha}{2}} = z_{0.005} = 2.58$。由于 $\mid z \mid =$

$2.475 > z_{\frac{\alpha}{2}} = 2.58$，所以不拒绝原假设。在显著性水平为 0.01 的条件下，样本提供的证据表明该杂志的说法属实。

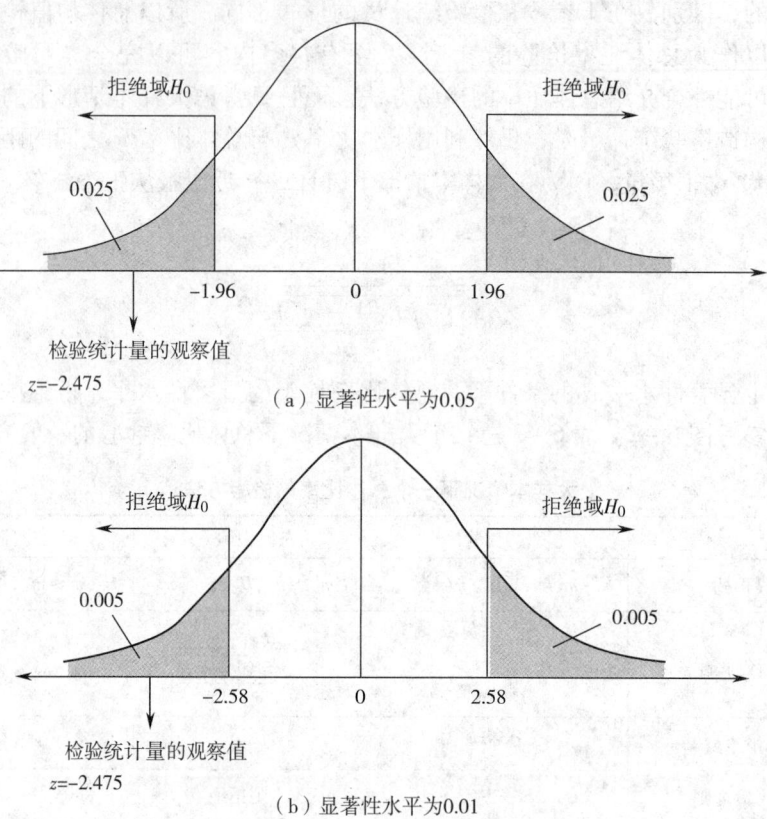

图 6 - 13　例 6 - 6 中的拒绝域

由 Excel 计算出的 P 值为 0.013328。显著性水平为 0.05 时，$p < \alpha = 0.05$，拒绝 H_0；显著性水平为 0.01 时，$p > \alpha = 0.01$，不拒绝 H_0。结论与统计量检验一致。

6.2.3　总体方差的检验

对于许多生产和生活领域而言，仅仅保证所观测到的样本均值维持在特定水平范围之内并不意味着整个过程的运转正常，方差的大小是否适度则是需要考虑的另一个重要因素。一个方差大的产品自然意味着其质量或性能不稳定。因此，总体方差 σ^2 的检验也是假设检验的重要内容之一。

与总体均值和总体比率检验通常使用的抽样分布（正态分布或 t 分布）不同，一个总体方差的检验利用的是 χ^2 分布。此外，总体方差的检验，不论样本量 n 是大还是小，都要求总体服从正态分布，这是由检验统计量的抽样分布决定的。

用 σ^2 表示假定的总体方差的某一取值，总体方差检验的统计量为

$$\chi^2 = \frac{(n-1)s^2}{\sigma^2} \tag{6.6}$$

对于给定的显著性水平 α，双侧检验的拒绝域如图 6 - 14 所示。对于单侧检验，

拒绝域在分布一侧的尾部。

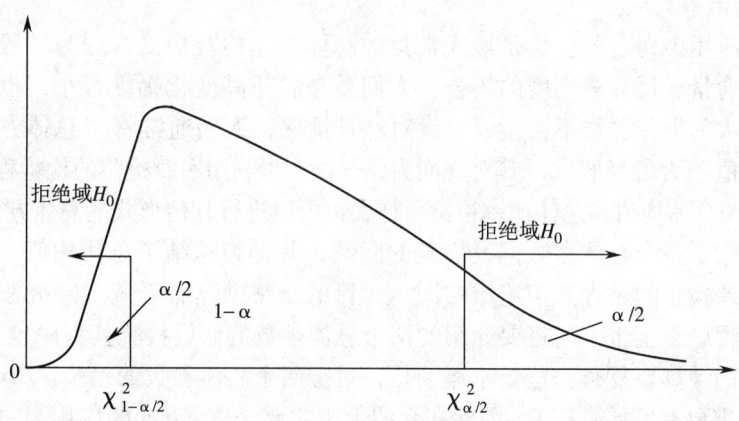

图 6-14 显著性水平为 α 时双侧检验临界值及拒绝域

表 6-4 总结了一个总体方差检验的一般方法。

表 6-4 <center>一个总体方差检验方法</center>

	双侧检验	左侧检验	右侧检验
假设形式	$H_0:\sigma^2 = \sigma_0{}^2, H_1:\sigma^2 \neq \sigma_0{}^2$	$H_0:\sigma^2 \geqslant \sigma_0{}^2, H_1:\sigma^2 < \sigma_0{}^2$	$H_0:\sigma^2 \leqslant \sigma_0{}^2, H_1:\sigma^2 > \sigma_0{}^2$
检验统计量	$\chi^2 = \dfrac{(n-1)s^2}{\sigma^2}$		
α 与拒绝域	$\chi^2 > \chi^2_{\frac{\alpha}{2}}(n-1)$ 或 $\chi^2 < \chi^2_{1-\frac{\alpha}{2}}(n-1)$	$\chi^2 < \chi^2_{1-\frac{\alpha}{2}}(n-1)$	$\chi^2 > \chi^2_{1-\frac{\alpha}{2}}(n-1)$

【例 6-7】汽水生产企业采用自动生产线罐装汽水，每瓶的装填量为 640ml，但由于受某些不可控因素的影响，每瓶的装填量会有差异。此时，不仅每瓶的平均装填量很重要，装填量的方差 σ^2 同样很重要。如果 σ^2 很大，会出现装填量太多或太少的情况，这样，要么生产企业不划算，要么消费者不满意。假定生产标准规定每瓶装填量的标准差不应超过和不应低于 4ml。企业质检部门抽取了 10 瓶汽水进行检验，得到的样本标准差为 $s = 3.8$ml。试以 0.10 的显著性水平检验装填量的标准差是否符合要求。

根据题目得到如下假设

$$H_0:\sigma^2 = 4^2, H_1:\sigma^2 \neq 4^2$$

计算检验统计量为

$$\chi^2 = \frac{(n-1)s^2}{\sigma_0{}^2} = \frac{(10-1) \times 3.8^2}{4^2} = 8.1225$$

根据显著性水平 $\alpha = 0.10$ 和自由度（10-1）=9，查 χ^2 分布表得 $\chi^2_{\frac{0.10}{2}}(n-1) = \chi^2_{0.05}(9-1) = 16.9190$，$\chi^2_{1-\frac{0.10}{2}}(n-1) = \chi^2_{0.95}(10-1) = 3.32511$，由于 $\chi^2_{0.95}(9) = 3.32511 < \chi^2 = 8.1225 < \chi^2_{0.05}(10-1) = 16.9190$，所以不拒绝原假设 H_0。样本提

供的证据还不足以推翻原假设。（若需要计算 P 值，可使用 Excel 统计函数中的"CHIDIST"函数）

在实际应用中，右侧检验是最为常见的总体方差检验形式，因为一般来说，在涉及时间、含量、尺寸等测度的场合，人们总是希望其变化幅度很小，也就是有较小的方差，大的方差往往不被接受。针对这种情况，人们通常将"总体方差大于某一最大容许值"为备择假设，其对立面为原假设，再利用右侧检验的检验程序作出决策。当然，与总体均值和总体比率检验一样，也可以进行其他形式的总体方差检验。

前面介绍了一个总体参数假设检验的问题，并详细总结了总体均值、总体比率以及总体方差检验的过程和拒绝域的图示，目的是帮助读者系统地掌握假设检验的一般方法和程序。至于下面将要介绍的两个总体参数的假设检验其程序也是一样的，只是统计量的计算要复杂一些。幸运的是，对于两个总体参数的检验，Excel 都有现成的程序（需要有原始数据）。因此在介绍上也主要是以 Excel 的应用为主，一般不再给出拒绝域的图示。

6.3 两个总体参数的检验

两个总体参数的检验主要包括两个总体均值之差（$\mu_1 - \mu_2$）的检验、两个总体比率之差（$\pi_1 - \pi_2$）的检验和两个总体方差比 σ_1^2/σ_2^2 的检验等，检验的程序可仿照一个总体参数的检验进行。

6.3.1 两个总体均值之差的检验

对两个班级同一学科考试平均成绩进行比较而不计较成绩的绝对高低、对男女两组人群进行肺活量大小的比较以鉴别二者是否存在显著差异但也不计较每组人群肺活量的绝对高低等问题都属于均值的比较问题；两个班一场考试之后的及格率需要比较，两批同样生产线不同操作流程或不同生产者生产出来的产品出厂前的合格率需要比较，饲养同样品种但方法有所不同的动物的死亡率或生存率也需要比较。从某种意义上说，比例的比较问题就是均值的比较问题，后者是前者的特例，但侧重点又有所不同，值得单独加以研究。

1. 两个总体均值之差的检验：独立样本

两个总体均值之差检验的统计量是以两个样本均值之差（$\bar{x}_1 - \bar{x}_2$）的抽样分布为基础构造出来的。对于大样本和小样本两种情形而言，由于两个样本均值之差经标准化后的分布不同，检验的统计量也略有差异。

（1）大样本的检验方法

在大样本情况下，两个样本均值之差（$\bar{x}_1 - \bar{x}_2$）的抽样分布近似服从正态分布，而（$\bar{x}_1 - \bar{x}_2$）经过标准化后则服从标准正态分布。如果两个总体的方差 σ_1^2、σ_2^2 已知，则采用下面的检验统计量

$$z = \frac{(\bar{x}_1 - \bar{x}_2) - (\mu_1 - \mu_2)}{\sqrt{\dfrac{\sigma_1^2}{n_1} + \dfrac{\sigma_2^2}{n_2}}} \tag{6.7}$$

当两个总体方差 σ_1^2、σ_2^2 未知时，可以分别用样本方差 s_1^2、s_2^2 替代，此时检验统计量为

$$z = \frac{(\bar{x}_1 - \bar{x}_2) - (\mu_1 - \mu_2)}{\sqrt{\dfrac{s_1^2}{n_1} + \dfrac{s_2^2}{n_2}}} \tag{6.8}$$

运算步骤：

①建立零假设和备择假设

$$\left. \begin{array}{l} H_0 : \mu_1 - \mu_2 \geqslant 0 \\ H_\alpha : \mu_1 - \mu_2 < 0 \end{array} \right\} \longrightarrow 左侧检验$$

$$\left. \begin{array}{l} H_0 : \mu_1 - \mu_2 \leqslant 0 \\ H_\alpha : \mu_1 - \mu_2 > 0 \end{array} \right\} \longrightarrow 右侧检验$$

$$\left. \begin{array}{l} H_0 : \mu_1 - \mu_2 = 0 \\ H_\alpha : \mu_1 - \mu_2 \neq 0 \end{array} \right\} \longrightarrow 双侧检验$$

②确定检验统计量（z 统计量）

$$Z = \frac{(\bar{x}_1 - \bar{x}_2) - (\mu_1 - \mu_2)}{\sqrt{\dfrac{\sigma_1^2}{n_1} + \dfrac{\sigma_2^2}{n_2}}}$$

③根据给定的显著性水平，查标准正态分布表得临界值。

④根据拒绝准则进行判断，是否接受零假设。

左侧检验：$z < -z_\alpha$，拒绝 H_0。

右侧检验：$z > z_\alpha$，拒绝 H_0。

双侧检验：$z > z_{\alpha/2}$ 或 $z < -z_{\alpha/2}$，拒绝 H_0。

表 6-5　　　　　独立大样本情况下两个总体均值之差的检验方法

假设	双侧检验	左侧检验	右侧检验
假设形式	$H_0 : \mu_1 - \mu_2 = 0$ $H_1 : \mu_1 - \mu_2 \neq 0$	$H_0 : \mu_1 - \mu_2 \geqslant 0$ $H_1 : \mu_1 - \mu_2 < 0$	$H_0 : \mu_1 - \mu_2 \leqslant 0$ $H_1 : \mu_1 - \mu_2 > 0$
统计量	s_1^2, s_2^2 已知	$z = \dfrac{(\bar{x}_1 - \bar{x}_2) - (\mu_1 - \mu_2)}{\sqrt{\dfrac{\sigma_1^2}{n_1} + \dfrac{\sigma_2^2}{n_2}}}$	
	s_1^2, s_2^2 未知	$z = \dfrac{(\bar{x}_1 - \bar{x}_2) - (\mu_1 - \mu_2)}{\sqrt{\dfrac{s_1^2}{n_1} + \dfrac{s_2^2}{n_2}}}$	
拒绝域	$\lvert z \rvert > z_{\alpha/2}$	$z < -z_\alpha$	$z > z_\alpha$
P 值决策	$P < \alpha$ 拒绝 H_0		

【例 6-8】表 6-6 是某商店从光顾市中心商店和郊区商店的顾客中抽取的样本

数据。

表 6 – 6   **某商店从顾客中抽取的样本数据**

商店	被抽样的顾客数	样本平均年龄	样本的标准差
市中心商店	$n_1 = 36$	$\bar{x}_1 = 40$ 岁	$s_1 = 9$ 岁
郊区商店	$n_2 = 49$	$\bar{x}_2 = 35$ 岁	$s_2 = 10$ 岁

试在 5% 显著性水平下检验两个不同地区之间的顾客平均年龄是否存在差异。

解：已知 $n_1 = 36, n_2 = 49, \bar{x}_1 = 40$ 岁，$\bar{x}_2 = 35$ 岁，$s_1 = 9$ 岁，$s_2 = 10$ 岁

建立零假设和备择假设

$$H_0 : \mu_1 - \mu_2 = 0$$
$$H_\alpha : \mu_1 - \mu_2 \neq 0$$

确定检验统计量（z 统计量）

$$Z = \frac{(\bar{x}_1 - \bar{x}_2) - (\mu_1 - \mu_2)}{\sqrt{\dfrac{s_1^2}{n_1} + \dfrac{s_2^2}{n_2}}} = \frac{40 - 35}{\sqrt{\dfrac{9^2}{36} + \dfrac{10^2}{49}}} = \frac{5}{2.07} = 2.42$$

双侧检验的拒绝域为：$z > z_{\alpha/2}$ 或 $z < - z_{\alpha/2}$

$\alpha = 5\%, z_{\alpha/2} = 1.96$ $z = 2.47 > z_{\alpha/2} = 1.96$，拒绝 H_0，即两个地区之间的顾客平均年龄有显著差异。

（2）小样本的检验方法

当两个样本都为独立小样本的情况下，检验两个总体的均值之差时，需要假定两个总体都服从正态分布。检验时有以下四种情况：

①假定条件：

两个独立的小样本。

两个总体都是正态分布。

s_1^2、s_2^2 已知。

检验统计量

$$z = \frac{(\bar{x}_1 - \bar{x}_2) - (\mu_1 - \mu_2)}{\sqrt{\dfrac{\sigma_1^2}{n_1} + \dfrac{\sigma_2^2}{n_2}}} \sim N(0,1) \tag{6.9}$$

②假定条件：

两个独立的小样本。

两个总体都是正态分布。

s_1^2、s_2^2 未知但相等，即 $s_1^2 = s_2^2$。

检验统计量

$$t = \frac{(\bar{x}_1 - \bar{x}_2) - (\mu_1 - \mu_2)}{s_p \sqrt{\dfrac{1}{n_1} + \dfrac{1}{n_2}}} \tag{6.10}$$

式中 $s_p^2 = \dfrac{(n_1 - 1)s_1^2 + (n_2 - 1)s_2^2}{n_1 + n_2 - 2}$

自由度 $\qquad\qquad\qquad n_1 + n_2 - 2$

③假定条件：

两个总体都是正态分布。

s_1^2、s_2^2 未知且不相等，即 $s_1^2 \neq s_2^2$。

样本容量相等，即 $n_1 = n_2 = n$。

检验统计量

$$t = \frac{(\bar{x}_1 - \bar{x}_2) - (\mu_1 - \mu_2)}{\sqrt{\dfrac{s_1^2}{n_1} + \dfrac{s_2^2}{n_2}}} = \frac{(\bar{x}_1 - \bar{x}_2) - (\mu_1 - \mu_2)}{\sqrt{\dfrac{s_1^2 + s_2^2}{n}}} \qquad (6.11)$$

自由度 $\qquad\qquad\qquad n_1 + n_2 - 2 = 2(n - 1)$

④假定条件：

两个总体都是正态分布。

s_1^2、s_2^2 未知且不相等，即 $s_1^2 \neq s_2^2$。

样本容量不相等，即 $n_1 \neq n_2$。

检验统计量

$$t = \frac{(\bar{x}_1 - \bar{x}_2) - (\mu_1 - \mu_2)}{\sqrt{\dfrac{s_1^2}{n_1} + \dfrac{s_2^2}{n_2}}} \qquad (6.12)$$

自由度 $\qquad\qquad v = \dfrac{\left(\dfrac{s_1^2}{n_1} + \dfrac{s_2^2}{n_2}\right)^2}{\dfrac{(s_1^2/n_1)^2}{n_1 - 1} + \dfrac{(s_2^2/n_2)^2}{n_2 - 1}}$

【例 6 - 9】为估计两种方法组装产品所需时间的差异，对两种不同的组装方法分别进行多次操作试验，组装一件产品所需的时间如表 6 - 7 所示。

表 6 - 7 　　　　　　两种不同的组装方法组装一件产品所需的时间 　　　单位：分钟

方法一	28.3	30.1	29.0	37.6	32.1	28.8	36.0	37.2	38.5	34.4	28.0	30.0
方法二	27.6	22.2	31.0	33.8	20.0	30.2	31.7	26.0	32.0	31.2	—	—

假设用两种方法组装一件产品所需时间均服从正态分布，且方差相同，试以 0.05 的显著水平，推断两种方法组装产品所需平均时间有无显著差异。

解：这是两个独立正态总体的均值比较问题。

若设第一种方法组装一件产品所需时间 $X \sim N(\mu_1, \sigma^2)$，第二种方法组装一件产品所需时间 $Y \sim N(\mu_2, \sigma^2)$，则需要检验的是：$H_0 : \mu_1 = \mu_2, H_1 : \mu_1 \neq \mu_2$

检验统计量 $\qquad\qquad t = \dfrac{\bar{X} - \bar{Y}}{S_w \sqrt{\dfrac{1}{n_1} + \dfrac{1}{n_2}}}$

在显著水平 $\alpha = 0.05$ 下 H_0 的拒绝域为：$\{|t| \geq t_{\alpha/2}(n_1 + n_2 - 2)\} = \{|t| \geq t_{0.025}(20)\}$

查表得 $t_{0.025}(20) = 2.086$

由 $n_1 = 12, n_2 = 10, \bar{x} = \dfrac{1}{n_1}\sum_{i=1}^{n_1} x_i = 32.5, \bar{y} = \dfrac{1}{n_2}\sum_{i=1}^{n_2} y_i = 28.57, s_1^2 = \dfrac{1}{n_1-1}\sum_{i=1}^{n_1}$

$(x_i - \bar{x})^2 = 15.996, s_2^2 = \dfrac{1}{n_2-1}\sum_{i=1}^{n_2}(y_i - \bar{y})^2 = 20.662$

计算得到

$$s_w = \sqrt{\frac{(n_1-1)s_1^2 + (n_2-1)s_2^2}{n_1 + n_2 - 2}} = \sqrt{\frac{(12-1)\times 15.996 + (10-1)\times 20.662}{12 + 10 - 2}}$$

$$= 4.254$$

$$t = \frac{\bar{x} - \bar{y}}{s_w\sqrt{\dfrac{1}{n_1} + \dfrac{1}{n_2}}} = \frac{32.5 - 28.57}{4.254 \times \sqrt{\dfrac{1}{12} + \dfrac{1}{10}}} = 2.158 > 2.086$$

t 落入拒绝域中，故在 0.05 的显著水平下应拒绝 H_0，可以认为两种方法组装一件产品所需平均时间有显著差异。

【例 6-10】甲、乙两台机床同时加工某种同类型的零件，已知两台机床加工的零件直径分别服从正态分布，并且有 $s_1^2 = s_2^2$。为比较两台机床的加工精度有无显著差异，分别独立抽取了甲机床加工的 8 个零件和乙机床加工的 7 个零件，通过测量得到如表 6-8 所示数据。在 $\alpha = 0.05$ 的显著性水平下，样本数据是否提供证据支持"两台机床加工的零件直径不一致"的看法？

表 6-8　　　　　　　　　　甲乙两台机床同时加工同类型零件的直径　　　　　　　　单位：cm

甲	20.5	19.8	19.7	20.4	20.1	20.0	19.0	19.9
乙	20.7	19.8	19.5	20.8	20.4	19.6	20.2	

提出的原假设和备择假设为

$$H_0: \mu_1 - \mu_2 = 0$$
$$H_1: \mu_1 - \mu_2 \neq 0$$

由已知可知，$\alpha = 0.05, n_1 = 8, n_2 = 7$

检验统计量　　　　$t = \dfrac{(\bar{x}_1 - \bar{x}_2)}{s_p\sqrt{1/n_1 + 1/n_2}} = -0.855$

根据自由度 $(n_1 + n_2 - 2) = 8 + 7 - 2 = 13$，$\alpha = 0.05$ 对应的 t 分布临界值分别是 2.160 和 -2.160，检验统计量的值没有落入拒绝域，因而不拒绝原假设。也就是说，在 0.05 的显著性水平下，没有理由认为甲、乙两台机床加工的零件直径不一致。

在有原始数据的情况下，上述检验可直接由 Excel 提供的检验程序进行。具体步骤为：

第 1 步：将原始数据输入到 Excel 工作表格中。

第 2 步：选择"工具"下拉菜单并选择"数据分析"选项。

第 3 步：在"数据分析"对话框中选择"t-检验：双样本等方差假设"。

第 4 步：当对话框出现后，在"变量 1 的区域"方框中输入第 1 个样本的数据区域；在"变量 2 的区域"方框中输入第 2 个样本的数据区域；在"假设平均差"

方框中输入假定的总体均值之差的假定值；在"α"方框中输入给定的显著性水平（本例为0.05）；在"输出选项"选择计算结果的输出位置，然后点击"确定"（见图6-15、图6-16）。

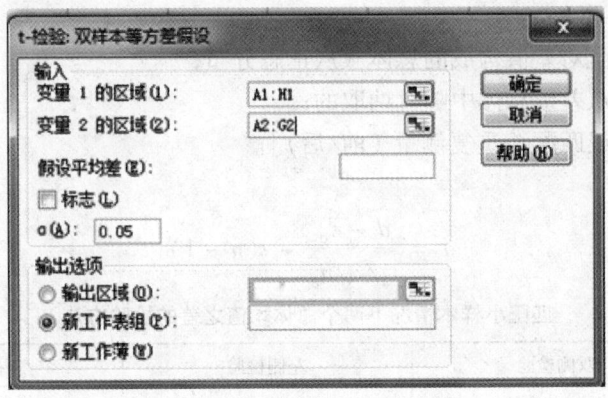

图6-15　Excel的检验过程

	A	B	C
1	t-检验: 双样本等方差假设		
2			
3		变量 1	变量 2
4	平均	19.925	20.14285714
5	方差	0.216428571	0.272857143
6	观测值	8	7
7	合并方差	0.242472527	
8	假设平均差	0	
9	df	13	
10	t Stat	-0.854848035	
11	P(T<=t) 单尾	0.204056849	
12	t 单尾临界	1.770933383	
13	P(T<=t) 双尾	0.408113698	
14	t 双尾临界	2.160368652	

图6-16　例6-10中Excel输出的检验结果

可以看到，上述输出结果中的样本均值、样本方差、合并估计量、检验统计量的值与在前面计算得到的结果基本一致（仅存在四舍五入的差别），由于例题中提出的是双侧检验，所以只需要将检验统计量的值与输出结果中的"t双尾临界"值进行比较，或是将"$P(T\leq t)$双尾"值0.408113698与$\alpha=0.05$进行比较，就可以得到完全相同的决策结果。

2. 两个总体均值之差的检验：匹配样本

独立样本提供的数据值可能因为样本个体在其他因素方面的"不同质"而对它们所提供的有关总体均值的信息产生干扰，为有效地排除样本个体之间这些"额外"差异带来的误差，可以考虑选用匹配样本。为便于介绍匹配样本时两个总体均值之差的假设检验，下面首先定义几个新的符号。

d_i：第i个配对样本数据的差值，$i=1,\cdots,n$

$\bar{d}$：配对样本数据差值的平均值，$\bar{d}=\dfrac{\sum\limits_{i=1}^{n}d_i}{n_d}$

s_d^2 配对样本数据差值的方差，$\dfrac{\sum\limits_{i=1}^{n}(d_i - \bar{d})^2}{n_d - 1}$

假定条件：

①两个总体配对差值构成的总体服从正态分布；

②配对差是从差值总体中随机抽取的；

③数据配对或匹配［重复测量（前/后）］。

检验统计量

$$t = \frac{\bar{d} - d_0}{s_d/\sqrt{n_d}} \sim t(n-1) \qquad (6.13)$$

表 6 - 9 　　　　　　　匹配小样本情况下两个总体均值之差的检验方法

假设	双侧检验	左侧检验	右侧检验
假设形式	$H_0 : d = 0$ $H_1 : d \neq 0$	$H_0 : d \geqslant 0$ $H_1 : d < 0$	$H_0 : d \leqslant 0$ $H_1 : d > 0$
统计量	$t = \dfrac{\bar{d} - d_0}{s_d/\sqrt{n_d}}$		
拒绝域	$\lvert t \rvert > t_{\alpha/2}(n-1)$	$t < -t_{\alpha}(n-1)$	$t > t_{\alpha}(n-1)$
P 值决策	$P < \alpha$ 拒绝 H_0		

【例 6 – 11】假定某个生产公司的职员可以通过两种方法来完成某一项生产任务。为了使产量最大化，公司想知道使用哪一种方法能够使完成单件产品所需要的时间较短。令 μ_1 表示"采用第一种生产方法完成生产任务所需的平均时间"，μ_2 表示"采用第二种生产方法完成生产任务所需的平均时间"。由于没有先验数据，我们可以尝试性地假设两种生产方法完成任务所需的时间相同。由此可建立零假设和备择假设：

$$H_0 : \mu_1 - \mu_2 = 0$$
$$H_\alpha : \mu_1 - \mu_2 \neq 0$$

假定现在抽取了 6 个工人组成一个简单随机样本，每个工人都提供一对数据值（见表 6 – 10）。

表 6 – 10 　　　　　　　　　　样本数据

工人	第一种方法	第二种方法	完成时间差异 d
1	6.0	5.4	0.6
2	5.0	5.2	-0.2
3	7.0	6.5	0.5
4	6.2	5.9	0.3
5	6.0	6.0	0
6	6.4	5.8	0.6

我们想检验两种方法的完成时间有无差异，实际上就等同于检验表6-9第三列数据（完成时间差异）的均值是否等于0，若等于0则没有差异，若不等于0则有差异。

令 μ_d 表示"工人总体中差异值的平均数"，则可将原来的假设改成

$$H_0 : \mu_d = 0$$
$$H_\alpha : \mu_d \neq 0$$

$$\bar{d} = \frac{\sum d}{n} = 1.8/6 = 0.3$$

$$s_d = \sqrt{\frac{\sum (d - \bar{d})^2}{n-1}} = \sqrt{\frac{0.56}{5}} = 0.335$$

计算检验统计量的值

$$t = \frac{\bar{d} - \mu_d}{s_d / \sqrt{n}} = \frac{0.3}{0.335/\sqrt{6}} = 2.19$$

$\alpha = 0.05$，可查 t 分布表得 $t_{0.025}(5) = 2.571$，$t = 2.19 < t_{0.025} = 2.571$，落入接受域，不能拒绝 H_0，即可以认为两种生产方式的完成时间没有差异。

【例6-12】某饮料公司开发研制出一新产品，为比较消费者对新老产品口感的满意程度，该公司随机抽选一组消费者（8人），每个消费者先品尝一种饮料，然后再品尝另一种饮料，两种饮料的品尝顺序是随机的，而后每个消费者要对两种饮料分别进行评分（0~10分），评分结果见表6-11。取显著性水平 $\alpha = 0.05$，该公司是否有证据认为消费者对两种饮料的评分存在显著差异？

表6-11　　　　　　　　　　消费者对两种饮料的评分

旧饮料	5	4	7	3	5	8	5	6
新饮料	6	6	7	4	3	9	7	6

解：检验假设 H_0：消费者对两种饮料的评价无显著差异（$d = 0$）

选用配对样本 t 检验（成对双样本均值分析）

双尾相伴概率 $P = 0.22 > 0.05$

得出结论：不拒绝原假设，可以认为消费者对两种饮料的评价无显著差异。

利用 Excel 进行检验，步骤如下：

第1步：选择"工具"下拉菜单，并选择"数据分析"选项；

第2步：在分析工具中选择"t 检验：平均值的成对双样本分析"；

第3步：当出现对话框后在"变量1的区域"方框内键入数据区域，在"变量2的区域"方框内键入数据区域，在"假设平均差"方框内键入假设的差值（这里为0），在"α"框内键入给定的显著性水平（如图6-17所示）。

6.3.2　两个总体比率之差的检验

两个总体比率之差（$\pi_1 - \pi_2$）的检验思路与一个总体比率的检验类似，只是由

159

t-检验：成对双样本均值分析		
	旧款饮料	新款饮料
平均	5.375	6
方差	2.553571	3.428571
观测值	8	8
泊松相关系数	0.724207	
假设平均差	0	
df	7	
t Stat	-1.35724	
P(T<=t) 单尾	0.108419	
t 单尾临界	1.894579	
P(T<=t) 双尾	0.216838	
t 双尾临界	2.364624	

图 6-17　例 6-12 中 Excel 输出的检验结果

于涉及两个总体，在形式上相对复杂一些。

当 $n_1 p_1$、$n_1(1-p_1)$、$n_2 p_2$、$n_2(1-p_2)$ 都大于或等于 5 时，就可以认为是大样本。根据两个样本比率之差的抽样分布，可以得到用于检验两个总体比率之差检验的统计量

$$z = \frac{(p_1 - p_2) - (\pi_1 - \pi_2)}{\sigma_{\bar{p}_1 - \bar{p}_2}} \tag{6.14}$$

式中：$\sigma_{\bar{p}_1 - \bar{p}_2} = \sqrt{\dfrac{\pi_1(1-\pi_1)}{n_1} + \dfrac{\pi_2(1-\pi_2)}{n_2}}$，即两个样本比率之差抽样分布的标准差。

由于两个总体的比率 π_1 和 π_2 是未知的，需要利用两个样本比率 p_1、p_2 来估计 $\sigma_{\bar{p}_1 - \bar{p}_2}$。当检验 $H_0 : \pi_1 - \pi_2 = 0$ 或 $H_0 : \pi_1 = \pi_2$ 时，$\pi_1 = \pi_2 = \pi$ 的最佳估计量是将两个样本合并后得到的合并比率 P。如果设 x_1 表示样本 1 中具有某种属性的单位数，x_2 表示样本 2 中具有某种属性的单位数，则合并后的比率为

$$p = \frac{x_1 + x_2}{n_1 + n_2} = \frac{p_1 n_1 + p_2 n_2}{n_1 + n_2} \tag{6.15}$$

这时，两个样本比率之差 $(p_1 - p_2)$ 抽样分布的标准差 $\sigma_{\bar{p}_1 - \bar{p}_2}$ 的最佳估计量为

$$\sigma_{\bar{p}_1 - \bar{p}_2} = \sqrt{\frac{\pi_1(1-\pi_1)}{n_1} + \frac{\pi_2(1-\pi_2)}{n_2}}$$

$$= \frac{(p_1 - p_2) - (\pi_1 - \pi_2)}{\sigma_{\bar{p}_1 - \bar{p}_2}} = \sqrt{p(1-p)\left(\frac{1}{n_1} + \frac{1}{n_2}\right)} \tag{6.16}$$

将式（6.15）代入到式（6.16）中得到两个总体比率之差检验的统计量为

$$z = \frac{p_1 - p_2}{\sqrt{p(1-p)\left(\frac{1}{n_1} + \frac{1}{n_2}\right)}} \tag{6.17}$$

结果见表 6 – 12。

表 6 – 12 两个总体比率之差的检验

假设	双侧检验	左侧检验	右侧检验
假设形式	$H_0:\pi_1 - \pi_2 = 0$ $H_1:\pi_1 - \pi_2 \neq 0$	$H_0:\pi_1 - \pi_2 \geq 0$ $H_1:\pi_1 - \pi_2 < 0$	$H_0:\pi_1 - \pi_2 \leq 0$ $H_1:\pi_1 - \pi_2 > 0$
统计量	$z = \dfrac{p_1 - p_2}{\sqrt{p(1-p)\left(\dfrac{1}{n_1} + \dfrac{1}{n_2}\right)}}$	\multicolumn{2}{}{$z = \dfrac{(p_1 - p_2) - d_0}{\sqrt{\dfrac{p_1(1-p_1)}{n_1} + \dfrac{p_2(1-p_2)}{n_2}}}$}
拒绝域	$\lvert z \rvert > z_{\alpha/2}$	$z < -z_\alpha$	$z > z_\alpha$
P 值决策	\multicolumn{3}{}{$P < \alpha$ 拒绝 H_0}		

【例 6 – 13】 有两种方法生产同一种产品,方法 1 的生产成本较高而次品率较低,方法 2 的生产成本较低而次品率则较高。管理人员在选择生产方法时,决定对两种方法的次品率进行比较,如方法 1 比方法 2 的次品率低 8% 以上,则决定采用方法 1,否则就采用方法 2。管理人员从方法 1 生产的产品中随机抽取 300 个,发现有 33 个次品,从方法 2 生产的产品中也随机抽取 300 个,发现有 84 个次品。用显著性水平 $\alpha = 0.01$ 进行检验,说明管理人员应决定采用哪种方法进行生产?

解:$H_0:\pi_1 - \pi_2 \geq 8\%$,$H_1:\pi_1 - \pi_2 < 8\%$,$\alpha = 0.01$,$n_1 = 300$,$n_2 = 300$

检验统计量

$$z = \frac{(0.11 - 0.28) - 0.08}{\sqrt{\dfrac{0.11 \times (1 - 0.11)}{300} + \dfrac{0.28 \times (1 - 0.28)}{300}}} = -7.91229$$

决策:拒绝 H_0($P = 0.0122 < \alpha = 0.05$)

由此得出结论:方法 1 的次品率显著低于方法 2 达 8%,应采用方法 1 进行生产。

【例 6 – 14】 一所大学准备采取一项学生在宿舍上网收费的措施,为了解男女学生对这一措施的看法是否存在差异,分别抽取了 200 名男学生和 200 名女学生进行调查,其中的一个问题是:"你是否赞成采取上网收费的措施?"其中男学生表示赞成的比率为 27%,女学生表示赞成的比率为 35%。调查者认为,男学生中表示赞成的比率显著低于女学生。取显著性水平 $\alpha = 0.01$,样本提供的证据是否支持调查者的看法?

$$H_0:\pi_1 - \pi_2 \geq 0,H_1:\pi_1 - \pi_2 < 0,\alpha = 0.05,n_1 = 200,n_2 = 200$$

检验统计量:

$$z = \frac{0.27 - 0.35}{\sqrt{0.31 \times (1 - 0.31) \times \left(\dfrac{1}{200} + \dfrac{1}{200}\right)}} = -1.72976$$

决策:拒绝 H_0($P = 0.041837 < \alpha = 0.05$)

由此得出结论:样本提供的证据支持调查者的看法。

6.3.3 两个总体方差比的检验

在实际应用中,经常要对两个总体的方差进行比较。然而在比较两个总体方差时，通常是对其比值 $\dfrac{\sigma_1^2}{\sigma_2^2}\left(\text{或}\dfrac{\sigma_2^2}{\sigma_1^2}\right)$ 进行推断。这是因为当两个样本是从两个正态总体

中分别独立地抽取时，方差比 $\dfrac{\sigma_1^2}{\sigma_2^2}$ 的估计量的抽样分布是人们所熟悉的。通常将原假

设与备择假设的基本形式表示成两个总体方差比值与数值 1 之间的比较关系。

由于两个样本方差比 $\dfrac{s_1^2}{s_2^2}$ 是两个总体方差比值 $\dfrac{\sigma_1^2}{\sigma_2^2}$ 的理想估计值，而当容量为 n_1

和 n_2 的两个样本分别独立地抽自两个正态总体时，检验统计量为

$$F = \frac{s_1^2}{s_2^2} \text{ 或 } F = \frac{s_2^2}{s_1^2} \qquad (6.18)$$

两个总体方差比的双侧检验通常是用较大的样本方差除以较小的样本方差（实际上顺序是任意的），这样做是为了保证拒绝域总发生在抽样分布的右侧，所以只需将检验统计量的值与右侧的 $\alpha/2$ 分位数进行比较即可作出判断。而单侧检验时，也可以将任何一个单侧检验问题安排为右侧检验，如想检验 σ_1^2 是否大于 σ_2^2，备择假设可设成 $H_1 : \dfrac{\sigma_1^2}{\sigma_2^2} > 1$；如想检验 σ_1^2 是否小于 σ_2^2，备择假设则可设成 $H_1 : \dfrac{\sigma_2^2}{\sigma_1^2} > 1$。所以无论是两个总体方差比的左侧检验还是右侧检验，二者的拒绝域相同。而 F 分布右侧的任何分位数都可以查表得到或由 Excel 算出（见表 6 – 13）。

表 6 – 13　　　　　　　　　　两个总体方差比的检验

假设	双侧检验	左侧检验	右侧检验
假设形式	$H_0 : \sigma_1^2/\sigma_2^2 = 1$ $H_1 : \sigma_1^2/\sigma_2^2 \neq 1$	$H_0 : \sigma_1^2/\sigma_2^2 \geqslant 1$ $H_1 : \sigma_1^2/\sigma_2^2 < 1$	$H_0 : \sigma_1^2/\sigma_2^2 \leqslant 1$ $H_1 : \sigma_1^2/\sigma_2^2 > 1$
统计量	$F = \dfrac{s_1^2}{s_2^2} \left[\text{或 } F = \dfrac{s_2^2}{s_1^2}\right]$		
拒绝域	$F > F_{\alpha/2}(n_1 - 1, n_2 - 1)$		$F > F_{\alpha}(n_1 - 1, n_2 - 1)$

【例 6 – 15】一家房地产开发公司准备购进一批灯泡，公司打算在两个供货商之间选择一家购买。这两家供货商生产的灯泡平均使用寿命差别不大，价格也很相近，考虑的主要因素就是灯泡使用寿命的方差大小。如果方差相同，就选择从距离较近的一家供货商进货。为此，公司管理人员对两家供货商提供的样品进行了检测，得到的数据见表 6 – 14。检验两家供货商灯泡使用寿命的方差是否有显著差异（$\alpha = 0.05$）。

表 6 – 14　　　　　　　　　　产品检验信息

样本 1				
650	569	622	630	596
637	628	706	617	624
563	580	711	480	688
723	651	569	709	632

续表

样本 2				
568	681	636	607	555
496	540	539	529	562
589	646	596	617	584

用 Excel 进行检验：

第 1 步：选择“工具”下拉菜单，并选择“数据分析”选项。

第 2 步：在分析工具中选择“F 检验－双样本方差分析”。

第 3 步：当出现对话框后，在“变量 1 的区域”方框内键入数据区域，在“变量 2 的区域”方框内键入数据区域，在“ α ”框内键入给定的显著性水平，选择输出区域。选择“确定”。

将供货商 1 作为样本 1，供货商 2 作为样本 2，得到的结果如图 6－18 所示。

	A	B	C
1	F-检验	双样本方差分析	
2			
3		变量 1	变量 2
4	平均	629.25	583
5	方差	3675.461	2431.429
6	观测值	20	15
7	df	19	14
8	F	1.511647	
9	P(F<=f)单尾临界	0.217542	
10	F 单尾临界	2.400039	

图 6－18　例 6－15 中 Excel 输出的检验结果 1

由于 $s_1^2/s_2^2 > 1$，所以将检验统计量与 $F_{\alpha/2}(n_1-1, n_2-2)$ 进行比较。由于 $F = 1.5116 < F_{\alpha/2} = 2.8607$，不拒绝原假设。若利用 P 值进行检验，则需要将 Excel 输出的 P 值乘以 2。即 $P = 2 \times 0.217541513 = 0.435083027$，由于 P 值 $> \alpha = 0.05$，同样也不拒绝原假设。

因此，不能认为这两个总体的方差有显著差异。

如果将样本 1 和样本 2 互换，即将供货商 2 定为样本 1（共 15 个），将供货商 1 定为样本 2（共 20 个），则 Excel 输出的结果如图 6－19 所示。

	A	B	C
1	F-检验	双样本方差分析	
2			
3		变量 1	变量 2
4	平均	583	629.25
5	方差	2431.429	3675.461
6	观测值	15	20
7	df	14	19
8	F	0.66153	
9	P(F<=f)单尾临界	0.217542	
10	F 单尾临界	0.41666	

图 6－19　例 6－15 中 Excel 输出的检验结果 2

由于 $s_1^2/s_2^2 < 1$，所以将检验统计量 F 与左侧 $F_{1-\alpha/2}$ 进行比较。由于 $F = 0.6615 > F_{1-0.025} = F_{0.975} = 0.3496$，不拒绝原假设。若利用 P 值进行检验，由于 $P = 2 \times 0.217541513 = 0.435083027 > \alpha = 0.05$，同样也不拒绝原假设。检验结果与前面完全一致。

本章小结

本章介绍了有关统计假设检验的若干基本问题以及几种主要的假设检验方法。假设检验的基本问题包括假设的提出（原假设与备择假设）、假设检验的三种基本形式、检验统计量与拒绝域、两类错误与显著性水平、P 值。本章将研究者想要寻找证据支持的假设定义为"备择假设"，将其对立面定义为"原假设"；检验统计量的选择和显著性水平的事先指定共同决定了任何一个特定假设检验问题的拒绝域，通过观察检验统计量的值是否落入拒绝域来判断是否应该拒绝原假设；两类错误是在拒绝原假设与没有拒绝原假设时分别可能犯的错误，即包括"第一类错误"和"第二类错误"；P 值是除拒绝域以外的用于确定是否拒绝原假设的另一重要工具，它还测度了实际观测数据与原假设之间不一致的程度。

考虑到总体个数的不同，假设检验可以分为一个总体参数的假设检验和两个总体参数的假设检验；考虑到检验参数的不同，一个总体参数的假设检验分为均值、比率、方差等假设检验，两个总体参数的假设检验分为均值之差、比率之差、方差之比等假设检验。

进行一个总体均值的假设检验时，大致需要考虑两种情况：一是大样本。此时无需正态总体的假定前提，检验统计量在总体方差已知或未知的情况下都近似服从标准正态分布。二是小样本。在总体方差未知时需要假定总体服从正态分布，检验统计量服从 t 分布。对于一个总体比率的假设检验，通常是在大样本条件下进行的，以检验统计量近似服从标准正态分布为理论基础。而一个总体方差的假设检验，则是以总体服从正态分布为前提、以检验统计量的 χ^2 分布为基础的。

进行两个总体均值之差的假设检验时，需要考虑两类情况：一是独立样本。在大样本条件下依据正态分布建立拒绝域，在小样本条件下则依据 t 分布建立拒绝域（方差未知时还需要假定两个总体服从正态分布）。二是匹配样本。同样，在大样本条件下依据检验统计量近似服从正态分布来建立拒绝域，在小样本条件下则以 t 分布为基础（方差未知时还需要假定两个总体的差值总体服从正态分布）。两个总体比率之差的假设检验，通常也是在大样本条件下进行的，检验统计量近似服从正态分布是建立拒绝域的理论基础。至于两个总体方差比的假设检验，则是依据完全不同的 F 分布来进行的。

思考与练习

一、填空题

1. 我们在检验某项研究成功与否时，一般以研究目标作为＿＿＿＿＿，如在研究新管理方法是否对销售业绩（周销售量）产生影响时，设原周销售量为 A 元，欲对新管理方法效果进行检验，备择假设为_____。

2. 设总体 $x \sim N(\mu, \sigma^2)$，$x_1, x_2, \cdots, x_n$ 是来自总体的样本，则检验假设 $H_0: \mu = \mu_0$，当 σ^2 为已知时的统计量是_____；H_0 为真时服从_____分布；当 σ^2 未知时的统计量是_____；H_0 为真时服从_____分布。

3. 当 H_0 为真时拒绝 H_0，这一类错误称为_____，用 α 表示犯这一类错误的概率，α 又称为_____水平。当 H_0 为假时接受 H_0，这一类错误称为_____，用 β 表示犯这一类错误的概率，当 n 一定时，α、β 之间的关系是_____。

4. 设 $x_1, x_2, \cdots, x_n$ 是来自 $N(\mu, 1)$ 的样本，考虑假设检验问题 $H_0: \mu = 2, H_1: \mu = 3$，若检验的拒绝域为 $\bar{x} \geq 2.6$，则当 $n = 25$ 时犯第一类错误的概率为_____。

5. 设 $x_1, x_2, \cdots, x_{10}$ 是来自 $N(\mu, \sigma^2)$ 的样本，其中 σ^2 未知，考虑假设检验问题 $H_0: \mu = 10, H_1: \mu \neq 10$，显著水平 $\alpha = 0.05$，则此检验的拒绝域为_____。

二、单项选择题

1. 在假设检验中，显著性水平 α 的意义是（　　）。

A. H_0 为真，经检验拒绝 H_0 的概率　　B. H_0 为真，经检验接受 H_0 的概率

C. H_0 不成立，经检验拒绝 H_0 的概率　D. H_0 不成立，经检验接受 H_0 的概率

2. 在假设检验中，分别用 α、β 表示犯第一类错误和第二类错误的概率，则当样本容量 n 一定时，下列说法中正确的是（　　）。

A. α 减小时 β 也减小

B. α 增大时 β 也增大

C. α、β 不能同时减小，减小其中一个时，另一个就会增大

D. A 和 B 同时成立

3. 对正态总体的数学期望 μ 进行假设检验，如果在显著水平 $\alpha = 0.05$ 下应接受假设 $H_0: \mu = \mu_0$，则在显著水平 $\alpha = 0.1$ 下，下列结论中正确的是（　　）。

A. 必接受 H_0　　　　　　　　　　B. 可能接受，也可能不接受 H_0

C. 必拒绝 H_0　　　　　　　　　　D. 不接受，也不拒绝 H_0

4. 某厂生产的纤维纤度服从正态分布，纤维纤度的标准均值为 1.40。某天测得 25 根纤维纤度的均值 $\bar{x} = 1.45$，检验与原来设计的标准均值相比是否有所变化，要求的显著性水平为 $\alpha = 0.05$，则下列正确的假设形式是（　　）。

A. $H_0: \mu = 1.40, H_1: \mu \neq 1.40$　　B. $H_0: \mu \leq 1.40, H_1: \mu > 1.40$

C. $H_0: \mu < 1.40, H_1: \mu \geq 1.40$　　D. $H_0: \mu \geq 1.40, H_1: \mu < 1.40$

5. 下列假设检验中，属于左侧检验的是（　　）。

A. $H_0: \mu = \mu_0, H_1: \mu \neq \mu_0$　　B. $H_0: \mu \geq \mu_0, H_1: \mu < \mu_0$

C. $H_0: \mu \leq \mu_0, H_1: \mu > \mu_0$　　D. $H_0: \mu > \mu_0, H_1: \mu \leq \mu_0$

6. 生产某种产品，要求其抗压能力 μ 在 500 以上，如果对此进行假设检验，则原假设为（　　）。

A. $H_0: \mu \geq 500$　　B. $H_0: \mu \leq 500$　　C. $H_0: \mu = 500$　　D. $H_0: \mu \neq 500$

7. 在假设检验中，接受原假设时，（　　）

A. 可能会犯第一类错误　　　　　　B. 可能会犯第二类错误

C. 可能会犯第一、二两类错误　　　D. 不会犯错误

8. 在假设检验中，$1 - \alpha$ 是指（　　）。

A. 拒绝了一个真实的原假设的概率　　B. 接受了一个真实的原假设的概率

C. 拒绝了一个错误的原假设的概率　　D. 接受了一个错误的原假设的概率

9. 在假设检验中，$1 - \beta$ 是指（　　）。

A. 拒绝了一个正确的原假设的概率　　B. 接受了一个正确的原假设的概率

C. 拒绝了一个错误的原假设的概率　　D. 接受了一个错误的原假设的概率

10. 进行假设检验时，在其他条件不变的情况下，增加样本量，检验结论犯两类错误的概率会（　　）。

A. 都减小

B. 都增大

C. 都不变

D. 一个增大一个减小

11. 设样本 $X_1, X_2, \cdots, X_9$ 来自 $N(\mu, 0.04)$，在显著性水平 $\alpha = 0.05$ 条件下，对于假设检验 $H_0 : \mu \leq 0.5, H_1 : \mu > 0.5$，若总体均值的真实值为 $\mu = 0.65$，则此时的取伪概率为（　　）。

A. $\emptyset\ (0.605)$　　B. $\emptyset\ (-0.605)$　　C. $\emptyset\ (1.65)$　　D. $\emptyset\ (-1.65)$

12. 若假设形式为 $H_0 : \mu = \mu_0, H_1 : \mu \neq \mu_0$，当随机抽取一个样本时，其均值 $\bar{x} = \mu_0$，则（　　）。

A. 肯定接受原假设

B. 有 $1 - \alpha$ 的可能接受原假设

C. 有可能接受原假设

D. 有可能拒绝原假设

13. 设 Z_C 为检验统计量的计算值，总体方差 σ^2 已知，检验的假设为 $H_0 : \mu \leq \mu_0$，$H_1 : \mu > \mu_0$，当 $Z_C = 1.645$ 时，计算出的 P 值为（　　）。

A. 0.025　　B. 0.05　　C. 0.01　　D. 0.0025

14. 两个样本均值经过 t 检验判定有显著性差别，P 值越小，说明（　　）。

A. 两个样本均值差别越大　　B. 两个总体均值差别越小

C. 越有理由认为两样本均值有差别　　D. 越有理由认为两总体均值有差别

15. 在大样本情况下，当总体方差 σ^2 未知时，检验总体均值所使用的统计量是（　　）。

A. $z = \dfrac{\bar{x} - \mu_0}{\sigma / n}$　　　B. $z = \dfrac{\bar{x} - \mu_0}{\sigma^2 / n}$　　C. $t = \dfrac{\bar{x} - \mu_0}{s / n}$　　D. $z = \dfrac{\bar{x} - \mu_0}{s / \sqrt{n}}$

16. 在对总体均值进行检验时，用 t 统计量检验的条件是（　　）

A. 正态总体，方差已知，大样本　　B. 非正态总体，方差未知，大样本

C. 正态总体，方差已知，小样本　　D. 正态总体，方差未知，小样本

17. 从正态总体中随机抽取一个 $n = 10$ 的随机样本，计算得到 $x = 231.7$，$s = 15.5$，假定 $\sigma_0^2 = 50$，在 $\alpha = 0.05$ 的显著性水平下，检验假设 $H_0 : \sigma^2 \geq 50$，$H_0 : \sigma^2 < 50$，得到的结论是（　　）。

A. 拒绝 H_0

B. 不拒绝 H_0

C. 可以拒绝也可以不拒绝 H_0

D. 条件不足，无法判断

18. 某企业人事部经理认为，该企业职工对工作环境不满意的人数占职工总数的 $\dfrac{1}{5}$ 以上。为了检验这种说法，从该企业随机调查了职工 100 人，其中有 26 人表示

对工作环境不满意，则分别在 0.10 和 0.05 的显著性水平下，调查结果（　　）这位经理的看法。

A. 不支持；不支持
B. 不支持；支持

C. 支持；不支持
D. 支持；支持

三、多项选择题

1. 根据原假设的情况，假设检验中的临界值（　　）。

A. 只能有一个，不可能有两个
B. 有时为一个，有时有两个

C. 只会为正值
D. 总是以零为中心，呈对称分布

E. 有时会有负值

2. 下列关于 β 错误的说法，正确的是（　　）。

A. 是在原假设真实的条件下发生的

B. 是在原假设不真实的条件下发生的

C. 取决于原假设与实际值之间的差距

D. 原假设与实际值之间的差距越大，犯 β 错误的可能性越小

E. 原假设与实际值之间的差距越小，犯 β 错误的可能性越大

3. 已知总体服从正态分布，现抽取一小样本，拟对总体方差进行双侧假设检验，取 $\alpha = 0.05$，则原假设的拒绝区域为（　　）。

A. $(0, x_{0.975}^2(n-1)]$
B. $(-\infty, x_{0.975}^2(n-1)]$

C. $[x_{0.025}^2(n-1), +\infty)$
D. $[x_{0.975}^2(n-1), +\infty)$

E. $(0, x_{0.025}^2(n-1)]$

4. 某机场的塔台面临一个决策上的问题：如果荧幕上出现一个小的不规则点，并逐渐接近飞机时，工作人员必须作出判断：H_0：一切正常，那只是荧幕上受到一点干扰罢了；H_1：可能会发生碰撞意外。在这个问题中，（　　）。

A. 错误地发出警报属于第 Ⅰ 类错误
B. 错误地发出警报属于第 Ⅱ 类错误

C. 错误地发出警报的概率为 α
D. 错误地发出警报的概率为 β

E. 错误地发出警报属于第 Ⅲ 类错误

5. 对于两个总体均值之差的检验，利用检验统计量 $t = \dfrac{(\bar{x}_1 - \bar{x}_2) - (\mu_1 - \mu_2)}{s_p\sqrt{\dfrac{1}{n_1} + \dfrac{1}{n_2}}}$

进行检验，必须满足的条件有（　　）。

A. 两个总体都为正态总体
B. 两个总体方差已知

C. 两个总体的方差未知，但相等
D. t 分布的自由度为 $n_1 + n_2 - 2$

E. t 分布的自由度为 $n_l + n_2 - 1$

四、判断题

1. 所谓小概率原理是指发生概率很小的事件，在试验中不可能发生。（　　）

2. 在总体方差未知情况下进行均值检验，一定要用 t 统计量。（　　）

3. 假设检验的基本思想可以利用小概率事件原理来解释。（　　）

4. 拒绝原假设说明原假设是错误的。（　　）

5. 犯第一类错误的概率就等于显著性水平的大小，即等于 α；犯第二类错误的

概率为 $\beta = 1 - \alpha$。 （　　）

6. 对两个总体方差相等性进行检验，在 $\alpha = 0.01$ 的显著性水平上拒绝了原假设，这表示原假设为真的概率小于 0.01。 （　　）

7. 在进行假设检验时，只要总体服从正态分布，则应该使用 z 检验统计量。

（　　）

8. 为了解学生参加英语培训是否能提高考试成绩，对某高校学生培训前后的英语成绩进行检验，这属于配对样本的检验。 （　　）

五、计算题

1. 根据上一年的调查，某城市一个家庭每月平均耗电 32 度，全部家庭月耗电量服从正态分布。为了确定今年家庭平均每月耗电量有否提高，随机抽查 100 个家庭，统计结果为今年耗电量平均为 34.25 度，标准差为 10。当 $\alpha = 0.05$ 时，你能得出什么结论？（理论值 = 1.64）

2. 设样本 $x_1, x_2, \cdots, x_{25}$ 来自总体 $N(\mu, 9)$，其中 μ 为未知参数。对于检验 $H_0: \mu = \mu_0$，$H_1: \mu \neq \mu_0$ 取拒绝域 $|\overline{X} - \mu_0| \geq c$（$z_{0.025} = 1.96$）。

（1）求 c，使检验的显著性水平 $\alpha = 0.050$

（2）若 $\alpha = 0.05$，求当 $\mu = \mu_0 + 0.6$ 时，犯第二类错误的概率。

3. 某厂商准备在北京投资一家快餐店，为进行可行性研究，现随机调查了在快餐店就餐的 49 位顾客。其消费额如下：

$$
\begin{array}{cccccccccc}
15 & 38 & 26 & 24 & 30 & 42 & 18 & 30 & 25 & 26 \\
16 & 34 & 44 & 20 & 35 & 24 & 26 & 34 & 48 & 18 \\
28 & 46 & 19 & 30 & 36 & 42 & 32 & 45 & 36 & 21 \\
47 & 26 & 28 & 31 & 42 & 45 & 36 & 24 & 28 & 27 \\
32 & 36 & 47 & 53 & 22 & 24 & 32 & 46 & 26 &
\end{array}
$$

要求：

（1）若顾客在快餐店的消费额服从正态分布，其样本标准差为 9.7，试估计置信度为 90% 的置信区间；（$z_{\alpha/2} = z_{0.05} = 1.645$）

（2）该厂商同时在天津也进行了同样的调查，样本容量也为 49，调查的天津顾客平均消费额为 29 元，标准差为 10。在 5% 的显著水平下，能否认为两市快餐消费额的均值相等。（$z_{\alpha/2} = z_{0.05} = 1.96$）

4. 在某高校医院针对教工的健康调查中，随机抽取 200 名 45 岁以上的教工，发现有 20 名超过两年没有进行过体检，随机抽取 300 名 45 岁以下的教工，发现有 50 名超过两年没有进行过体检。根据以上抽样结果，能否认为年轻教工超过两年没有进行过体检的比例高于年纪大的教工（$\alpha = 0.05$）？

5. 从两处煤矿各抽样数次，分析其含灰率（%）如下：

甲矿：24.3　20.8　23.7　21.3　17.4

乙矿：18.2　16.9　20.2　16.7

假定各煤矿含灰率都服从正态分布，问甲、乙两煤矿的含灰率有无显著差异。（$\alpha = 0.05$）

注：$F_{0.025}(4.3) = 15.10$，$F_{0.025}(3, 4) = 9.98$，$t_{0.025}(7) = 2.365$

6. 为了研究不同类型的贫困地区人们的收入状况，现分别在两个地区进行了抽样，获取他们人均收入数据如下表所示。

地区	样本数据（人均收入：元）					均值	方差
地区 1	568	681	636	607	555	595.8	10484.91
	496	540	539	529	562		
	589	646	596	617	584		
	799	410	775	428	759		
地区 2	650	569	622	630	569	629.25	3675.46
	637	628	706	617	624		
	563	580	711	480	688		
	723	651	569	709	632		

（1）在 $\alpha=0.05$ 下，能否认为地区 2 的收入水平高于地区 1？

（2）在 $\alpha=0.05$ 下，两个地区人均收入方差是否相等？

（3）前面分析结果的现实统计意义是什么？

7. 某医药公司宣称其生产的一种新的降压药功效显著，随机抽取 715 位高血压患者，并对他们服用该种新药前后的血压进行了测试，得到如下表所示的资料。假定服用该种降压药前后的血压服从正态分布，能否相信医药公司的广告有真实性（取显著水平 $\alpha=0.05$）。

服药前血压	120	136	160	98	115	110	180	190	138	128	146	157	123	119	187
服药后血压	118	122	143	99	105	180	175	205	112	136	149	156	104	101	187

7

相关与回归分析

【引例】 **2015 年出生人口不升反降　学者预测 2025 年人口出现负增长**

根据 2017 年 1 月 19 日国家统计局公布的数据，2015 年全年出生人口总数为 1655 万人，比上年减少 32 万人。这一数据，令不少人口学者大跌眼镜。2014 年 1 月至 6 月，全国各地陆续实施了单独二孩政策，此前国家卫生和计划生育委员会及部分专家曾预测单独二孩政策的效应会在 2015 年显现，年出生人口估计会持续增加到 1700 万人，甚至 1800 万人。而冰冷的数据表明 2015 年的出生人口数据不升反降。这一反常情况表明，中国人口正在遭遇一个巨大的危机。

对于这一数据变化，人口学者黄文政分析，2015 年出生人口下降，可能由几个因素导致。一方面是因为育龄高峰期的女性数量在持续减少，另一方面，新进入育龄高峰期的女性生育意愿在降低。单独二孩政策所带来的人口增加的幅度要大大小于上述两个降低的因素，因此出现了出生人口数量的减少。黄文政判断，这说明此前对出生人口可能增加过多的担心完全没有必要。同时，也说明对全面二孩政策的影响可能也存在高估，到 2017 年，年出生人口可能不会超过 1700 万人。

人口学者姚美雄也表达了同样的担忧。他分析，如果按照目前的生育情况看，随着育龄妇女的持续减少，中国人口将在 2025 年出现负增长。

通过以上信息我们发现现象之间存在着依存关系。我们可以根据现有信息来进行预测，本章将介绍相关与回归分析理论，计算相关系数和建立简单的线性回归方程，并加以运用。

客观现象总是普遍联系和相互依存的。销售规模扩大了，相应会降低产品的销售成本，价格的上升，将导致供应量的增加，但与此同时，可能会压制消费水平；适当增加土地耕作深度、施肥量，有利于农作物产出的提高；投入的学习时间与取得的成绩一般呈现出正向关系，数学课学得好则计算机可能也会学得好一些。很多现象除了自身的变动之外，与其他现象相互之间可能会存在一定的依存关系。在实际经济问题中，某一经济行为常受到多因素的影响和制约，调研人员经常利用相关分析来说明客观事物相互间关系的密切程度。这种现象间的相互依存关系常表现为不确定的统计关系，或称为相关关系。相关与回归分析是研究变量之间不确定性统计关系的重要方法。相关分析主要是判断两个或两个以上变量之间是否存在相关关系，并分析变量间相关关系的形态和程度。回归分析主要是对存在相关关系的现象间数量变化规律性进行测定。本章主要讨论相关分析与回归分析的基本理论和方法。

7.1 相关分析

7.1.1 相关关系

1. 函数关系与相关关系

世界是普遍联系的有机整体，现象之间存在着相互依存、相互制约的关系，每一个现象的运动、变化和发展，与其周围的现象相互联系和相互影响着。比如，身材高的父母，他们的子女的身材也相对较高；降低储蓄的利率，可能会引起存款量的减少；一个人接受教育的程度，与他的劳动效率有着千丝万缕的联系；工作年限长的工人，由于动作熟练和经验丰富，因此其生产效率比起新手将高出一截；等等。通过对现象间的这些关系的研究，可以帮助人们找到现象变化内在与外在的影响因素及其发生机制，进而达到认识现象规律的目的。如果能够准确地把握住这些规律，借以估计、预测和控制，就可以对决策活动和科学研究给予帮助与指导。

客观现象之间的数量联系存在两种不同的类型：函数关系和相关关系。

当一个或若干个变量 x 取一定的值时，与之相对应的另一个变量 y 的值是确定的，变量间的这种关系称为确定性的函数关系。例如，圆的面积与圆的半径之间的关系，其函数式为 $S = \pi r^2$，一旦半径 r 给出，圆的面积就唯一确定。一般情况下，确定性的函数关系可以表示为 $y = f(x)$，通常把作为影响因素的变量称为自变量，把发生对应变化的变量称为因变量。在 $y = f(x)$ 这个等式中，x 称为自变量，y 称为因变量。

当一个或若干个变量 x 取一定的值时，与之相对应的另一个变量 y 的值是不确定的，虽然不确定，但却按某种规律在一定范围内变化，变量间的这种关系称为不确定性的统计关系或相关关系，一般可表示为 $y = f(x, \mu)$，其中 μ 为随机变量。例如，居民的可支配收入 x 与居民的消费支出 y 之间的关系，通常，具有相同收入水平的居民的消费支出并不完全相同，这时居民的可支配收入 x 与居民的消费支出 y 会呈现为不确定性的相关关系。居民消费支出 y 之所以与居民可支配收入 x 不呈现为确定性的函数关系，是因为除了居民可支配收入 x 以外，还存在许多其他的因素也会影响居民消费支出 y。又如，劳动生产率和工资水平的关系、投资额与国内生产总值的关系、成本与利润的关系等，都属于相关关系。如果用 x 表示产量、价格、利息率、身高、工龄等，用 y 表示单位成本、供应量、储蓄存款余额、体重、劳动生产率，则 x 与 y 间的关系，是不好用一个确定的数学表达式加以刻画的。因此，有时人们也把相关关系解释成变量间表现出来的不确定性关系。

变量之间的函数关系和相关关系在一定条件下，是可以相互转化的。对本来具有函数关系的变量，当存在观测误差时，其函数关系往往会以相关关系的形式表现出来；而具有相关关系的变量，如果我们对其有深刻的规律性认识，并且能够把影响因变量变动的所有其他因素全部纳入方程，这时的相关关系也可能会转化为函数关系。因此，相关关系经常可以用一定的函数关系去近似地描述。客观现象的函数关系可以用数学分析的方法去研究，而研究客观现象的相关关系则必须借助统计学中的相关与回归分析方法。

2. 相关关系的种类

由于涉及的变量数量、相关性质及相关程度的不同，变量之间的相关关系可以分为不同类型。

（1）根据相关程度的不同，相关关系分为完全相关、不完全相关和不相关。当一个现象的数量变化完全由另一个现象的数量变化所确定时，称这两种现象之间的关系为完全相关。例如，在价格不变的条件下，某种商品的销售额与销售量总是呈现出确定性的关系，在这种情况下，相关关系便成为函数关系。所以，也可以说函数关系是相关关系的一个特例。不完全相关关系如图7－1（a）和（b）所示，不相关关系如图7－1（d）所示。

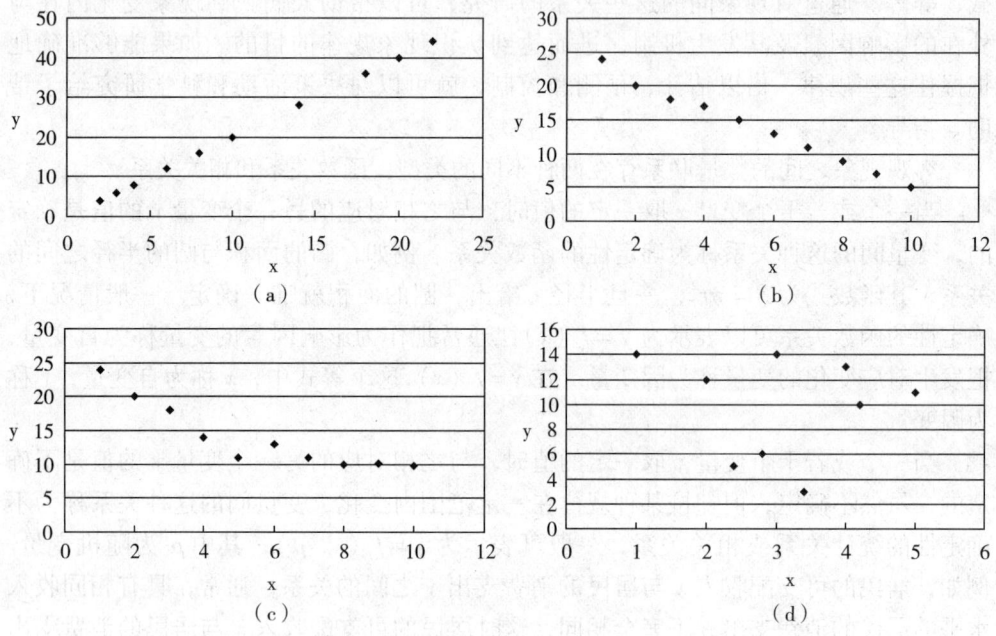

图7－1　各种相关关系的散点图

（2）根据相关关系涉及变量的多少，相关关系可分为单相关和复相关。单相关又称一元相关，反映两个变量之间的相关关系，如原材料的消耗与产品销售量之间的相关关系。复相关又称多元相关，是指三个或三个以上变量之间的相关关系，如商品销售额与居民收入、商品价格之间的相关关系。单相关关系如图7－1（a）、（b）、（c）和（d）所示。

（3）根据相关关系表现形式的不同，相关关系分为线性相关和非线性相关。当两种相关现象之间的相关关系在直角坐标系中近似地表现为一条直线时，称为线性相关。如图7－1（a）和（b）所示。如果两种相关现象之间，在图上并不表现为直线形式而是表现为某种曲线形式时，则称这种相关关系为非线性相关，如图7－1（c）所示。

（4）根据相关现象变化的方向不同，相关关系可分为正相关和负相关。当一个现象的数量由小变大（或由大变小），另一个现象的数量也相应由小变大（或由大变小），这种相关称为正相关。例如，运输的距离越远，运输成本就越高。当一个现象的数量由小变大，而另一个现象的数量相反地由大变小，这种相关称为负相关。例如，商品流转的规模越大，商品平均流通费用水平则越低。正相关关系如图 7-1（a）所示，负相关关系如图 7-1（b）所示。

3. 相关表和相关图

要判别现象之间有无相关关系，可编制相关表，绘制相关图。

（1）相关表。相关表是一种统计表，是直接根据现象之间的原始数据，将一个变量的若干变量值按从小到大的顺序排列，并将另一变量的值与之对应排列形成的统计表，如表 7-1 所示。

【例 7-1】为研究某市固定投资额 x 和生产总值 y 的关系，根据 2006—2015 年的相关数据编制的相关表如表 7-1 所示。

表 7-1　　　　　　　　2006—2015 年某市固定资产投资额与生产总值　　　　单位：万元

年份	固定资产投资额 x	生产总值 y
2006	668.70	3645.22
2007	699.40	4062.58
2008	910.90	4545.62
2009	961.00	4891.56
2010	1230.40	5323.35
2011	1430.10	5962.65
2012	1832.90	7208.05
2013	2543.20	9016.04
2014	3120.60	10275.18
2015	3791.70	12058.62

从表 7-1 中可以看出，随着固定资产投资额 x 的增加，生产总值 y 也是增加的，两者之间存在一定的正相关关系。

（2）相关图。相关图又称为散点图，它是用直角坐标系的 x 轴代表一个变量，y 轴代表另一个变量，将两个变量间相对应的变量值用坐标点的形式描绘出来，用于表明相关点分布状况的图形。相关图是研究相关关系的直观工具，一般在进行详细的定量分析之前，可以先利用它对现象之间存在的相关关系的方向、形式及密切程度做大致的判断。根据表 7-1 的资料可以绘制相关图，如图 7-2 所示。

从图 7-2 可以直观地看出，某市生产总值与固定资产投资额之间关系较密切，且有线性正相关的趋势。

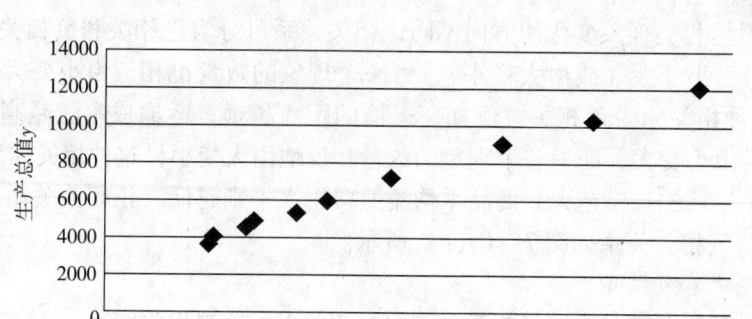

图7-2　某市生产总值与固定投资相关图

7.1.2　相关系数

相关表和相关图虽然能够较为直观地展现变量之间的相关关系，但对变量相关关系及相关程度的描述不够精确。在统计学中，对不同类型的变量数据，常采用各种相关系数来具体度量变量间相关的程度，比较常用的主要有简单线性相关系数和等级相关系数。

1. 简单线性相关系数

（1）简单线性相关系数的计算

在各种类型的相关分析中，只有两个变量的线性相关关系的分析是最简单的，所以根据相关资料计算出来的相关系数称为简单线性相关系数。因本节我们讨论只有两个变量的简单线性相关系数，所以如无特殊说明都指的是简单线性相关系数。根据总体资料计算的相关系数，称为总体相关系数，用记号 ρ 表示。

$$\rho = \frac{Cov(X,Y)}{\sqrt{Var(X)Var(Y)}} \tag{7.1}$$

式中：$Var(X)$ 是变量 X 的方差；$Var(Y)$ 是变量 Y 的方差；$Cov(X,Y)$ 是变量 X 和 Y 的协方差。

总体相关系数 ρ 反映了总体两个变量 X 和 Y 的线性相关程度，对于特定的总体来说，X 和 Y 的数值是既定的，总体相关系数 ρ 是客观存在的特定数值。然而，通常不可能去直接观测总体的两个变量 X 和 Y 的全部数值，所以总体相关系数一般是未知的。通常可能做到的是从总体中随机抽取一定数量的样本，通过 X 和 Y 的样本观测值去估计样本相关系数。变量 X 和 Y 的样本相关系数通常用 r_{xy} 表示，或简记为 r，可用公式（7.2）去估计

$$r_{xy} = \frac{\sum(x-\bar{x})(y-\bar{y})/n}{\sqrt{\sum(x-\bar{x})^2/n}\sqrt{\sum(y-\bar{y})^2/n}} = \frac{\sum(x-\bar{x})(y-\bar{y})}{\sqrt{\sum(x-\bar{x})^2}\sqrt{\sum(y-\bar{y})^2}} \tag{7.2}$$

式中：x 和 y 分别是变量 X 和 Y 的样本观测值；$\bar{x}$ 和 $\bar{y}$ 分别是变量 X 和 Y 样本值的平均值。

为了便于计算，样本相关系数也可用以下公式计算

$$r = \frac{n\sum xy - \sum x \sum y}{\sqrt{n\sum x^2 - (\sum x)^2}\sqrt{n\sum y^2 - (\sum y)^2}} \tag{7.3}$$

样本相关系数 r 是根据从总体中抽取的随机样本的观测值 x 和 y 计算出来的，它是对总体相关系数 ρ 的估计。可以证明，这样计算的样本相关系数是总体相关系数的一致估计。

（2）相关系数的特点

相关系数一般可以从正负符号和绝对数值的大小两个层面理解。正负说明现象之间是正相关还是负相关。绝对数值的大小说明现象之间线性相关的密切程度。

①r 的取值范围是 $0 \leqslant |r| \leqslant 1$，$r$ 的绝对值 $|r|$ 越大，表明 x 和 y 之间的相关程度越高，r 的绝对值 $|r|$ 越小，表明 x 和 y 之间的相关程度越低。

②当 $r = 0$ 时，表明 x 和 y 没有线性相关关系。

③当 $0 < |r| < 1$ 时，x 和 y 存在一定的线性相关关系，若 $r > 0$，表明 x 和 y 为正相关，若 $r < 0$，表明 x 与 y 为负相关。

④当 $|r| = 1$ 时，表明 x 和 y 完全线性相关，若 $r = 1$，称 x 和 y 完全线性正相关；若 $r = -1$，称 x 和 y 完全线性负相关。

使用样本相关系数 r 分析相关关系时应当注意以下几点：

①x 和 y 都是相互对称的随机变量，所以 $r_{xy} = r_{yx}$。

②相关系数只反映变量间的线性相关关系，不能说明非线性相关关系。

③相关系数只能反映变量间线性相关的程度，并不能确定变量之间存在因果关系。然而，还应该指出的是，两个变量之间的相关性是论证两个变量因果关系的必要组成部分。

一般情况下，通过相关系数 r 的绝对值 $|r|$ 的大小来判断 x 和 y 之间的线性相关程度的大小，说明如下：

①当 $|r| = 0$ 时，表明 x 和 y 之间完全不相关。

②当 $|r| < 0.3$ 时，表明 x 和 y 之间存在微弱相关。

③当 $0.3 \leqslant |r| < 0.5$ 时，表明 x 和 y 之间存在低度相关。

④当 $0.5 \leqslant |r| < 0.8$ 时，表明 x 和 y 之间存在显著相关，也称中度相关。

⑤当 $0.8 \leqslant |r| < 1$ 时，表明 x 和 y 之间存在高度相关。

⑥当 $|r| = 1$ 时，表明 x 和 y 之间存在完全线性相关。

【例 7 - 2】从 ABC 车间抽出 10 名工人统计其工龄与劳动生产率的资料，分析工人工龄与劳动生产率有没有相关关系。如果有，存在什么样的关系？程度如何？相关计算结果如表 7 - 2 所示。

表 7 - 2　　ABC 车间工人的工龄与劳动生产率之间的相关系数计算表

序号	工龄（年）	劳动生产率（件/日）	2	2	2
1	9	1000	81	1000000	9000
2	12	1050	144	1102500	12600
3	14	1500	196	2250000	21000

续表

序号	工龄（年）	劳动生产率（件/日）	2	2	2
4	15	1200	225	1440000	18000
5	17	1600	289	2560000	27200
6	18	1500	324	2250000	27000
7	18	1800	324	3240000	32400
8	20	1750	400	3062500	35000
9	21	1850	441	3422500	38850
10	22	1950	484	3802500	42900
合计	166	15200	2908	24130000	263950

解：从表 7 - 2 可知，$n = 10$，$\sum x = 166$，$\sum y = 15200$，$\sum x^2 = 2908$，$\sum y^2 = 24130000$，$\sum xy = 263950$，代入式（7.3），得

$$r = \frac{n \sum xy - \sum x \sum y}{\sqrt{n \sum x^2 - \left(\sum x\right)^2} \sqrt{n \sum y^2 - \left(\sum y\right)^2}}$$

$$= \frac{10 \times 263950 - 166 \times 15200}{\sqrt{10 \times 2908 - 166^2} \times \sqrt{10 \times 24130000 - 15200^2}} \approx 0.930066$$

因为 $r \approx 0.930066$，所以 ABC 车间工人的工龄与劳动生产率之间存在着高度线性正相关关系。

（3）简单线性相关系数的检验

在实际的客观现象分析中，相关系数一般都是利用样本数据计算的，因而带有一定的随机性，根据样本的观测值 x 和 y 计算出来的样本相关系数只是对总体相关系数 ρ 的估计。由于从总体中每抽取一个样本，都可以根据其观测值估计出一个样本相关系数，因此样本相关系数是随抽样而变动的随机变量。样本容量越小，其可信程度就越差。那么，所估计的样本相关系数是否为抽样的偶然结果呢？为此，对相关系数的统计显著性还有待进行检验。

对相关系数的显著性检验可分为两类：一类是检验总体相关系数 ρ 是否等于零；另一类是检验总体相关系数 ρ 是否等于某个不等于零的特定数值。限于篇幅，这里只介绍用得最多的总体相关系数 ρ 是否等于零的统计检验。

作为随抽样而变动的随机变量，样本相关系数 r 具有一定的概率分布，要对样本相关系数 r 进行显著性检验，必须明确其抽样分布性质。数学上可以证明，如果 X 和 Y 都服从正态分布，在总体相关系数 ρ 为 0 的假设下，即原假设 H_0：$\rho = 0$（总体两变量间线性相关性不显著），备择假设 H_1：$\rho \neq 0$（总体两变量间线性相关性显著），可以证明，当 H_0：$\rho = 0$ 成立时，如下与样本相关系数 r 有关的 t 统计量服从自由度为（$n - 2$）的 t 分布

$$t = \frac{r \sqrt{n - 2}}{\sqrt{1 - r^2}} \sim t(n - 2) \tag{7.4}$$

由所估计的样本相关系数 r 可计算 t 统计量。给定显著性水平 α，查 t 分布表得自由度为 $(n-2)$ 的临界值 $t_{\alpha/2}$，若 $|t| \geqslant t_{\alpha/2}$，表明相关系数 r 在统计上是显著的不为 0，应否定 $\rho=0$ 而接受 $\rho\neq0$ 的假设，表示总体的两个变量间线性相关性显著；若 $|t| < t_{\alpha/2}$，表明相关系数 r 在统计上不显著地不为 0，应接受 $\rho=0$ 的假设，表示总体的两个变量间线性相关性不显著。

【例 7-3】假设根据 6 对样本观测数据计算出某公司的股票价格与大盘指数的样本相关系数 $r=0.6$。试问是否可以根据 5% 的显著性水平认为该公司的股票与大盘指数之间存在一定程度的线性相关关系？

解：已知：H_0：$\rho=0$，H_1：$\rho\neq0$

将以上数据代入式（7.4），计算出 r 的 t 检验值为

$$t = \frac{0.6\sqrt{6-2}}{\sqrt{1-0.6^2}} = 1.5$$

查表可知，显著性水平为 5%，自由度为 4 的临界值 $t_{\alpha/2}=2.776$，上式中的 t 值小于 2.776，因此，r 不能通过显著性检验。也就是说，尽管根据样本观测值计算的 r 达到 0.6，但是由于样本单位过少，这一结论并不可靠，它不足以证明该公司的股票与大盘指数之间存在一定程度的线性相关关系。

2. 等级相关系数

等级相关系数又称顺序相关系数，是由心理学家与统计学家斯皮尔曼（Spearman）最早提出来的，一般用 r_s 来表示，称为斯皮尔曼等级相关系数。对于样本容量为 n 的随机变量 x 和 y，如果 x 和 y 的取值分别都可以分为 1，2，…，n 这样 n 个等级，而且样本的 n 个单位分别不重复地属于 x 和 y 的不同等级，没有两个单位取相同等级的情况，并且用 d_i 表示第 i 个样本单位属于 x 的等级与 y 的等级的级差。斯皮尔曼等级相关系数 r_s 为

$$r_s = 1 - \frac{6\sum d_i^2}{n(n^2-1)} \tag{7.5}$$

数学上可以证明，斯皮尔曼等级相关系数是简单线性相关系数的特例。样本等级相关系数的取值范围是 $-1\leqslant r_s\leqslant1$。当 $r_s=1$ 时，说明样本等级资料完全正相关；当 $r_s=-1$ 时，说明样本等级资料完全负相关；当 $r_s=0$ 时，说明样本等级资料不相关；当 $0<r_s<1$ 时，r_s 越接近 1，正相关程度越高；当 $-1<r_s<0$ 时，r_s 越接近 -1，负相关程度越高。

等级相关系数主要适用于分析变量值表现为等级的变量之间的相关关系。但是，对于变量值表现为数值而不是等级的变量，也可以把它划分为若干个等级，用等级相关的方法来研究。如果无法假定其总体分布，或者其中有一个变量只能用等级表现时，有时也可以用等级相关系数分析其相关性。例如，将年龄按生命过程阶段划分，比用实际年龄更便于研究生命过程的统计规律。具体方法是可以按实际观察值大小排序把观察值的取值范围划分为若干等级区间，并赋予每个观察值秩次而将其划分为若干等级，然后计算等级相关系数。

【例 7-4】将表 7-1 某市生产总值 y 和固定资产投资 x 用其秩次表示，并计算

等级级差，如表7-3所示。

表7-3 2006—2015年某市生产总值与固定资产投资额等级级差计算

| 年份 | 固定资产投资额（x） | | 生产总值（y） | | 等级级差 | d_i^2 |
	变量	秩次 q_i	变量	秩次 s_i	$d_i = q_i - s_i$	
2006	668.7	10	3645.22	10	0	0
2007	699.4	9	4062.58	9	0	0
2008	910.9	8	4545.62	8	0	0
2009	961	7	4891.56	7	0	0
2010	1230.4	6	5323.35	6	0	0
2011	1430.1	5	5962.65	5	0	0
2012	1832.9	4	7208.05	4	0	0
2013	2543.2	3	9016.04	3	0	0
2014	3120.6	2	10275.18	2	0	0
2015	3791.7	1	12058.62	1	0	0

依据等级级差，可以计算出等级相关系数为

$$r_s = 1 - \frac{6 \sum d_i^2}{n(n^2 - 1)} = 0$$

表明生产总值与固定资产投资额等级正相关程度比较高。

【例7-5】某公司6位员工的学历及其年终能力考核结论如表7-4所示，求学历与能力的等级相关系数。

表7-4 斯皮尔曼相关系数计算过程表

员工序号	学历	等级 x	能力考核	等级 y	$d = x - y$	d_i^2
1	硕士	1	良好	2.5	-1.5	2.25
2	本科	3	良好	2.5	0.5	0.25
3	本科	3	优秀	1	2	4
4	本科	3	一般	4.5	-1.5	2.25
5	专科	5.5	一般	4.5	1	1
6	专科	5.5	较差	6	-0.5	0.25
合计	—	21	—	21	0	10

（1）公司6位员工按学历高低排列分别为：硕士、本科、本科、本科、专科、专科。其中3个本科原来应该列为第2、3、4等级，平均数为3，2个专科原来应该列为第5、6等级，平均数为5.5，因此这6个人的学历等级可以定为：1、3、3、3、5.5、5.5。

（2）计算 x 和 y 两个序数数列的每对观测值的等级之差

$$r_s = 1 - \frac{6 \sum d^i}{n(n^2 - 1)} = 1 - \frac{6 \times 10}{6 \times 35} = 0.7143$$

结果表明，学历与能力之间有比较显著的相关性。

必须注意的是，等级相关系数不能解释为线性相关系数。斯皮尔曼等级相关系数是以变量的取值没有相同等级为前提的。但现实中，观察结果常常会出现相同的等级，这时，需要计算这几个观察结果所在位次的简单算术平均数作为它们相应的等级。在这种情况下，应用斯皮尔曼等级相关系数计算公式得到的结果显然只是近似的。若相同等级不是太多，可以近似应用上述公式，否则应加以修正。

7.2 一元线性回归分析

7.2.1 相关分析与回归分析

1. 相关分析与回归分析的含义

相关分析与回归分析是研究现象之间相关关系的两种基本方法。所谓相关分析，就是用一个指标来表示现象间相互依存关系的密切程度。所谓回归分析，就是根据相关关系的具体形态，选择一个合适的数学模型，来近似地表达变量间的平均变化关系，其目的是要根据已知的或固定的自变量的数值去估计因变量的总体平均值。回归分析是关于变量间客观存在的相关关系描述模型及其性质讨论和应用的统计方法的总称。

2. 相关分析与回归分析的区别

（1）相关分析说明的是两个变量之间的相互依存关系，因而它只是变量间相关关系的反映和描述性解释，而回归分析带有平均、期望的含义。举个例子，父辈的身高会影响子女的身高，究竟二者的关系有多大，计算相关系数就可以得到说明，那么回归的意思是指，高个子父辈其子女的身材也高，但高过父辈身高的情况普遍比较少，矮个子父辈的子女的身高相对较低，但他们的子女的身高又有普遍超过他们身高的倾向，人的身高总是趋向某个平均数，据此不难看出，相关与回归的原始含义是不同的。

（2）相关分析一般要求变量 x 与 y 的地位对等，而且都是随机变量。可是回归分析中，需要根据现象之间客观存在的依存关系的逻辑顺序，区分哪一个是自变量，哪一个是因变量。一般来说，回归分析中因变量是具有一定概率分布的随机变量，而把自变量作为研究时给定的非随机变量。

3. 相关分析与回归分析的联系

（1）相关分析是回归分析的前提和基础。通常，在确定了现象之间存在的相关关系及其形式后，才能有针对性地进行回归分析。如果相关关系不显著，就没有必要进行回归分析，即使勉强进行回归分析，其实际意义也不大。

（2）回归分析是相关分析的继续和深入。在相关分析的基础上进行回归分析，可以进行估计、预测和控制，二者结合起来，才能够发挥相关分析更大的作用。

（3）利用回归系数求出相关系数，是相关系数的一种计算方法；反之，从相关系数出发，也可方便地计算出回归系数。在统计检验方面，凡是回归模型代表性强的，相关关系就显著，若是回归模型代表性差，相关关系就不显著。或者，如果相

关系数通过了显著性检验，那么回归方程的代表性就好，相关系数 $|r|$ 的值越大，回归分析的效果越理想；否则，回归方程的代表性和回归分析的效果就较差，甚至毫无价值可言。

以上所述的相关分析和回归分析的关系，主要是从狭义的相关与回归概念方面来讲的，而且仅着眼于现象之间简单的线性关系。从广义上理解，相关分析和回归分析基本上融于一体。相关分析和回归分析只是定量分析的手段，通过相关分析和回归分析虽然可以从数量上反映现象之间的联系形式及其密切程度，但是无法准确地判断现象内在联系的有无，也无法单独以此来确定何种现象为因，何种现象为果。只有以实质性科学理论为指导，并结合实际经验来进行分析研究，才能正确判断事物的内在联系和因果关系。如果对本来没有内在联系的现象仅凭数据进行相关分析和回归分析，就可能是一种"伪相关"或"伪回归"，这样不仅没有实际的意义，而且会导致荒谬的结论。因此，在应用相关回归方法对客观现象进行研究时，一定要始终注意把定性分析和定量分析结合起来，在定性分析的基础上开展定量分析。

在本章中，我们只讨论最简单类型的回归分析，它只包括一个自变量和一个因变量，二者之间的关系可以用一条直线近似表示，这种回归被称为简单线性回归；包括两个或两个以上自变量的回归分析被称为多元回归分析。

7.2.2　回归线与回归函数

1. 回归线与回归函数的含义

一元线性回归分析中只有两个变量，将变量区分为自变量 x 和因变量 y。由于自变量 x 与因变量 y 之间不是确定性的函数关系，而是不确定性的相关关系，当自变量 x 取某一固定值时，y 的取值并不确定，y 的不同取值会形成一定的分布，这是 y 在 x 取某一固定值时的条件分布。举个例子，对于自变量（学历）的每一个固定值都相应地有因变量（收入）的某种分布。当然不是所有具有本科学历的人都会严格地具有相同的收入，不过这些收入是在某个均值周围分布的。所以，对于 x 的每一个取值，如果对 y 所形成的条件分布确定其期望或均值，称为 y 的条件期望或条件均值，可以用 $E(y \mid x_i)$ 表示。如图 7-3 所示，对于 x 的每一个取值 x_i，都有 y 的条件期望 $E(y \mid x_i)$ 与之对应，y 的条件期望是随 x 的变化而变化的。在坐标图上，这些 y 的条件期望 $E(y \mid x_i)$ 的点随 x 而变化的轨迹所形成的直线或曲线，称为回归

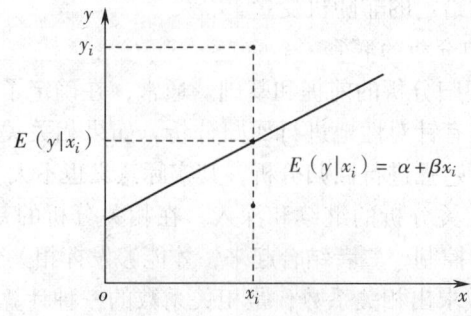

图 7-3　一元线性回归函数

线。如果因变量 y 的条件期望 $E(y \mid x_i)$ 随自变量 x 的变化而有规律地变化，可以把 y 的条件期望 $E(y \mid x_i)$ 表示为 x 的某种函数 $E(y \mid x_i) = f(x_i)$，这个函数就称为回归函数。如果其函数形式是只有一个自变量的线性函数，如 $E(y \mid x_i) = \alpha + \beta x_i$，就称为一元线性回归函数。如果其函数形式是有多个自变量的线性函数，如 $E(y \mid x_i) = \alpha + \beta_1 x_{1i} + \beta_2 x_{2i} + \cdots + \beta_k x_{ki}$，就称为多元线性回归函数。

2. 总体回归函数

假如已知所研究的经济现象总体中因变量 y 和自变量 x 的每个观测值（通常这是不可能的），便可以计算总体因变量 y 的条件期望 $E(y \mid x_i)$，并将其表现为自变量 x 的某种函数，这个函数称为总体回归函数（简记为 PRF）。y 的观测值的条件期望随自变量 x 而变动的轨迹，称为样本回归线。假如 y 的条件期望 $E(y \mid x_i)$ 是自变量 x 的线性函数，可表示为

$$E(y \mid x_i) = \alpha + \beta x_i \qquad (7.6)$$

式中：α、β 是未知的参数，又叫回归系数；$E(y \mid x_i)$ 强调的是由 x 决定 y 的期望值；α 表示 y 的截距；β 表示回归线的斜率。

在许多经济学入门教材中，我们都会接触到消费函数，一般用 $y = \alpha + \beta x$ 表示。其中，y 表示消费支出，x 表示可支配收入，α 称为基础消费水平的常数项，β 是表示边际消费倾向。这种类型的消费函数认为，可支配收入是决定消费支出的主要因素，而且它们之间是线性关系，在坐标轴中，可以用一条直线来表示，这种确定性的消费函数作为理论分析的一种抽象是允许的。但是，在现实经济生活中，这种确定性的消费函数很难成立，在消费收入一定的情况下，全国亿万个家庭的消费支出显然不会完全相等，因为除了收入之外，还有很多其他因素影响消费支出，一些家庭虽然收入相同，但消费习惯、地理位置、气候条件等都会使消费支出出现差异。所以，我们只能说，平均来看，消费支出和可支配收入的关系能够用直线反映，但是实际的 y 的观测值不一定在这条回归线上，只是散布在该直线的周围，各实际观测值 y_i 与条件期望 $E(y \mid x_i)$ 是有偏差的，这个偏差称为随机误差项，或称为随机扰动项，一般用 μ 表示，对于每一个实际观测值，则

$$\mu_i = y_i - E(y \mid x_i) = y_i - \alpha - \beta x_i$$
$$y_i = \alpha + \beta x_i + \mu_i$$

表示为一般形式，

$$y = \alpha + \beta x + \mu \qquad (7.7)$$

式（7.7）称为简单线性回归模型，回归模型就是描述 y 如何依赖于 x 和误差项 μ 的方程。误差项 μ 说明了包含在 y 里面但不能被 x 和 y 之间的线性关系解释的变异性。

3. 样本回归函数

对于实际的问题，通常总体包含的单位数很多，无法掌握所有单位的数值，总体回归函数实际上是未知的。我们可能做到的只是对应于自变量 x 的选定水平，对因变量 y 的某些样本进行观测，然后通过对样本观测获得的信息去估计总体回归函数。

对从总体中抽取的样本数据进行观测，对应于自变量 x 的一定值，取得的因变

量 y 的样本观测值也可计算其条件期望，y 的样本观测值的条件期望随自变量 x 而变动的轨迹，称为样本回归线。如果把因变量 y 的样本条件期望表示为自变量 x 的某种函数，这个函数称为样本回归函数（简记为 SRF）。

显然，样本回归函数的函数形式应与设定的总体回归函数的函数形式一致，如图 7 - 4 所示。

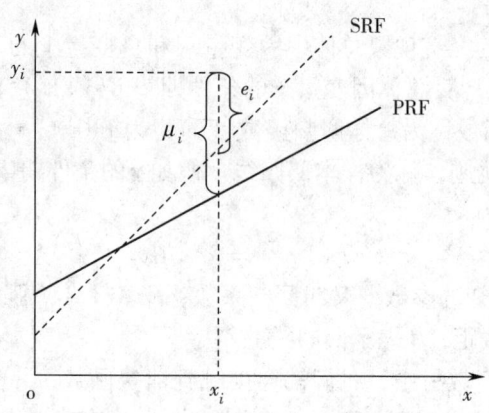

图 7 - 4 总体回归函数与样本回归函数

如果样本回归函数为线性函数，可表示为

$$\hat{y}_i = \hat{\alpha} + \hat{\beta} x_i \tag{7.8}$$

式中：$\hat{y}_i$ 是与 x_i 相对应的 y 的样本条件期望；$\hat{\alpha}$ 和 $\hat{\beta}$ 分别是样本回归函数的参数。

因变量 y 的实际观测值 y_i 并不完全等于样本条件期望 $\hat{y}_i$，二者之偏差称为残差项或剩余项，用 e_i 表示，则 $y - \hat{y}_i = e_i$ 或者

$$y_i = \hat{\alpha} + \hat{\beta} x_i + e_i \tag{7.9}$$

由图 7 - 4 可以看出，样本回归函数与总体回归函数的关系是显而易见的。如果能够获得 $\hat{\alpha}$ 和 $\hat{\beta}$ 的数值，显然 $\hat{\alpha}$ 和 $\hat{\beta}$ 是对总体回归函数参数 α 和 β 的估计。y_i 是对总体条件期望 $E(y \mid x_i)$ 的估计，残差 e_i 在概念上类似总体回归模型中的随机误差 μ_i。但是必须明确样本回归函数与总体回归函数是有区别的。首先，总体回归函数虽然未知，但它是确定的；而由于从总体中每次抽样都能获得一个样本，就都可以拟合一条样本回归线，所以样本回归线是随抽样的样本而变化的，可以有许多条。所以，样本回归线还不是总体回归线，至多只是未知总体回归线的近似表现。其次，总体回归函数的参数 α 和 β 是确定的常数，而样本回归函数的参数 $\hat{\alpha}$ 和 $\hat{\beta}$ 是随抽取的样本而变化的随机变量。此外，总体回归模型中的 μ_i 是不可直接观测的，而样本回归模型中的 e_i 是只要估计出样本回归的参数就可以计算的数值。

回归分析的目的是要用样本回归函数去估计总体回归函数。由于样本对总体总是存在代表性误差，样本回归函数总会过高或过低估计总体回归函数。我们面临的

问题是，需要寻求一种规则和方法，使得到的样本回归函数的参数 $\hat{\alpha}$ 和 $\hat{\beta}$ 能够"尽可能地接近"总体回归函数中的参数 α 和 β。

7.2.3　一元线性回归的普通最小二乘估计

1. 一元线性回归的基本假定

回归分析就是要用样本回归函数 SRF 去估计总体回归函数 PRF，而各种参数估计方法都是以一定假定为前提的。只有具备一定的假定条件，所作出的估计才具有良好的统计性质。一元线性回归模型中有随机误差项，估计的参数是随机变量，显然参数估计值的分布与误差项的分布有关，只有对随机误差项的分布作出假定，才能比较方便地确定所估计参数的分布性质，也才可能进行假设检验和区间估计。所以需要对模型和变量以及对随机误差项两个方面进行假定。

（1）对模型和变量的假定

一元线性回归模型：$y = \alpha + \beta x + \mu$

假定模型设定是正确的（变量和模型无设定误差）；假定自变量 X 在重复抽样中取固定值；假定自变量 X 是非随机的，或者虽然是随机的，但与误差项 μ 是不相关的（从变量 X 角度看）。有时还假定：回归模型对参数而言是线性的；解释变量 X 的值有变异性；观测次数 n 必须大于待估计参数个数（自变量个数）。

（2）对随机误差项 μ 的假定

总体回归函数中的随机误差项 μ 是无法直接观测的，为了进行回归分析，需要对其性质作一些基本假定。

假定 1：零均值假定。在给定 x 的条件下，μ_i 的条件期望为零，即

$$E(\mu_i \mid x_i) = 0 \tag{7.10}$$

假定 2：同方差假定。在给定 x 条件下，μ_i 的条件方差为某个常数 σ^2，即

$$Var(\mu_i \mid x_i) = E\left[\mu_i - E(\mu_i \mid x_i)\right]^2 = E(\mu_i^2) = \sigma^2 \tag{7.11}$$

假定 3：无自相关假定。随机误差项 μ 的逐次值互不相关，即

$$Cov(\mu_i, \mu_j) = E[\mu_i - E(\mu_i)][\mu_j - E(\mu_j)] = E(\mu_i, \mu_j) = 0 \quad (i \neq j) \tag{7.12}$$

假定 4：随机误差项 μ 与自变量 x_i 不相关的假定，即

$$Cov(\mu_i, x_i) = E[\mu_i - E(\mu_i)][x_i - E(x_i)] = 0 \tag{7.13}$$

假定 5：正态性假定。假定 μ_i 服从均值为零、方差为 σ^2 的正态分布，即

$$\mu_i \sim N(0, \sigma^2)$$

正态性假定不影响对参数的点估计，所以有时不列入基本假定，但这对确定所估计参数的分布性质是需要的。且根据中心极限定理，当样本容量趋于无穷大时，μ 的分布会趋近于正态分布。所以正态性假定有合理性。

注意：并不是参数估计的每一具体步骤都要用到所有的假定，但对全部假定有完整的认识，对学习统计学是有益的。完全满足以上基本假定的线性回归模型，又称为古典线性回归模型。

2. 普通最小二乘法

对模型参数估计的方法有多种，对于满足基本假定的线性回归模型的估计，最

简便、最常用的是普通最小二乘法（简称 OLS）。

在一元线性回归中，对于样本回归函数和既定的样本观测值，用不同的估计方法可能得到不同的样本回归参数的估计值 $\hat{\alpha}$ 和 $\hat{\beta}$，用样本回归函数所估计的 $\hat{y}_i$ 也可能不同。人们总是希望所估计的 $\hat{y}_i$ 偏离实际观测值 y_i 的残差 e_i 越小越好。可是因为 e_i 可正可负，残差直接的代数和会相互抵消，为此可以取残差平方和 $\sum e_i^2$ 作为衡量 $\hat{y}_i$ 与 y_i 偏离程度的标准，这就是所谓的最小二乘准则，即 $\sum (y_i - \hat{y}_i)^2$ 最小。

对于 $y = \alpha + \beta x + \mu$，用 $\hat{\alpha}$ 和 $\hat{\beta}$ 分别估计 α、β，则得到

$$\hat{y} = \hat{\alpha} + \hat{\beta} x + e$$

式中：$\hat{\alpha} + \hat{\beta} x$ 为 y 的估计 $\hat{y}$；e 为回归残差或称为 μ 的估计。e 与 μ 的性质有所不同，e 是 μ 在样本中的反映，因而是能够观察的。直观地理解，如果 $\hat{\alpha}$、$\hat{\beta}$ 是 α 和 β 的优良估计，则一定满足

$$\sum |e| = \sum |y - \hat{y}| = \min$$

从数学意义上讲，上式等价于下式

$$\sum e^2 = \sum (y - \hat{y})^2 = \min \tag{7.14}$$

但式（7.14）在数学处理上却方便得多。通常，由式（7.14）出发确定参数估计量的方法，称为最小二乘估计法，由最小二乘估计法导出的估计量，称为最小二乘估计量。

把 $\hat{y}$ 换成 $\hat{\alpha} + \hat{\beta} x$ 代入式（7.14）得

$$\sum e^2 = \sum (y - \hat{\alpha} - \hat{\beta} x)^2 = \min \tag{7.15}$$

对式（7.15）求关于 $\hat{\alpha}$、$\hat{\beta}$ 的导数得

$$\frac{\partial \sum (y - \hat{\alpha} - \hat{\beta} x)^2}{\partial \hat{\alpha}} = 2 \sum (y - \hat{\alpha} - \hat{\beta} x)(-1) \tag{7.16}$$

$$\frac{\partial \sum (y - \hat{\alpha} - \hat{\beta} x)^2}{\partial \hat{\beta}} = 2 \sum (y - \hat{\alpha} - \hat{\beta} x)(-x) \tag{7.17}$$

根据微积分中求极值定理，令式（7.16）和式（7.17）等于 0，联立方程：

$$\begin{cases} 2 \sum (y - \hat{\alpha} - \hat{\beta} x)(-1) = 0 \\ 2 \sum (y - \hat{\alpha} - \hat{\beta} x)(-x) = 0 \end{cases}$$

经过处理得

$$\begin{cases} \sum y = n\hat{\alpha} + \hat{\beta} \sum x \\ \sum xy = \hat{\alpha} \sum x + \hat{\beta} \sum x^2 \end{cases} \tag{7.18}$$

由式（7.18）解出 $\hat{\alpha}$、$\hat{\beta}$，得到

$$\begin{cases} \hat{\beta} = \dfrac{n \sum xy - \sum x \sum y}{n \sum x^2 - (\sum x)^2} \\ \hat{\alpha} = \dfrac{\sum y}{n} - \hat{\beta} \dfrac{\sum x}{n} = \bar{y} - \hat{\beta}\bar{x} \end{cases}$$

(7.19)

式中：$\bar{x}$ 和 $\bar{y}$ 分别为样本观测值 x_i 和 y_i 的平均值。

【例 7-6】ABC 公司上半年的产品产量与单位成本资料如表 7-5 所示。

表 7-5　　　　　　　　　　　ABC 公司上半年产品产量与单位成本

月份	产量（千件）	单位成本（元）
1	2	73
2	3	72
3	4	71
4	3	73
5	4	69
6	5	68

要求：（1）求出回归方程。

（2）指出产量每增加 1000 件时，单位成本平均变动多少？

（3）如果 7 月份的产量是 6000 件，请问单位成本是多少？

解：（1）设所求回归方程为 $y_i = \hat{\alpha} + \hat{\beta}x_i$，根据式（7.19），计算 $\hat{\alpha}$ 和 $\hat{\beta}$。

将 $n = 6$、$\sum x = 21$、$\sum y = 426$、$\sum x^2 = 79$、$\sum xy = 1481$ 代入式（7.19）中：

$$\hat{\beta} = \frac{n \sum xy - \sum x \sum y}{n \sum x^2 - (\sum x)^2} = \frac{6 \times 1481 - 21 \times 426}{6 \times 79 - 21^2} = -1.82$$

$$\hat{\alpha} = \frac{\sum y}{n} - \hat{\beta} \frac{\sum x}{n} = = \frac{426}{6} + 1.82 \times \frac{21}{6} = 77.37$$

所求的回归方程为：$\hat{y} = \hat{\alpha} + \hat{\beta}x = 77.37 - 1.82x$

（2）产量每增加一个单位即 1000 件时，单位成本平均减少 1.82 元。

（3）当产量为 6000 件时，即 $x = 6$，代入回归方程：

$\hat{y} = 77.37 - 1.82x = 77.37 - 1.82 \times 6 = 66.45$（元/件）

所以，当产量为 6000 件时，单位成本为 66.45 元/件。

7.2.4　拟合优度的度量

样本回归直线是对样本观测值的一种拟合。不同估计方法可拟合出不同的回归线，从散点图上看，样本回归直线与样本观测值总是一定程度上存在或正或负的偏离。对所估计出的样本回归线首先要考察对样本观测数据拟合的优劣程度，也就是样本观测值聚集在样本回归线周围的紧密程度，即对所谓的拟合优度进行度量。判断拟合优度最常用的数量尺度是样本决定系数（又称判定系数、可决系数），对样本回归拟合优度的度量是建立在对因变量总离差平方和分解的基础上的。

对于样本中的第 i 次观测值，因变量的观测值 y_i 和因变量的估计值 $\hat{y}_i$ 之间的离差称为第 i 个残差。第 i 个残差表示用 $\hat{y}_i$ 去估计 y_i 的误差。于是，对于第 i 次观测值，它的残差是 $y_i - \hat{y}_i$。这些残差或误差的平方和是一个用最小二乘法来极小化的量。这个量也称为误差平方和，记作 SSE。在应用估计的回归方程去估计样本中因变量的值将产生一个误差，SSE 的数值就是对这一误差的度量。对于样本中的第 i 次观测值，离差 $y_i - \bar{y}$ 给出了利用样本平均值进行估计时产生误差的一个度量，这些离差对应的平方和称为总平方和，记作 SST。我们把 SST 看作观测值在样本均值直线 $\bar{y}$ 周围集聚程度的度量，而把 SSE 看作观测值在回归线周围集聚程度的度量。

为了度量在估计的回归线 $\hat{y}$ 上的值与直线 $\bar{y}$ 的偏离有多大，我们需要计算另一个平方和，这个平方和称为回归平方和，记作 SSR。

回顾已经估计的样本回归函数：

$$y_i = \hat{\alpha} + \hat{\beta}x_i + e_i = \hat{y}_i + e_i$$

如果以平均值 $\bar{y}$ 为基准，说明观测值 y_i 和估计值 $\hat{y}_i$ 对 $\bar{y}$ 的偏离程度，上式可用离差表示为

$$(y_i - \bar{y}) = (\hat{y}_i - \bar{y}) + e_i \tag{7.20}$$

式（7.20）中各变量的关系如图 7-5 所示。

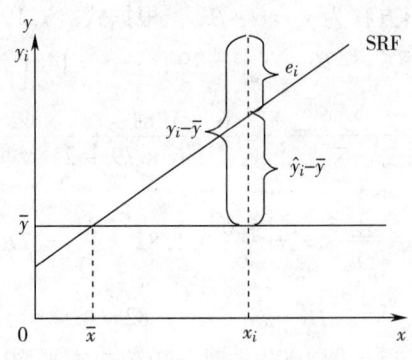

图 7-5　离差分解图

将式（7.20）两边同时取平方并对所有观测值加总，得

$$\sum (y_i - \bar{y})^2 = \sum (\hat{y}_i - \bar{y})^2 + \sum (y_i - \hat{y}_i)^2 + 2\sum (\hat{y}_i - \bar{y})(y_i - \hat{y}_i)$$

$$= \sum (\hat{y_i} - \bar{y})^2 + \sum (y_i - \hat{y}_i)^2 \tag{7.21}$$

式中：因变量的样本观测值 y_i 与其平均值 $\bar{y}$ 的离差平方和 $\sum (y_i - \bar{y})^2$，称为总离差平方和（SST）；因变量的样本估计值 $\hat{y}_i$ 与其平均值 $\bar{y}$ 的离差平方和 $\sum (\hat{y}_i - \bar{y})^2$，称为回归平方和（SSR），是由回归线作出解释的离差平方和；因变量观测值 y_i 与估计值 $\hat{y}_i$ 之差的平方和 $\sum (y_i - \hat{y}_i)^2$，称为残差平方和（SSE），是回归

线未作出解释的离差平方和。

将式（7.21）两边同除以 $\sum (y_i - \bar{y})^2$，得

$$\frac{\sum (y_i - \bar{y})^2}{\sum (y_i - \bar{y})^2} = \frac{\sum (\hat{y}_i - \bar{y})^2}{\sum (y_i - \bar{y})^2} + \frac{\sum (y_i - \hat{y}_i)^2}{\sum (y_i - \bar{y})^2}$$

$$1 = \frac{\sum (\hat{y}_i - \bar{y})^2}{\sum (y_i - \bar{y})^2} + \frac{\sum (y_i - \hat{y}_i)^2}{\sum (y_i - \bar{y})^2} \tag{7.22}$$

式中：$\sum (\hat{y}_i - \bar{y})^2 / \sum (y_i - \bar{y})^2$ 是由样本回归线作出解释的离差平方和在总离差平方和中占的比重；$\sum (y_i - \hat{y}_i)^2 / \sum (y_i - \bar{y})^2$ 是未由回归线作出解释的离差平方和在总离差平方和中占的比重。

显然，如果样本回归线对样本观测值拟合程度越好，各样本观测值与样本回归线靠得越近，由样本回归线作出解释的离差平方和在总离差平方和中占的比重也将越大，反之拟合程度越差，这部分所占比重越小。所以 $\sum (\hat{y}_i - \bar{y})^2 / \sum (y_i - \bar{y})^2$ 可以作为综合度量样本回归方程对样本观测值拟合优度的指标，即决定系数，一般用 r^2 表示。

$$r^2 = \frac{\sum (\hat{y}_i - \bar{y})^2}{\sum (y_i - \bar{y})^2} \tag{7.23}$$

或

$$r^2 = 1 - \frac{\sum (y_i - \hat{y}_i)^2}{\sum (y_i - \bar{y})^2} \tag{7.24}$$

决定系数 r^2 有如下特点：

（1）决定系数是非负的统计量；

（2）决定系数取值范围是 $0 \leqslant r^2 \leqslant 1$；

（3）决定系数是样本观测值的函数，决定系数 r^2 是随抽样而变动的随机变量；

（4）在一元线性回归中，决定系数在数值上是简单线性相关系数的平方，因为容易证明决定系数 r^2 也可表示为

$$r^2 = \frac{\left[\sum (x_i - \bar{x})(y_i - \bar{y}) \right]^2}{\sum (x_i - \bar{x})^2 \sum (y_i - \bar{y})^2} \tag{7.25}$$

虽然决定系数在数值上等于简单线性相关系数的平方，但是应注意二者是有区别的。决定系数是就估计的回归方程而言，度量回归方程对样本观测值的拟合程度；相关系数是就两个变量而言，说明两个变量的线性依存程度。决定系数度量的是自变量与因变量不对称的因果关系；相关系数度量的是不考虑是否有因果关系的相关关系。决定系数有非负性，取值范围为 $0 \leqslant r^2 \leqslant 1$；相关系数可正可负，取值范围为 $-1 \leqslant r \leqslant 1$。

7.3 线性回归的显著性检验与回归预测

对回归模型的统计检验，包括各个回归系数的显著性检验和对回归方程的总显

著性检验。在一元线性回归中，由于只有一个自变量，对各回归系数的显著性检验与对回归方程的总显著性检验事实上是等价的，所以本节只讨论对回归系数的显著性检验及利用回归模型进行预测的方法。

7.3.1 回归系数显著性的 t 检验

对回归系数显著性检验的目的，是为了根据样本回归估计的结果对总体回归函数的回归系数的有关假设进行检验，以检验总体回归系数是否等于某特定的数值。对 α 和 β 的检验方法相同，但通常对检验 $\beta = \beta^*$ 是否成立更为关注。

以对 β 的检验为例，回归系数显著性检验的基本步骤如下：

（1）提出假设。对回归系数显著性检验的假设一般为

$$H_0 : \beta = \beta^* \qquad H_1 : \beta \neq \beta^*$$

式中：H_0 表示原假设；H_1 表示备择假设；β^* 是假设的总体回归系数的真值，取某特定的值。在简单线性回归中，人们最关心的是自变量 x 对因变量 y 是否有显著线性影响，因此在对回归系数作假设检验时经常取 $\beta^* = 0$。若不拒绝 $H_0 : \beta = 0$ 的原假设，表明 x 对 y 没有显著的线性影响；若拒绝 $H_0 : \beta = 0$ 的原假设，表明 x 对 y 存在显著的线性影响。

（2）计算统计量。当 σ^2 未知，且样本量较小时，只能用 $\hat{\sigma}^2 = \sum e_i^2 / (n-2)$ 去代替 σ^2。

此时可计算以下服从 t 分布的 t 统计量

$$t^* = \frac{\hat{\beta} - \beta^*}{Se(\hat{\beta})} \sim t(n-2) \tag{7.26}$$

（3）给定显著性水平 α，确定临界值。

例如，取 $\alpha = 0.05$ 或 $\alpha = 0.01$，查自由度（$n-2$）时 t 分布表的临界值。注意，这里的假设检验可以是双侧检验，也可以是单侧检验，二者临界值有所区别。例如，对于 $H_0 : \beta = \beta^*$ 和 $H_1 : \beta \neq \beta^*$ 进行的是双侧检验，临界值为 $t_{\alpha/2}(n-2)$；又如，对于 $H_0 : \beta \leqslant \beta^*$ 和 $H_0 : \beta > \beta^*$ 进行的是单侧检验，临界值为 $t_\alpha(n-2)$。

（4）检验结果的判断。对于双侧检验，如果计算的 t 统计量的绝对值大于临界值，即 $|t^*| > t_{\alpha/2}(n-2)$，则拒绝原假设 $H_0 : \beta = \beta^*$，而不拒绝备择假设 $H_1 : \beta \neq \beta^*$；反之，如果计算的 t 统计量的绝对值小于临界值，则不拒绝原假设 $H_0 : \beta = \beta^*$。

对于单侧检验，如果计算的 t 统计量大于临界值，即 $t^* > t_{\alpha/2}(n-2)$，则拒绝原假设 $H_0 : \beta \leqslant \beta^*$，反之，则不拒绝原假设。

7.3.2 一元线性回归模型的预测

模型中的参数估计出来，并且模型本身通过代表性检验后，接下来就可进行模型的应用。

1. 被解释变量的期望值估计

（1）点估计。由前面所学可知 $E(y_i) = \alpha + \beta x_i$，用 $\hat{\alpha}$、$\hat{\beta}$ 估计 α 和 β 得

$$E(\hat{y}_i) = E(\hat{\alpha} + \hat{\beta}x_i) \quad i = 1,2,\cdots,n$$

而 $\hat{y}_i = \hat{\alpha} + \hat{\beta}x_i$，所以一般地我们就用 $\hat{y}_i = \hat{\alpha} + \hat{\beta}x_i$ 作为 $E(y_i)$ 的点估计。对于给定的某个解释变量的值 x_0，代入 $\hat{y}_i = \hat{\alpha} + \hat{\beta}x_i$ 中得到被解释变量的期望值估计

$$\hat{y}_0 = \hat{\alpha} + \hat{\beta}x_0 \tag{7.27}$$

（2）被解释变量期望值的区间估计。

$$\hat{y}_i = \hat{\alpha} + \hat{\beta}x_i, \qquad \hat{\alpha} = \bar{y} - \hat{\beta}\bar{x}$$

则有

$$\hat{y}_i = \bar{y} + \hat{\beta}(x_i - \bar{x})$$

由于

$$E(\hat{y}_i) = E(\hat{\alpha} + \hat{\beta}x_i)$$
$$= E(\hat{\alpha}) + E(\hat{\beta}x_i)$$
$$= E(\hat{\alpha}) + x_i E(\hat{\beta})$$

且

$$Var(\hat{y}_i) = Var[\bar{y} + \hat{\beta}(x_i - \bar{x})]$$
$$= Var(\bar{y}) + Var[\hat{\beta}(x_i - \bar{x})]$$
$$= \frac{\sigma^2}{n} + (x_i - \bar{x})^2 \times \frac{\sigma^2}{\sum_{i=1}^{n}(x_i - \bar{x})^2}$$
$$= \sigma^2\left[\frac{1}{n} + \frac{(x_i - \bar{x})^2}{\sum_{i=1}^{n}(x_i - \bar{x})^2}\right]$$

另外，$\bar{y}$、$\hat{\beta}$ 皆服从正态分布，因此有

$$\hat{y}_i = \hat{\alpha} + \hat{\beta}x_i \sim N\left(\alpha + \beta x_i, \sigma^2\left[\frac{1}{n} + \frac{(x_i - \bar{x})^2}{\sum_{i=1}^{n}(x_i - \bar{x})^2}\right]\right)$$

进一步地有

$$\frac{\hat{y}_i - (\alpha + \beta x_i)}{\sigma\sqrt{\frac{1}{n} + \frac{(x_i - \bar{x})^2}{\sum_{i=1}^{n}(x_i - \bar{x})^2}}} \sim N(0,1)$$

于是

$$\frac{\hat{y}_i - (\alpha + \beta x_i)}{\sigma\sqrt{\left[\frac{1}{n} + \frac{(x_i - \bar{x})^2}{\sum_{i=1}^{n}(x_i - \bar{x})^2}\right]\frac{SSE}{n-2}}} \sim t(n-2)$$

在给定的置信水平 $1 - \alpha$ 下，$E(y_i)$ 的估计区间

$$\left[\hat{y}_i - t_{1-\frac{\alpha}{2}}(n-2) \times \sqrt{\frac{SSE}{n-2}\left[\frac{1}{n} + \frac{(x_i - \overline{x})^2}{\sum_{i=1}^{n}(x_i - \overline{x})^2}\right]},\right.$$

$$\left.\hat{y}_i + t_{1-\frac{\alpha}{2}}(n-2) \times \sqrt{\frac{SSE}{n-2}\left[\frac{1}{n} + \frac{(x_i - \overline{x})^2}{\sum_{i=1}^{n}(x_i - \overline{x})^2}\right]}\right]$$

对于给定的解释变量的值 x_0，解释变量期望值估计的区间为

$$\left[\hat{y}_0 - t_{1-\frac{\alpha}{2}}(n-2) \times \sqrt{\frac{SSE}{n-2}\left[\frac{1}{n} + \frac{(x_0 - \overline{x})^2}{\sum_{i=1}^{n}(x_i - \overline{x})^2}\right]},\right.$$

$$\left.\hat{y}_0 + t_{1-\frac{\alpha}{2}}(n-2) \times \sqrt{\frac{SSE}{n-2}\left[\frac{1}{n} + \frac{(x_0 - \overline{x})^2}{\sum_{i=1}^{n}(x_i - \overline{x})^2}\right]}\right]$$

2. 解释变量的点值区间估计

（1）被解释变量点值的点估计。被解释变量点值的点估计，仍可用式（7.27）来给出。

（2）被解释变量点值的区间估计。

因为

$$E(y_i - \hat{y}_i) = E(y_i) - E(\hat{y}_i)$$
$$= \alpha + \beta x_i - (\alpha + \beta x_i)$$
$$= 0$$

$$Var(y_i - \hat{y}_i) = Var(y_i) + Var[\hat{y}_i]$$
$$= \sigma^2 + \sigma^2\left[\frac{1}{n} + \frac{(x_i - \overline{x})^2}{\sum_{i=1}^{n}(x_i - \overline{x})^2}\right]$$
$$= \sigma^2\left[1 + \frac{1}{n} + \frac{(x_i - \overline{x})^2}{\sum_{i=1}^{n}(x_i - \overline{x})^2}\right]$$

所以有

$$y_i - \hat{y}_i \sim N\left(0, \sigma^2\left[1 + \frac{1}{n} + \frac{(x_i - \overline{x})^2}{\sum_{i=1}^{n}(x_i - \overline{x})^2}\right]\right)$$

进一步地

$$\frac{y_i - \hat{y}_i}{\sigma\sqrt{\left[1 + \frac{1}{n} + \frac{(x_i - \overline{x})^2}{\sum_{i=1}^{n}(x_i - \overline{x})^2}\right]}} \sim N(0,1)$$

另外，同样可得

$$\frac{y_i - \hat{y_i}}{\sqrt{\dfrac{SSE}{n-2}\left[1 + \dfrac{1}{n} + \dfrac{(x_0 - \overline{x})^2}{\displaystyle\sum_{i=1}^{n}(x_i - \overline{x})^2}\right]}} \sim t(n-2)$$

那么对于置信水平 $1-\alpha$，y_i 的预测区间为

$$\left[\hat{y_i} - t_{1-\frac{\alpha}{2}}(n-2) \times \sqrt{\frac{SSE}{n-2}\left[1 + \frac{1}{n} + \frac{(x_i - \overline{x})^2}{\displaystyle\sum_{i=1}^{n}(x_i - \overline{x})^2}\right]},\right.$$

$$\left.\hat{y_i} + t_{1-\frac{\alpha}{2}}(n-2) \times \sqrt{\frac{SSE}{n-2}\left[1 + \frac{1}{n} + \frac{(x_i - \overline{x})^2}{\displaystyle\sum_{i=1}^{n}(x_i - \overline{x})^2}\right]}\right]$$

在解释变量取值为 x_0 时，y_0 的预测区间为

$$\left[\hat{y_i} - t_{1-\frac{\alpha}{2}}(n-2) \times \sqrt{\frac{SSE}{n-2}\left[1 + \frac{1}{n} + \frac{(x_0 - \overline{x})^2}{\displaystyle\sum_{i=1}^{n}(x_i - \overline{x})^2}\right]},\right.$$

$$\left.\hat{y_i} + t_{1-\frac{\alpha}{2}}(n-2) \times \sqrt{\frac{SSE}{n-2}\left[1 + \frac{1}{n} + \frac{(x_0 - \overline{x})^2}{\displaystyle\sum_{i=1}^{n}(x_i - \overline{x})^2}\right]}\right]$$

显然可以看出，点值估计的精度比期望值低一些。

3. 回归控制分析

在前面讨论的回归估计（或预测）中，一般是就某个解释变量的值 x_0，去估计解释变量 y_0 的值及其变化范围。回归控制分析是回归估计的逆问题，它要求在给出解释变量的取值范围时，确定解释变量的可能取值区间。

假定有 $y_0 \in (y_0', y_0'')$，令

$$y_0' = \hat{y_0'} - t_{1-\frac{\alpha}{2}}(n-2) \times \sqrt{\frac{SSE}{n-2}\left[1 + \frac{1}{n} + \frac{(x_0 - \overline{x})^2}{\displaystyle\sum_{i=1}^{n}(x_i - \overline{x})^2}\right]}$$

$$y_0'' = \hat{y_0''} + t_{1-\frac{\alpha}{2}}(n-2) \times \sqrt{\frac{SSE}{n-2}\left[1 + \frac{1}{n} + \frac{(x_0 - \overline{x})^2}{\displaystyle\sum_{i=1}^{n}(x_i - \overline{x})^2}\right]}$$

分别解出 x_0'、x_0''，便可得到回归控制的解释变量取值的变化范围 (x_0', x_0'')。当 n 比较大，上式可近似写成

$$y_0' = \hat{y_0'} - t_{1-\frac{\alpha}{2}}(n-2) \times \sqrt{\frac{SSE}{n-2}}, \quad y_0'' = \hat{y_0''} + t_{1-\frac{\alpha}{2}}(n-2) \times \sqrt{\frac{SSE}{n-2}}$$

其中，$\hat{y_0'} = \hat{\alpha} + \hat{\beta}x_0'$，$\hat{y_0''} = \hat{\alpha} + \hat{\beta}x_0''$。解出的 x_0'、x_0'' 分别为

$$x_0' = \frac{1}{\hat{\beta}}\left(y_0' - \hat{\alpha} + t_{1-\frac{\alpha}{2}}(n-2) \times \sqrt{\frac{SSE}{n-2}}\right),$$

$$x_0'' = \frac{1}{\hat{\beta}}\left(y_0'' - \hat{\alpha} - t_{1-\frac{\alpha}{2}}(n-2) \times \sqrt{\frac{SSE}{n-2}}\right)$$

不过需要注意，只有满足条件 $y_0'' - y_0' > 2t_{1-\frac{\alpha}{2}}(n-2) \times \sqrt{\frac{SSE}{n-2}}$，才会有 $x_0' < x''$ 的解，否则就失去了意义。

本章小结

各种变量相互之间的依存关系有两种不同的类型：一种是确定性的函数关系，另一种是不确定性的统计关系，也称为相关关系。变量之间的相关关系，从变量的数量可分为单相关和复相关；从表现形式可分为线性相关和非线性相关；从相关关系变化的方向可分为正相关和负相关。

变量间的相关关系的程度可用相关系数去度量。简单线性相关系数分为总体的简单线性相关系数和样本的简单线性相关系数。样本相关系数是随抽样而变动的随机变量，其显著性需要加以检验。对变量的秩次也可以用等级相关系数表现其相关性。

线性回归模型在各项基本假定满足的条件下，用普通最小二乘法去估计的参数是总体回归系数的最佳线性无偏估计。样本回归系数的估计量是随抽样而变动的随机变量。对估计的样本回归系数需要进行统计检验。估计出的样本回归线对样本观测数据拟合的优劣程度，可用决定系数判断，它是建立在对因变量总离差平方和分解的基础上的。回归系数的显著性检验可用 t 检验。利用估计的线性回归模型对因变量可以作点预测，也可以作区间预测。

思考与练习

一、填空题

1. 判定系数的取值范围是_____，相关系数的取值范围是_____。

2. 变量之间存在两种关系，一种是确定性的_____，另一种是不确定性的_____。度量两个变量之间的线性相关程度主要利用的指标是_____。

3. 在回归方程中，通常不对_____做实际意义上的解释。

4. 从研究目的上看，相关分析是用_____度量变量间相互联系的方向和_____；回归分析是要寻求变量间联系的_____，根据已知的自变量的数值去估计因变量的_____。

5. 直观地判断现象之间相关关系的方向、形式及大致的密切程度可以用_____。

6. 按照相关关系涉及变量的多少，相关关系可分为_____和_____。

7. 对于表现为因果关系的相关关系来说，自变量一般是确定性变量，因变量则一般是_____。

8. 工资（元）与劳动生产率（千元）之间的回归方程为 $\hat{y} = 15 + 60x$。因此，当劳动生产率每增长 1 千元，工资就平均增加_____元。

二、单项选择题

1. 当所有的观察值 y 都落在直线 $\hat{y} = a + bx$ 上时，则 x 与 y 之间的相关系数为（　　）。

A. $r = 0$　　　　　　B. $r = 1$　　　　　　C. $-1 < r < 1$　　　　D. $0 < r < 1$

2. 若直线回归方程中的回归系数为负数，则（　　）。

A. r 为 0　　　　　　B. r 为负数　　　　　C. r 为正数　　　　　D. 无法判断

3. 用最小平方法配合的直线必须满足（　　）。

A. $\sum (y - \hat{y})^2 =$ 最小值　　　　　　　B. $\sum (y - \hat{y})^2 =$ 最大值

C. $\sum (y - \bar{y})^2 =$ 最大值　　　　　　　D. $\sum (y - \bar{y})^2 =$ 最小值

4. 物价上涨，商品的需求量相应减少，则物价与商品需求量之间的关系为（　　）。

A. 不相关　　　　　B. 负相关　　　　　C. 正相关　　　　　D. 复相关

5. 下列方程一定错误的是（　　）。

A. $\hat{y}_i = 15 - 0.48x$　$r = 0.65$　　　　B. $\hat{y}_i = -15 - 1.35x$　$r = -0.81$

C. $\hat{y}_i = -25 + 0.85x$　$r = 0.42$　　　D. $\hat{y}_i = 120 - 0.56x$　$r = -0.93$

6. 下列各项中取值恒为非负的有（　　）。

A. 相关系数　　　　　　　　　　B. 可决系数

C. 回归方程的斜率　　　　　　　D. 残差

7. 进行相关分析，要求相关的两个变量（　　）。

A. 都是随机变量

B. 都不是随机变量

C. 自变量是随机的，因变量是非随机的

D. 因变量是随机的，自变量是非随机的

8. 用最小二乘法拟合直线趋势方程，若回归系数为负数，则该现象趋势为（　　）。

A. 上升趋势　　　B. 下降趋势　　　C. 水平趋势　　　D. 不能确定

9. 在回归分析中，残差平方和越大，说明变量之间（　　）。

A. 相关程度越低

B. 相关程度越高

C. 回归方程拟合效果越好

D. 因变量变化中由自变量变化引起的比重越大

三、多项选择题

1. 下列现象之间的关系属于相关关系的是（　　）。

A. 人均收入与消费支出的关系

B. 投入与产出的关系

C. 稻谷总产量与平均每亩稻谷产量的关系

D. 销售收入与销售成本的关系

E. 圆的半径与面积的关系

2. 变量之间的关系按相关程度可分为（　　　）。

A. 负相关　　　　B．不相关　　　　C．完全相关　　　　D．不完全相关

E. 正相关

3. 总体回归方程中的随机误差项（　　）。

A. 反映未列入方程的其他各种因素的影响

B. 真值无法观察

C. 是需要估计的参数

D. 是一个随机变量

E. 是确定的数值

4. 如果两个变量之间有一定的相关性，则以下结论中正确的是（　　　）。

A. 回归系数 b 的绝对值大于零

B. 相关系数 r 的绝对值大于 0.3

C. 判定系数 R^2 大于零

D. 判定系数 R^2 等于零

E. 回归系数 b 等于零

5. 下列各直线回归方程中，正确的有（　　　）。

A. $\hat{y} = 15 + 7x$, $r = 0.92$　　　　B. $\hat{y} = 20 - 5x$, $r = 0.85$

C. $\hat{y} = -10 + 2x$, $r = 0.78$　　　　D. $\hat{y} = 5 - 3x$, $r = -0.69$

E. $\hat{y} = 23 + 8x$, $r = -0.95$

6. 以下关于样本相关系数与判定系数的论述中正确的有（　　　）。

A. 样本相关系数总是大于判定系数

B. 样本相关系数的绝对值总是小于判定系数

C. 样本相关系数描述变量之间的线性关系的强弱

D. 当样本相关系数为 0 时，判定系数的值也为 0

E. 样本相关系数与判定系数没有关系

7. 按照相关关系涉及的变量的多少，相关关系分为（　　　）。

A. 线性相关　　　　B. 非线性相关　　　C. 单相关　　　　D. 复相关

E. 正相关

8. 在回归分析中，关于残差下列说法正确的是（　　　）。

A. 最小二乘法准则就是残差的平方和最小

B. 残差可正可负

C. 残差的平方和越大，相关程度越高

D. 残差的平方和越大，相关程度越低

E. 用普通最小平方法求一元线性回归模型时残差之和为零

9. 下列关于一元线性回归方程与相关系数的关系，错误的有（　　　）。

A. $\hat{y} = -100 - 1.3x$, $r = 1.1$　　　　B. $\hat{y} = -304 + 2.5x$, $r = 0.8$

C. $\hat{y} = -180 - 5x$，$r = 0.6$ D. $\hat{y} = -304 - 2.5x$，$r = 0.8$

E. $\hat{y} = -180 + 5x$，$r = 0.6$

10. 一元线性回归分析中（　　）。

A. 总体回归函数已知 B. 样本回归线是唯一的

C. 样本回归线有许多条 D. 总体回归函数未知

E. 总体回归函数的参数 α、β 是确定的常数

11. 在回归分析中（　　）。

A. 自变量和因变量都是随机变量

B. 自变量是非随机变量

C. 因变量是随机变量

D. 因变量是非随机变量

E. 自变量和因变量都是非随机变量

12. 简单线性回归分析的特点是（　　）。

A. 两个变量之间不是对等关系

B. 回归系数有正负号

C. 两个变量都是随机的

D. 利用一个回归方程，两个变量可以互相推算

E. 有可能求出两个回归方程

13. 回归分析和相关分析的关系是（　　）。

A. 回归分析可用于估计和预测

B. 相关分析是研究变量之间的相互依存关系的密切程度

C. 回归分析中自变量和因变量可以互相推导并进行预测

D. 相关分析需区分自变量和因变量

E. 相关分析是回归分析的基础

14. 变量之间的关系按变化方向可分为（　　）。

A. 正相关 B. 不相关 C. 完全相关 D. 不完全相关

E. 负相关

四、判断题

1. 计算相关系的两个变量都是随机变量。 （　　）

2. 一个回归方程只能作一种推算，即给出自变量的数值估计因变量的可能值。

（　　）

3. 设两个变量之间的回归方程是 $\hat{y} = -10 + 0.5x$，则由此可知两个变量是负相关关系。 （　　）

4. 相关系数 r 的取值在 -1 与 1 之间。 （　　）

5. 回归分析中，总体回归函数是确定的，样本回归线有许多条。 （　　）

6. $r = 1$ 时，表明 x 和 y 完全线性相关。 （　　）

7. 一元线性回归分析中残差可正可负。 （　　）

8. 如果相关系数 $r = 0$，表明两个变量之间不存在任何关系。 （　　）

9. 若 $r>0$，则越接近 1 说明两个变量正的因果关系越密切。　　（　　）

10. 在一元回归分析中，自变量 x 是随机变量。　　（　　）

11. 如果评价回归方程拟合效果的可决系数为 0.8，说明在因变量的总变差中有 20% 的变差是由随机因素所致。　　（　　）

12. 单纯依靠相关与回归分析，无法判断事物之间存在的因果关系。　　（　　）

13. 样本回归函数中回归系数的估计量是随机变量。　　（　　）

14. 如果两个相关的变量变动方向一致，则二者之间是正相关关系。　　（　　）

15. 简单回归模型中，单相关系数与相应的回归系数符号一致。　　（　　）

16. 利用最小二乘法估计的参数肯定比其他方法估计的参数接近真值。　　（　　）

17. 当抽取样本不同时，对同一总体回归模型估计结果也有所不同。　　（　　）

18. 产品的单位成本随着产量增加而下降，这种现象属于函数关系。　　（　　）

五、计算题

1. 某企业某年 1—6 月的销售收入和利润额的资料如下表所示。

（1）计算销售收入和利润额之间的相关系数；

（2）利用最小二乘法，求利润额（y）对销售收入（x）的线性回归模型，说明销售收入每增加 1 万元，利润额增加多少；

（3）若销售收入为 500 万元时，利润总额平均值的预测值为多少。

某企业某年 1—6 月的销售收入和利润额资料

月份	销售收入（万元）	利润额（万元）
1	30	1
2	50	3
3	80	10
4	170	30
5	300	50
6	400	70

2. 从某行业中随机抽取 7 家企业其产量与生产费用总额的数据资料如下。

7 家企业的产量与生产费用总额的数据资料

产量（台）	生产费用总额（万元）
20	70
35	100
50	150
60	160
70	180
78	200
85	230

要求：

（1）绘制产量与生产费用总额的散点图，判断两个变量之间的关系形态；

（2）计算产量与生产费用总额之间的线性相关系数，说明两个变量之间线性相关关系的强度。

3. 根据一组数据建立的线性回归方程为 $\hat{y} = 260 + 0.55x$。

要求：

（1）解释该直线斜率的意义；

（2）计算自变量 $x = 800$ 时，样本观察值的条件期望值；

（3）如果自变量 $x = 800$ 时，某一因变量的观察值为950，计算该实际观察值的残差。

4. 随机抽取6个航空公司，它们某年航班正点到达率和乘客投诉次数的资料如下表所示。

航空公司某年航班正点到达率和乘客投诉次数的资料

编号	航班正点到达率（%）	投诉次数（次）
1	65	120
2	70	110
3	7	80
4	80	52
5	85	30
6	90	17

要求：

（1）以航班到达的正点率为自变量，乘客投诉次数为因变量，求回归方程；

（2）如果航班到达的正点率为87%，求乘客的平均投诉次数。

5. 某企业某产品的产量与单位成本资料如下表所示，要求：

（1）绘制相关图，指出该企业产品产量与单位成本相关关系的类型；

（2）计算相关系数；

（3）配合适当的回归方程，指出该企业的产量增加1万件时，单位成本如何变动；

（4）产量为10万件时，求该产品单位成本平均值的预测值。

某企业某产品的产量与单位成本的资料

产品产量（万件）	单位成本（件/元）
2	75
3	72
4	70
5	67
6	66
7	64

6. 某集团研究下属企业月平均广告费用支出和月平均收入的相互关系，随机抽

样 10 个企业进行调查，其结果如下。

月平均广告费用支出（千元）	85	88	90	94	96	100	106	118	120	124
月平均收入（千元）	100	110	120	130	140	450	160	170	180	190

利用上表材料：（1）绘制散点图并观察两个变量之间是否存在线性关系；

（2）计算相关系数和回归方程；

（3）测算平均收入为 200000 元时，其月平均广告费用支出应为多少元。

8

时间序列分析与预测

【引例】 中华人民共和国《2016 年国民经济和社会发展统计公报》评读（节选）

2016 年是"十三五"规划的开局之年，也是供给侧结构性改革的攻坚之年。按照惯例，《2016 年国民经济和社会发展统计公报》如期发布了，公报中的笔笔数据、张张图表全面系统地展现了过去一年我国经济社会发展取得的新成就新进步新面貌。

经济增长质量提高。2016 年，我国国内生产总值达到 744127 亿元，比上年增长 6.7%，增速比上年回落 0.2 个百分点，处在调控预期目标区间。这一增长速度虽然比上年有所回落，但国内生产总值以 2015 年不变价计算的增量达 4.6 万亿元，比上年 4.4 万亿元增量多 1600 多亿元，更为重要的是国民总收入增长 6.9%，加快 0.6 个百分点，说明收入增速并没有因生产增长的回落而放慢，整个社会还是得到了实惠。

就业保持稳定增加。2016 年年末全国就业人员 77603 万人，比上年末增加了 152 万人，就业保持了基本稳定的态势。从城乡看，就业增量主要集中在城镇，年末城镇就业人员 41428 万人，净增加了 1018 万人；从产业看，就业主要集中在第三产业，第三产业不仅增长快，而且吸纳就业密度高，第三产业的较快增长一定会带来更多就业岗位。全年城镇新增就业 1314 万人，连续 4 年保持在 1300 万人以上。

价格呈现温和上涨。2016 年全年居民消费价格上涨 2.0%，涨幅比上年提高 0.6 个百分点，但总体呈现温和上涨的态势。一是上年居民消费基数较低，两年平均仅上涨 1.7%，而且上涨的结构性特征还比较明显，如有些项目上涨，有些项目出现下降；二是工业生产者出厂价格结束了连续 54 个月同比下降的局面，出现了由降转升，从成本方面推动了居民消费价格的上涨；三是价格出现一定程度的上涨也为经济良性运行所需要，经济运行活力需要一定价格上涨的激发和刺激，因为微观主体存在着货币幻觉，保持温和价格上涨对经济运行是有利的。

社会经济现象总是随着时间的推移发生变化，呈现出动态性。为了探索现象随时间而发展变化的规律性，就需要从动态上研究事物发展变动的过程，科学分析现象随时间变化的特点，来认识客观事物发展变化的趋势并作出合理的预测。本章将介绍时间序列概念、分类、构成要素、模型及其对比分析的方法，着重对时间序列的趋势变动分析、季节变动分析进行介绍。

8.1 时间序列的描述性分析

时间序列分析是统计学发展较快的一个方面，现代时间序列分析已经成为统计学的一个专门研究领域。时间序列包括确定型时间序列和随机型时间序列。确定型时间序列是指事物的发展有确定的变化规律，其变化过程可以用时间的确定函数来描述；随机型时间序列是指事物的变化没有必然的变化规律，需要把时间序列作为一个随机过程来描述和研究。本章只讨论确定型时间序列分析和预测的方法，即事物的发展变化过程可以用时间的确定函数来描述。

8.1.1　时间序列的含义

简单来说，将统计指标的数值按时间先后顺序排列就形成了时间序列。为了研究某种事物的发展状况，需要对该事物的发展情况进行观测，并记录数据，多数统计数据都是在不同时间观测记录的。测量间隔可以是一小时、一天、一周、一个月、一年等。例如，为了表现改革开放以来中国经济的发展状况，总是把中国从1978年以来经济发展的数据按年度顺序排列至今进行对比，来从中发现规律。像这样形成的一个变量在一定连续时点或一定连续时期上测量的观测值的集合称为时间序列，也称为动态数列。任何一个时间序列都具有两个基本要素：一是被研究现象所属的时间范围；二是反映该现象一定时间条件下数量特征的数值，即在不同时间上的统计数据。时间序列中每一项数据是某种指标在对应时间的数值，反映了现象在各个时间上达到的规模或水平，序列中每一项数值也称为相应时间上的发展水平。表8－1所列的是中国2000—2011年国内生产总值与人口等数据。

表8－1　　　　　　　　2000—2011年中国国内生产总值与人口数据统计表

年份	国内生产总值（亿元）	国内生产总值年增长率（%）	年末人口（万人）	人均GDP（元/人）
2000	99214.55	8.43	126743	7828.01
2001	109655.2	8.3	127627	8591.85
2002	120332.7	9.08	128453	9367.84
2003	135822.8	10.03	129227	10510.40
2004	159878.3	10.09	129988	12299.47
2005	184937.4	10.43	130756	14143.70
2006	216314.4	11.09	131448	16456.27
2007	265810.3	14.02	132129	20117.48
2008	314045.4	9.6	132802	23647.64
2009	340902.8	9.2	133474	25540.76
2010	401202	10.3	134091	29920.13
2011	472881.6	9.2	134735	35097.16

在一个时间序列中，各时间上的发展水平按时间顺序可以记为 $(x_0, x_1, x_2 \cdots, x_n)$，在对各时间的发展水平进行比较时，把作为比较基础的那个时期称为基期，把所研究考察的那个时期称为报告期。

对时间序列进行分析的目的，一是描述事物在过去时间的状态，分析其随时间推移的发展趋势；二是揭示事物发展变化的规律性；三是预测事物在未来时间的数量。因此，保证序列中各变量数值在所属时间、总体范围、经济内容、计算口径、计算方法等方面具有充分的可比性，是编制时间序列的基本原则。

8.1.2　时间序列的图形描述

除了可以用表格对时间序列进行描述，还可以用各种图形去描述时间序列的变化模式和变化趋势，分析观察数据随时间变化的形态。

例如，依据表 8 - 1 中 2000—2011 年中国的国内生产总值数据绘制的曲线图如图 8 -1 所示。

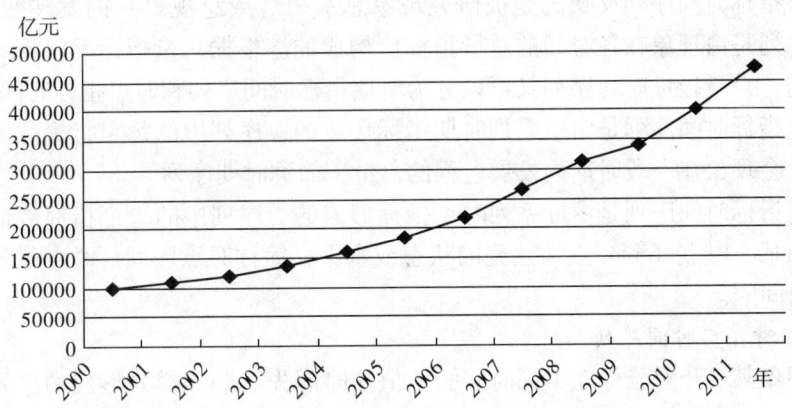

图 8 - 1　2000—2011 年中国的国内生产总值变动图

从图 8 -1 可以明显看出，2000 年以来，中国的国内生产总值持续增长。

又如，根据表 8 -1 中的数据可以绘制出 2000—2011 年中国国内生产总值增长率的曲线图，如图 8 -2 所示。

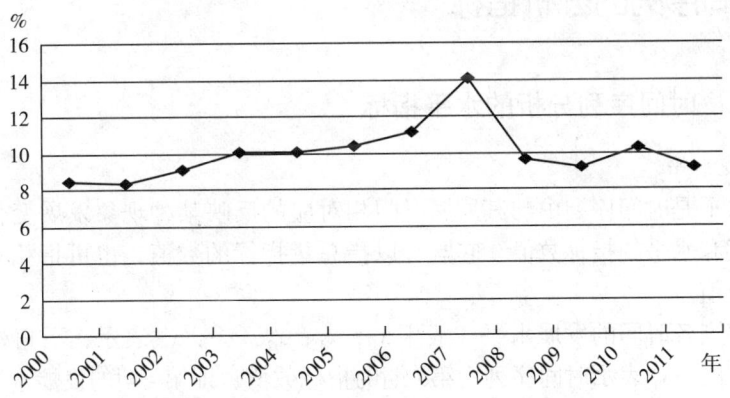

图 8 - 2　中国国内生产总值增长率变动图

从图 8 -2 中可以明显看出，这个期间国内生产总值的增长率波动幅度较大，2006—2007 年间出现了跳跃式的增长。

用各类图形描述时间序列数据，可以简洁直观地表现某种现象随时间变化的模式和趋势，但这种方式描述出的结果不够精确，还可以从更深层次去挖掘现象随时间变化的具体规律。

8.1.3　时间序列的种类

反映现象发展变化过程的时间序列按其统计指标的形式不同，可以分为总量指标时间序列、相对指标时间序列和平均指标时间序列三种类型。其中，总量指标时间序列是基础序列，相对指标时间序列和平均指标时间序列是派生序列。

1. 总量指标时间序列

总量指标时间序列反映的是被研究现象总水平（或总规模）的发展变化过程，即时间序列是由现象在各时间的总量指标值构成的。根据总量指标反映现象的时间状况不同，总量指标时间序列又可以分为时期指标时间序列和时点指标时间序列。

时期指标时间序列是由一系列时期指标形成的，序列中的每个指标数值都是反映某种社会现象在一段时期内发展过程的总量，简称时期序列。

时点指标时间序列是由一系列时点指标形成的，序列中的每个指标数值都是反映现象在某一时点（刻）上所达到的状态或水平，简称时点序列。时点序列没有时期，只有间隔。

2. 相对指标时间序列

将现象某一相对指标在不同时间的数值按时间先后顺序排列形成的序列，称为相对指标时间序列，反映的是被研究现象数量对比关系的发展变化过程。

3. 平均指标时间序列

将现象某一平均指标在不同时间的数值按时间先后顺序排列形成的序列，称为平均指标时间序列，反映的是现象平均水平的发展趋势。

8.2　时间序列的分析指标

8.2.1　时间序列分析的水平指标

1. 发展水平

发展水平是时间序列中与其所属时间相对应的反映某种现象发展变化所达到的规模、程度和水平的指标数值。它既可以指总量指标的数值，也可指相对指标和平均指标的数值。

时间序列各时间的发展水平一般用 x_0，x_1，x_2，$\cdots$，x_n 表示，下角标表示指标值所属的时间。x_i 表示时间序列中第 i 期的指标数值，即第 i 期的发展水平。按在时间序列中先后顺序的不同，发展水平又分为最初水平、中间水平和最末水平。第一个指标值我们通常用 x_0 来表示，一般称为最初水平，最后一个指标数值 x_n 叫最末水平，中间各项数值为中间水平。此外，所要研究的时期的发展水平，称为报告期水平，又称为计算期水平，用作对比基础的时期的发展水平，称为基期水平。

2. 增长量

增长量（也称为增长水平），是表明某种现象在一段时期内增长的绝对量，它等于报告期水平减基期水平，一般用增长量表示，即

$$增长量 = 报告期水平 - 基期水平$$

增长量有正有负，若增长量为正值，表明增加，若增长量为负值，表明减少，实际上准确地说应该称为增减量。根据基期确定方法的不同，增长量可以分为逐期增长量和累计增长量。

（1）逐期增长量

逐期增长量是报告期水平与前一期水平之差，用公式表示为

$$\text{逐期增长量} = \text{报告期水平} - \text{前一期水平} = x_i - x_{i-1} \qquad i = 1,2,3,\cdots,n$$

$$(8.1)$$

（2）累计增长量

累计增长量是报告期水平与某一固定时期水平（通常是时间序列最初水平）之差，用公式表示为

$$\text{累计增长量} = x_i - x_0 \qquad i = 1,2,3,\cdots,n \qquad (8.2)$$

容易算得，同一时间序列中，各逐期增长量的和等于相应时期的累计增长量，即

$$(x_1 - x_0) + (x_2 - x_1) + \cdots + (x_i - x_i - 1) = x_i - x_0 \qquad i = 1,2,3,\cdots,n$$

$$(8.3)$$

同样可以算得，两相邻时期累计增长量之差等于相应时期的逐期增长量，即

$$(x_i - x_0) - (x_{i-1} - x_0) = x_i - x_{i-1} \qquad i = 1,2,3,\cdots,n \qquad (8.4)$$

8.2.2 时间序列分析的速度指标

1. 发展速度

发展速度是时间序列中报告期水平与基期水平的比值，反映了现象报告期水平比基期水平发展变化的相对程度。计算公式为

$$\text{发展速度} = \frac{\text{报告期水平}}{\text{基期水平}} \qquad (8.5)$$

发展速度常用百分数表示，当比值较大时，也可用背书或翻番数表示，它说明现象报告期水平为基期水平的百分之几或若干倍。发展速度大于1（或100%）表明现象的发展水平呈上升趋势，小于1（或100%）表明现象的发展水平呈下降趋势。

由于所选基期的不同，发展速度分为环比发展速度和定基发展速度。

（1）环比发展速度

环比发展速度是时间序列中报告期水平与其前一时期发展水平之比，反映现象逐期发展变化的相对程度，用符号表示为

$$\frac{x_1}{x_0}, \frac{x_2}{x_1}, \ldots, \frac{x_n}{x_{n-1}}$$

（2）定基发展速度

定基发展速度是报告期水平与某一固定基期水平之比（固定的基期水平一般为时间序列的最初水平 x_0）。反映现象在较长时间内发展变化的相对程度，又称"总速度"，用"R"表示，时间序列各时期的定基发展速度用符号表示为

$$\frac{x_1}{x_0}, \frac{x_2}{x_0}, \ldots, \frac{x_n}{x_0}$$

虽然上述两种发展速度使用的基期和它们说明的问题不同，但定基发展速度与环比发展速度存在一定的数量关系。

（1）同一时间序列各期环比发展速度的连乘积等于其相应时期（最末一期）的定基发展速度。

$$\frac{x_1}{x_0} \times \frac{x_2}{x_1} \times \cdots \times \frac{x_n}{x_{n-1}} = \frac{x_n}{x_0} \qquad i = 1,2,3,\cdots,n \qquad (8.6)$$

（2）两个相邻时期定基发展速度之商等于相应时期（后一期）的环比发展速度。

$$\frac{x_i}{x_0} \div \frac{x_{i-1}}{x_0} = \frac{x_i}{x_{i-1}} \qquad i = 1,2,3,\cdots,n \qquad (8.7)$$

在实际统计工作中，为了说明报告期水平较上年同期发展的相对程度，还经常以报告期发展水平与上年同期发展水平相比，这样计算的发展速度称为年距发展速度，又可以称为同比发展速度。

某单位 2012—2016 年职工平均工资收入以及其他各年环比发展速度和定基发展速度通过计算得到结果如表 8 - 2 所示。

表 8 - 2　　　某单位 2012—2016 年职工平均工资收入及相关发展速度指标

年份	2012	2013	2014	2015	2016
收入（元）	40000	42000	45000	48000	50000
环比发展速度（%）	—	105	107.1	106.7	104.2
定基发展速度（%）		105	112.5	120	125

2. 增长速度

增长速度是某种现象报告期的增长量与基期水平之比，说明报告期水平较基期水平增长的相对程度。增长速度为发展速度减 1，即

$$增长速度 = \frac{报告期增长量}{基期水平} = \frac{报告期水平 - 基期水平}{基期水平} = 发展速度 - 1$$

发展速度与增长速度是一个问题的两种说明，两者有着密切的联系。首先，发展速度是说明报告期水平是基期发展水平的百分之几，包括基期水平；而增长速度则说明报告期水平比基期发展水平增长了百分之几，扣除了基期水平。其次，发展速度是通过报告期水平与基期发展水平对比计算的；增长速度是通过报告期水平减去基期水平后与基期水平对比计算的。最后，发展速度没有正负之分，只有大于 1 或小于 1 之分，而增长速度则有正负值之分，发展速度大于 1，则增长速度为正值，表示现象的发展水平是递增的；当发展速度小于 1 时，增长速度为负值，表示现象的发展水平是递减的；发展速度等于 1，则增长速度为 0，表示现象的发展水平维持不变。

增长量根据基期选择的不同，有逐期增长量和累计增长量之分，增长速度因所采用的基期不同，分为环比增长速度和定基增长速度。

（1）环比增长速度

环比增长速度是时间序列中报告期的逐期增长量与前一时期的发展水平之比，

反映现象较前一时期发展水平增加（减少）的相对程度，用符号表示为

$$\frac{x_1 - x_0}{x_0}, \frac{x_2 - x_1}{x_1}, \cdots, \frac{x_n - x_{n-1}}{x_{n-1}} \text{ 或} \frac{x_1}{x_0} - 1, \frac{x_2}{x_1} - 1, \cdots, \frac{x_n}{x_{n-1}} - 1 \qquad (8.8)$$

所以，环比增长速度 = 环比发展速度 - 1

（2）定基增长速度

定基增长速度是时间序列中报告期的累计增长量与固定基期水平（固定基期水平一般为时间序列的最初水平 x_0）之比，反映现象较固定的基期水平增加（减少）的相对程度，也说明了现象在一段较长时期内增加或减少的相对程度，用符号表示为

$$\frac{x_1 - x_0}{x_0}, \frac{x_2 - x_0}{x_0}, \cdots, \frac{x_n - x_0}{x_0} \qquad \text{或} \qquad \frac{x_1}{x_0} - 1, \frac{x_2}{x_0} - 1, \cdots, \frac{x_n}{x_0} - 1 \qquad (8.9)$$

所以，定基增长速度 = 定基发展速度 - 1

发展速度与增长速度是对社会经济现象进行动态分析的基本指标，应该注意的是环比增长速度与定基增长速度之间没有直接的换算关系，如果已知时间序列中各时期的环比增长速度求相应的定基增长速度，要先求各时期的环比发展速度，然后将各时期的环比发展速度连乘计算定基发展速度，最后将定基发展速度减1，才能求得定基增长速度。

某单位 2012—2016 年职工平均工资收入的环比增长速度和定基增长速度如表 8-3 所示。

表 8-3　某单位 2012—2016 年职工平均工资收入及相关增长速度指标

年份	2012	2013	2014	2015	2016
收入（万元）	40000	42000	45000	48000	50000
环比增长速度（%）	—	5	7.1	6.7	4.2
定基增长速度（%）	—	5	12.5	20	25

（3）增长1%的绝对值

发展水平和增长量是绝对数，说明现象发展所达到的和所增长的绝对数量，发展速度和增长速度是相对数，说明现象发展和增长的程度，把现象之间的差异抽象化了，在一定程度上掩盖了发展水平的差异。因此，低水平基础上的增长速度与高水平基础上的增长速度实际上是不可比的。由于环比增长速度时间序列中各期的对比基期不同，因此，在动态分析时，不仅要看各期增长的百分数，还要看增长1%所包含的绝对值，这是一个相对数与绝对数相结合运用的指标，即

$$增长1\%的绝对值 = \frac{逐期增长量}{环比增长速度 \times 100} = \frac{前一期水平}{100}$$

$$= \frac{x_i - x_{i-1}}{\dfrac{x_i - x_{i-1}}{x_{i-1}} \times 100} = \frac{x_{i-1}}{100} \qquad i = 1, 2, 3, \cdots, n \qquad (8.10)$$

3. 平均发展速度和平均增长速度

平均速度指标有平均发展速度和平均增长速度两种。平均发展速度说明某种现

象在一段较长时间内逐期发展的平均程度，相对应地，平均增长速度是说明现象在一段较长时间内逐期增长或下降的平均程度，二者的关系是

平均增长速度 = 平均发展速度 – 1

平均增长速度可能为正值，也可能为负值，为正值时表明现象在该段时期内平均来说是递增的；为负值时表明现象在该段时期内平均来说是递减的。平均增长速度的计算必须通过平均发展速度，即由平均发展速度减1来得出结果。

平均发展速度是各期环比发展速度的序时平均数，通常采用几何平均法计算。这是由于现象发展的总速度并不等于各期环比发展速度之和，而是等于各期环比发展速度的连乘积，所以各期环比发展速度的序时平均数，不能在速度代数和基础上按算术平均方法去计算，只能在速度连乘积基础上按几何平均法去计算。若以 $G_t(t = 1,2,3,\cdots,n)$ 表示各期环比发展速度，以 $\overline{G}$ 代表平均发展速度，则按几何平均法计算平均发展速度的计算公式为

$$\overline{G} = \sqrt[n]{G_1 \cdot G_2 \cdot \cdots \cdot G_n} = \sqrt[n]{\prod_{i=1}^{n} G_i} \tag{8.11}$$

若以 $\overline{G}^*$ 代表平均增长速度，则按几何平均法计算平均增长速度的计算公式为

$$\overline{G}^* = \overline{G} - 1 = \sqrt[n]{G_1 \cdot G_2 \cdot \cdots \cdot G_n} - 1 = \sqrt[n]{\prod_{i=1}^{n} G_i} - 1 \tag{8.12}$$

【例 8 – 1】2012—2016 年某公司员工人数资料如表 8 – 4 所示，计算 2012—2016 年某公司员工人数的平均增长速度。

表 8 – 4　　　　　　　　2012—2016 年某公司员工人数资料

年份	2012	2013	2014	2015	2016
员工人数（万人）	1.3	1.7	2.1	2.6	3

表 8 – 4 各时期的环比发展速度如表 8 – 5 所示。

表 8 – 5　　　　　　2012—2016 年某公司员工人数的环比发展速度

年份	2012	2013	2014	2015	2016
员工人数（万人）	1.3	1.7	2.1	2.6	3
环比发展速度	—	1.31	1.24	1.24	1.15

根据表 8 – 5 的计算结果，2012—2016 年某公司员工人数的平均增长速度为

$$\overline{G}^* = \overline{G} - 1 = \sqrt[n]{G_1 \cdot G_2 \cdot \cdots \cdot G_n} - 1$$

$$= \sqrt[4]{1.31 \times 1.24 \times 1.24 \times 1.15} - 1 = \sqrt[4]{2.3} - 1 = 23.1\%$$

由于环比发展速度的连乘积等于定基发展速度，在已知最初水平和最末水平时也可以采用以下方法计算平均增长速度。

$$\overline{G}^* = \overline{G} - 1 = \sqrt[n]{G_1 \cdot G_2 \cdot \cdots \cdot G_n} - 1$$

$$= \sqrt[n]{\frac{x_n}{x_0}} - 1 = \sqrt[4]{\frac{3}{1.3}} - 1 = \sqrt[4]{2.3} - 1 = 23.1\%$$

从上面的式子可以看出，即使不求各期环比发展速度，只要知道最初水平和最末水平，就可以直接计算平均增长速度。用几何平均法计算平均发展速度的特点是着眼于最初、最末水平，不论中间水平变化过程怎样，对平均发展速度的计算结果没有影响。计算平均发展速度的几何平均法也称为"水平法"。

平均发展速度表明的是在基期水平基础上的发展状况，在运用平均发展速度的时候，应注意与基期水平联系起来分析。因为如果基期水平很低，尽管计算的平均发展速度较高，实际的发展水平还是较低；反之则相反。也就是说，高速度可能掩盖低水平，低速度也可能隐含高水平。所以，要结合"增长1%的绝对量"指标来兼顾速度与水平。此外，由于平均发展速度是各期环比发展速度的序时平均数，可能会掩盖各期特殊发展的情况，如果资料中有几年的环比增长速度特别快，而且有几年又是负增长，出现显著的差异和不同的发展方向，或者所选择的最初水平和最末水平受特殊因素的影响过高或过低，则用这样的资料来计算平均发展速度，就会降低甚至失去指标的代表意义和实际分析意义。所以应当把平均发展速度与各期环比发展速度结合起来进行分析。

8.3 影响时间序列的构成因素

8.3.1 时间序列的构成

客观事物会随着时间的推移而发展变化，这个过程受多种因素共同影响，各种因素共同作用的结果形成了该现象时间序列各期的指标值。在诸多影响因素中，有些因素会长期起作用，对事物的变化发挥着决定性作用；有的只是短期起作用，或者只是偶然发挥非决定性的作用。例如，公司产品的销售量受经济增长、企业经营不断改进等长期稳定因素影响，同时也可能受偶然自然灾害、新的政策出台等非长期因素影响。在分析时间序列的变动规律时，事实上不可能将每一个影响因素都一一划分开来，分别去做精确分析。但是可以按照对现象变化影响的类型，将众多影响因素划分为若干种时间序列的构成要素，然后对这几类构成要素分别进行分析，以揭示时间序列的变动规律性。影响时间序列的构成因素通常可归纳为四种：长期趋势、季节变动、循环变动和不规则变动。

1. 长期趋势（T）

长期趋势，又称趋势变动，是指现象在一段相当长的时期内由于受到某种固定的、起根本性作用的因素的影响而表现的沿着某一方向的持续发展变化。当观测的时间序列的发展水平是沿着某一方向的持续发展变化，可能不断增长、也可能不断降低，或者呈现大体不变的水平趋势，就是长期趋势。例如，由于收入增长、教育水平提高、医疗条件进步等诸多因素的影响，人口的平均寿命呈增长趋势；由于能源消耗增加、人口剧增等诸多因素影响，自然资源消耗呈增长趋势等。汽车目前在中国已经走进千家万户，表8-6为某市2005—2016年12年间汽车销售量的时间序列。

表 8 – 6　　　　　　　　　　某市 2005—2016 年汽车销售量

年份	销售量（辆）	年份	销售量（辆）
2005	14000	2011	53000
2006	18000	2012	62000
2007	22000	2013	75000
2008	31000	2014	86000
2009	39000	2015	93000
2010	50000	2016	120000

从表 8 – 6 中的数据可以看出，某市的汽车销售量始终呈增长的态势，整个时间序列呈现出持续增长的长期趋势。

2. 季节变动（S）

季节变动是一种极为普遍的现象。本来意义上的季节变动是指受自然因素的影响，在一年中随季节的更替而发生的有规律的变动。现在对季节变动的概念有了扩展，对一年内由于社会、政治、经济、自然因素的影响而形成的以一定时期为周期的有规则的重复变动，都可称为季节变动。时间间隔可以是小时、天、星期、月，周期长度一般小于一年。形成季节周期的原因，一方面是自然界季节变化对现象产生影响而形成的周期性规律，例如，农业产品的生产、某些商品的销售量变动、旅游交通的流量都可能呈现出季节性的周期变动；另一方面也有人为因素，由于制度、习惯、法律法规等对事物产生影响而形成的周期性规律，例如，在春节、国庆节、圣诞节等节假日，社会消费品零售总额及旅游人数都会比平时有显著增加。现在假设一家商店在过去 5 年中雨伞的销售情况如表 8 – 7 所示。

表 8 – 7　　　　　　　　某商店 2011—2015 年雨伞销售情况表

年份	季度	销售量（把）	年份	季度	销售量（把）
2011	1	125	2014	1	109
	2	180		2	189
	3	162		3	157
	4	76		4	98
2012	1	110	2015	1	110
	2	194		2	193
	3	186		3	189
	4	95		4	104
2013	1	105			
	2	198			
	3	187			
	4	101			

在此时间序列中没有显示销售量有长期趋势，经进一步观察会发现，第二季度和第三季度销售量较为接近，高于第一季度和第四季度，其中第二季度销售量最高，

第四季度销售量最低。因此我们得到的结论是存在季度的季节变动模式。

3. 循环变动（C）

循环变动指在较长时间内呈现出的波峰波谷交替的变动，通常是以若干年为一定周期的有一定规律性的周期波动。时间序列有时呈现出沿着长期趋势的上下波动、扩张与紧缩、波峰与波谷相交替，这种时间间隔超过一年的环绕长期趋势涨落相间的波动，可归结为循环变动。循环变动与长期趋势不同，它不是单一方向的持续变动，而是有涨有落的交替波动。循环变动与季节变动也不同，循环变动的周期长短很不一致，不像季节变动那样有明显的按月或按季的固定周期规律。

循环变动的一个重要例子就是经济增长中出现繁荣—衰退—萧条—复苏—繁荣的周而复始的运动。按循环变动的周期长短不同，可以将其分为以下三种类型：（1）大周期波动，周期可长达50年。从工业革命开始，迄今已经经历三个大循环周期。（2）中周期波动，周期波动一般为10年左右。（3）小周期波动，周期一般为3～5年。

4. 不规则变动（I）

不规则变动又称随机变动，是指社会经济现象由于受临时的、偶尔的因素或不明原因而引起的无规则、无周期变动，由各种小概率事件组合而成，如自然灾害、战争以及随机性因素影响的结果，记为 I。根据中心极限定理，随机影响近似服从正态分布，其数学期望 $E[I(t)] = 0$，方差 $E[I^2(t)] = \sigma^2$。

从整体上说，时间序列可分解为长期趋势、季节变动、循环变动和不规则变动四种，但对某一个具体的时间序列，却不会总是包括这四个方面。年度资料的时间序列就不可能有季节变动。如果现象的发展变化没有周期性波动，那么也不会有循环变动。

8.3.2　时间序列的分解

时间序列分解的主要任务就是将各种变动对时间序列指标值的影响情况分别测定出来，以研究现象发展变化的原因及其规律性，为认识现象和预测未来的发展提供依据。为了将各类变动成分从时间序列中分离出来并加以测定，一个重要的前提是掌握这四类变动是以何种组合方式作用于现象从而形成时间序列的具体指标值。由于趋势变动是由现象内在的本质因素决定的，这些因素对现象各时期的指标值起着支配性的决定作用，因此，在进行时间序列分析时，通常以长期趋势值为绝对量基础，再根据各类变动对时间序列的影响是否独立，建立两种组合模型，即加法模型和乘法模型。

1. 加法模型：$Y = T + S + C + I$

加法模型是假定四个因素的影响是相互独立的，对时间序列的影响程度以绝对数表示，时间序列各期的指标值是各类变动对时间序列影响的绝对量之和。其中，Y 表示时间序列的各期的指标值；T 表示时间序列的长期趋势值，用绝对数表示，与 Y 同单位，这是时间序列各期指标值的主要构成部分；S、C、I 分别表示季节变动、循环变动、不规则变动引起的各期指标值 Y 与长期趋势值 T 的偏差，也用绝对数表示。

2. 乘法模型：$Y = T \times S \times C \times I$

乘法模型中仍以长期趋势值 T 作为各期指标值的绝对量基础，但假定四类影响因素之间存在交互作用，则其他各类变动对时间序列各期指标值的影响程度是以相对数的形式表现出来。其中，Y、T 的含义同加法模型，S、C、I 分别表示季节变动、循环变动、不规则变动引起的各期指标值 Y 与长期趋势值 T 的比率，一般也称为指数。因此，时间序列各期指标值是长期趋势值与其他变动的影响比率乘积。

当季节变动成分或循环变动成分不存在时，在乘法模型中的 S 或 C 取值为1，在加法模型中的 S 或 C 取值为0。有时也把长期趋势和循环变动合并称为趋势—循环因素。要分别研究各种构成因素的变动规律以及对时间序列的影响，就需要从时间序列中把各种构成因素分解出来。只有这样，才能识别某种构成因素是否存在，也才能分别描述各种构成因素的变动规律。

8.4　长期趋势的变动分析

长期趋势是对现象的统计数值在一个相当长时期内持续发展变化的趋势，它是对现象发展变化起普遍作用和决定性作用的基本因素决定的，它可能呈现上升、持平、下降或升降交替的状态。时间序列的长期趋势是就一个较长的时期而言的，在时间数列的四种变动中，长期趋势是最基本的变动，它表示在较长一段时间内的倾向，研究长期趋势的目的之一也是为了更好地分析其他因素的变动规律性。掌握事物发展的长期趋势，对社会经济管理及进行科学研究，是十分必要的。长期趋势的描述，可以揭示现象发展变化的某种规律性，可以为经济预测提供依据。

时间序列长期趋势的测定方法有许多种，最常用的有移动平均法、指数平滑法和趋势模型法等。

8.4.1　测定长期趋势的移动平均法

移动平均法的基本原理，是通过移动平均消除时间序列中的不规则变动和其他变动，从而揭示出时间序列的长期趋势。所谓移动平均，是使用时间序列中最近 k 期数据值的平均数作为下一个时期的预测值。在数学上，k 阶移动平均预测如下

$$F_{t+1} = \frac{\text{最近 } k \text{ 期数据值之和}}{k} = \frac{Y_t + Y_{t-1} + \cdots + Y_{t-k+1}}{k} \tag{8.13}$$

式中：F_{t+1} 是时间序列 $t+1$ 期的预测值，Y_t 是时间序列 t 期的实际值。

移动的意思就是每次使用时间序列一个新的观测值，用它代替公式中最旧的观测值，并且计算出一个新的平均数。因此，当使用新观测值时，平均数将会改变或者移动。

为了用移动平均法来预测时间序列，首先我们要选择移动平均法的时距项数或所包含的时间序列值的个数。如果仅仅时间序列最近的值被认为是相关的，则应该选择较小的 k 值；如果更多过去的值被认为是相关的，则较大的 k 值较好。表8-8是某4S店12周的汽车销售量的时间序列。

表8-8   某4S店12周的汽车销售量的时间序列

周	销售量（辆）	周	销售量（辆）
1	17	7	20
2	21	8	18
3	19	9	22
4	23	10	20
5	18	11	15
6	16	12	22

为了说明如何用移动平均法预测汽车的销售量，我们令$k=3$，即使用三周移动平均。首先用第1~3周的时间序列的平均数作为第四周销量的预测值。

$$F_4 = 第1 ~ 3周的平均数 = \frac{19 + 21 + 17}{3} = 19$$

因此，第4周汽车销售量的移动平均预测值是19辆。第4周的实际销量是23辆，所以第4周的预测误差是$23-19=4$。然后，利用第2~4周时间序列的平均数计算第5周销售量的预测值。

$$F_5 = 第2 ~ 4周的平均数 = \frac{23 + 19 + 21}{3} = 21$$

现在预测第13周的销售量，即$F_{13} = 第10~12周的平均数 = \frac{22 + 15 + 20}{3} = 19$

所以，第13周的汽车销售量的预测值是19辆。

移动平均法具有如下特点：

（1）移动平均对原时间序列有修匀或平滑的作用，使得原序列的上下波动被削弱了，而且平均的时距项数k越大，对数列的修匀作用越强。

（2）移动平均时距项数k为奇数时，只需一次移动平均，其移动平均值作为移动平均项数的中间一期的数值；而当移动平均项数k为偶数时，移动平均值代表的是这偶数项的中间位置的水平，无法对正某一时期，则需再进行一次相邻两平均值的移动平均，这样才能使平均值对正某一时期，这称为移正平均，也称中心化的移动平均数。

（3）当序列包含季节变动时，移动平均时距项数k应与季节变动长度一致（如4个季度或12个月），这样才能消除其季节变动；若时间序列包含周期变动时，平均时距项数k应和周期长度基本一致，这样才能较好地消除周期波动。

（4）移动平均以后，其序列的项数较原序列减少，当k为奇数时，新序列首尾各减少$(k-1)/2$项；k为偶数时，首尾各减少$k/2$项。所以移动平均会使原序列失去部分信息，而且平均项数越大，失去的信息越多。因此，移动平均的项数不宜过大。

此外，在移动平均法中，移动平均数计算中的每个观测值都赋予相同的权重。一种被称为加权移动平均的方法对此做了改变，即对每个数据值选择不同的权重，然后计算最近k期数据值的加权平均数，以此作为预测值，在大多数情况下，最近的观测值得到最大的权重，而减少较远期观测值的权重。根据以上图表中的数值来说明 3 周加权移动平均数的计算。指定最近的观测值的权重为 $\frac{3}{6}$，第二近的观测值的权重为 $\frac{2}{6}$，第三近的观测值的权重为 $\frac{1}{6}$，利用加权移动平均，第 4 周的预测值计算如下

$$第 4 周的预测值 = \frac{3}{6} \times 19 + \frac{2}{6} \times 21 + \frac{1}{6} \times 17 = 19.33$$

采用此方法计算的时候，权重之和应该等于 1。

8.4.2 测定长期趋势的指数平滑法

1. 指数平滑法的内涵

移动平均对消除季节等影响有独到的作用，所得趋势值比以某种函数形式所代表的趋势更能反映现象本身的趋势特征。但是移动平均也有不足之处，即对于不含季节因素的趋势序列，每一期的移动平均值只包含 k 个数据的信息，而没有将历史数据信息充分反映到趋势值或预测值中。采用指数平滑法充分利用所有的数据信息来弥补移动平均法的不足之处，同时又体现了近期数据对未来预测影响作用更大的特点。

指数平滑法是在移动平均法基础上发展起来的一种时间序列分析预测法，由布朗（Robert G. Brown）提出，布朗认为时间序列的态势具有稳定性或规则性，所以时间序列可被合理地顺势推延；他认为最近的过去态势，在某种程度上会持续到未来，所以将较大的权数放在最近的资料。配合一定的时间序列预测模型对现象的未来进行预测，任一期的指数平滑值都是本期实际观察值与前一期指数平滑值的加权平均。即利用过去的时间序列值的加权平均作为预测值，通过一系列计算消除不规则变动，揭示现象的基本趋势。指数平滑法属于中短期经济发展趋势预测，在所有预测方法中，它是用得最多的一种。

2. 指数平滑法的计算

采用指数平滑法确定趋势估计值的过程是：如果第 t 期趋势估计值与第 t 期实际值完全一致，二者之间没有误差，则第 t 期趋势估计值可以直接作为第 $(t+1)$ 期的趋势估计值；如果二者之间有误差，则这种误差可理解为是由两部分组成：一部分是不规则随机误差，另一部分是现象从第 $(t-1)$ 期到第 t 期的实质性变化。为了合理估计趋势值，需要剔除不规则随机误差，反映出现象的实质性变化。误差中属于现象实质性变化部分的比例可由平滑系数 α 决定，α 的值越大，即认为误差中现象实质性变化的比例越大，在下期的趋势估计中本期的误差就保留得越多；如果 α 的值越小，则误差中不规则随机因素引起的随机误差所占比例越大，在下期的趋势估计中本期误差就剔除得越多。指数平滑法有一次指数平滑、二次指数平滑、三次指数平滑等，在此着重介绍一次指数平滑。

一次指数平滑值（用 E_t 表示）的计算公式是

$$E_t = E_{t-1} + \alpha(y_t - E_{t-1}) \qquad t = 1,2,\cdots,n \qquad (8.14)$$

或者写成

$$E_t = \alpha y_t + (1 - \alpha)E_{t-1} \qquad (8.15)$$

式中：E_t 为第 t 期的指数平滑值，E_{t-1} 为第 $(t-1)$ 期的指数平滑值，y_t 为第 t 期的实际观测值，α 为平滑系数，α 的取值范围是 $[0,1]$。

第 t 期的指数平滑值 E_t 是在第 $(t-1)$ 期指数平滑值 E_{t-1} 的基础上，加上第 t 期实际观测值 y_t 与作为第 t 期趋势估计值的第 $(t-1)$ 期指数平滑值 E_{t-1} 间误差的一部分组合而成。

指数平滑具有递推性质，各期指数平滑值均在上期平滑值的基础上递推得到结果。由上面的公式可知：

（1）E_t 是 y_t 和 E_{t-1} 的加权算数平均数，随着 α 取值的大小变化，决定 y_t 和 E_{t-1} 对 E_t 的影响程度，当 α 取 1 时，$E_t = y_t$；当 α 取 0 时，$E_t = E_{t-1}$。

（2）E_t 具有逐期追溯性质，在其过程中，平滑系数以指数形式递减，故称为指数平滑法。指数平滑系数取值至关重要。平滑系数决定了平滑水平以及对预测值与实际结果之间差异的相应速度。平滑系数 α 越接近于 1，远期实际值对本期平滑值的影响程度下降得越迅速；平滑系数 α 越接近于 0，远期实际值对本期平滑值的影响程度下降得越缓慢。由此，当时间序列相对平稳时，可取较大的 α；当时间序列波动较大时，应取较小的 α，以不忽略远期实际值的影响。

（3）尽管 E_t 包含有全期数据的影响，但实际计算时，仅需要两个数值，即 y_t 和 E_{t-1}，再加上一个常数 α，这就使指数滑动平均具备逐期递推性质，从而给预测带来了极大的方便。

（4）根据公式 $E_1 = \alpha y_1 + (1-\alpha) E_0$，当打算用指数平滑法时才开始收集数据，则不存在 y_0，无从产生 E_0，自然无法根据指数平滑公式求出 E_1，指数平滑法定义 E_1 为初始值。初始值的确定也是指数平滑过程的一个重要条件。

如果能够找到 y_1 以前的历史资料，那么，初始值 E_1 的确定是不成问题的。数据较少时可用全期平均、移动平均法；数据较多时，可用最小二乘法。但不能使用指数平滑法本身确定初始值，因为数据必会枯竭。

3. 初始值的确定

如果仅有从 y_1 开始的数据，那么确定初始值的方法有：

（1）取 E_1 等于 y_1。

（2）待积累若干数据后，取 E_1 等于前面若干数据的简单算术平均数，例如，$E_1 = (y_1 + y_2 + y_3) / 3$。

将式（8.15）展开后，可得

$$
\begin{aligned}
E_t &= \alpha y_t + (1-\alpha) E_{t-1} \\
&= \alpha y_t + (1-\alpha)[\alpha y_{t-1} + (1-\alpha) E_{t-2}] \\
&= \alpha y_t + \alpha(1-\alpha) y_{t-1} + (1-\alpha)^2 E_{t-2} \\
&= \alpha y_t + \alpha(1-\alpha) y_{t-1} + (1-\alpha)^2[\alpha y_{t-2} + (1-\alpha) E_{t-3}] \\
&= \alpha y_t + \alpha(1-\alpha) y_{t-1} + \alpha(1-\alpha)^2 y_{t-2} + (1-\alpha)^3 E_{t-3} \\
&= \alpha y_t + \alpha(1-\alpha) y_{t-1} + \alpha(1-\alpha)^2 y_{t-2} + \cdots + \alpha(1-\alpha)^{t-1} y_t + (1-\alpha)^t E_0 \\
&= \alpha \sum_{j=0}^{t-1} (1-\alpha)^j y_{t-j} + (1-\alpha)^t E_0
\end{aligned}
$$

由于 α 是介于 0 与 1 之间的小数，随着时间 t 增大，最后一项系数 $(1-\alpha)^t$ 趋近于 0，将此略去后，得到一个新的式子

$$E_t = \alpha \sum_{j=0}^{t-1} (1-\alpha)^j y_{t-j} \tag{8.16}$$

可见指数平滑值 E_t 实质上是各期观测值 y_t 的加权平均数（权数和为 1），各期权数呈指数递减形式，故称为指数平滑。第 t 期平滑值包含第 t 期及以前所有数据的信息，但又对不同时期的数据给予不同的权数，越是近期的数据，给予权数越大。由于是平均值，对时间序列具有平滑修匀作用，能消除不规则变动的影响；又由于对各期数据赋予不同权数，体现了对各期数据的不同重视程度。正是由于指数平滑的这些特点，使该方法有极为广泛的应用场合，特别是适合于一些趋势形态比较特殊、不大适合拟合某种曲线的序列。

指数平滑法的计算中，关键是 α 的取值大小，但 α 的取值又容易受主观影响，因此合理确定 α 的取值方法十分重要，一般来说，如果数据波动较大，α 值应取大一些，可以增加近期数据对预测结果的影响。如果数据波动平稳，α 值应取小一些。理论界一般认为有以下方法可供选择：

（1）经验判断法

①当时间序列呈现较稳定的水平趋势时，应选较小的 α 值，一般可在 0.05 ~ 0.2 之间取值；

②当时间序列有波动，但长期趋势变化不大时，可选稍大的 α 值，常在 0.1 ~ 0.4 之间取值；

③当时间序列波动很大，长期趋势变化幅度较大，呈现明显且迅速地上升或下降趋势时，宜选择较大的 α 值，如可在 0.6 ~ 0.8 之间选值，以使预测模型灵敏度高些，能迅速跟上数据的变化；

④当时间序列数据是上升（或下降）的发展趋势类型，α 应取较大的值，在 0.6 ~ 1 之间取值。

（2）试算法

根据具体时间序列情况，参照经验判断法，来大致确定取值范围，然后取几个 α 值进行试算，比较不同 α 值下的预测标准误差，选取预测标准误差最小的 α 值。

在实际应用中预测者应结合对预测对象的变化规律作出定性判断且计算预测误差，并要考虑到预测灵敏度和预测精度是相互矛盾的，必须给予二者一定的考虑，采用折中的 α 值。

8.4.3 测定长期趋势的模型法

趋势模型法也称曲线配合法，时间序列的长期趋势包括线性趋势和非线性趋势。当时间序列的长期趋势每期的增减数量大致相同，近似地呈现为直线发展时，则称时间序列具有线性趋势。线性趋势是指现象随着时间的推移，时间序列的逐期增减量大致相等，从而呈现出稳定增长或下降的线性变化规律。线性趋势的特点是其变化率或趋势线的斜率基本保持不变。当时间序列在各时期的变动随时间而异，各时期的变化率或趋势线的斜率有明显变动但又有一定规律性时，现象的长期趋势将不

再是线性的，这时现象的长期趋势可能是非线性趋势。对于线性趋势和非线性趋势可以分别用不同的模型去拟合。本章主要讨论线性趋势的模型法。

通常描述 x 和 y 之间线性关系的估计回归方程为

$$\hat{y} = a + bx$$

为了强调在这个预测中自变量是时间，我们可以用 t 来代替 x，于是线性趋势方程为

$$\hat{y} = a + bt \tag{8.17}$$

式中：$\hat{y}$ 代表时间序列 y_t 的趋势值（又称估计值或预测值）；t 代表时间标号；a 代表趋势线在 y 轴上的截距，当 $t = 0$ 时 $\hat{y}$ 的数值；b 为趋势线的斜率，即 t 每变动一个单位时间时，$\hat{y}$ 平均变动的数量。

在此方程中，a、b 为未知的两个待定参数，通常用最小二乘法求得，过程在第7章已经介绍过，在此不再赘述。根据最小二乘法求得的 a、b 参数公式为

$$\begin{cases} b = \dfrac{n \cdot \sum ty - \sum t \cdot \sum y}{n \cdot \sum t^2 - \left(\sum t\right)^2} \\[3mm] a = \bar{y} - b\bar{t} = \dfrac{\sum y - b \cdot \sum t}{n} \end{cases} \tag{8.18}$$

式中：n 为时间序列的项数；a、b 分别称为线性趋势方程参数的最小二乘估计值；y 为时间序列各时期的发展水平，也称为实际观测值。

【例8-2】某企业2007—2016年的销售收入资料如下，拟合直线趋势方程，并预测2017年的销售收入。

表8-9　　　　　　　　　　某企业2007—2016年的销售收入资料

年份	销售收入（万元）	年份	销售收入（万元）
2007	21.6	2012	27.5
2008	22.9	2013	31.5
2009	25.5	2014	29.7
2010	21.9	2015	28.6
2011	23.9	2016	31.4

解：设时间序列线性趋势方程为：$\hat{y} = a + bt$

设2007年的 $t = 1$，2008年的 $t = 2$，以此类推，2016年的 $t = 10$，$n = 10$

由最小二乘法，根据式（8.18）

$$b = \frac{n \cdot \sum ty - \sum t \cdot \sum y}{n \cdot \sum t^2 - \left(\sum t\right)^2} = \frac{10 \times 1545.5 - 55 \times 264.5}{10 \times 385 - 55 \times 55} = \frac{907.5}{825} = 1.1$$

$$a = \bar{y} - b\bar{t} = \frac{\sum y - b \cdot \sum t}{n} = 26.45 - 1.1 \times 5.5 = 20.4$$

所以，所求时间序列线性趋势方程为：$\hat{y} = 20.4 + 1.1t$

2017 年对应的 $t = 11$

预测 2017 年的销售收入：$\hat{y} = 20.4 + 1.1t = 20.4 + 1.1 \times 11 = 32.5$（万元）

我们把计算中可能用到的数据都列出来，如表 8 – 10 所示。

表 8 – 10　　　　　　　某企业 2007—2016 年的销售收入相关参数表

年份	t	t^2	销售收入（万元）y	ty
2007	1	1	21.6	21.6
2008	2	4	22.9	45.8
2009	3	9	25.5	76.5
2010	4	16	21.9	87.6
2011	5	25	23.9	119.5
2012	6	36	27.5	165
2013	7	49	31.5	220.5
2014	8	64	29.7	237.6
2015	9	81	28.6	257.4
2016	10	100	31.4	314
合计	55	385	264.5	1545.5

通常为了计算方便，把时间序列的中点定为原点，使得 $\sum t = 0$，这样，a、b 的求解公式可简化为 $\sum t = 0$

$$\begin{cases} b = \dfrac{\sum ty}{\sum t^2} \\[2mm] a = \dfrac{\sum y}{n} \end{cases} \tag{8.19}$$

所以，根据【例 8 – 2】的数据资料，可以设 $\sum t = 0$，具体计算数据如表 8 – 11 所示。

表 8 – 11　　　　　　　某企业 2007—2016 年的销售收入相关参数表

年份	t	t^2	销售收入（万元）y	ty
2007	– 9	81	21.6	– 194.4
2008	– 7	49	22.9	– 160.3
2009	– 5	25	25.5	– 127.5
2010	– 3	9	21.9	– 65.7
2011	– 1	1	23.9	– 23.9
2012	1	1	27.5	27.5
2013	3	9	31.5	94.5
2014	5	25	29.7	148.5
2015	7	49	28.6	200.2
2016	9	81	31.4	282.6
合计	0	330	264.5	181.5

通过计算代入式（8.19）得

$$b = \frac{\sum ty}{\sum t^2} = \frac{181.5}{330} = 0.55$$

$$a = \frac{\sum y}{n} = \frac{264.5}{10} = 26.45$$

该直线趋势的预测模型为 $\hat{y} = a + bt = 26.45 + 0.55t$

2017 年对应的 $t = 11$

预测 2017 年的销售收入：$\hat{y} = a + bt = 26.45 + 0.55t = 32.5$（万元）

若时间序列为偶数项时，原点可设在 $n/2$ 期与 $n/2 + 1$ 期的中间。例如有 6 年的资料，$n = 6$，原点可设在第三年和第四年的中间，为计算方便，第三年的时间标号（或称序号）t 可定为 -1，第 4 年为 $+1$。于是 6 年的资料，从第 1 年起，年序号 t 依次可定为 -5、-3、-1、$+1$、$+3$、$+5$。这样 t 等于零，依然可以用上述化简公式求 a、b 的值。

需要指出，按上述移动原点简化求出的 a、b 值建立的直线趋势方程，与未移动原点建立的方程相比较，对奇数项时间序列来讲，两个方程中的 y、截距 a 必然不同，而斜率 b 不变。对偶数项时间序列来说，按上述方法确定时间标号后，两个方程 a 与 b 的值均不会相同，且移动原点后方程的 b 值为移动原点的方程中 b 值的 $1/2$。但不管怎样均不会影响趋势值的计算，也就是说，用化简或未化简方法求 a、b 值建立的两个不同的方程，按各自时间标号 t 值计算的趋势值相同。

8.5 季节变动分析

季节变动是指价格由于自然条件、生产条件和生活习惯等因素的影响，随着季节的转变而呈现的周期性变动。季节变动的特点是有规律性的，每年重复出现，其表现为逐年同月（或季）有相同的变化方向和大致相同的变化幅度。比如商业活动中的"销售旺季"和"销售淡季"，农产品和以农产品为原料的某些工业生产的产量和销售量，旅游业的旅游旺季和旅游淡季等，都存在季节变动。之所以进行季节变动的测定，其主要意义在于通过分析与测定过去的季节变动规律，为当前的决策提供依据；也是为了对未来现象季节变动作出预测，以便提前作出合理的安排；当需要不包含季节变动因素的数据时，能够消除季节变动对时间序列的影响，以便更好地分析其他因素。

季节变动预测法又称季节周期法、季节指数法、季节变动趋势预测法，是对包含季节波动的时间序列进行预测的方法。要研究这种预测方法，首先要研究时间序列的变动规律。

8.5.1 季节变动分析的原始资料平均法

季节变动的测定分为两种情况：一是不考虑时间序列的长期趋势，直接对原时间序列测定季节变动，二是对具有长期趋势的时间序列，剔除掉长期趋势影响后，再测定季节变动。当时间序列的长期趋势近似于水平趋势时，测定时间序列的季节变动可以不考虑长期趋势的影响，直接用原始资料平均法。原始资料平均法也称为同期平均法。这是对原始时间序列数据不剔除长期趋势因素，直接计算季节比率的方法，其基本步骤为：

（1）收集历年（通常至少有三年）各月或各季的统计资料（观察值）。

（2）计算各年同期（月或季）的平均数 $\bar{y}_i$（i 表示月份或季度，$i=1$，2，3，…，12 或 $i=1$，2，3，4），其目的是消除各年同一季度（月份）数据上的不规则变动。

（3）计算全部数据的总平均数 $\bar{y}$，找出整个时间序列的水平趋势。

（4）计算季节比率 S_i，即 $S_i = \dfrac{\bar{y}_i}{\bar{y}}$（$i$ 表示月份或季度，$i=1$，2，3，…，12 或 $i=1$，2，3，4）。

（5）根据未来年度的全年趋势预测值，求出各月或各季度的平均趋势预测值，然后乘以相应季节指数，即得出未来年度内各月和各季度包含季节变动的预测值。

可见，季节比率实际上是各年的同期平均数相对于整个序列平均水平变动的程度，也称为季节指数，可用相对比率或百分比表示。在乘法模型中，季节比率有一个特性，就是其总和等于季节周期 L（$L=12$ 或 4，若月份资料则为 12，季度资料为 4），或平均等于 1，即 $\sum S_i = L = L$ 或 $\bar{S} = \dfrac{\sum S_i}{L} = 1$。

【例 8-3】某地 2012—2016 年花生米批发价格数值如表 8-12 所示。

表 8-12　　　　　　　某地花生米批发价格季节指数计算表

年份	季度				年季平均数
	一	二	三	四	
2012	6.05	5.40	4.80	5.30	5.388
2013	7.20	7.05	6.45	8.05	7.1888
2014	8.90	8.05	7.05	7.85	7.962
2015	8.60	8.25	7.50	7.80	8.038
2016	8.65	8.35	7.25	9.10	8.338
合计	39.40	37.10	33.05	38.10	36.912
季平均数	7.88	7.42	6.61	7.62	7.382
季节指数	1.07	1.01	0.89	1.03	1.00

依据表 8-12，计算花生米价格季节指数。

解：

（1）将各年同季的数量相加，计算出总数，用年数相除，得出各年同季价格的平均数。例如，第一季度 5 年总数为 39.40，除以年数 5，即得 5 年同季平均数为 $7.88\left(=\dfrac{39.4}{5}\right)$，其余各季类推。

（2）将各季平均数相加，除以季度数，得到总的季平均数 7.382 $\left(=\dfrac{7.88+7.42+6.61+7.62}{4}\right)$，或将各年季平均数相加，除以年数，得到总的季平均数。

（3）将同季平均数，分别除以总的季平均数，得到季节指数。表 8 – 12 中第一季度季节指数为 $\dfrac{7.88}{7.328}=107\%$，其余各季的季节指数，亦按此法计算，分别为 101%、89%、103%。

（4）各季节指数之和 = 107% + 101% + 89% + 103% = 400%，刚好等于 100% ×4（季度数），不需进行调整，即各季节指数分别为 107%、101%、89%、103%。第一季度季节指数最高，说明第一季度价格最高，第一季度至第二季度、第二季度至第三季度，价格都有所下降，第三季度季节指数最低，说明第三季度价格最低，第三季度至第四季度，价格又有所回升。若各季节指数之和不等于季度数，则需要进行调整，例如，若各季节指数之和若为 399.2%，设实际第一季度的指数为 x，则实际第一季度的指数应为

$$\frac{396\%}{400\%}=\frac{107\%}{x}$$

$$x=\frac{400\%\times107\%}{396\%}\approx108.08\%$$

按月（季）平均法简单易行，通过历年同月（季）平均可以消除不规则因素的影响，但往往不能满足要求。因为许多数列包含有长期趋势和循环波动，仅仅依靠平均很难抵消循环变动的正负影响。而且剧烈的向上趋势，会造成后期各月（季）水平较前期同月（季）水平有较大提高，从而使月（季）平均数中，后期各月（季）数字比前期同月（季）数字有较大的作用，而季节指数的计算要求各期同月（季）的数值应起同等重要的作用；同样，当数列存在明显的向下趋势时，会加重前期各月（季）的数值在各年同月（季）平均数中的作用。因此，当数列中存在明显的长期趋势和循环变动时，采用按月（季）平均法计算的季节指数不能真实地反映数列的季节变动。

8.5.2 季节变动分析的趋势——循环剔除法

如果序列包含有明显的上升（或下降）趋势或循环变动，为了更准确地计算季节指数，就应当首先设法从序列中消除趋势因素，然后再用平均的方法消除不规则变动，从而较准确地分解出季节变动成分。序列的长期趋势可用移动平均法或趋势方程拟合法测定。假定包含季节变动的时间序列的各影响因素是以乘法模型组合，其结构为 $Y=T\cdot C\cdot S\cdot I$。

用移动平均趋势剔除法来测定季节变动趋势的基本步骤如下：

（1）对原序列计算平均项数等于季节周期 L（如 12 个月或 4 个季度）的中心化移动平均数，以消除季节变动 S 和不规则变动 I，所得移动平均的结果若以 M 表示，M 只包含趋势变动 T 和循环变动 C。

（2）为了剔除原序列中的趋势变动 T 和循环变动 C，将原数列各项数据除以移动平均序列对应时间的各项数据 M，即消除趋势变动和循环变动的序列为

$$\frac{Y}{M} = \frac{T \cdot C \cdot S \cdot I}{T \cdot C} = S \cdot I$$

（3）这里的各影响因素是以乘法模型组合的，所以这里计算的 $S \cdot I$ 是比率，而不是绝对量。将消除趋势变动和循环变动的序列各年同月（或同季）的比率数据平均，以消除不规则变动 I，再分别除以全部 $S \cdot I$ 数据的总平均数，即得季节变动比率（也称季节指数）S。

（4）对季节比率的调整。季节比率的总和 $\sum S_i$ 应当等于季节周期的长度 L，如果计算的季节比率的总和接近于季节周期长度 L，则不必调整。但是，计算的季节比率的总和有时不一定等于 L，这时需要对其进行调整。调整的方法是以 $\frac{L}{\sum S_i}$ 作为调整系数，将其误差分摊到各期的季节比率中去，经调整的季节比率为 S^*，则

$$S^* = S_i \times \frac{L}{\sum S_i} \qquad i = 1,2,3,\cdots,L \qquad (8.20)$$

【例 8-4】2014 年到 2016 年某城市旅游人数资料如表 8-13 所示。

表 8-13　　　　　　　　某城市旅游人数　　　　　　　单位：万人

年份	旅游人数			
	第一季度	第二季度	第三季度	第四季度
2014	32	40	61	28
2015	41	51	74	36
2016	57	65	93	57

试用移动平均趋势剔除法分析季节变动。

对原数列进行中心化移动平均，以消除季节变动 S 和不规则变动 I，得到表 8-14。

表 8-14　　　　　　某城市旅游人数经过四季移动平均后的值

年份	季度	顺序	Y_i	四季移动平均 T	Y_i/T
2014	1	1	32	—	—
	2	2	40	—	—
	3	3	61	41.4	1.4374
	4	4	28	43.9	0.6378
2015	1	5	1	46.9	0.8742
	2	6	51	49.5	1.0303
	3	7	74	52.2	1.4176
	4	8	36	56.2	0.6406
2016	1	9	57	60.4	0.9437
	2	10	65	57.8	1.1246
	3	11	93	—	—
	4	12	57	—	—

依据表 8 - 14 中的数据，得到同季平均值汇总如表 8 - 15 所示。

表 8 - 15　　　　　　　　　某城市旅游人数同季平均值汇总

年份	第一季度	第二季度	第三季度	第四季度
2014	—	—	1.4734	0.6378
2015	0.8742	1.0303	1.4176	0.6406
2016	0.9437	1.1246	—	—
同季平均	0.9090	1.0775	1.4455	0.6392

由于同季平均的四个季度数值相加为 0.9090 + 1.0775 + 1.4455 + 0.6392 = 4.0172 ≠ 4，需要进行调整。

调整系数为 $\dfrac{L}{\sum S_i} = 4/4.0712 = 0.9825$

得到如表 8 - 16 所示的修正值。

表 8 - 16　　　　　　　　　某城市旅游人数修正值

季度	第一季度	第二季度	第三季度	第四季度
修正值	0.8931	1.0587	1.4202	0.6280

8.6　循环变动分析

8.6.1　循环变动及其测定目的

循环变动又称周期变动，往往存在于一个较长的时期中，是一种周而复始的近乎规律性的变动，其成因较为复杂，经常与不规则波动交织在一起。循环变动规律性不如季节变动明显，它的变动周期通常在一年以上，可有 3 年的周期，也可有 7 年、8 年的周期。周期的长短、变动形态、波动的大小也不太固定。例如，产品通常有导入期、成长期、成熟期、衰退期等经济寿命周期，人口的增长变动从长远来看也有一定的周期；又如，由于受周期性因素的影响，经济增长中出现的繁荣—衰退—萧条—复苏—繁荣的周而复始的运动。

之所以进行循环变动的测定和分析，目的在于：一是对以往循环周期的研究和测定，有助于认识和掌握事物循环周期的变动规律，对制定政策、安排经济活动提供科学依据；二是通过对事物循环规律的认识，有助于预见下一个循环周期可能产生的各种影响。

8.6.2　循环变动的测定方法

从统计分析的角度来说，循环变动的测定方法多种多样，不同的方法得出的结论可能有差异。究竟选择哪一种方法更为合理，就需要对各种测定方法的基本原理、前提条件、特点以及局限性有足够的了解。其中直接法和剩余法是测定循环波动比较常用的方法。

1. 直接法

该方法通过计算序列的年距发展速度或年距增长速度，来消除或减弱趋势变动和季节变动。若只是大体测定序列的循环变动情况，可以采用此种方法。方式有两种：一是将每年各月（或季）数值与上一年同期数值对比，所求得的年距发展速度序列大体可消除长期趋势和季节变动，即

$$C \cdot I_{t,i} = \frac{y_{t,i}}{y_{t-1,i}} \tag{8.21}$$

式中：t 表示年份；i 表示月份或季度（$i = 1, 2, \cdots, 12$ 或 $i = 1, 2, 3, 4$）。

二是将每年各月（或季度）数值较上年同期增长部分除以前一年对应月份（或季度）数值，得出的年距增长速度序列也可以大致消除长期趋势和季节变动，表示循环变动，即

$$C \cdot I_{t,i} = \frac{y_{t,i} - y_{t-1,i}}{y_{t-1,i}} \tag{8.22}$$

式中：t 表示年份；i 表示月份或季度（$i = 1, 2, \cdots, 12$ 或 $i = 1, 2, 3, 4$）。

【例 8 - 5】某旅行社经营上半年收入以及以 2013 年为基期计算的年距发展速度与年距增长速度如表 8 - 17 所示。

表 8 - 17　　　　　　　　　年距发展速度与年距增长速度计算

年份	月份	1	2	3	4	5	6
2013	经营收入（万元）	16	18	19	20	17	19
2014	经营收入（万元）	19	20	22	21	19	28
	年距发展（%）	118.75	111.11	115.79	105	111.76	147.37
	年距增长（%）	18.75	11.11	15.79	5	11.76	47.37
2015	经营收入（万元）	23	26	28	29	28	30
	年距发展（%）	121.05	130	127.27	138.1	147.37	107.14
	年距增长（%）	21.05	30	27.27	38.1	47.37	7.14
2016	经营收入（万元）	25	28	26	27	30	27
	年距发展（%）	108.7	107.7	92.86	93.1	107.14	90
	年距增长（%）	8.7	7.7	-7.14	-6.9	7.14	-10

直接法用"年距发展速度"或"年距增长速度"去消除趋势变动和季节变动，方法很简单，可以从图形中大体上观察到循环变动的趋势。但是直接法只是简单地通过年距平均，往往不能完全消除长期趋势和季节变动的影响，所得结果不一定能准确描述循环变动的真实状态。而且用直接法消除时间序列的长期趋势的同时，也相对地放大了年度发展水平的影响，当某一期发展水平偏低时，一方面会使得本期的 $C \cdot I$ 值偏低，另一方面又会使得下一年同期的 $C \cdot I$ 值偏高，从而可能使循环波动的幅度被拉大。

2. 剩余法

剩余法也称古典方法或分解法，它的基本思想和原理是：从时间序列中一次或陆续消去趋势变动、季节变动，剩下循环变动因素和不规则波动，然后再将结果进

行平滑，尽可能消去不规则成分，其剩余结果即为循环波动值。

剩余法的具体计算步骤如下：

（1）根据时间序列资料计算季节指数 S，并用原序列除以 S，求得一列无季节变动资料。

$$无季节变动资料 = \frac{T \cdot S \cdot C \cdot I}{S} = T \cdot C \cdot I$$

（2）计算长期趋势 T，即趋势值 $\hat{Y}$，并以无季节变动资料除以 T，以消除长期趋势，得到循环波动与随机影响资料。

$$循环波动与随机影响资料 = \frac{T \cdot C \cdot I}{T} = C \cdot I$$

将上述结果进行移动平均，以消除不规则变动 I，残余结果便是循环波动指数 C。

下面通过例题来具体说明如何利用剩余法进行循环指数测定。

【例 8-6】某旅行社 2013—2016 年的经营收入如表 8-18 所示，以 2013 年为基期，用剩余法计算其循环变动值 C。

表 8-18　　　　　　　　　　循环变动值计算表

年份	月份	经营收入 Y	季节指数 S	消除季节变动的序列 $T \cdot C \cdot I$	趋势方程拟合值 T	循环和不规则变动 $C \cdot I$	移动平均 C
		（1）	（2）	（3）=（1）/（2）	（4）	（5）=[（3）/（4）]×100	（6）
2013	1	30.51	0.983	31.04	—	—	—
	2	42.42	1.045	40.59	—	—	—
	3	38.14	0.923	41.32	—	—	—
	4	43.12	0.841	51.27	—	—	—
	5	50.27	0.934	53.82	—	—	—
	6	51.22	1.016	50.41	—	—	—
	7	53.82	1.150	46.80	50.39	92.88	—
	8	59.67	1.182	50.48	53.41	94.51	93.15
	9	54.78	1.062	51.58	56.03	92.06	93.54
	10	57.84	1.058	54.67	58.14	94.03	93.68
	11	53.12	0.928	57.24	60.28	94.96	93.20
	12	50.22	0.879	57.13	63.06	90.60	97.09
2014	1	69.67	0.983	70.87	67.04	105.71	99.32
	2	75.75	1.045	72.49	71.32	101.64	101.96
	3	67.63	0.923	73.27	74.36	98.53	99.92
	4	64.23	0.841	76.37	76.68	99.60	102.72
	5	80.47	0.934	86.16	78.30	110.04	106.27
	6	87.89	1.016	86.51	79.23	109.19	114.28
	7	112.59	1.150	97.90	79.19	123.63	115.03

续表

年份	月份	经营收入 Y	季节指数 S	消除季节变动的序列 $T \cdot C \cdot I$	趋势方程拟合值 T	循环和不规则变动 $C \cdot I$	移动平均 C
		（1）	（2）	（3）＝（1）/（2）	（4）	（5）＝[（3）/（4）]×100	（6）
2014	8	103.64	1.182	87.68	78.10	112.27	112.72
	9	83.78	1.062	78.89	77.15	102.26	106.35
	10	84.42	1.058	79.79	76.34	104.52	100.26
	11	65.42	0.928	70.50	74.99	94.01	97.23
	12	60.31	0.879	68.61	73.64	93.17	89.84
2015	1	58.69	0.983	59.70	72.51	82.33	85.40
	2	60.43	1.045	57.83	71.67	80.69	84.52
	3	60.12	0.923	65.14	71.94	90.55	85.47
	4	52.33	0.841	62.22	73.04	85.19	87.17
	5	60.11	0.934	64.36	75.02	85.79	88.94
	6	75.89	1.016	74.69	77.93	95.84	95.06
	7	97.45	1.150	84.74	81.84	103.54	98.75
	8	98.52	1.182	83.35	86.04	96.87	100.52
	9	95.33	1.062	89.76	88.76	101.13	100.67
	10	99.24	1.058	93.80	90.19	104.00	106.96
	11	98.13	0.928	105.74	91.37	115.73	113.54
	12	97.56	0.879	110.99	91.82	120.88	121.87
2016	1	115.32	0.983	117.31	90.95	128.98	120.43
	2	104.53	1.045	100.03	89.78	111.42	113.36
	3	81.28	0.923	88.06	88.35	99.67	100.38
	4	65.47	0.841	77.85	86.44	90.06	95.27
	5	75.39	0.934	80.72	84.01	96.08	90.69
	6	71.25	1.016	70.13	81.61	85.93	—
	7	81.28	1.150	70.68			
	8	86.55	1.182	73.22			
	9	73.12	1.062	68.85			
	10	75.66	1.058	71.51	—		
	11	63.24	0.928	68.15			
	12	74.86	0.879	85.16	—		

　　根据表 8 – 18 计算的循环变动值绘制的循环变动曲线图如图 8 – 3 所示，可以看出，该旅行社的经营收入的循环波动大体 18 个月出现一次波峰或波谷。

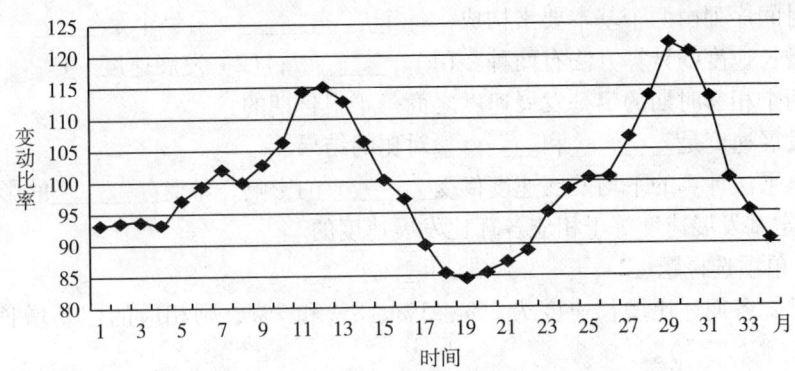

图 8-3 某旅行社经营收入的循环变动曲线

本章小结

时间序列是指一个变量在一定连续时点或一定连续时期上测量的观测值的集合，有时也称为动态数列。任何一个时间序列都具有两个基本要素：一是被研究现象所属的时间范围；二是反映该现象一定时间条件下数量特征的数值，即在不同时间上的统计数据。进行时间序列分析的目的在于：一是描述事物在过去时间的状态，分析其随时间推移的发展趋势；二是揭示事物发展变化的规律性；三是预测事物在未来时间的数量。

时间序列的构成要素通常有四种：长期趋势、季节变动、循环变动、不规则变动，可以进行加法模型和乘法模型两种方式的计算。

时间序列线性趋势的测定方法有许多种，最常用的有移动平均法、指数平滑法和趋势模型法等。所谓移动平均，是使用时间序列中最近 k 期数据值的平均数作为下一个时期的预测值。指数平滑法是配合一定的时间序列预测模型对现象的未来进行预测，任一期的指数平滑值都是本期实际观察值与前一期指数平滑值的加权平均。

循环变动的测定方法有直接法和剩余法。直接法通过计算序列的年距发展速度或年距增长速度，来消除或减弱趋势变动和季节变动；剩余法是从时间序列中一次或陆续消除趋势变动、季节变动，剩下循环变动因素和不规则波动，然后再将结果进行平滑，尽可能消除不规则成分，其剩余结果即为循环波动值。

思考与练习

一、填空题

1. 平均发展速度是对各期_____速度求平均数的结果，计算方法有累计法和_____。

2. 已知某产品产量 2003 年与 2002 年相比增长了 5%，2004 年与 2002 年相比增长了 12%，则 2004 年与 2003 年相比增长了_____。

3. 时间序列由_____、_____、_____和不规则变动四种因素构成。

4. 发展速度由于采用基期的不同，可分为_____和_____发展速度。

5. 时间序列由两个基本要素构成，一个是_____，另一个是_____。

6. 增长速度的计算方法有两种：（1）_____；（2）发展速度 - 1。

7. 两个相邻时期的定基发展速度之商等于报告期的_____。

8. 发展速度是_____和_____对比的结果。

9. 水平法计算的平均发展速度仅受_____的影响，不受_____的影响。

10. 定基发展速度等于相应各环比发展速度的_____。

二、单项选择题

1. 已知各期环比增长速度为 2%、5%、8% 和 7%，则相应的定基增长速度的计算方法为（   ）。

　　A. （102% ×105% ×108% ×107%） - 100%

　　B. 102% ×105% ×108% ×107%

　　C. 2% ×5% ×8% ×7%

　　D. （2% ×5% ×8% ×7%） - 100%

2. 以 1970 年为基期，2003 年为报告期，计算某现象的平均发展速度应开（   ）。

　　A. 33 次方　　　　B. 32 次方　　　　C. 31 次方　　　　D. 30 次方

3. 已知一个数列的各环比增长速度分别为 9%、7%、8%，则该数列的定基发展速度为（   ）。

　　A. 9% ×7% ×8%　　　　　　　　B. （109% ×107% ×108%） - 1

　　C. （9% ×7% ×8%） +1　　　　D. 109% ×107% ×108%

4. 用水平法计算平均增长速度的方法是（   ）。

A. 各环比增长速度连乘积的 n 次方根　B. 各环比发展速度连乘积的 n 次方根减 1

　　C. 定基增长速度的 n 次方根　　　　　D. 各环比增长速度连乘积的 n 次方根减 1

5. 下列数列中哪个属于动态数列（   ）。

　　A. 学生按学习成绩分组形成的数列　　B. 按职工工资水平高低排列的数列

　　C. 出口额按时间先后排列的数列　　　D. 企业按地区分组形成的数列

6. 某企业生产某种产品，其产量年增加 10 万吨，则该产品产量的环比增长速度（   ）。

　　A. 年年下降　　　B. 年年增长　　　C. 年年保持不变　　D. 无法做结论

7. 乘法模型是分析时间序列最常用的理论模型。这种模型将时间序列按构成分解为（   ）等四种成分，各种成分之间（   ），要测定某种成分的变动，只须从原时间序列中（   ）。

　　A. 长期趋势、季节变动、循环波动和不规则波动；保持着相互依存的关系；减去其他影响成分的变动

　　B. 长期趋势、季节变动、循环波动和不规则波动；缺少相互作用的影响力量；减去其他影响成分的变动

　　C. 长期趋势、季节变动、循环波动和不规则波动；保持着相互依存的关系；除

去其他影响成分的变动

D. 长期趋势、季节变动、循环波动和不规则波动；缺少相互作用的影响力量；除去其他影响成分的变动

8. 从趋势方程 $Y_t = 125 - 0.86t$ 可以得出（　　）。

A. 时间每增加一个单位，Y 增加 0.86 个单位

B. 时间每增加一个单位，Y 减少 0.86 个单位

C. 时间每增加一个单位，Y 平均增加 0.86 个单位

D. 时间每增加一个单位，Y 平均减少 0.86 个单位

9. 下列时间序列中，属于时点序列的有（　　）。

A. 某高校"十二五"期间毕业生人数

B. 某企业"十二五"期间年末利税额

C. 某地区"十二五"期间年末人口数

D. 某地区"十二五"期间粮食产量

10. 下列时间序列中，属于时期序列的有（　　）。

A. 某农场"十二五"期间年末奶牛存栏数

B. 某企业"十二五"期间年末利税额

C. 某地区"十二五"期间年末人口数

D. 某企业"十二五"期间年末产品库存量

11. 采用几何平均法计算平均发展速度时，侧重于考察（　　）。

A. 现象的全期水平，它要求实际各期水平等于各期计算水平

B. 现象全期水平的总和，它要求实际各期水平之和等于各期计算水平之和

C. 现象全期水平的总和，它要求实际各期定基发展速度之和等于各期理论定基发展速度之和

D. 现象的末期水平，它要求实际末期水平等于末期计算水平

12. 国家统计局公告，经初步核算，某年我国的国内生产总值按可比价格计算比上年增长 9.5%。这个指标是一个（　　）。

A. 环比发展速度　　　　　　　　　　B. 环比增长速度

C. 定基发展速度　　　　　　　　　　D. 定基增长速度

13. 移动平均法是测定（　　）的一种较为简单的方法。

A. 长期趋势　　　B. 循环变动　　　C. 季节变动　　　D. 不规则变动

三、多项选择题

1. 计算平均发展速度可采用的公式有（　　）。

A. $\overline{G} = \sqrt[n]{\dfrac{x_n}{x_0}}$

B. $\overline{G} = \sqrt[n]{\prod\limits_{i=1}^{n} G_i}$

C. $\overline{G} = \dfrac{\sum x}{n}$

D. $\overline{G} = \sqrt[n]{\dfrac{x_1}{x_0} \cdot \dfrac{x_2}{x_1} \cdot \cdots \cdot \dfrac{x_n}{x_{n-1}}}$

E. $\overline{G} = \dfrac{x_1 \cdot x_1 \cdot \cdots \cdot x_n}{n}$

2. 定基发展速度和环比发展速度的关系是（　　　）。

A. 两者都属于速度指标

B. 环比发展速度的连乘积等于定基发展速度

C. 环比发展速度等于定基发展速度减 1

D. 定基发展速度等于环比发展速度的连乘积

E. 没有关系

3. 影响时间数列的构成要素是（　　　）。

A. 长期趋势　　　　B. 季节变动　　　　C. 循环变动　　　　D. 不规则变动

E. 其他变动

4. 一个时间序列由长期趋势、季节变动、循环波动和不规则波动四种成分构成，（　　　）。

A. 在加法模型中这四种成分缺少相互作用的影响力量

B. 在加法模型中这四种成分保持着相互依存的关系

C. 在乘法模型中这四种成分缺少相互作用的影响力量

D. 在乘法模型中这四种成分保持着相互依存的关系

E. 以上说法均不正确

5. 在（　　　）时间序列中，各项指标数值不能相加。

A. 绝对数时间序列　　　　　　　　B. 相对数时间序列

C. 平均数时间序列　　　　　　　　D. 时点序列

E. 时期序列

6. 已知时间序列连续 5 期的环比增长速度为 3%、2%、4%、6% 和 7%，则（　　　）。

A. 5 期的定基增长速度为 $3\% \times 2\% \times 4\% \times 6\% \times 7\%$

B. 5 期的定基增长速度为 $103\% \times 102\% \times 104\% \times 106\% \times 107\% - 1$

C. 5 期的平均发展速度为 $\sqrt[5]{103\% \times 102\% \times 104\% \times 106\% \times 107\%}$

D. 5 期的平均增长速度为 $\sqrt[5]{3\% \times 2\% \times 4\% \times 6\% \times 7\%}$

E. 5 期的平均增长速度为 $\sqrt[5]{103\% \times 102\% \times 104\% \times 106\% \times 107\%} - 1$

7. 按时间序列中各种可能发生作用的因素进行分类，时间序列包含（　　　）。

A. 短期趋势　　　　B. 长期趋势　　　　C. 季节变动　　　　D. 循环变动

E. 不规则变动

8. 最小平方法的数学要求是（　　　）。

A. $\sum (Y - Y_c) = 0$　　　　　　　　B. $\sum (Y - Y_c)^2 = 0$

C. $\sum (Y - Y_c) = \min$　　　　　　　D. $\sum (Y - Y_c)^2 = \min$

E. $\sum (Y - Y_c)^2 \geq 0$

9. 下列时间序列中属于时期序列的有（　　　）。

A. 某地区高校"十五"期间招收学生人数

B. 某地区高校"十五"期间毕业学生人数

C. 某地区"十五"期间国内生产总值

D. 某企业"十五"期间年末利税额

E. 某企业"十五"期间年末固定资产净值

四、判断题

1. 平均增长速度不是根据各个增长速度直接求得，而是根据平均发展速度计算的。　　　　　　　　　　　　　　　　　　　　　　　　　　　　（　　　）

2. 定基发展速度和环比发展速度之间的关系是两个相邻时期的定基发展速度之积等于相应的环比发展速度。　　　　　　　　　　　　　　　　　　　（　　　）

3. 定基发展速度等于相应各个环比发展速度的连乘积，所以定基增长速度也等于相应各个环比增长速度积。　　　　　　　　　　　　　　　　　　　（　　　）

4. 已知某市工业总产值 2001 年至 2005 年年增长速度分别为 4%、5%、9%、11% 和 6%，则这五年的平均增长速度为 6.97%。　　　　　　　　　　（　　　）

5. 若环比增长速度每年相等，则其逐期增长量也年年相等。　　　（　　　）

6. 与 1996 年相比，粮食产量增加了 4 倍，也就是翻了两番。　　（　　　）

五、计算题

1. 某工业部门五年计划规定，职工平均工资 2015 年要比 2010 年增长 135%。试问：（1）平均每年递增多少才能达到这个水平？（2）若 2012 年已比 2010 年增长了 55%，则以后三年中平均每年递增多少才能达到目标？

2. 计算下表中各年的定基发展速度和环比增长速度（填空）。

定基发展速度和环比增长速度计算表

年份	2012	2013	2014	2015	2016
产值（万元）	100	120	160	160	230
定基发展速度（%）	—				
环比增长速度（%）	—				

3. 根据下表计算各年环比增长速度（填空）。

年份	2012	2013	2014	2015	2016
定基增长速度（%）	0	8	12	17	24
环比增长速度（%）					

4. 根据下表计算各年环比增长速度（填空）。

年份	2011	2012	2013	2014	2015
定基发展速度（%）	100	105	111	117	124
环比增长速度（%）					

5. 已知：某企业某产品产量 2016 年为 2000 年的 460%，2016 年为 2002 年的 180%。求：2000 年到 2002 年间的平均增长速度。

6. 根据下表计算各年增长速度（填空）。

年份	2011	2012	2013	2014	2015
定基增长速度（%）	7.2		30.8		45.6
环比增长速度（%）		6.4		7.9	

7. 某地区粮食产量 2000—2002 年平均发展速度是 1.03，2003—2004 年平均发展速度是 1.05，2005 年比 2004 年增长 6%，试求 2000—2005 年的平均发展速度。

8. 某企业的工业增加值 2002 年比 2001 年增长 7%，2003 年比 2002 年增长 10.5%，2004 年比 2003 年增长 7.8%，2005 年比 2004 年增长 14.6%。要求以 2001 年为基期计算 2002 年至 2005 年该厂工业总产值增长速度和平均增长速度。

9. 某企业五年计划规定产量要比基期增加 1 倍，第一年与第二年的环比增长速度都是 15%，试测算后 3 年平均每年增长百分之几才能完成五年计划规定的任务？

10. 根据下表中的资料，用最小平方法求某企业销售额的直线趋势方程，并预测 2013 年的销售额。

某企业 2007—2011 年销售额资料

年份	2007	2008	2009	2010	2011
销售额（万元）	60	72	90	100	120

11. 下表是 2006—2016 年国家财政用于农业的支出额数据。

2006—2016 年国家财政用于农业的支出额数据资料

年份	支出额（亿元）
2006	110
2007	121
2008	133
2009	141
2010	154
2011	184
2012	196
2013	214
2014	266
2015	308
2016	348

要求：对 2006—2016 年间的农业支出额建立线性趋势模型，利用趋势模型预测 2017 年的支出额。

12. 某企业产品产量资料如下，用最小平方法求该企业产品产量的直线趋势方程，并预测 2018 年的产品产量。

某企业 2008—2013 年产品产量

年份	2008	2009	2010	2011	2012	2013
产量（万件）	200	230	250	260	280	300

13. 根据下表计算各年定基发展速度和环比增长速度。根据所给的资料，用最小平方法来拟合产值的直线趋势方程，并预测 2010 年和 2011 年的产值。

年份	2004	2005	2006	2007	2008
产值（万元）	100	120	150	180	240
定基发展速度（%）	—				
环比增长速度（%）	—				

14. 利民制药厂 2011—2016 年的销售收入资料见下表。

单位：万元

指标		年份	2011	2012	2013	2014	2015	2016
销售收入	绝对额（万元）		120					
	逐期增长量（万元）		—	23				60
	环比增长速度（%）		—		25.9			
	定基发展速度（%）		—			175		

要求：（1）计算空格中的数据；

（2）计算 2012—2016 年销售收入平均增长率；

（3）利用计算的平均增长率预测 2017 年和 2018 年的销售收入。

15. 某地 2007—2016 年的财政收入如下表所示。

单位：亿元

年份	财政收入	年份	财政收入
2007	5128.10	2012	11444.08
2008	6242.20	2013	13395.23
2009	7407.99	2014	16386.04
2010	8651.14	2015	18903.64
2011	9875.95	2016	21715.25

根据上表资料计算：

（1）2008—2016 年期间财政收入的：逐期增长量与累计增长量；

（2）2008—2016 年期间财政收入的：环比发展速度与定基发展速度；

（3）2008—2016 年期间财政收入的：环比增长速度与定基增长速度；

（4）2008—2016 年期间财政收入的：平均发展速度与平均增长速度。

9

统 计 指 数

【引例】 2017 年 2 月 CPI 同比涨幅回落，PPI 同比涨幅扩大

国家统计局发布的 2017 年 2 月全国居民消费价格指数（CPI）和工业生产者出厂价格指数（PPI）数据显示，CPI 环比下降 0.2%，同比上涨 0.8%；PPI 环比上涨 0.6%，同比上涨 7.8%。对此，国家统计局城市司高级统计师绳国庆进行了解读。

一、居民消费价格环比略降，同比涨幅回落

从环比看，2 月份 CPI 下降 0.2%，主要受两方面因素影响。一是食品价格出现明显回落。2 月份全国平均气温较常年同期明显偏高，有利于鲜菜的生长，市场供应充足，鲜菜价格环比下降 5.4%，影响 CPI 环比下降 0.15 个百分点；节后需求减弱，蛋、猪肉和禽肉价格环比分别下降 6.2%、1.6% 和 0.7%。二是节后外出旅游人数减少，旅游相关服务价格出现回落。尽管 2 月份 CPI 同比涨幅回落幅度较大，但扣除食品和能源价格的核心 CPI 走势较为平稳，2 月份和 1 月份核心 CPI 同比分别上涨 1.8% 和 2.2%，基本延续了去年的温和上涨态势。

二、工业生产者出厂价格环比涨幅回落，同比涨幅扩大

2 月份，全国工业生产者出厂价格环比上涨 0.6%，同比上涨 7.8%，仍属于恢复性上涨。1—2 月平均，比去年同期上涨 7.3%。从环比看，2 月份 PPI 上涨 0.6%，涨幅比 1 月份回落 0.2 个百分点，涨幅连续两个月回落。其中，生产资料价格上涨 0.7%，涨幅比上月回落 0.4 个百分点；生活资料价格上涨 0.1%，涨幅比上月回落 0.1 个百分点。从同比看，2 月份 PPI 上涨 7.8%，涨幅比 1 月份扩大 0.9 个百分点，涨幅扩大主要受去年 2 月份价格大幅下降影响。在调查的 40 个工业大类行业中，33 个行业产品价格同比上涨，与上月个数相同。

社会经济现象数量的特征是多种因素共同作用的结果。在进行统计分析的过程中，经常要了解复杂社会经济现象总体数量综合变化的相对程度，统计指数的作用在于对复杂总体各部分的数量特征进行科学综合，反映其平均变化的相对程度。本章主要介绍的是指数的概念与种类、指数体系与因素分析、指数数列以及现实生活中的几种经济指数。

9.1 统计指数的概念和分类

2017 年 2 月 14 日，国家统计局发布 2017 年 1 月全国居民消费价格指数（CPI）和工业生产者出厂价格指数（PPI），数据显示，CPI 环比上涨 1.0%，同比上涨 2.5%；PPI 环比上涨 0.8%，同比上涨 6.9%。政府每个月都发布各类指数，编制这

些指数是为了帮助居民了解当前的商业和经济状况。例如，通货膨胀是指流通中的货币数量超过经济实际需要而引起的货币贬值和物价水平全面持续的上涨。一般认为，居民消费价格指数（CPI）、商品零售价格指数（RPI）、工业生产者价格指数（PPI）等指标都可以从不同角度反映通货膨胀的程度。

这些指数中最广为人知和广泛引用的是居民消费价格指数（CPI）。顾名思义，居民消费价格指数（CPI）是消费者为购买的物品支付的价格变动的指示器。居民消费价格指数（CPI）涵盖全国城乡居民生活消费的食品烟酒、衣着、居住、生活用品及服务、交通和通信、教育文化娱乐、医疗保健、其他用品和服务 8 大类、262 种基本分类的商品与服务价格。

9.1.1　统计指数的概念

统计指数常常也被称为经济指数，是一种表明客观数量变动程度的相对数，其含义有广义和狭义之分。

广义的统计指数泛指所有反映社会经济现象数量变动和差异程度的相对数。例如，我们前面讲到的动态相对指标、比较相对指标、计划完成程度相对数都属于广义的指数范畴。狭义的统计指数是用来反映不能直接相加的复杂社会经济现象总体数量综合变动的相对数，是一种特殊的相对数。例如，社会零售商品是由成千上万种性质不同、计量单位也不同的商品组成，要研究不同时期零售商品销售量总的变动情况，不能简单地把这种商品的销售量直接相加再对比，这就面临着把各种商品的销售量进行综合再进行比较的问题。这就需要制定和运用专门的方法即统计指数法。本章介绍的统计指数主要也是狭义的统计指数。

指数作为一种对比性的统计指标具有相对数的形式，通常表现为百分数。它表明：若把作为对比基准的水平（基数）视为 100，则所要考察的现象水平相当于基数的多少。比如，已知某年全国的居民消费价格指数为 108%，这就表示：若将基期年份（通常为上年）的一般价格水平看作是 100%，则当年全国的价格水平就相当于基年的 108%，或者说，当年的价格上涨了 8%。

指数在经济分析上具有十分广阔的应用领域。此外，指数还具有综合性的特点，复杂现象的总体中各个项目的数量变化往往是不一致的，例如，社会零售商品中各个项目的数量变化往往是不一致的，有的上涨，有的下跌，而且上涨和下跌的幅度也不一样。商品价格总指数就反映了各种商品价格综合变动的结果。而且这种综合变动是所研究现象中每个项目共同变动的一般水平，也可以说是平均的变动水平。

统计指数的对比性质和表现形式既简单，又直观，但对于不同的经济现象、不同的分析要求，却往往需要灵活地运用不同的指数方法。因此，指数的编制和应用是一个重要的统计和经济分析问题。

9.1.2　统计指数的分类

统计指数是对有关现象进行比较分析的一种相对比率，这是所有指数的共性，但不同的指数往往还有一些不同的特性。通过对指数进行适当的分类，有助于我们更加深入地了解这些特性。统计指数主要有以下分类。

1. 个体指数和总指数

按所反映的对象范围不同，指数可以分为个体指数和总指数。

个体指数是反映总体中个别现象数量变动的相对数。例如，某个商品的销售量指数、个别商品的价格指数、单个产品的成本指数等都是个体指数，一般用 k 表示；总指数是反映由多个个别事物构成的复杂现象总体数量综合变动的相对数。例如，居民消费价格指数（CPI）是综合反映食品烟酒、衣着、居住、生活用品及服务、交通和通信、教育文化娱乐、医疗保健、其他用品和服务 8 大类的商品与服务价格总的变动情况，股票价格指数、工业生产者价格指数都是总指数，一般用 $\overline{K}$ 表示。此外，在总体分组的情形下，有时需要编制组指数（又称类指数），组指数是介于个体指数与总指数之间的概念，其考察范围比总指数窄，比个体指数宽，其计算方法和分析性质与总指数相似。

总指数是考察整个总体现象数量对比关系的指数，不难理解，总指数即对应的是狭义指数的含义，研究复杂现象的综合变动。总指数与个体指数的区别不仅体现在考察范围的不同，更在于研究方法的不同。因为个体指数只涉及简单的现象，所以其计算与一般的相对数相同，只要将个别事物变动前后的数值直接对比求得相对数即可。编制总值数的方法比较复杂，一般有两种：一种是先综合，后对比，称为综合指数法；另一种是先对比，后平均，称为平均指数法。本章第 2 节、第 3 节将分别介绍这两种编制总指数的方法。

2. 数量指标指数和质量指标指数

按指数化指标性质的不同，指数可以分为数量指标指数和质量指标指数。

数量指标一般用 q 表示，质量指标一般用 p 表示，指数化指标是利用指数形式反映其数量变化或对比关系的指标或变量。例如，物价指数的指数化指标就是商品或产品的价格。

如果一个指数的对比指标具有质量指标的特征（也即表现为平均数或相对数的形式），它就属于质量指标指数，物价指数、股价指数和成本指数等都是质量指标指数，质量指标个体指数用 k_p 表示，质量指标总指数用 $\overline{K}_p$ 表示；如果一个指数的对比指标具有数量指标的特征（也即具有总量或绝对数的形式），它一般就属于数量指标指数，销售量指数和产量指数（生产指数）等属于数量指标指数，数量指标个体指数用 k_q 表示，数量指标总指数用 $\overline{K}_q$ 表示。

需要注意的是，诸如商品的销售额指数、产品的成本总额指数或总产值指数等，它们所对比的现象虽然都属于数量指标，却具有价值总额的特殊形式，这些价值总额通常可以分解为一个数量指标与一个质量指标的乘积，所以相应的指数则反映了两个指标共同变化的影响。因此，在指数分析中，它们既不属于数量指标指数，也不属于质量指标指数，为区别起见，通常称为总值指数（或价值指数），用 $\overline{K}_{pq}$ 表示。

3. 动态指数和静态指数

按指数的对比性质的不同，指数可以分为动态指数和静态指数。

动态指数又称时间指数，它是将不同时间上的同类现象水平进行比较的结果，反映现象在时间上的变化过程和程度。常见的零售价格指数、消费价格指数、股票价格指数、工业生产指数等，都属于动态指数。统计指数按其本来的含义，都是指动态指数。但在实际运用过程中，含义渐渐推广到了静态事物和空间对比，因而产生了静态指数。所谓静态指数是指在同一时间条件下不同单位、不同地区间同一事物数量进行对比所形成的指数；或同一单位、同一地区计划指标与实际指标进行对比所形成的指数。静态指数包括空间指数和计划完成情况指数两种。空间指数（地域指数）是将不同空间（如不同国家、地区、部门、企业等）的同类现象水平进行比较的结果，反映现象在空间上的差异程度，如地区间的价格比较指数、国际对比的购买力平价指数和人均 GDP 指数等。计划完成情况指数则是将某种现象的实际水平与计划目标对比的结果，反映计划的执行情况或完成与未完成的程度，如产品成本计划完成情况指数。

4. 定基指数和环比指数

按计算指数时所采用的对比基期的不同，指数可以分为定基指数和环比指数。

定基指数和环比指数一般都属于动态指数。如果各期指数都是以某一固定时期作为基期的，就称为定基指数；若基期是随报告期的变化而变化的，一般都是以报告期的上一期作为基期，则称为环比指数。

9.1.3　指数的作用

1. 反映复杂社会经济现象总体数量的综合变动程度

构成复杂社会经济现象总体的个体，由于性质不同其数量不能直接相加或不能直接对比，通过编制统计指数可以使它们过渡到可以相加、可以对比，从而综合反映现象总体的变动方向和变动程度。

2. 指数可作因素分析

利用指数体系，测定复杂社会经济现象总变动中各个因素的变动及其对总变动的影响程度。例如，职工平均工资的变动，不仅取决于各组职工工资水平的变动，还取决于各组人数占总人数的比重。我们可利用指数体系，分析各组职工工资水平、职工构成对平均工资的影响。

3. 对社会经济现象进行综合评价和测定

随着指数分析法在实际应用中的发展，许多复杂经济现象都可以运用统计指数进行综合测评。例如，国际上常用 PQLI 指数（通常被译为人口生活质量指数）来反映人口的健康素质和人口生活质量。

4. 分析研究复杂经济现象总体的长期变化趋势

利用连续编制的动态指数数列，可以进行长时间的现象发展趋势分析，还可以把相互联系的指标的指数数列加以分析和比较，进一步认识复杂现象总体之间数量上的变动关系。

9.2　综合指数

9.2.1　综合指数的编制方法

在前面我们讨论过，个体指数一般用 k 表示，总指数一般用 $\overline{K}$ 表示，数量指标

用 q 表示，质量指标用 p 表示，下标"0"表示基期，下标"1"表示报告期。某企业三种商品的销售价格和销售量资料如表 9-1 所示。本题中，商品价格为 p，销售量为 q。

表 9-1　　　　　　　　　　某企业三种商品价格和销售量资料

商品名称	计量单位	销售量		商品价格（元）	
		基期 q_0	报告期 q_1	基期 p_0	报告期 p_1
甲	件	480	600	25	25
乙	千克	500	600	40	36
丙	台	200	180	50	70

为了反映商品的销售量和价格的变动情况，可以根据这些资料编制相关的指数。如果需要考察的是个别商品的价格和销售量的变动情况，那只需将该商品的报告期与基期的价格或销售量直接对比，即可得到反映个别商品价格或销售量变动程度的个体指数。个体指数就是一般的相对数，计算和分析方法都很简单，可以用公式记为

数量指标个体指数

$$k_q = \frac{q_1}{q_0} \tag{9.1}$$

质量指标个体指数

$$k_p = \frac{p_1}{p_0} \tag{9.2}$$

以甲商品为例

甲商品销售量个体指数　　$k_{q甲} = \dfrac{q_{1甲}}{q_{0甲}} = \dfrac{600}{480} \times 100\% = 125\%$

甲商品价格个体指数　　$k_{p甲} = \dfrac{p_{1甲}}{p_{0甲}} = \dfrac{25}{25} \times 100\% = 100\%$

单个商品的变动情况，计算方法非常简单，如果所要考察的是全部商品的价格和销售量的变动情况，就会很复杂。如果需要编制的是全部三种商品的"价格总指数"和"销售量总指数"，就必须考虑怎样适当地对各种商品的价格或销售量资料进行综合比较。

编制综合指数计算的特点是：先综合，后对比。它编制的要点是将不能直接加总的研究对象，通过一定的方式转化为可直接加总的总量指标，再将两个不同时期的总量指标进行综合对比得到相应的相对指标，以测定所研究现象数量的变动程度。

要使不同度量的指数化指标具有可加性，必须寻找一个合适的媒介，称为同度量因素。编制综合指数时，必须解决好两个基本问题：一是确定同度量因素，对复杂总体进行综合；二是将同度量因素固定在某一时期，消除同度量因素的影响。

就表 9-1 的数据资料而言,不同商品的价格和销售量都不能直接加总,它们都是不同度量的现象。但 $p \times q$ 即该种商品的销售额是同度量的,而且不受计量单位的影响。商品销售额的变化又可以反映价格涨跌和对销售量增减的影响。所以,在编制多种商品的价格总指数时,就可以通过销售量这个媒介因素将对比指标(价格)转化为同度量的销售额形式;类似地,在编制多种商品的销售量总指数时,则可以通过价格这个媒介因素将对比指标(销售量)转化为同度量的销售额形式。这就解决了不同商品的价格和销售量不能直接加总的问题。

表 9-2   商品销售额计算表

商品名称	计量单位	销售量		商品价格(元)		销售额(元)			
		基期 q_0	报告期 q_1	基期 p_0	报告期 p_1	$p_0 q_0$	$p_0 q_1$	$p_1 q_0$	$p_1 q_1$
甲	件	480	600	25	25	12000	15000	12000	15000
乙	千克	500	600	40	36	20000	24000	18000	21600
丙	台	200	180	50	70	10000	9000	14000	12600
合计	—	—	—			42000	48000	44000	49200

销售额(总量指标)总指数

$$\overline{K}_{pq} = \frac{\sum p_1 q_1}{\sum p_0 q_0} \tag{9.3}$$

$$= \frac{15000 + 21600 + 12600}{12000 + 20000 + 10000} = \frac{49200}{42000} \times 100\% = 117.14\%$$

通过计算得到的是全部商品销售额指数,得到的数值既不能单独表明这些商品价格的综合变动程度,也不能单独表明其销售量的综合变动程度,反映的是价格和销售量共同变化的结果。

为了编制出所需要的价格综合指数和销售量综合指数,还必须在指数的对比过程中将起转化作用的媒介因素固定起来,以便单纯反映对比指标的变动情况。这样得到的用综合指数法编制的质量指标总指数和数量指标总指数的计算公式,即分别为

质量指标综合指数

$$\overline{K}_p = \frac{\sum p_1 q}{\sum p_0 q} \tag{9.4}$$

数量指标综合指数

$$\overline{K}_q = \frac{\sum q_1 p}{\sum q_0 p} \tag{9.5}$$

在指数公式中,被固定的因素指标为同度量因素(同度量指标),被研究的因素指标为指数化因素(指数化指标)。同度量因素把不能直接相加的指标,过渡为可以相加计算指标的因素,即将"不同度量的现象"转化为"同度量的现象",具有关键性的作用。所以,同度量因素起着统一度量尺度的重要作用(同度量作用),

另一方面，同度量因素还起到了对指标"加权"的作用，因而也被称作综合指数的"权数"。例如，在价格综合指数中，同度量因素 q 不仅可以使各种不同商品的销售价格转化为可以相加的价值总量，而且由于各种商品销售量的不同，其各自价格变动对综合价格指数影响的大小也有所差别，在编制综合指数时，如何选择合适的权数是一个需要着重研究的问题。

在编制综合指数时，首先必须适当确定同度量因素的指标性质，这是由对比指标的性质决定的。一般而言，当我们编制质量指标综合指数时，其对比指标是 p，即指数化指标，而其同度量因素必须是一个与之相应的数量指标 q，两者的乘积 pq 则是一个与对比指标 p 密切联系的价值总量；当我们编制数量指标指数时，其对比指标是 q，即指数化指标，而其同度量因素必须是一个与之相应的质量指标 p，两者的乘积 pq 则是一个与对比指标 q 密切联系的价值总量。

9.2.2 拉氏指数和帕氏指数

在同度量因素的指标性质确定之后，还必须具体选择同度量因素的水平。尽管在同一个综合指数中，同度量因素的水平应该是固定不变的，但是其固定的水平却需要具体地加以选择，而且常常可以做不同的考虑，由此就得到不同的综合指数编制公式。

1. 拉氏指数

拉氏指数是最重要的加权综合指数公式之一，是德国经济学家拉斯贝尔（Laspeyre）于 1864 年首先提出的，主张无论是数量指标指数还是质量指标指数，都是将同度量因素固定在基期水平。有关方法其后被推广到各种质量指标指数和数量指标指数的计算。

该方法将同度量因素固定在基期水平上，故又称为"基期加权综合指数"。将拉氏指数简记为 L，相应的质量指标指数和数量指标指数的公式分别为

$$\overline{K}_p = L_p = \frac{\sum p_1 q_0}{\sum p_0 q_0} \tag{9.6}$$

$$\overline{K}_q = L_q = \frac{\sum q_1 p_0}{\sum q_0 p_0} \tag{9.7}$$

利用表 9-1 中三种商品的销售资料，计算拉氏形式的价格总指数和销售量总指数。

解：根据公式计算

$$\overline{K}_p = L_p = \frac{\sum p_1 q_0}{\sum p_0 q_0} = \frac{44000}{42000} \times 100\% = 104.76\%$$

$$\overline{K}_q = L_q = \frac{\sum q_1 p_0}{\sum q_0 p_0} = \frac{48000}{42000} \times 100\% = 114.29\%$$

上面的公式表明，三种商品综合起来，其价格平均上涨了 4.76%，销售量平均上涨了 14.29%。

综合指数不仅可以反映现象的相对变动程度，通常还可以进行绝对数分析，即用于测定对比指标变动所引起的相应总值的绝对变动差额。对于上面的资料，可以知道，价格上涨了 4.76%，销售额增加了 44000 - 42000 = 2000 元；销售量增加了 14.29%，销售额增加了 48000 - 42000 = 6000 元。

2. 帕氏指数

帕氏指数又称报告期加权综合指数，是 1874 年德国学者帕许（Paasche）提出的一种指数计算方法。它是在计算一组项目的综合指数时，将同度量因素固定在报告期水平，又称"计算期加权综合指数"。简记帕氏指数为 P，相应的质量指标指数和数量指标指数的公式分别为

$$\overline{K}_p = P_p = \frac{\sum p_1 q_1}{\sum p_0 q_1} \tag{9.8}$$

$$\overline{K}_q = P_q = \frac{\sum q_1 p_1}{\sum q_0 p_1} \tag{9.9}$$

利用表 9 - 1 中三种商品的销售资料，计算帕氏形式的价格指数和销售量指数。

解：根据公式可知

$$\overline{K}_p = P_p = \frac{\sum p_1 q_1}{\sum p_0 q_1} = \frac{49200}{48000} \times 100\% = 102.5\%$$

$$\overline{K}_q = P_q = \frac{\sum q_1 p_1}{\sum q_0 p_1} = \frac{49200}{44000} \times 100\% = 111.82\%$$

这表明，三种商品综合起来，其价格平均上涨了 2.5%，销售量平均上涨了 11.82%。

根据帕氏指数进行绝对数分析可知：价格上涨 2.5%，销售额增加了 49200 - 48000 = 1200 元；销售量下降了 11.82%，销售额减少了 49200 - 44000 = 5200 元。

从以上计算结果可以看出，由于采用同度量因素的时期不同，拉氏指数和帕氏指数的计算结果存在差异。

第一，由于拉氏指数和帕氏指数各自选取的同度量因素不同，即使利用同样的资料编制指数，两者所得到的计算结果一般也会不同。只有在两种特殊情形下，两者才会恰巧一致：（1）如果总体中所有的对比指标都按相同比例变化（即所有个体指数都相等）。（2）如果总体中所有项目的同度量因素都按相同比例变化（即权数的结构保持不变）。但这毕竟是两种极为罕见的特殊情形。在其他情况下，拉氏指数与帕氏指数通常是不会相等的。

第二，拉氏指数与帕氏指数的同度量因素水平和计算结果的差异，表明它们具有不完全相同的经济分析意义。以价格指数为例，拉氏价格指数以基期商品销售量作为同度量因素，这说明它是在基期的销售数量和销售结构的基础上来考察各种商品价格的综合变动程度的；而帕氏价格指数以报告期商品销售量作为同度量因素，则说明它是在报告期的销售数量和销售结构的基础上来考察各种商品价格的综合变动程度的。尽管两者的基本作用都是反映价格水平的综合变动，但怎样反映、在什

么基础上反映，两者是存在差别的。

第三，拉氏指数与帕氏指数之间的数量差别是有一定规则的，在现实经济生活中，依据同样的资料计算的拉氏指数一般大于帕氏指数。这种规则成立的一般条件是：所考察的质量指标个体指数与数量指标个体指数之间存在着负相关关系，也即存在着下面的三种情况之一：（1）当质量指标的水平绝对上升时，数量指标的水平绝对下降，或者当数量指标的水平绝对上升时，质量指标的水平绝对下降。（2）质量指标和数量指标的水平都上升，但当其中一个上升速率加快时，另一个上升速率则在减缓。（3）质量指标和数量指标的水平都下降，但当其中一个下降速率加快时，另一个下降速率则在减缓。

拉氏指数的优点是用基期数量作权数可以消除权数变动对指数的影响，从而使不同时期的价格指数具有可比性。但这指数也有明显的缺陷，它反映的是假定销售量不变的情况下报告期价格的变动水平，这一指数尽管可以单纯反映价格的变动水平，但不能反映数量的变动，特别是不能反映数量结构的变动。而帕氏指数由于以报告期数量加权，不能消除权数变动对指数的影响，因而不同时期的指数缺乏可比性，但帕氏指数可以同时反映出价格和数量及其结构的变化。

在现实经济生活中，质量指标与数量指标（诸如商品的价格与销售量、产品的单位成本与产量等）的变化之间通常存在着负相关关系，因此，拉氏指数一般总是大于帕氏指数。当然也有可能出现帕氏指数大于拉氏指数的情况。在实际应用中，数量指标指数的计算更多采用拉氏指数公式，而质量指标指数的计算更多采用帕氏指数公式。

9.2.3 其他形式的综合指数

1. 马—埃指数

马—埃指数公式由英国著名经济学家马歇尔和埃奇沃斯等人于1887—1990 年提出，所以称为马—埃公式。该指数是对拉氏指数和帕氏指数的同度量因素进行简单平均，具体公式如下

质量指标指数

$$\overline{K}_p = \frac{\sum p_1 \left(\dfrac{q_0 + q_1}{2} \right)}{\sum p_0 \left(\dfrac{q_0 + q_1}{2} \right)} \tag{9.10}$$

数量指标指数

$$\overline{K}_q = \frac{\sum q_1 \left(\dfrac{p_0 + p_1}{2} \right)}{\sum q_0 \left(\dfrac{p_0 + p_1}{2} \right)} \tag{9.11}$$

2. 费歇指数

费歇指数也称理想指数，最早由美国经济学家沃尔什和庇古等人于1901—1902 年提出，后来统计学家费歇验证了它满足对指数公式测验的重要要求，将其命名为理想指数。理想指数是对拉氏指数和帕氏指数所求的几何平均数。具体公

式如下

　　质量指标指数

$$\overline{K}_p = \sqrt{\frac{\sum p_1 q_0}{\sum p_0 q_0} \times \frac{\sum p_1 q_1}{\sum p_0 q_1}} \qquad (9.12)$$

　　数量指标指数

$$\overline{K}_q = \sqrt{\frac{\sum q_1 p_0}{\sum q_0 p_0} \times \frac{\sum q_1 p_1}{\sum q_0 p_1}} \qquad (9.13)$$

　　3. 杨格指数

　　杨格指数由英国经济学家杨格提出，也称固定权数综合指数。其观点是在固定加权综合指数中，同度量因素所属时期既不固定在报告期也不固定在基期，而是固定在一个特定的水平上。具体公式如下

　　质量指标指数

$$\overline{K}_p = \frac{\sum p_1 q_{\text{固定时期}}}{\sum p_0 q_{\text{固定时期}}} \qquad (9.14)$$

　　数量指标指数

$$\overline{K}_q = \frac{\sum q_1 p_{\text{固定时期}}}{\sum q_0 p_{\text{固定时期}}} \qquad (9.15)$$

　　固定权数综合指数不受基期和报告期的限制，使指数的编制具有较大的灵活性，便于进行现象长期发展变化的动态分析。

9.3　平均指数

　　平均指数是计算总指数的另一种形式，与综合指数不同的是，编制平均指数的基本方式是"先对比，后平均"。它是在个体指数的基础上编制总指数的一种方法，即先计算出个体指数，然后对其进行加权平均计算总指数，以测定总体现象的平均变动程度。总指数是反映总体的平均变动状况，而总体的变动由许多个体的变动组成，所以，总指数可以由反映个体变动状况的个体指数平均得到。

　　加权平均指数的基本编制原理是：（1）为了对复杂现象总体进行对比分析，首先对构成总体的个别元素计算个体指数，所得到的相对数是编制总指数的基础。（2）为了反映个别元素在总体中的重要性的差异，必须以相应的总值指标作为权数对个体指数进行加权平均，就得到说明总体现象数量对比关系的总指数。在对个体指数平均的过程中，必须考虑权重的问题。个体指数是两个时期水平对比的结果，因此加入的权数应该是与所要编制的指数密切关联的价值总量 pq。考虑到资料收集的可行性，实践中一般以基期的总值资料 $p_0 q_0$ 或报告期的总值资料 $p_1 q_1$ 作为权数。根据个体指数进行平均时所采用的计算方法不同，平均指数主要有加权算术平均指数与加权调和平均指数两种形式。

9.3.1　加权算术平均数指数

加权算术平均数指数是指在已知或能够计算个体指数的基础上采用加权算术平均法，即 $\bar{x} = \dfrac{\sum xf}{\sum f}$ 的计算形式，进行综合平均的一种总指数。以个体指数 $k_q = \dfrac{q_1}{q_0}$ 或 $k_p = \dfrac{p_1}{p_0}$ 作为变量，以基期的总值资料 p_0q_0 作为权数，对个体指数进行加权算术平均，相应的计算公式为

质量指标平均数指数

$$\bar{K}_p = \frac{\sum \dfrac{p_1}{p_0} p_0 q_0}{\sum p_0 q_0} \qquad (9.16)$$

数量指标平均数指数

$$\bar{K}_q = \frac{\sum \dfrac{q_1}{q_0} p_0 q_0}{\sum p_0 q_0} \qquad (9.17)$$

一般来说，加权算术平均数指数适用于数量指标平均数指数的计算。

【例 9 – 1】根据表 9 – 3 的数据资料，利用加权算术平均数指数法来计算这三种商品的销售量总指数和价格总指数。

表 9 – 3　　　　　　　　　某企业三种商品价格和销售量资料

商品名称	计量单位	销售量			商品价格（元）			销售额（元）	
		基期 q_0	报告期 q_1	个体指数 $k_q = \dfrac{q_1}{q_0}$	基期 p_0	报告期 p_1	个体指数 $k_p = \dfrac{p_1}{p_0}$	$p_0 q_0$	$p_1 q_1$
甲	件	480	600	125%	25	25	100%	12000	15000
乙	千克	500	600	120%	40	36	90%	20000	21600
丙	台	200	180	90%	50	70	140%	10000	12600
合计	—	—	—	—	—			42000	49200

解：根据表中的资料，计算三种商品的价格平均数总指数和销售量平均数总指数，以基期销售额作为权数，即

价格平均数指数

$$\bar{K}_p = \frac{\sum \dfrac{p_1}{p_0} p_0 q_0}{\sum p_0 q_0} = \frac{100\% \times 12000 + 90\% \times 20000 + 140\% \times 10000}{42000} \times 100\%$$

$$= \frac{44000}{42000} = 104.76\%$$

销售量平均数指数

$$\overline{K}_q = \frac{\sum \dfrac{q_1}{q_0} p_0 q_0}{\sum p_0 q_0} = \frac{125\% \times 12000 + 120\% \times 20000 + 90\% \times 10000}{42000} \times 100\%$$

$$= \frac{48000}{42000} = 114.29\%$$

这两个计算结果与上一节拉氏销售量指数和拉氏价格指数的计算结果是完全相同的，我们可以推导，采用基期总值加权的算术平均数指数就是拉氏综合指数的变形，即

$$\overline{K}_p = \frac{\sum \dfrac{p_1}{p_0} p_0 q_0}{\sum p_0 q_0} = \frac{\sum p_1 q_0}{\sum p_0 q_0} = L_p$$

$$\overline{K}_q = \frac{\sum \dfrac{q_1}{q_0} p_0 q_0}{\sum p_0 q_0} = \frac{\sum q_1 p_0}{\sum q_0 p_0} = L_q$$

需要指出的是，算术平均数指数不仅是拉氏综合指数的变形，更是一种相对独立的总指数编制方法，具有广泛的使用性。

9.3.2 加权调和平均数指数

加权调和平均数指数是指在已知或能够计算个体指数的基础上采用加权调和平均法，即 $\overline{x} = \dfrac{\sum m}{\sum \dfrac{m}{x}}$ 的计算形式，进行综合平均的一种总指数。以个体指数 $k_q = \dfrac{q_1}{q_0}$ 或 $k_p = \dfrac{p_1}{p_0}$ 作为变量，以报告期的总值资料 $p_1 q_1$ 作为权数，对个体指数进行加权调和平均，相应的计算公式为

质量指标指数

$$\overline{K}_p = \frac{\sum p_1 q_1}{\sum \dfrac{1}{k_p} p_1 q_1} = \frac{\sum p_1 q_1}{\sum \dfrac{1}{p_1 / p_0} p_1 q_1} \tag{9.18}$$

数量指标指数

$$\overline{K}_q = \frac{\sum p_1 q_1}{\sum \dfrac{1}{k_q} p_1 q_1} = \frac{\sum p_1 q_1}{\sum \dfrac{1}{q_1 / q_0} p_1 q_1} \tag{9.19}$$

加权调和平均数指数适合于质量指标平均数指数的计算。

【例 9 – 2】根据表 9 – 3 的数据资料，利用加权调和平均数指数法来计算这三种商品的销售量总指数和价格总指数。

解：根据表中的资料，计算三种商品的价格平均数总指数和销售量平均数总指数，以报告期销售额作为权数，即

价格平均数指数

$$\overline{K}_p = \frac{\sum p_1 q_1}{\sum \frac{1}{k_p} p_1 q_1} = \frac{49200}{\frac{1}{100\%} \times 15000 + \frac{1}{90\%} \times 21600 + \frac{1}{140\%} \times 12600} \times 100\%$$

$$= \frac{49200}{48000} = 102.5\%$$

销售量平均数指数

$$\overline{K}_q = \frac{\sum p_1 q_1}{\sum \frac{1}{k_q} p_1 q_1} = \frac{49200}{\frac{1}{125\%} \times 15000 + \frac{1}{120\%} \times 21600 + \frac{1}{90\%} \times 12600} \times 100\%$$

$$= \frac{49200}{44000} \times 100\% = 111.82\%$$

这两个计算结果与上一节利用帕氏销售量指数和帕氏价格指数的计算结果是完全相同的，同样可以验证，采用报告期总值加权的调和平均数指数与帕氏综合指数是等价的。

$$\overline{K}_p = \frac{\sum p_1 q_1}{\sum \frac{1}{k_p} p_1 q_1} = \frac{\sum p_1 q_1}{\sum \frac{1}{p_1/p_0} p_1 q_1} = \frac{\sum p_1 q_1}{\sum p_0 q_1} = P_p$$

$$\overline{K}_q = \frac{\sum p_1 q_1}{\sum \frac{1}{k_q} p_1 q_1} = \frac{\sum p_1 q_1}{\sum \frac{1}{q_1/q_0} p_1 q_1} = \frac{\sum p_1 q_1}{\sum p_1 q_0} = P_q$$

平均指数和综合指数都是总指数的基本形式，其经济内容是一样的，都是为了说明复杂现象总体数量的综合变动程度，是反映由多个要素构成的复杂经济现象综合变动的相对数，而用综合指数法编制总指数又要受到诸多限制。因此，可以换一种完全不同于综合指数的思路，首先应该了解总指数所反映的综合变动并不是多个个体变动程度的总和，而是它们的一般水平，即所反映的多个个体变动程度。从这一思路出发，可以以个体指数为基础，通过对个体指数进行平均得到总指数，由于各个个体的重要性不同，进行平均计算时，只能采用加权平均法。

9.3.3　平均指数和综合指数的区别及联系

1. 平均指数和综合指数的区别

（1）综合指数是通过引进同度量因素，先计算出总体的总量，然后再进行对比，即先综合，后对比；平均指数是在个体指数的基础上计算总指数，即先对比，后综合。

（2）综合指数需要研究总体的全面资料，对于综合作用的同度量因素的资料要求也比较严格，一般应采用与指数化指标有明确经济联系的指标，且应有一一对应的全面实际资料；而平均指数既适用于全面的资料，也适用于非全面的资料，其对资料要求比较灵活。

2. 平均指数和综合指数的联系

在一定的权数条件下，两类指数间有转换关系。加权平均指数虽然是总指数的另一种形式，但它与综合指数并不是完全孤立的，在一定的权数条件下，两者可以相互转化，综合指数可以变形为平均指数，平均指数也可变形为综合指数。平均指数是综合指数的一种变形，但它本身也是一种独立的指数，具有广泛的使用价值，更多地适用于非全面资料，对资料的要求比较灵活，从而解决了综合指数的计算要求全面资料的局限性。

需要提示一点：平均指数是以个体指数为基础计算的，如果知道现象的提高或降低程度，应转化为个体指数的表达形式后，才能按平均指数公式计算总指数。如提高8%，个体指数为108%，若降低6%，则个体指数为94%。

综合指数用来对比的总量指标有明确的经济内容，使得综合指数的分子、分母之差也具有一定的经济含义，不仅从相对量上可以分析复杂现象总体的变动方向和程度，而且从绝对量上也能说明由于指数化因素变动而带来价值总量的增减额。平均指数的分子、分母之差没有明确的经济含义，这使得平均指数只能表明复杂现象总体的变动方向和程度，而不能从绝对量上说明价值总量指标的增减额。可见，综合指数与平均指数各有所长，又各有所短。

9.4 统计指数体系与因素分析

9.4.1 统计指数体系及其作用

1. 指数体系的概念

一个指数通常只能说明某一方面的问题，在实际的经济分析中，往往需要将多个指数结合起来加以运用，进行共同分析，这就要求建立相应的指数体系。一般来说，三个或三个以上在性质上相互联系，在数量上存在一定关系的指数便构成指数体系，一个总值指数等于两个（或两个以上）因素指数的乘积。

指数体系需具备三个或三个以上的指数；指数体系中的单个指数在数量上能相互推算。例如，已知销售额指数、销售量指数，则可推算出价格指数；已知价格指数、销售量指数，则可推算出销售额指数；现象总变动差额等于各个因素变动差额的和。

下面这几种形式是指数体系的具体体现：

（1）销售额指数 = 销售量指数 × 销售价格指数；

（2）总成本指数 = 产品产量指数 × 单位产品成本指数；

（3）增加值指数 = 员工人数指数 × 劳动生产率指数 × 增加值率指数；

（4）销售利润指数 = 销售量指数 × 销售价格指数 × 销售利润率指数。

显然，这些指数体系都是建立在有关对比指标之间的经济联系基础之上的，因而它们具有非常实际的经济分析意义。

2. 指数体系的作用

（1）利用各指数之间的联系进行指数间的相互推算。例如，我国商品销售量总指数往往就是根据商品销售额总指数和价格总指数进行推算的。

（2）利用指数体系可进行因素分析。利用指数体系可以分析复杂经济现象总变动中各因素变动影响的方向和程度。

（3）用综合指数法编制总指数时，指数体系也是确定同度量因素时期的根据之一。指数体系是进行因素分析的根据，要求各个指数之间在数量上要保持一定的联系。因此，编制产品产量指数时，如用基期价格作同度量因素，那么编制产品价格指数时就必须用报告期的产品产量作为同度量因素；如果编制产品产量指数用报告期价格作为同度量因素，那么编制产品价格指数时就必须用基期的产品产量作为同度量因素。

9.4.2 总量变动的因素分析

总量通常是总产值、总成本或销售总额这样的价值总量，在某些情形下，也不排除实物总量（如某种农产品的总产量或某种原材料的消耗总量）。对现象的总量变动进行因素分析的方法多种多样，通过建立指数体系来进行因素分析则具有直观、明显的经济意义，因而在实践中获得了较为广泛的应用。根据总量变动分解得到的因素多少不同，可以分为两因素分析或多因素分析。

1. 两因素指数分析

进行总量指标变动的两因素分析，主要是考察数量指标和质量指标的变动对总量指标变动的影响程度，从相对数和绝对数两方面测定它们的影响数值。

当要考察多种商品的销售额变动及其因素影响时，如果都用拉氏公式来编制销售量指数和价格指数，或者都用帕氏公式来编制销售量指数和价格指数，那它们与销售额指数之间就难以形成严密的指数体系，即

$$L_q \cdot L_p = \frac{\sum p_1 q_0}{\sum p_0 q_0} \cdot \frac{\sum q_1 p_0}{\sum q_0 p_0} \neq \frac{\sum q_1 p_1}{\sum q_0 p_0} = V$$

$$P_q \cdot P_p = \frac{\sum p_1 q_1}{\sum p_0 q_1} \cdot \frac{\sum q_1 p_1}{\sum q_0 p_1} \neq \frac{\sum q_1 p_1}{\sum q_0 p_0} = V$$

为了同时满足相对数分析和绝对数分析的需要，通常将综合指数与连锁替换法结合运用，建立相应的指标体系。可以从两个方案中进行选择：

（1）将总值指数分解为拉氏数量指标指数和帕氏质量指标指数之乘积，即

$$V = L_q \cdot P_p \tag{9.20}$$

其分析顺序是：假定数量指标先变化，质量指标后变化，即

$$\sum q_0 p_0 \xrightarrow{q \text{ 变化}} \sum q_1 p_0 \xrightarrow{p \text{ 变化}} \sum q_1 p_1$$

（2）将总值指数分解为帕氏数量指标指数和拉氏质量指标指数之乘积，即

$$V = P_q \cdot L_p \tag{9.21}$$

其分析顺序是：假定质量指标先变化，数量指标后变化，即

$$\sum q_0 p_0 \xrightarrow{p \text{ 变化}} \sum q_0 p_1 \xrightarrow{q \text{ 变化}} \sum q_1 p_1$$

在实际工作中为了统一，通常会采用第一种分析方案。这种指数体系的完整分析框架为

$$\begin{cases} \text{相对数分析} \quad \dfrac{\sum p_1 q_1}{\sum p_0 q_0} = \dfrac{\sum q_1 p_0}{\sum q_0 p_0} \times \dfrac{\sum p_1 q_1}{\sum p_0 q_1} & (9.22) \\[3mm] \text{绝对数分析} \quad \sum p_1 q_1 - \sum p_0 q_0 = \left(\sum q_1 p_0 - \sum q_0 p_0 \right) + \left(\sum p_1 q_1 - \sum p_0 q_1 \right) & (9.23) \end{cases}$$

【例9-3】试对表9-3中的全部三种商品销售额变动的因素进行分析。根据表9-2商品销售额计算表的相关数据进行计算。

解：（1）总量指标的绝对数变动和相对数变动

销售额变动的相对数 $\dfrac{\sum p_1 q_1}{\sum p_0 q_0} = \dfrac{49200}{42000} \times 100\% = 117.14\%$

销售额变动的绝对数 $\sum p_1 q_1 - \sum p_0 q_0 = 49200 - 42000 = 7200$（元）

（2）两因素的绝对数变动和相对数变动

销售量变动的相对数 $\dfrac{\sum q_1 p_0}{\sum q_0 p_0} = \dfrac{48000}{42000} \times 100\% = 114.29\%$

销售量变动的绝对数 $\sum q_1 p_0 - \sum q_0 p_0 = 48000 - 42000 = 6000$（元）

价格变动的相对数 $\dfrac{\sum p_1 q_1}{\sum p_0 q_1} = \dfrac{49200}{48000} \times 100\% = 102.5\%$

价格变动的绝对数 $\sum p_1 q_1 - \sum p_0 q_1 = 49200 - 48000 = 1200$（元）

（3）构建两因素指标体系

$$\frac{\sum p_1 q_1}{\sum p_0 q_0} = \frac{\sum q_1 p_0}{\sum q_0 p_0} \cdot \frac{\sum p_1 q_1}{\sum p_0 q_1}$$

$$117.14\% = 114.29\% \times 102.5\%$$

$$\sum p_1 q_1 - \sum p_0 q_0 = \left(\sum q_1 p_0 - \sum q_0 p_0 \right) + \left(\sum p_1 q_1 - \sum p_0 q_1 \right)$$

$$7200 = 6000 + 1200$$

计算结果表明，销售额增加的17.14%是由于三种商品的销售量增加了114.29%和销售价格增长了2.5%两个因素共同作用的结果，其中，销售量的增加使销售额增加了6000元，由于价格的上涨使销售额增加1200元，两者共同影响的结果使销售额增加了7200元。

2. 多因素指数分析

总量指标的变动有时是由多个因素共同作用引起的，多因素指的是某一现象的变动可能要受到三个或三个以上因素的影响，这样指数体系就要求由更多反映因素变动的指数来构成。影响总量指标变动的因素越多，分析过程就越复杂，但基本原理与两因素分析法基本相同。需要注意的是，在排列指标时，要将数量指标排在前面；在对总量指标进行分解时，要考虑各因素的衔接，以确保相邻因素的乘积都应该具有实际经济意义。如企业利润总额受产品销售量、单位产品价格和利润率三个因素的影响，其中

产品销售量 × 单位产品价格 = 产品销售额

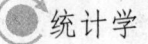

$$单位产品价格 \times 利润率 = 单位产品利润额$$

所以，可以将产品的利润额分解成

$$产品利润总额 = 产品销售量 \times 单位产品价格 \times 利润率$$

用 q 表示产品销售量，p 表示单位产品价格，c 表示利润率，可按下列程序对产品利润总额的变动进行因素分析

$$\sum q_0 p_0 c_0 \xrightarrow{q\,变化} \sum q_1 p_0 c_0 \xrightarrow{p\,变化} \sum q_1 p_1 c_0 \xrightarrow{c\,变化} \sum q_1 p_1 c_1$$

相应地，可以建立多因素指数体系进行因素分析

相对数形式

$$\frac{\sum q_1 p_1 c_1}{\sum q_0 p_0 c_0} = \frac{\sum q_1 p_0 c_0}{\sum q_0 p_0 c_0} \times \frac{\sum q_1 p_1 c_0}{\sum q_1 p_0 c_0} \times \frac{\sum q_1 p_1 c_1}{\sum q_1 p_1 c_0}$$

绝对数形式

$$\sum q_1 p_1 c_1 - \sum q_0 p_0 c_0 = \left(\sum q_1 p_0 c_0 - \sum q_0 p_0 c_0 \right) + \left(\sum q_1 p_1 c_0 - \sum q_1 p_0 c_0 \right)$$
$$+ \left(\sum q_1 p_1 c_1 - \sum q_1 p_1 c_0 \right)$$

在进行多因素分析时，为测定某一因素的变动影响值，可将其他几个因素固定不变，将该因素以报告期的数值替代，并将替代前后的结果进行比较得出该因素指数即影响程度；依次将其余各个因素的基期数值顺次以报告期的数值替代，有多少因素就替代多少次，每次替代后的结果与替代前的结果进行对比，就可以从相对数和绝对数两方面分析各因素对总体总量的影响程度。所以，多因素指数分析法也称作连锁替代法。

【例 9 - 4】已知某企业资料如下，计算该企业利润总额的变动并对其进行因素分析。

表 9 - 4　　　　　　　　　　　　　　某企业生产产品利润额资料

产品名称	计量单位	销售量		价格（万元）		利润率（%）	
		q_0	q_1	p_0	p_1	c_0	c_1
甲	件	150	160	3.5	3.2	11	16
乙	台	250	250	1.8	1.76	30	35
丙	辆	5000	5500	0.031	0.029	8	7

表 9 - 5　　　　　　　　　　　　　　某企业生产产品利润额相关数据

产品名称	计量单位	产品利润总额			
		$q_1 p_1 c_1$	$q_0 p_0 c_0$	$q_1 p_0 c_0$	$q_1 p_1 c_0$
甲	件	81.92	57.75	61.60	56.32
乙	台	154	135	135	132
丙	辆	11.17	12.40	13.64	12.76
合计	—	247.09	205.15	210.24	201.08

解：利润总额的变动

$$k_{pqc} = \frac{\sum q_1 p_1 c_1}{\sum q_0 p_0 c_0} = \frac{247.09}{205.15} = 120.44\%$$

$$\sum q_1 p_1 c_1 - \sum q_0 p_0 c_0 = 247.09 - 205.15 = 41.94(万元)$$

（1）受销售量变动的影响为

$$K_q = \frac{\sum q_1 p_0 c_0}{\sum q_0 p_0 c_0} = \frac{210.24}{205.15} = 102.48\%$$

$$\sum q_1 p_0 c_0 - \sum q_0 p_0 c_0 = 210.24 - 205.15 = 5.09(万元)$$

（2）受价格变动的影响为

$$K_p = \frac{\sum q_1 p_1 c_0}{\sum q_1 p_0 c_0} = \frac{201.08}{210.24} = 95.64\%$$

$$\sum q_1 p_1 c_0 - \sum q_1 p_0 c_0 = 201.08 - 210.24 = -9.16(万元)$$

（3）受利润率变动的影响为

$$K_c = \frac{\sum q_1 p_1 c_1}{\sum q_1 p_1 c_0} = \frac{247.09}{201.08} = 122.88\%$$

$$\sum q_1 p_1 c_1 - \sum q_1 p_1 c_0 = 247.09 - 201.08 = 46.01(万元)$$

构建三因素指标体系

相对数分析

$$\frac{\sum q_1 p_1 c_1}{\sum q_0 p_0 c_0} = \frac{\sum q_1 p_0 c_0}{\sum q_0 p_0 c_0} \times \frac{\sum q_1 p_1 c_0}{\sum q_1 p_0 c_0} \times \frac{\sum q_1 p_1 c_1}{\sum q_1 p_1 c_0}$$

$$120.44\% = 102.48\% \times 95.64\% \times 122.88\%$$

绝对数分析

$$\sum q_1 p_1 c_1 - \sum q_0 p_0 c_0 = \left(\sum q_1 p_0 c_0 - \sum q_0 p_0 c_0 \right)$$
$$+ \left(\sum q_1 p_1 c_0 - \sum q_1 p_0 c_0 \right) + \left(\sum q_1 p_1 c_1 - \sum q_1 p_1 c_0 \right)$$
$$41.94 \text{ 万元} = 5.09 \text{ 万元} + (-9.16) \text{ 万元} + 46.01 \text{ 万元}$$

9.5 几种常用的经济指数

指数作为一种重要的经济分析指标和方法，在实践中获得了广泛应用。不同的指数形式适用于不同的情况。选择指数形式的主要标准是各个不同指数对应的经济意义。有时也要考虑实际编制工作的可行性，以及对指数分析性质的某些特殊要求。现以常见的主要经济指数为例，对指数方法的具体应用进行阐述。

9.5.1 居民消费价格指数

居民消费价格，是指城乡居民购买并用于日常生活消费的商品和服务项目的价格。居民消费价格指数（Consumer Price Index，CPI），旨在反映一定时期内居民所消费商品及服务项目的价格水平变动趋势和变动程度；是政府制定物价和工资等政策的重要依据。居民消费价格水平的变动率在一定程度上反映了通货膨胀（或紧缩）的程度。编制居民消费价格指数的目的，是了解全国各地价格变动的基本情况，分析研究价格变动对社会经济和居民生活的影响，满足各级政府制定政策和计划、进行宏观调控的需要，以及为国民经济核算提供参考依据。

如果消费者物价指数升幅过大，表明通货膨胀已经成为经济不稳定的因素。因此，该指数过高的升幅往往不被市场欢迎。国家统计局负责全国居民消费价格指数的编制及相关工作，并组织、指导省（自治区、直辖市）调查总队的消费价格调查统计工作。国家统计局省（自治区、直辖市）调查总队负责统一组织、实施本省（自治区、直辖市）范围内的消费价格调查统计工作。全国各调查市、县按照统一的调查制度开展消费价格调查工作。调查内容是城乡居民购买并用于日常生活消费的商品和服务项目的价格。调查内容根据全国城乡居民家庭消费支出调查资料以及居民消费结构和消费习惯确定，居民消费价格指数（CPI）涵盖全国城乡居民生活消费的食品烟酒、衣着、居住、生活用品及服务、交通和通信、教育文化娱乐、医疗保健、其他用品和服务 8 大类、262 种基本分类的商品与服务价格。现行的 CPI 调查中，居住类主要包括：建房及装修材料、住房租金、自有住房、水电燃料。其中建房及装修材料主要包括木材、木地板、砖、水泥、涂料、板材、玻璃、粘胶、厨卫设备等修建和装修房屋的材料；住房租金包括公房房租、私房房租及其他费用等；自有住房包括住房估算租金、物业管理费、维护修理费等；水电燃料包括水电费、液化石油气、管道燃气和煤气等其他燃料。居民购买的住房有两个属性，既有投资属性也有消费属性，其消费属性应该在计算 CPI 时有所体现。CPI 中居住类的自有住房包括住房估算租金，就是充分考虑到住房的消费属性。住房估算租金是按具有相同市场价值的同类住房的租金来对自有住房产生的住房消费进行计量。

计算居民消费价格指数所用的权数，是每一种商品或服务项目在居民所有消费商品和服务总支出中所占的比重，是反映各调查项目的价格变动对总指数变动影响程度的指标。基期年份的权数根据基期年份的居民家庭住户调查资料及相关统计资料整理得出，同时辅以典型调查数据或专家评估予以补充和完善。本轮计算居民消费价格指数的固定基期及商品篮子确定在 2015 年。目前，统计部门发布的 CPI 还不包含网购商品价格。网购作为一种新型的、快速发展的购物方式，对居民生活的影响力在逐渐增强，如何将这部分商品的价格反映在 CPI 中，相关部门正在进行认真研究。

居民消费价格指数指标十分重要，而且具有启示性，必须慎重把握。第一，反映通货膨胀状况，通货膨胀的严重程度是用通货膨胀率来反映的，它说明了一定时期内商品价格持续上升的幅度。通货膨胀率一般以居民消费价格指数来表示。第二，反映货币购买力变动，货币购买力是指单位货币能够购买到的消费品和服务的数量。居民消费价格指数上涨，货币购买力则下降；反之则上升。居民消费价格指数的倒数就是货币购买力指数。第三，反映对职工实际工资的影响，居民消费价格指数的提高意味着实际工资的减少，居民消费价格指数的下降意味着实际工资的提高。

9.5.2　商品零售价格指数

商品零售价格指数（Retail Price Index，RPI）是指反映一定时期内商品零售价格变动趋势和变动程度的相对数。商品零售价格指数分为食品、饮料烟酒、服装鞋帽、纺织品、中西药品、化妆品、书报杂志、文化体育用品、日用品、家用电器、首饰、燃料、建筑装潢材料、机电产品 14 个大类，国家规定 304 种必报商品。需要予以特别说明的是，从 1994 年起，商品零售价格指数不再包括农业生产资料。零售物价的调整变动直接影响到城乡居民的生活支出和国家的财政收入，影响居民购买力和市场供需平衡，影响消费与积累的比例。因此，计算零售价格指数，可以从一个侧面对上述经济活动进行观察和分析。

9.5.3 生产者价格指数

生产者价格指数（Producer Price Index，PPI）是从生产者方面考虑的物价指数，是衡量工业企业产品出厂价格变动趋势和变动程度的指数，是反映某一时期生产领域价格变动情况的重要经济指标，也是制定有关经济政策和国民经济核算的重要依据。广义的生产者价格指数应包括有关国民经济各产业的原材料、半成品和产成品三个生产环节的价格指数，狭义的生产者价格指数则仅指工农业等的产品价格指数。我国的生产者价格指数通常是指工业品出厂价格指数，也可包括农产品生产价格指数。工业生产者出厂价格统计调查涵盖 1638 个基本分类的 20000 多种工业产品的价格。共调查八大类商品：（1）燃料、动力类；（2）有色金属类；（3）有色金属材料类；（4）化工原料类；（5）木材及纸浆类；（6）建材类：钢材、木材、水泥；（7）农副产品类；（8）纺织原料类。

我国的工业品出厂价格指数是反映一定时期内全部工业产品出厂价格总水平的变动趋势和程度的相对数，其统计范围包括工业企业售给本企业以外所有单位的各种产品和直接售给居民用于生活消费的产品。农产品生产价格指数是反映一定时期内农业生产者出售农产品价格水平的变动趋势和程度的相对数。通过这些指数可以观察有关产业的产品价格水平及其价格结构的变动，分析价格变动对有关产业的总产值和增加值的影响，满足工农业统计核算乃至整个国民经济核算和宏观经济分析的需要。

生产者价格指数的上涨将会直接或间接地引起国民经济各产业的生产成本增加；生产成本的增加又必然转嫁到消费者身上，导致消费者价格指数（CPI）的上涨。根据价格传导规律，PPI 对 CPI 有一定的影响。PPI 反映生产环节价格水平，CPI 反映消费环节的价格水平。整体价格水平的波动一般先出现在生产领域，然后通过产业链向下游产业扩散，最后波及流通领域消费品。以工业品为原材料的生产即工业品价格向 CPI 的传导途径为：原材料→生产资料→生活资料。

由于 CPI 不仅包括消费品价格，还包括服务价格，CPI 与 PPI 在统计口径上并非严格的对应关系。因此，CPI 与 PPI 的变化在某一时期出现不一致的情况是有可能的。但 CPI 与 PPI 长期持续处于背离状态，这不符合价格传导规律。若发生价格传导断裂的现象，其主要原因在于工业品市场处于买方市场以及政府对公共产品价格的人为控制等。目前，可以顺利完成传导的工业品价格（主要是电力、煤炭、水等能源原材料价格）主要属于政府调价范围。

表 9－6   **2017 年 1 月工业生产者价格主要数据表**

	环比涨跌幅（%）	同比涨跌幅（%）
一、工业生产者出厂价格	0.8	6.9
生产资料	1.1	9.1
采掘	3.5	31.0
原材料	1.7	12.9
加工	0.6	5.9
生活资料	0.2	0.8
食品	0.3	1.3
衣着	0	1.1
一般日用品	0.4	1.5
耐用消费品	0.1	－0.6
二、工业生产者主要行业出厂价格		
煤炭开采和洗选业	1.7	38.4
石油和天然气开采业	10.4	58.5
黑色金属矿采选业	2.0	23.7
有色金属矿采选业	1.3	17.7
非金属矿采选业	0.6	1.6
农副食品加工业	0.4	2.6
食品制造业	0.2	0.8
酒、饮料和精制茶制造业	0.1	－0.5
烟草制品业	0	0
纺织业	0.5	2.6
纺织服装、服饰业	－0.1	0.6
木材加工和木、竹、藤、棕、草制品业	0	0.2
造纸和纸制品业	1.9	5.7
印刷和记录媒介复制业	0.2	0.6
石油加工、炼焦和核燃料加工业	3.9	24.4
化学原料和化学制品制造业	1.8	9.2
医药制造业	0.3	0.7
化学纤维制造业	3.0	9.3
橡胶和塑料制品业	0.4	1.0
非金属矿物制品业	0.4	4.6
黑色金属冶炼和压延加工业	2.1	37.7
有色金属冶炼和压延加工业	0.1	17.3
金属制品业	0.7	4.3
通用设备制造业	0.2	0.3
汽车制造业	0	－0.6
铁路、船舶、航空航天和其他运输设备制造业	0.3	0.9
计算机、通信和其他电子设备制造业	0.1	－0.1
电力、热力生产和供应业	0.1	－2.0
燃气生产和供应业	2.2	0
水的生产和供应业	0.3	1.9

9.5.4　股票价格指数

股票价格指数即股票指数，是由证券交易所或金融服务机构编制的表明股票行市变动的一种供参考的指示数字。股票价格指数是描述股票市场总的价格水平变化的指标。它是选取有代表性的一组股票，把它们的价格进行加权平均，通过一定的计算得到。各种指数具体的股票选取和计算方法是不同的。由于股票价格起伏无常，投资者必然面临市场价格风险。对于具体某一种股票的价格变化，投资者容易了解，而对于多种股票的价格变化，要逐一了解，既不容易，也不胜其烦。为了适应这种情况和需要，一些金融服务机构就利用自己的业务知识和熟悉市场的优势，编制出股票价格指数，公开发布，作为市场价格变动的指标。投资者据此就可以检验自己投资的效果，并用于预测股票市场的动向。同时，新闻界、商界、政界等也以此为参考指标，来观察、预测社会政治、经济发展形势。

股价指数的编制方法多种多样，各有所长，综合指数是其中的一种重要编制方法。这种方法通常以某年某月为基础，以这个基期的股票价格作为100，用以后各时期的股票价格和基期价格比较，计算出升降的百分比，就是该时期的股票指数。记入编指数的各种股票的价格为 p，相应股票的发行量（或交易量）为 q，则综合形式的股价指数为

$$I_p = \frac{\sum p_t q}{\sum p_0 q} \tag{9.24}$$

式中：同度量因素通常固定在基期水平上（即采用拉氏公式），为的是简便和可比，但也可以固定在计算期水平上（即采用帕氏公式）。

投资者根据指数的升降，可以判断出股票价格的变动趋势。为了能实时地向投资者反映股市的动向，所有的股市都是在股价变化的同时即时公布股票价格指数。计算股票指数要考虑三个因素：一是抽样，即在众多股票中抽取少数具有代表性的成分股；二是加权，按单价或总值加权平均，或不加权平均；三是计算程序，计算算术平均数、几何平均数，或兼顾价格与总值。股票价格的变动幅度以"点"数来表示，每上升或下降一个单位称为"1点"。

1. 上证综指

上海证券综合指数简称"上证综指"，其样本股是全部上市股票，包括 A 股和B 股，反映了上海证券交易所上市股票价格的变动情况，上证综指是最早发布的指数，是以上证所挂牌上市的全部股票为计算范围，以发行量为权数的加权综合股价指数。这一指数自 1991 年 7 月 15 日起开始实时发布，基日定为 1990 年 12 月 19日，基日指数定为 100 点。新上证综指发布以 2005 年 12 月 30 日为基日，以当日所有样本股票的市价总值为基期，基点为 1000 点。新上证综指简称"新综指"，指数代码为 000017。指数以总股本加权计算。

2. 道琼斯股票指数

道琼斯股票指数是世界上历史最为悠久的股票指数，它的全称为股票价格平均数。它是在 1884 年由道琼斯公司的创始人查理斯·道开始编制的。现在的道琼斯股

票价格平均指数是以 1928 年 10 月 1 日为基期，因为这一天收盘时的道琼斯股票价格平均数恰好约为 100 美元，所以就将其定为基准日。而以后股票价格同基期相比计算出的百分数，就成为各期的股票价格指数，所以现在的股票指数普遍用点来做单位，而股票指数每一点的涨跌就是相对于基准日的涨跌百分数。目前，道琼斯股票价格平均指数共分四组：第一组是工业股票价格平均指数。它由 30 种有代表性的大工商业公司的股票组成，且随经济发展而变大，大致可以反映美国整个工商业股票的价格水平，这也就是人们通常所引用的道琼斯工业股票价格平均数。第二组是运输业股票价格平均指数。它包括 20 种有代表性的运输业公司的股票，即 8 家铁路运输公司、8 家航空公司和 4 家公路货运公司。第三组是公用事业股票价格平均指数，是由代表着美国公用事业的 15 家煤气公司和电力公司的股票组成。第四组是平均价格综合指数，它是综合前三组股票价格平均指数而得出的综合指数，这组综合指数虽然为优等股票提供了直接的股票市场状况，但现在通常引用的是第一组——工业股票价格平均指数。道琼斯股票价格平均指数是目前世界上影响最大、最有权威性的一种股票价格指数。

本章小结

指数实质上是一种相对数，它把两个数值进行比较，以考虑经济现象的变化情况及其差异。广义的指数是说明社会经济现象数量上变动的相对数。在统计中编制的指数通常为狭义的指数，即是反映在数量上不能直接相加的社会经济现象中数量的综合变动的相对数，表现为百分数。指数可以是不同时间现象水平的对比，不同空间现象水平的对比，也可以是现象的实际水平与计划水平的对比。

指数的作用是反映复杂社会经济现象总体数量的综合变动程度；分析经济现象总体变动中各因素变动的影响方向和程度；分析研究复杂经济现象总体的长期变化趋势。

总指数的编制方法有两种，一种是综合指数法，另一种是平均指数法。

综合指数编制原理：先综合后对比。在总质量指标中包含两个或两个以上指标时，观察其中一个因素的变动，而将其他因素固定下来。引入同度量因素使数据过渡到可以加总的综合性指标，使用原来不能直接相加的现象过渡到可以相加的指标，同时起到权数作用，将同度量因数固定在某一时期，消除同度量因素变动的影响，以测定所研究的因素的影响方向和影响程度，我们称研究的因素为指数化因素。将运用总体全面数据计算得到的两个时期的总量指标进行对比，其结果是反映复杂现象总体综合变动程度的量，即为综合指数。

编制数量指数一般采用拉式指数，将同度量因素固定在基期。编制质量指数一般采用帕氏指数，将同度量因素固定在报告期。

指数体系，是指若干个在经济上有联系、数量上有关系的指数所形成的整体。如一个总值指数等于两个（或两个以上）因数的乘积。通常有如下四种形式：

（1）销售额指数 = 销售量指数 × 销售价格指数；

（2）总成本指数 = 产品产量指数 × 单位产品成本指数；

（3）增加值指数 = 员工人数指数 × 劳动生产率指数 × 增加值率指数；

（4）销售利润指数 = 销售量指数 × 销售价格指数 × 销售利润率指数。

显然，这些指数体系都是建立在有关对比指标之间的经济联系基础之上的，因而它们具有非常实际的经济分析意义。

思考与练习

一、填空题

1. 总指数的计算形式有两种，即_____指数和_____指数。

2. 按照一般原则，编制数量指标指数时，同度量因素固定在_____，编制质量指标指数时，同度量因素固定在_____。

3. 平均指数有独立应用的意义，它的计算形式有_____和_____两种。

4. 统计指数按所说明的指标性质不同，分为_____指数和_____指数。

5. 同度量因素在计算总指数时起_____作用和_____作用。

6. 拉氏指数对于任何指数化指标的同度量因素都固定在_____，帕氏指数对于任何指数化指标的同度量因素都固定在_____。

7. 编制指数的一般方法是：_____指数是按拉氏指数公式编制的；按帕氏指数公式编制的指数是_____。

8. 在含有两个因素的综合指数中，为了观察某一因素的变动，则另一个因素必须固定起来。被固定的因素通常称为_____，而被研究的因素则称为_____指标。

9. 综合指数的重要意义，在于它能最完善地显示出所研究对象的经济内容，即不仅在_____，而且还能在_____方面反映事物的动态。

10. 某种商品的价格比上年上涨 5%，销售额下降 8%，则该商品销售量指数是_____。

11. 加权算术平均数指数只有用_____这个特定权数加权才能等于综合指数，而加权调和平均数指数只有用_____这个特定权数加权才能等于综合指数。

二、单项选择题

1. 统计指数划分为个体指数和总指数的依据是（　　　）。

A. 反映的对象范围不同　　　　　　B. 指标性质不同

C. 采用的基期不同　　　　　　　　D. 编制指数的方法不同

2. 销售价格综合指数 $\dfrac{\sum q_1 p_1}{\sum q_1 p_0}$ 表示（　　　）。

A. 综合反映多种商品销售量变动程度

B. 综合反映多种商品销售额变动程度

C. 报告期销售的商品其价格综合变动的程度

D. 基期销售的商品其价格综合变动的程度

3. 在销售量综合指数的计算公式 $\dfrac{\sum q_1 p_0}{\sum q_0 p_0}$ 中，$\sum q_1 p_0 - \sum q_0 p_0$ 表示（　　　）。

A. 商品价格变动引起销售额变动的绝对额

B. 价格不变的情况下，销售量变动引起销售额变动的绝对额

C. 价格不变的情况下，销售量变动的绝对额

D. 销售量和价格变动引起销售额变动的绝对额

4. 加权算术平均数指数变形为综合指数时，其特定的权数是（　　）。

A. q_1p_1　　　　B. q_0p_1　　　　C. q_1p_0　　　　D. q_0p_0

5. 某厂生产费用今年比去年增长 50%，产量增长 25%，则单位成本上升了（　　）。

A. 25%　　　　B. 2%　　　　C. 75%　　　　D. 20%

6. 统计指数按所反映的对象范围不同，可分为个体指数和（　　）。

A. 质量指标指数　　　　　　B. 数量指标指数

C. 综合指数　　　　　　　　D. 总指数

7. 统计指数按照指标性质不同，分为（　　）。

A. 个体指数和总指数　　　　B. 数量指标指数和质量指标指数

C. 定基指数和环比指数　　　D. 综合指数和平均指数

8. 同度量因素的使用时期必须是（　　）。

A. 报告期　　B. 基期　　C. 同一时期　　D. 计划期

9. 统计指数划分为个体指数和总指数的依据是（　　）。

A. 考察的范围和计算方法　　B. 指数内容的差异

C. 采用的基期不同　　　　　D. 对比的性质不同

10. 商品销售额实际增加 400 元，由于销售量的增长使销售额增加 420 元，由于价格（　　）。

A. 增长使销售额增加 20 元　　B. 降低使销售额减少 20 元

C. 增长使销售额增加 820 元　　D. 降低使销售额减少 820 元

11. 下列关于商品销售情况的指数中，属于帕氏销售量指数的是（　　）。

A. $\dfrac{\sum p_1q_1}{\sum p_0q_1}$　　B. $\dfrac{\sum p_1q_1}{\sum p_0q_0}$　　C. $\dfrac{\sum p_1q_1}{\sum p_1q_0}$　　D. $\dfrac{\sum p_0q_1}{\sum p_0q_0}$

12. 数量指标综合指数的同度量因素是（　　）。

A. 平均指标　　B. 相对指标　　C. 综合指标　　D. 质量指标

13. "先对比，后平均"是（　　）。

A. 平均指数　　B. 相对指标指数　　C. 综合指数　　D. 质量指标指数

14. 把综合指数变形为平均指数，是为了（　　）

A. 计算简便　　　　　　　　B. 计算结果更准确

C. 适应实际资料的要求　　　D. 适应实际工作部门的要求

15. 如果生活费用指数上涨 20%，则现在 1 元钱（　　）

A. 只值原来的 0.80 元　　　　B. 只值原来的 0.83 元

C. 与原来的 1 元钱等值　　　　D. 无法与过去比较

三、多项选择题

1. 下列属于数量指标指数的有（　　）。

A. 工业总产值指数　　　　　　　　B. 劳动生产率指数

C. 职工人数指数　　　　　　　　　D. 农副产品收购量指数

E. 产品单位成本指数

2. 下列属于质量指标指数的是（　　　）。

A. 商品零售量指数　　　　　　　　B. 商品零售额指数

C. 商品零售价格指数　　　　　　　D. 职工劳动生产率指数

E. 销售商品计划完成程度指数

3. 指数按反映的内容不同，可分为（　　　）。

A. 时间性指数　　　B. 数量指数　　　C. 质量指数　　　D. 区域性指数

E. 个体指数

4. 下列统计指标中，属于质量指标的有（　　　）。

A. 人口总数　　　　　　　　　　　B. 单位产品成本

C. 职工人数　　　　　　　　　　　D. 人口密度

E. 合格品率

5. 编制总指数的方法有（　　　）。

A. 综合指数法　　　　　　　　　　B. 平均指数法

C. 质量指标指数法　　　　　　　　D. 数量指标指数法

E. 平均指标指数法

6. 若 p 表示商品价格，q 表示商品销售量，则 $\sum p_1 q_1 - \sum p_0 q_1$（　　　）。

A. 综合反映销售额变动的绝对额

B. 综合反映价格变动和销售额变动的绝对额

C. 综合反映多种商品价格变动增减销售额

D. 综合反映由于价格的变动使消费者增减的货币收入

E. 综合反映多种商品销售量变动的绝对额

7. 编制综合指数时同度量因素的作用有（　　　）。

A. 平衡作用　　　B. 同度量作用　　　C. 权数作用　　　D. 平均作用

E. 比较作用

8. 某厂五种产品的产量报告期为基期的126%，这个指数是（　　　）。

A. 个体指数　　　　　　　　　　　B. 质量指标指数

C. 总指数　　　　　　　　　　　　D. 数量指标指数

E. 动态指数

9. 下列统计指标中，属于质量指标指数的有（　　　）。

A. 总产值指数　　　　　　　　　　B. 劳动生产率指数

C. 员工人数指数　　　　　　　　　D. 产品的价格指数

E. 单位成本指数

10. 某企业基期产值为100万元，报告期产值比基期增加14%，又知以基期价格计算的报告期假定产值为112万元，则经计算可知（　　　）

A. 产量增加12%

B. 价格增加 12%

C. 由于产量变化使产值增加 20 万元

D. 由于产量变化使产值增加 12 万元

E. 由于价格变化使产值增加 2 万元

11. 帕氏综合指数的基本公式（　　）

A. $\dfrac{\sum p_1 q_1}{\sum p_0 q_1}$　　　B. $\dfrac{\sum p_1 q_0}{\sum p_0 q_0}$　　　C. $\dfrac{\sum p_1 q_1}{\sum p_0 q_0}$　　　D. $\dfrac{\sum p_0 q_1}{\sum p_0 q_0}$

E. $\dfrac{\sum p_1 q_1}{\sum p_1 q_0}$

12. 指数体系中，指数之间的数量对等关系表现在　（　　）

A. 结果指数等于它的因素指数的乘积

B. 结果指数等于它的因素指数的代数和

C. 结果指数等于它的因素指数之间的比值

D. 与结果指数相应的绝对增长额等于它的各因素指数所引起的绝对增长额的乘积

E. 与结果指数相应的绝对增长额等于它的各因素指数所引起的绝对增长额的代数和

四、判断题

1. 为了使成本指数的计算符合现实经济意义，编制单位成本指数应当用基期的产品产量作为同度量因素。　（　　）

2. 在特定的权数条件下，综合指数与平均指数有变形关系。　（　　）

3. 在计算综合指数时，同度量因素的作用与加权平均数的作用完全一样。

（　　）

4. 在指数体系中，数量指标作为同度量因素，一般固定在基期。　（　　）

5. 在单位成本指数 $\sum q_1 z_1 / \sum q_1 z_0$ 中，$\sum q_1 z_1 - \sum q_1 z_0$ 表示单位成本增减的绝对额。　（　　）

6. 单位产品成本下降 5%，产量增加 5%，则生产费用增加。　（　　）

7. "先对比，后平均"是编制平均指数的基本思路。　（　　）

8. 平均数指数是个体指数的平均数，所以平均数指数是个体指数。　（　　）

9. 在总成本变动的因素分析中，若 q 表示产量，p 表示单位成本，则产量变动对总成本影响的绝对额可表示为 $\sum q_1 p_1 - \sum q_1 p_0$。　（　　）

10. 定基指数和环比指数是根据对比基期的选择不同而划分的。　（　　）

五、计算题

1. 某企业 2016 年与 2015 年相比，各种产品的产量总体增长了 10%，总的生产成本增长了 12%，该企业 2016 年的单位成本指数是多少？

2. 某厂生产的三种产品的有关资料如下：

某厂生产的三种产品的产量及单位成本资料

产品名称	产量			单位成本		
	计量单位	基期	报告期	计量单位	基期	报告期
甲	件	110	120	元/件	14	15
乙	只	600	570	元/只	50	37
丙	个	120	180	元/个	9	9

要求：从绝对数和相对数两个方面分析该厂总成本变动的原因。

3. 某商场三种主要商品的有关资料如下：

某商场三种商品的销售量及单价资料

商品名称	销售量			单价（元）	
	计量单位	基期	报告期	基期	报告期
A	台	110	120	12	10
B	件	500	600	40	37
C	个	120	200	9	6

要求：从绝对数和相对数两方面对该商场三种商品销售额的变动情况进行因素分析。

4. 某企业两种产品的单位成本及产量资料如下：

某企业两种产品的单位成本及产量资料

产品名称	计量单位	单位成本（元）		产量	
		基期	报告期	基期	报告期
AA	个	200	180	220	250
BB	台	100	70	180	240

要求：（1）计算生产费用总额总指数及生产费用总额的变动差额。

（2）利用指数体系对生产费用总额的变动原因进行因素分析。

5. 某企业三种产品的相关资料如下，利用指数体系分析该企业总产值变动的原因。

某企业产品价格及产量资料

产品名称	计量单位	产品价格（元）		产量	
		基期	报告期	基期	报告期
甲	个	180	160	200	250
乙	台	90	70	180	200
丙	件	200	200	3000	3200

6.（1）已知同样多的人民币，报告期比基期少购8%的商品，问物价指数是多少？

（2）已知某企业总产值报告期比基期增长了25%，职工人数增长了18%，问劳动生产率如何变化。

7. 已知某地区 2010 年农副产品收购总额为 360 亿元，2011 年比上年的收购总额增长 12%，农副产品收购价格总指数为 105%。利用指数体系计算：

（1）农副产品收购额总指数，农民因销售农副产品增加的总收入；

（2）由于农副产品收购价格的提高农民增加的总收入；

（3）农副产品收购量增加（减少）百分之几；

（4）由于农副产品收购量增加（减少）使农民增加（减少）的总收入。

8. 某菜市场四种蔬菜的销售资料如下表所示，要求：

（1）用拉氏公式编制四种蔬菜的销售量总指数和价格总指数；

（2）用帕氏公式编制四种蔬菜的销售量总指数和价格总指数；

（3）比较两公式编制四种蔬菜的销售量总指数和价格总指数的差异。

某菜市场四种蔬菜的销售量、销售价格资料

品种	销售量（千克）		销售价格（元/千克）	
	基期	报告期	基期	报告期
白菜	550	560	1.6	1.8
黄瓜	224	250	2	1.9
萝卜	308	320	1	0.9
西红柿	168	170	2.4	3

9. 已知某地区 2015 年的农副产品收购总额为 360 亿元，2016 年比上年的收购总额增长 12%，农副产品收购价格总指数为 105%。试考虑，2016 年与 2015 年对比：

（1）农民因交售农副产品共增加多少收入？

（2）农副产品收购量增加了百分之几？农民因此增加了多少收入？

（3）由于农副产品收购价格提高 5%，农民又增加了多少收入？

10. 某市 2015 年第一季度社会商品零售额为 36200 万元，第四季度为 35650 万元，零售物价下跌 0.5%，试计算该市社会商品零售额指数、零售价格指数和零售量指数，以及由于零售物价下跌居民少支出的金额。

附录

常用统计表

附表1 标准正态分布表

$$\varphi(z) = \int_{-\infty}^{z} \frac{1}{\sqrt{2\pi}} e^{-\frac{z^2}{2}} dz$$

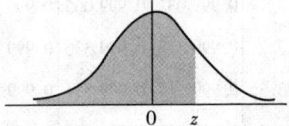

z	0.00	0.01	0.02	0.03	0.04	0.05	0.06	0.07	0.08	0.09
0.0	0.500 000	0.503 989	0.507 978	0.511 966	0.515 953	0.519 939	0.523 922	0.527 903	0.531 881	0.535 856
0.1	0.539 828	0.543 795	0.547 758	0.551 717	0.555 670	0.559 618	0.563 559	0.567 495	0.571 424	0.575 345
0.2	0.579 260	0.583 166	0.587 064	0.590 954	0.594 835	0.598 706	0.602 568	0.606 420	0.610 261	0.614 092
0.3	0.617 911	0.621 720	0.625 516	0.629 300	0.633 072	0.636 831	0.640 576	0.644 309	0.648 027	0.651 732
0.4	0.655 422	0.659 097	0.662 757	0.666 402	0.670 031	0.673 645	0.677 242	0.680 822	0.684 386	0.687 933
0.5	0.691 462	0.694 974	0.698 468	0.701 944	0.705 401	0.708 840	0.712 260	0.715 661	0.719 043	0.722 405
0.6	0.725 747	0.729 069	0.732 371	0.735 653	0.738 914	0.742 154	0.745 373	0.748 571	0.751 748	0.754 903
0.7	0.758 036	0.761 148	0.764 238	0.767 305	0.770 350	0.773 373	0.776 373	0.779 350	0.782 305	0.785 236
0.8	0.788 145	0.791 030	0.793 892	0.796 731	0.799 546	0.802 337	0.805 105	0.807 850	0.810 570	0.813 267
0.9	0.815 940	0.818 589	0.821 214	0.823 814	0.826 391	0.828 944	0.831 472	0.833 977	0.836 457	0.838 913
1.0	0.841 345	0.843 752	0.846 136	0.848 495	0.850 830	0.853 141	0.855 428	0.857 690	0.859 929	0.862 143
1.1	0.864 334	0.866 500	0.868 643	0.870 762	0.872 857	0.874 928	0.876 976	0.879 000	0.881 000	0.882 977
1.2	0.884 930	0.886 861	0.888 768	0.890 651	0.892 512	0.894 350	0.896 165	0.897 958	0.899 727	0.901 475
1.3	0.903 200	0.904 902	0.906 582	0.908 241	0.909 877	0.911 492	0.913 085	0.914 657	0.916 207	0.917 736
1.4	0.919 243	0.920 730	0.922 196	0.923 641	0.925 066	0.926 471	0.927 855	0.929 219	0.930 563	0.931 888
1.5	0.933 193	0.934 478	0.935 745	0.936 992	0.938 220	0.939 429	0.940 620	0.941 792	0.942 947	0.944 083
1.6	0.945 201	0.946 301	0.947 384	0.948 449	0.949 497	0.950 529	0.951 543	0.952 540	0.953 521	0.954 486
1.7	0.955 435	0.956 367	0.957 284	0.958 185	0.959 070	0.959 941	0.960 796	0.961 636	0.962 462	0.963 273
1.8	0.964 070	0.964 852	0.965 620	0.966 375	0.967 116	0.967 843	0.968 557	0.969 258	0.969 946	0.970 621
1.9	0.971 283	0.971 933	0.972 571	0.973 197	0.973 810	0.974 412	0.975 002	0.975 581	0.976 148	0.976 705
2.0	0.977 250	0.977 784	0.978 308	0.978 822	0.979 325	0.979 818	0.980 301	0.980 774	0.981 237	0.981 691
2.1	0.982 136	0.982 571	0.982 997	0.983 414	0.983 823	0.984 222	0.984 614	0.984 997	0.985 371	0.985 738
2.2	0.986 097	0.986 447	0.986 791	0.987 126	0.987 455	0.987 776	0.988 089	0.988 396	0.988 696	0.988 989
2.3	0.989 276	0.989 556	0.989 830	0.990 097	0.990 358	0.990 613	0.990 863	0.991 106	0.991 344	0.991 576
2.4	0.991 802	0.992 024	0.992 240	0.992 451	0.992 656	0.992 857	0.993 053	0.993 244	0.993 431	0.993 613

续表

z	0.00	0.01	0.02	0.03	0.04	0.05	0.06	0.07	0.08	0.09
2.5	0.993 790	0.993 963	0.994 132	0.994 297	0.994 457	0.994 614	0.994 766	0.994 915	0.995 060	0.995 201
2.6	0.995 339	0.995 473	0.995 604	0.995 731	0.995 855	0.995 975	0.996 093	0.996 207	0.996 319	0.996 427
2.7	0.996 533	0.996 636	0.996 736	0.996 833	0.996 928	0.997 020	0.997 110	0.997 197	0.997 282	0.997 365
2.8	0.997 445	0.997 523	0.997 599	0.997 673	0.997 744	0.997 814	0.997 882	0.997 948	0.998 012	0.998 074
2.9	0.998 134	0.998 193	0.998 250	0.998 305	0.998 359	0.998 411	0.998 462	0.998 511	0,998 559	0.998 605
3.0	0.998 650	0.998 694	0.998 736	0.998 777	0.998 817	0.998 856	0.998 893	0.998 930	0.998 965	0.998 999
3.1	0.999 032	0.999 065	0.999 096	0.999 126	0.999 155	0.999 184	0.999 211	0.999 238	0.999 264	0.999 289
3.2	0.999 313	0.999 336	0.999 359	0.999 381	0.999 402	0.999 423	0.999 443	0.999 462	0.999 481	0.999 499
3.3	0.999 517	0.999 534	0.999 550	0.999 566	0.999 581	0.999 596	0.999 610	0.999 624	0.999 638	0.999 651
3.4	0.999 663	0.999 675	0.999 687	0.999 698	0.999 709	0.999 720	0.999 730	0.999 740	0.999 749	0.999 758
3.5	0.999 767	0.999 776	0.999 784	0.999 792	0.999 800	0.999 807	0.999 815	0.999 822	0.999 828	0.999 835
3.6	0.999 841	0.999 847	0.999 853	0.999 858	0.999 864	0.999 869	0.999 874	0.999 879	0.999 883	0.999 888
3.7	0.999 892	0.999 896	0.999 900	0.999 904	0.999 908	0.999 912	0.999 915	0.999 918	0.999 922	0.999 925
3.8	0.999 928	0.999 931	0.999 933	0.999 936	0.999 938	0.999 941	0.999 943	0.999 946	0.999 948	0.999 950
3.9	0.999 952	0.999 954	0.999 956	0.999 958	0.999 959	0.999 961	0.999 963	0.999 964	0.999 966	0.999 967
4.0	0.999 968	0.999 970	0.999 971	0.999 972	0.999 973	0.999 974	0.999 975	0.999 976	0.999 977	0.999 978
4.1	0.999 979	0.999 980	0.999 981	0.999 982	0.999 983	0.999 983	0.999 984	0.999 985	0.999 985	0.999 986
4.2	0.999 987	0.999 987	0.999 988	0.999 988	0.999 989	0.999 989	0.999 990	0.999 990	0.999 991	0.999 991
4.3	0.999 991	0.999 992	0.999 992	0.999 993	0.999 993	0.999 993	0.999 993	0.999 994	0.999 994	0.999 994
4.4	0.999 995	0.999 995	0.999 995	0.999 995	0.999 996	0.999 996	0.999 996	0.999 996	0.999 996	0.999 996
4.5	0.999 997	0.999 997	0.999 997	0.999 997	0.999 997	0.999 997	0.999 997	0.999 998	0.999 998	0.999 998
4.6	0.999 998	0.999 998	0.999 998	0.999 998	0.999 998	0.999 998	0.999 998	0.999 998	0.999 999	0.999 999
4.7	0.999 999	0.999 999	0.999 999	0.999 999	0.999 999	0.999 999	0.999 999	0.999 999	0.999 999	0.999 999
4.8	0.999 999	0.999 999	0.999 999	0.999 999	0.999 999	0.999 999	0.999 999	0.999 999	0.999 999	0.999 999
4.9	1.000 000	1.000 000	1.000 000	1.000 000	1.000 000	1.000 000	1.000 000	1.000 000	1.000 000	1.000 000

附表2 t分布表

$$P\{t(n) > t_\alpha(n)\} = \alpha$$

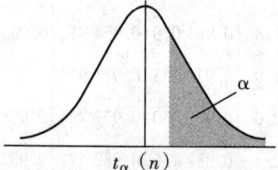

自由度	$\alpha = 0.25$	0.10	0.05	0.025	0.01	0.005	自由度	$\alpha = 0.25$	0.10	0.05	0.025	0.01	0.005
1	1.000 0	3.077 7	6.313 8	12.706 2	31.820 7	63.657	3	0.764 9	1.637 7	2.353 4	3.182 4	4.540 7	5.840 9
2	0.816 5	1.885 6	2.920 0	4.302 7	6.964 6	9.924 8	4	0.740 7	1.533 2	2.131 8	2.776 4	3.746 9	4.604 1

自由度	α=0.25	0.10	0.05	0.025	0.01	0.005	自由度	α=0.25	0.10	0.05	0.025	0.01	0.005
5	0.726 7	1.475 9	2.015 0	2.570 6	3.364 9	4.032 2	26	0.684 0	1.315·0	1.705 6	2.055 5	2.478 6	2.778 7
6	0.717 6	1.439 8	1.943 2	2.446 9	3.142 7	3.707 4	27	0.683 7	1.313 7	1.703 3	2.051 8	2.472 7	2.770 7
7	0.711 1	1.414 9	1.894 6	2.364 6	2.998 0	3.499 5	28	0.683 4	1.312 5	1.701 1	2.048 4	2.467 1	2.763 3
8	0.706 4	1.396 8	1.859 5	2.306 0	2.896 5	3.355 4	29	0.683 0	1.311 4	1.699 1	2.045 2	2.462 0	2.756 4
9	0.702 7	1.383 0	1.833 1	2.262 2	2.821 4	3.249 8	30	0.682 8	1.310 4	1.697 3	2.042 3	2.457 3	2.750 0
10	0.699 8	1.372 2	1.812 5	2.228 1	2.763 8	3.169 3	31	0.682 5	1.309 5	1.695 5	2.039 5	2.452 8	2.744 0
11	0.697 4	1.363 4	1.795 9	2.201 0	2.718 1	3.105 8	32	0.682 2	1.308 6	1.693 9	2.036 9	2.448 7	2.738 5
12	0.695 5	1.356 2	1.782 3	2.178 8	2.681 0	3.054 5	33	0.682 0	1.307 7	1.692 4	2.034 5	2.444 8	2.733 3
13	0.693 8	1.350 2	1.770 9	2.160 4	2.650 3	3.012 3	34	0.681 8	1.307 0	1.690 9	2.032 2	2.441 1	2.728 4
14	0.692 4	1.345 0	1.761 3	2.144 8	2.624 5	2.976 8	35	0.681 6	1.306 2	1.689 6	2.030 1	2.437 7	2.723 8
15	0.691 2	1.340 6	1.753 1	2.131 5	2.602 5	2.946 7	36	0.681 4	1.305 5	1.688 3	2.028 1	2.434 3	2.719 5
16	0.690 1	1.338 8	1.745 9	2.119 9	2.583 5	2.920 8	37	0.681 2	1.304 9	1.687 1	2.026 2	2.431 4	2.715 4
17	0.689 2	1.333 4	1.739 6	2.109 8	2.566 9	2.898 2	38	0.681 0	1.304 2	1.686 0	2.024 4	2.428 6	2.711 6
18	0.688 4	1.330 4	1.734 1	2.100 9	2.552 4	2.878 4	39	0.680 8	1.303 6	1.684 9	2.022 7	2.425 8	2.707 9
19	0.687 6	1.327 7	1.729 1	2.093 0	0.539 5	2.860 9	40	0.680 7	1.303 0	1.683 9	2.021 1	2.423 3	2.704 5
20	0.687 0	1.325 3	1.724 7	2.086 0	2.528 0	2.845 3	41	0.680 5	1.302 5	1.682 9	2.019 5	2.420 8	2.701 2
21	0.686 6	1.323 2	1.720 7	2.079 6	2.517 7	2.831 4	42	0.680 4	1.302 0	1.682 0	2.018 1	2.418 5	2.698 1
22	0.685 8	1.321 2	1.717 1	2.073 9	2.508 3	2.818 8	43	0.680 2	1.301 6	1.681 1	2.016 7	2.416 3	2.695 1
23	0.685 1	1.319 5	1.713 9	2.068 7	2.499 9	2.807 3	44	0.680 1	1.301 1	1.680 2	2.015 4	2.414 1	2.692 3
24	0.684 8	1.317 8	1.710 9	2.063 9	2.492 2	2.796 9	45	0.680 0	1.300 6	1.679 4	2.014 1	2.412 1	2.689 6
25	0.684 4	1.316 3	1.708 1	2.059 5	2.485 1	2.787 4							

附表3 χ^2 分布表

$$P\{\chi^2(n) > \chi^2_\alpha(n)\} = \alpha$$

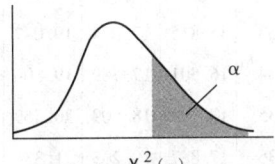

n	α=0.995	0.99	0.975	0.95	0.9	0.75	0.25	0.10	0.05	0.025	0.01	0.005
1	—	—	0.001	0.004	0.016	0.102	1.323	2.706	3.841	5.024	6.635	7.879
2	0.010	0.020	0.051	0.103	0.211	0.575	2.773	4.605	5.991	7.378	9.21	10.597
3	0.072	0.115	0.216	0.352	0.584	1.213	4.108	6.251	7.815	9.348	11.345	12.838
4	0.207	0.297	0.484	0.711	1.064	1.923	5.385	7.779	9.448	11.143	13.277	14.806
5	0.412	0.554	0.831	1.145	1.610	2.675	6.626	9.236	11.072	12.833	15.086	16.750
6	0.676	0.872	1.237	1.635	2.204	3.455	7.841	10.645	12.592	14.449	16.812	18.548
7	0.989	1.239	1.690	2.167	2.833	4.255	9.037	12.017	14.067	16.013	18.475	20.278
8	1.344	1.646	2.180	2.733	3.490	5.071	10.219	13.362	15.507	17.535	20.09	21.955
9	1.735	2.088	2.700	3.325	4.168	5.899	11.389	14.684	16.919	19.023	21.666	23.589

n	α=0.995	0.99	0.975	0.95	0.90	0.75	0.25	0.10	0.05	0.025	0.01	0.005
10	2.156	2.558	3.247	3.940	4.865	6.737	12.549	15.987	18.307	20.483	23.209	25.188
11	2.603	3.053	3.816	4.575	5.578	7.584	13.701	17.275	19.675	21.920	24.725	26.757
12	3.047	3.571	4.404	5.226	6.304	8.438	14.845	18.549	21.026	23.337	26.217	28.299
13	3.565	4.107	5.009	5.892	7.042	9.299	15.984	19.812	22.362	24.736	27.688	29.819
14	4.075	4.660	5.629	6.571	7.790	10.165	17.117	21.064	23.685	26.119	29.141	31.319
15	4.601	5.229	6.262	7.261	8.547	11.037	18.245	22.307	24.996	27.488	30.578	32.801
16	5.142	5.812	6.908	7.962	9.312	11.912	19.369	23.542	26.296	28.845	32.000	34.267
17	5.697	6.408	7.564	8.672	10.085	12.792	20.489	24.769	27.587	30.191	33.409	35.718
18	6.265	7.015	8.231	9.390	10.865	13.675	21.605	25.989	28.869	31.526	34.805	37.156
19	6.844	7.633	8.907	10.117	11.651	14.562	22.718	27.204	30.144	32.852	36.191	38.582
20	7.434	8.260	9.591	10.851	12.443	15.452	23.828	28.412	31.410	34.170	37.566	39.997
21	8.034	8.897	10.283	11.591	13.240	16.344	24.935	29.615	32.671	36.479	38.932	41.401
22	8.643	9.542	10.982	12.338	14.042	17.240	26.039	30.813	33.924	36.781	40.289	42.796
23	9.260	10.196	11.689	13.091	14.848	18.137	27.141	32.007	35.172	38.076	41.638	44.181
24	9.886	10.856	12.401	13.848	15.659	19.037	28.241	33.196	36.415	39.364	42.98	45.559
25	10.520	11.524	13.12	14.611	16.473	19.939	29.339	34.382	37.652	40.646	44.314	46.928
26	11.160	12.198	13.844	15.379	17.292	20.843	30.435	35.563	38.885	41.923	45.642	48.290
27	11.808	12.879	14.573	16.151	18.114	21.749	31.528	36.741	40.113	43.194	46.963	49.645
28	12.461	13.565	15.308	16.928	18.939	22.657	32.620	37.916	41.337	44.461	48.278	50.993
29	13.121	14.257	16.047	17.708	19.768	23.567	33.711	39.087	42.557	45.722	49.588	52.336
30	13.787	14.954	16.791	18.493	20.599	24.478	34.800	40.256	43.773	46.949	50.892	53.672
31	14.458	15.655	17.539	19.281	21.434	25.390	35.887	41.422	44.985	48.232	52.191	55.003
32	15.134	16.362	18.291	20.072	22.271	26.304	36.973	42.585	46.194	49.480	53.486	56.328
33	15.815	17.074	19.047	20.867	23.110	27.219	38.058	43.745	47.400	50.725	54.776	57.648
34	16.501	17.789	19.806	21.664	23.952	28.136	39.141	44.903	48.602	51.966	56.061	58.964
35	17.192	18.509	20.569	22.465	24.797	29.054	40.223	46.059	49.802	53.203	57.342	60.275
36	17.887	19.233	21.336	23.269	25.643	29.973	41.304	47.212	50.998	54.437	58.619	61.581
37	18.586	19.96	22.106	24.075	26.492	30.893	42.383	48.363	52.192	55.668	59.892	62.883
38	19.289	20.691	22.878	24.884	27.343	31.815	43.462	49.513	53.384	56.896	61.162	64.181
39	19.996	21.426	23.654	25.695	28.196	32.737	44.539	50.660	54.572	58.120	62.428	65.476
40	20.707	22.164	24.433	26.509	29.051	33.660	45.616	51.805	55.758	59.342	63.691	66.766
41	21.421	22.906	25.215	27.326	29.907	34.585	46.692	52.949	56.942	60.561	64.950	68.053
42	22.138	23.650	25.999	28.144	30.765	35.510	47.766	54.090	58.124	61.777	66.206	69.336
43	22.859	24.398	26.785	28.965	31.625	36.436	48.840	55.230	59.354	62.990	67.459	70.616
44	23.584	25.148	27.575	29.787	32.487	37.363	49.913	56.369	60.481	64.201	68.710	71.893
45	24.311	25.901	28.366	30.621	33.350	38.291	40.985	57.505	61.656	65.410	69.957	73.166